U0639253

古代马其顿

从起源到亚历山大帝国

Ancient

Macedonia

[希] 米尔蒂阿季斯·瓦西莱伊奥斯·哈措普洛斯 ——— 著　　　　李晨煜 ——— 译

华东师范大学出版社
·上海·

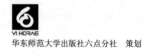

华东师范大学出版社六点分社　策划

目　录

前　言

　　两年前，德古意特出版社（De Gruyter）新刊系列"古典研究核心视角"（*Key Perspectives on Classical Research*）的诸位主编曾盛情邀请笔者为该系列撰写一部作品，对近几十年及早先的马其顿王国研究进行批判性重估。笔者与该系列的三位负责人帕特里克·芬格拉斯（Patrick Finglass）、西蒙·马洛赫（Simon Malloch）及克里斯托斯·察加利斯（Christos Tsagalis）进行了数次书信沟通，一致赞同这部作品的首要任务是"选定马其顿研究领域内一些特别受关注的主题进行深入的批判性介绍"。笔者提议本书介绍一些足够有代表性、同时又扑朔迷离的个例（*exempli gratia*），如"语言或方言、政治体制、腓力二世（Philip II）遇刺、第三次马其顿战争的起因等"，这些均为笔者最近感兴趣的主题。

　　思量再三，笔者以为本书所选的主题应具备充分的话题性，以激发专家小圈子之外的广大公众的兴趣；叙述应有条不紊，引导读者群体漫步于马其顿研究的迷宫之中。因此，这部作品在结构上由三条主轴构成，分别介绍马其顿的土地（第二部分）、族群（第三部分）与改变世界历史进程的两位雄主（第四部分）。在导论部分，笔者将解释古代马其顿王国何以重要。最后，当我们在附言部分回顾本次探索之旅时，读者不应忘记，即便史料价值颇高的古代文献也可能存在颇多讹谬。

依前文所述,《古代马其顿》一书并未罗列一系列相关主题。事实上,本书并非一部附含注释的研究书目,如牛津研究书目在线(*Oxford Bibliographies Online*)中收录的一部作品[①];本书也并非一部马其顿通史:任何一位想了解这个希腊北部小君主国崛起并成为世界霸权的人都有诸多选择,从罗伯特·马尔科姆·艾灵顿(R. Malcolm Errington)精简易读的《马其顿通史》(*A History of Macedonia*,1990)到尼古拉斯·哈蒙德(N. G. L. Hammond)分别与盖伊·汤普森·格里芬(G. T. Griffith)和弗兰克·威廉·沃尔班克(F. W. Walbank)合作撰写的三卷本巨著《马其顿史》(*History of Macedonia*,1972-1988)。本书甚至算不上一部"指南",因为笔者无意涵盖马其顿古代历史、考古和文化的方方面面,仿效罗宾·莱恩·福克斯(Robin Lane Fox)主编的《博睿古代马其顿指南:马其顿史学与考古学研究,自公元前650年迄公元300年》(*Brill's Companion to Ancient Macedon. Studies in the Archaeology and History of Macedon*,650 B.C-300 AD,2011)或约瑟夫·罗斯曼(Joseph Roisman)和伊恩·沃辛顿(Ian Worthington)主编的《布莱克维尔古代马其顿指南》(*Blackwell Companion to Ancient Macedonia*,2010)。此外,对马其顿考古学特别感兴趣的读者还可以参考卢浮宫博物馆出版的雄著《身临亚历山大大帝的王国:古代马其顿史》(*Au royaume d'Alexandre le Grand. La Macedoine antique*,Paris 2011)。

然而,本书无疑仍遵循一个历史框架,其时间跨度自公元前7世纪延伸至公元前168年马其顿丧失独立地位,这一框架同样包括希腊史分期常用的古风时期、古典时期和希腊化时期,每一个时期都根据现有的材料得以重新表述。第二部分与第三部分中的一些章节适当按时间顺序组织起来,旨在关注马其顿王国形成的早期阶段及其

---

① 附含注释的研究书目参见 Andrianou/Hatzopoulos 2011。研究综述参见 Hatzopoulos 1981; Hatzopoulos 1990; Hatzopoulos 2011c。比较 Molina Marin 2015。

政制;事实上,直至腓力二世统治时期,马其顿国家才得以重新建立。然而,这些部分中采用的一些定义,例如"国家"领土('national' territory)、王室土地与马其顿的结盟城邦,或提供的一些描述,涉及马其顿人使用的语言、政治及社会体制的原始文献,无疑要追溯到希腊化时期,因而第四部分的第一章专论这一时期的马其顿王国。

与之相反,本书不涉及罗马统治时期的马其顿,因为公元前168年后,昔日的马其顿主权王国已不复存在。它首先沦为一个附庸国(protectorate),随后降格为"普世"(globalised)的罗马帝国治下的一个行省。丧失了自主权的马其顿自然失去了其原创活力,其主要政体——国王、伴友(Companions)与议政会——遭到弹压;尽管牧羊人与小商贩依然活跃,甚至新萌生了一个地主阶层,但旧贵族阶层已在战火纷飞和大批驱逐中消灭殆尽。罗马时期马其顿作为一个研究主题,其趣味性不亚于任何其他罗马行省,但它吸引了一批关注点不同的公众,他们的视角通常是"罗马本位"的。

笔者还担负着一份愉快的职责,就是感谢所有襄助笔者编写本书的人。笔者首先要感谢帕特里克·芬格拉斯、西蒙·马洛赫以及特别是克里斯托斯·察加利斯,他们为我提供了在德古意特新刊系列出版本书的机会;然后,笔者还要感谢法兰西文学院的同侪安东尼奥斯·里加科斯(Antonios Rengakos),他鼓励笔者接受这一提议;感谢笔者在国立希腊研究基金会历史研究所希腊罗马研究部(KERA)的朋友和同事帕斯卡利斯·帕斯奇迪斯(Paschalis Paschidis),多年来,笔者与他就关于马其顿的一切问题进行了无数次对话;感谢笔者的同事碑铭学家克劳斯·哈洛夫(Klaus Hallof)与迪米特里奥斯·波斯纳基斯(Demetrios Bosnakis),他们友好地将科斯(Kos)新出土而尚未出版的马其顿法令告知于我。感谢笔者的德国同事萨宾·缪勒(Sabine Müller),她慷慨地将她最近出版的关于佩尔迪卡斯二世(Perdikkas II)的专著与笔者赠读;感谢笔者的意大利同事莫妮卡·达戈斯蒂尼(Monica D'Agostini)，她也将她最近出版的关于腓力五世(Philip V)早期生平的专著赠送给笔者；感谢我们亲爱的图书管理员和国立希腊研究基金会历史研究所希腊罗马研究部的同事索菲亚·萨罗格利杜(Sophia Saroglidou)，她总是能向笔者提供所需的著作信息。此外，笔者的童年挚友塔诺斯·韦雷米斯(Thanos Veremis)润色了这篇前言，而笔者的考古学家同事克里苏拉·帕利亚德利(Chrysoula Paliadeli)、安格丽基·科塔里杜(Angeliki Kottaridou)、约安尼斯·格雷科斯(I. Graekos)与伊丽莎白·齐加里达(Elizabeth Tsigarida)慷慨地授予笔者本书的插图使用权；最后，同等真诚的谢意献给维罗妮克·奥特弗耶(Véronique Hautefeuille)：没有她的理解和无条件的支持，这本书将无缘面世。

转写说明

　　遗憾的是,迄今尚无一套通行的现代/古典希腊文－英文专名转译体系,本书因而遵循以下的转写准则:

　　1.古代作家的姓名,保留其传统拉丁化转写形式。因此,"修昔底德"的拼写采用"Thucydides",而非由希腊文直接转写为"Thoukydides"。

　　2.其他所有的古代专有名词,除"雅典"(Athens)、"科林斯"(Corinth)、"德尔斐"(Delphi)、"亚历山大大帝"(Alexander the Great)与腓力二世等少数已进入英语词汇的之外,均在保留原始希腊语发音的基础上转写为拉丁字母形式。因此,"卡山德"拼作"Kassandros"而非"Cassander","腓力比"拼作"Philippoi"而非"Philippi","卡林多亚"拼作"Kalindoia"而非"Calindoea"。

　　3.古典时期留存下来,或基于古代词汇创造的现代希腊地名,无论发音是否发生转变,均采用其古代拼写形式。因此,"贝罗亚"拼作"Beroia"而非"Veria"(韦里亚);"塞萨洛尼基"拼作"Thessalonike"而非"Thessaloniki","克莱迪"拼作"Kleidi"而非"Klidi"。

　　4.其余的现代希腊地名采用英语音译。一部分古代的地名被赋予一些现代城镇,它们在地理范围上并不重合,这些地名将以单引号标注。因此,"忒尔米"(Thermi)对应的是古代的"塞得斯"(Sedes)而非"忒尔梅"(Therme),辛多斯(Sindos)对应的是古代的"忒刻利"(Tekeli)而非辛多斯。

　　5.引用时保留出版物的原始拼写形式。

1 导论:古代马其顿缘何重要?

马其顿,这一名字不可避免地使人想起亚历山大大帝。然而,他缔造的帝国早已分崩离析,悠悠千载间,埃及大漠的风沙抹去了这位君王最后的行迹。深谙政治正确的人自然会质疑亚历山大的辉煌成就,将其与成吉思汗及"跛子"帖木儿一同视为人类的主要祸患之一。这或许是另一种业已过时的风尚,与亚历山大大帝在近代欧洲殖民扩张时期享受到的盲目崇拜无异。然而,亚历山大一个人就能穷尽马其顿对世界历史进程所作的贡献吗?事实上,亚历山大不过是一位马其顿遗产的杰出传播者,这份遗产自他诞生前便已存在,并在他去世后赓续不绝。

品多斯(Pindos)山脉及其南部的山脉,自奥克里德湖(Lake Ochrid)和普列斯帕双湖(Prespa lakes)一直延伸至科林斯湾(Corinthian Gulf),将希腊半岛一分为二:东部,沿着爱琴海岸(Aegean coast)林立着希腊城邦-国家(*polis*-states),而西部则是希腊族群国家(*ethnos*-states)。对于修昔底德(Thucydides)而言,真正的希腊并不包含德尔斐之外的世界(1.5.3—1.6.2)。向西北望去,我们会看到欧佐利亚·洛克里人(Ozolian Lokroi)、埃托利亚人(Aitolians)与阿卡尔纳尼亚人(Akarnanians),甚至还可以看到伊庇鲁斯人(Epirotes)与定居在上马其顿地区(Upper Macedonia)的其他族群(ἔθνη),包括林科斯人(Lynkestai)、欧列斯提斯人(Orestai)与厄利梅亚人(Elimiotai);即使他们不属于真正的蛮族,也"像蛮族一样生活着"(Thuc. 1.6.1)。修昔底德指的是,这些人并不生活在筑有城墙的城市中心里——这些中心主导着毗邻的村镇,集中了主要的经济和社会活动,实际上也集中了国家的全部职能;相反,这些人生活在未筑防的村庄里,这些村庄彼此平等,分布在广袤的土地上,并以一个共同的圣地作为唯一的参照点(point of reference),例如埃托利亚的忒尔摩斯(Thermos)、伊庇鲁斯(Epirus)的多多纳(Dodona)或帖萨利亚(Thessaly)的伊托诺斯(Itonos)。在古典时期的雅典人看来,这些族群国家延续着令人厌恶的王权统治(尽管这一政制有其优势),因而将其排除在希腊共同体之外,尽管他们操持着与其他希腊人一样的语言,信仰着相同的宗教。

忒梅尼德王朝①(Temenid dynasty)治下的马其顿王国是希腊族群国家中的一个特例。他们定居于中部马其顿平原,面朝爱琴海;早在公元前 5 世纪时,平原上的佩拉(Pella)、贝罗亚(Beroia)、埃盖(Aigeai)与欧罗珀斯(Europos)等地区便发展成了城市中心。然而,即便对于伊索克拉底(Isocrates)这样明确区分"蛮族"与"马其顿人"的亲马其顿派来说,后者依然不属于真正的希腊人群体,因为他们沿用了君主制政体。

马其顿王国由阿尔吉德王室(Argeads)建立,他们是来自希腊西部山脉的众多族群或氏族(clans)中的一支,征服了"沿海马其顿"地区并定居于此。此后,尽管城市中心得以建立并壮大,但传统的君主政制得以保留,核心资源依然集中,包括埃盖(以及后期的佩拉)的王室宫府与一个共同的圣地:迪昂(Dion)的宙斯神庙。每隔十年,地方社群(local communities)的代表与普通公民便会聚于这座神庙,奉献祭品,商讨攸关共同利益之事。

---

① [译注]即更为人熟知的阿尔吉德王朝(Argead dynasty)。前一名称来源于希腊神话中赫拉克勒斯(Ἡρακλῆς)的六世孙忒梅努斯(Τήμενος),阿尔戈斯(Ἄργος)的统治者,后一名称便源于此。

马其顿王国的独创之处便在于这种古风特征(archaism)①与新创事物(originality)的结合,以及马其顿精英阶层对智识探索与文化创造的汲汲以求,在保存往昔史诗时代的美德与价值方面也不失毫厘。不足为奇,这种融合令人振奋,并对其研究者产生了不可抗拒的吸引。

马其顿国王从雅典和其他著名的文艺中心招徕诗人、历史学家、哲学家、建筑师和画家,但并不打算被动地仿制他们的作品。国王们鼓励这些人创造新的艺术与知识流派,以及反映本土风情与精神面貌的特殊体裁(genres)。各异的建筑柱式开始融合,装饰元素从纪念性建筑的结构中分离出来,灰泥被用作砖石结构与幻觉绘画(illusionist painting)的补充——这些创新均源于马其顿,并散播到整个希腊世界,最终被罗马人复制习得。我们称之为"马其顿式"的设有纪念性外墙(monumental façades)的拱顶墓葬、雄伟奢华的圆形大殿(ϑολοί),当然还有王室宫宇,都属于马其顿的创造。甚至,通用希腊语(κοινή)也诞生于马其顿:腓力二世或阿尔刻劳斯(Archelaos)为方便管理,推行使用阿提卡方言(Attic Greek)而非马其顿方言;随后,该方言作为一种国际语言传遍整个古代世界,成为现代希腊语的直接祖先。在印度半岛的西北门户地区②,通用希腊语承载着传播佛教的任务,同时也是基督教在地中海地区传播所使用的语言,并作为希腊东正教会的礼仪语言延续至今。

如今,马其顿的这些成就早已为人熟知,广受认可。然而,我们尚未认识到另一个事实,即马其顿王国是现代欧洲君主的先声,并直接孕育了现代民主国家——无论采用王国还是共和国形式——其

---

① [译注]"古风的"(archaic)一词在古典研究中常用以指代"古典的"(classical)前一阶段,隐含尚未成熟、保留较多原初社会生活色彩之意,而不仅仅指年代古早久远。

② [译注]即健陀罗国(Gandāhra),亚历山大大帝于公元前327年入侵该国,将希腊文化与语言传入该地区;随后,印度孔雀王朝的阿育王(Aśoka Maurya)派遣僧人前去传播佛教,促成希腊文化与佛教文化的融合,造就了辉煌一时的健陀罗文化。

当选首相或总统掌握的权力比过去任何国王的都大。马其顿国王拥有强大的行政权力,在伙友(Ἐταῖροι)的协助下组建他的王室议事会(Privy Council)和幕僚团(General Staff),并与广泛的城市自治相结合,保障王国中心和边缘之间的平衡。实际上,每座城市都拥有自己的公民权、自己的立法权、自己的议事会和理事会、自己的行政官员。各城市通过首席执政官(ἐπιστάται)与中央政府沟通互动,而杰出的地方官吏与募兵将士也能脱颖而出,源源不断地进入马其顿宫廷,为贵族群体注入新的血液。

3

马其顿人民的核心凝聚力来源于国王直属的军队。这支队伍既包括职业作战部队,也包含大量训练有素的后备军——后者得益于体育锻炼(γυμνάσιον)①与公民预备役(ἐφηβεία)制度,所有18岁至20岁的青年必须接受两年的全面训练。在独创性方面,马其顿的军政体制并不亚于雅典的民主体制;尽管罗马人将这一体制废除,却依然吸收了诸多希腊化王国的政治元素,而这些元素由中世纪后期的法学家重新引入西欧世界,极大地影响了现代君主制国家的演变,最终由我们当代的民主国家所继承——绵延的主权领土、民族认同强烈的公民、强大的中央政府和一定程度上的广泛地方自治(尽管这种自治通常不如古代马其顿那样广泛)。因此,我们可以说,古希腊人不仅发明了以帕特农神庙(Parthenon)为象征的民主政制(democracy),而且还创造了以"民治"(democratic)②的埃盖王宫为代表的现代民族国家,它向马其顿人民敞开门廊:两者并不冲突。

---

①[译注]古希腊的"体育锻炼"并非现代意义上的个人休闲爱好,而是一种集体性的公民活动,且具备丰富的社会文化内涵。

②[译注]此处的"democratic"一词颇为难译。事实上,作者在此强调雅典与马其顿分别代表两种希腊人提供的国家建构方案,而两种政制均包含"人民主权/统治"之意,采用"人民"[δῆμος]+"权力"[κράτος]构词之原意;然而,前文的democracy已有深入人心的译名"民主",译者无意进行政治哲学层面的讨论,姑且以"民治"区分于"民主",以传达著者关于两种政制性质有所共通而实现方式存在差异的观点。

2 土地：何谓马其顿？

"马其顿仅仅是一个历史地理学意义上的名称，基于一系列复杂的历史记忆，但缺乏实际的地理指代……当突厥人征服巴尔干半岛时，这一名称不再被使用，因为突厥人（Turks）将这片地区专称为'罗马人'（Rumeli）的土地；然而，在古典复兴时期（classical revival），这一名称重新在不同的语境中得以使用，甚至滥用。"①一位英国现代史家曾在半世纪前写下这段描述。

直至最近，如果在互联网上检索"马其顿"一词，显示的第一个词条仍是维基百科上的"马其顿共和国"，并附有如下解释："马其顿共和国在地理上大致相当于古代的派奥尼亚（Paeonia）王国，派奥尼亚王国则位于古代马其顿王国的北面。派奥尼亚王国内居住着派奥尼亚人，该人群属于色雷斯人（Thracian）的一支，西北面则有达尔达尼亚人（Dardani）定居，西南面活跃着历史上被称为恩刻莱人（Enche-lae）、佩拉戈尼亚人（Pelagones）和林科斯人的部落，其中后两者一般被认为属于希腊西北部的摩洛西亚人（Molossian）部落。"检索得到的第二个词条则是另一篇维基百科上的条目，该条目又细分为9个子条目：（1）马其顿共和国，欧洲东南部的一个国家；（2）马其顿（希腊），一块传统的地理区域，横跨希腊西北部的三个行政区；（3）马其顿（地区），一块涵盖上述所有地区以及保加利亚、阿尔巴尼亚、塞尔

---

① Dakin 1966?, 3, 注4。

维亚(包括科索沃)部分地区的区域;(4)马其顿(古王国),又写作马其顿(Macedon),亚历山大帝国的前身;(5)马其顿(罗马行省),罗马帝国早期的一个行省;(6)马其顿行政区(Diocese of Macedonia),罗马帝国后期的一个行政单位;(7)马其顿行省(theme),拜占庭帝国的一个省;(8)马其顿,一个独立国,并在1944年成为轴心国的傀儡国;(9)马其顿社会主义共和国,南斯拉夫的一部分,马其顿共和国的前身。从这些词条中,读者可以了解到马其顿这个地理名词所蕴含的无穷内涵:从公元前6世纪时塞尔迈海湾(Thermaic Gulf)沿岸的一个小王国,至公元前167年之前腓力二世及其继承者统治下的大马其顿王国(Greater Macedonia),再到公元前146年建立的罗马行省;随后,马其顿的边界在罗马共和国时期和早期罗马帝国时期不断改变,譬如公元4世纪末,马其顿被划分为第一马其顿行省(*Macedonia Prima*,常简称为马其顿,大致对应于今天希腊境内的马其顿省)及第二马其顿行省(*Macedonia Secunda*,又称"马其顿沃土"[*Macedonia Salutaris*],大致对应于今天的北马其顿),随之君士坦丁大帝(Constantine the Great)又将罗马帝国在巴尔干地区的诸行省重组,并设置马其顿行政区,日后拜占庭帝国又在马其顿地区之外的西色雷斯建立了马其顿行省,并进一步演化为现代希腊的马其顿省,再到1944年德国人建立的短命傀儡国,以及同一年将其取而代之的马其顿共和国,最终成为南斯拉夫马其顿共和国。1991年,这个联邦制国家脱离了南斯拉夫,宣布独立,并去掉了国名中的"南斯拉夫"字样:这一国家几乎完全位于古代马其顿王国最初的疆界之外,它以"前南斯拉夫马其顿共和国"或"前南马其顿"的临时名称加入联合国,如今它新的正式名称是北马其顿(North-Macedonia),这一名称已写入了"马其顿"姓名的变迁历程。

这一貌似自相矛盾的"马其顿"内涵是如何产生的呢?上述"马其顿"词条的第三条便提供了答案:作为一个地理区域,马其顿涵盖了希腊的马其顿省和北马其顿省，此外还包括保加利亚、阿尔巴尼亚、塞尔维亚（含科索沃）的部分地区。

8世纪末，拜占庭帝国在色雷斯建立马其顿行省，此时的"马其顿"在历经一系列接连不断的行政改革之后，已然斩断与古老的马其顿王国的实质性联系，尽管人们仍然延续着这段历史记忆[①]。奥斯曼帝国（Ottoman）对拜占庭帝国的征服则使"马其顿"这一地理概念失去一切实际意义。当近代早期（early modern）的地理学家重新发现斯特拉波（Strabo）[②]和克劳迪乌斯·托勒密（Claudius Ptolemy）[③]的著作，并开始在他们自己绘制的地图中引入古代地理术语时，这些地理学家对马其顿涵盖的区域范围仅仅做了非常宽泛的估量，例如奥尔特利乌斯（Ortelius，1570年）、梅尔卡托尔（Mercator，1598年）、玛丽埃特（Mariette，1645年）、布莱乌（Blaeu，1650年）、德维特（De Wit，1680年）、诺林（Nolin，1699年）及霍曼（Homann，1740年）[④]等人的作品。

法国大革命和拿破仑战争开启了一个新纪元，奥斯曼帝国从此沦为欧洲政治活动和科学研究的考察对象。伴随着制图学（cartography）的不断发展，帝国的领土也在不断丧失。因此，1878年的《柏林条约》（Treaty of Berlin）签订后，奥斯曼帝国在巴尔干地区的领土缩减为6个"州"（vilayets）：阿德里安堡（Adrinople）、斯库台（Shkodra）、伊尼纳（Iannina）、斯科普里（Skopje）、莫纳斯提尔（Monastir）和萨洛尼卡（Salonica），其中后3个州根据1878年签订但从未生效的

---

① 一份12世纪的拜占庭文本《提玛里翁》（*Timarion*）使用了"古马其顿"（*παλαιό Μακεδονία*）一词指称古代马其顿王国，以区别于马其顿行省。参见《提玛里翁，或论他所罹受的苦难》（*Τιμαρίων ἢ περὶ τῶν κατ' αὐτὸν παθημάτων*，收于 Ellisen 1860, 3）。

② ［译注］公元1世纪前后的希腊地理学家、历史学家，著有《地理志》（*Γεωγραφικά*）等作品。

③ ［译注］公元前2世纪活跃于亚历山大里亚的数学家、天文学家、地理学家，著有《地理学导览》（*Γεωγραφικὴ ὑφήγησις*）等作品。

④ Colocotronis 1919插图 VIII—XIII。

《圣斯蒂法诺条约》(Treaty of San Stefano)被纳入扩张后的保加利亚国领土范围,至今仍是滋生保加利亚故土收复主义(Bulgarian irredentism)的温床。出于现实考量,欧洲外交官武断地将这三个州重新合并为"马其顿",并在相对可靠的历史基础上,将"色雷斯"的旧称留给了阿德里安堡。虽然这套命名法(nomenclature),尤其是三个"马其顿"属州,与任何行政、历史或自然实体都毫无关联,但外交官和地理学家还是欣然接受了这个方案,因此,1912年至1913年的巴尔干战争(Balkan Wars)以如下领土解决方案结束:一个完整的马其顿(实际上如此界定的马其顿从未存在)将被分割成几个部分,但主要包含三个部分:爱琴马其顿(Aegean Macedonia)、瓦尔达尔马其顿(Vardar Macedonia)和皮林马其顿(Pirin Macedonia),分别由希腊、塞尔维亚和保加利亚控制。

其他一些因素同样造成乃至加剧了马其顿版图的混乱[①]。首先,古典时期流传下来的全部作品,没有一部能与泡萨尼阿斯(Pausanias)的《希腊地理志》(*Description of Greece*)相媲美的古代著作曾将马其顿纳入考察范围,而是与泡萨尼阿斯一样,对希腊的描述止步于欧佐利亚·洛克里。不幸的是,斯特拉波《地理志》第七卷中关于马其顿的描述仅有残篇存世,因此现代地理学家只能参考普林尼、克劳狄乌斯·托勒密、希厄罗克勒斯(Hierocles)作品中的地名列表,以及罗马帝国时期各种旅游指南和古典晚期各类词典(lexica)中的地名,其中大部分是城市名称。其次,马其顿在古代与现代均位于希腊世界的最北端,因其地缘特殊,最易遭受各种外来入侵和人口动荡的影响,致使地名频繁变化。因此,除少数例外,如奥林匹斯山和韦里亚城保留了其古老的名称,塞萨洛尼基(Θεσσαλονίκη)的名字在中世纪

---

① 下文内容可详细参照 Hatzopoulos 2006a, 19—33。关于马其顿历史地理的两部基本著作是 Hammond 1972 及 Papazoglou 1988b。关于卡珥奇迪刻(Chalkidike)的历史地理概述,Zahrnt 1971 仍是不可或缺的著作。

流行的习语（idiom）中仅仅脱落了第一个音节（$\Sigma a\lambda o\nu i\kappa\eta$）[①]，其余地名多有改变：佩拉变成了哈吉奥伊•阿波斯托罗伊（Hagioi Apostoloi），厄德萨（Edessa）在中世纪以斯拉夫语名称沃德纳（$Bo\delta\epsilon\nu\acute{a}$）流传，仅在教会术语中保留其古名。遗憾的是，古代地名得以留存或其记忆得以延续的情况只是例外。当文艺复兴时期和近代早期的学者们兴趣盎然地将他们在古代著作中读到的地名或旅行中遇到的古代遗迹绘于地图上时，这些学者只能提出一些无法证实的猜想，除非他们阅读的文本提供了明确的地形风貌指示。下文将叙述的马其顿的"两都难题"便是一个很好的例子。

7

公元前1世纪初，希腊化城市佩拉毁于一场地震[②]。布鲁图斯（Brutus）或凯撒（Caesar），以及随后的奥古斯都（Augustus）先后在此建立一座罗马拓殖地，名为尤利亚•奥古斯塔•佩拉拓殖地（*Colonia Iulia Augusta Pella*）。在金嘴狄翁（Dio Chrysostom）生活的时期（公元1世纪至2世纪），大概仍是希腊化城市的佩拉已沦为一片废墟。公元3世纪末，在哥特人的袭击进一步破坏了这座城市后，戴克里先（Diocletian）修复了佩拉，并以他的名字重新将其命名为戴克里先波利斯（Diocletianopolis），这一名字使用的时间极为短暂。佩拉最后被提及则是在公元482年的一份历史叙述中，涉及狄奥多里克（Theodoric）治下的东哥特人（Ostrogoths）在马其顿的活动；以及在公元6世纪一份归于希厄罗克勒斯名下的作品《旅行伴侣》（$\Sigma\nu\nu\acute{\epsilon}\kappa\delta\eta\mu o\varsigma$）中，其中佩拉在这一时期属于第一马其顿行省。普罗科皮乌斯（Pro-

---

①卡山德（Kassandros）建立了这座城市，并将其命名为忒萨洛尼刻亚（$\Theta\epsilon\sigma\sigma\alpha\lambda o\nu i\kappa\epsilon\iota a$）以纪念自己的妻子忒萨洛尼刻（$\Theta\epsilon\sigma\sigma\alpha\lambda o\nu i\kappa\eta$）。不过，简化的拼写形式忒萨洛尼刻（$\Theta\epsilon\sigma\sigma\alpha\lambda o\nu i\kappa\eta$）很快就占据了主导地位。中世纪时，该城的拼写进一步在俗语中被简化成萨洛尼刻（$\Sigma a\lambda o\nu i\kappa\eta$），西欧语言和斯拉夫语（以及土耳其语）也采用了不同的简化拼写形式。尽管如此，这个古老的名字仍被富于学养的人群继续使用，"塞萨洛尼基"（$\Theta\epsilon\sigma\sigma\alpha\lambda o\nu i\kappa\eta$）也再次成为了这座城市的现代名称。

②关于佩拉的定位识别、历史沿溯、地形风貌及考古研究，参见 *EKM II*，601—636。

copius)称之为巴西利卡·阿穆图(*Βασιλικά Ἀμύντου*)的城市可能建立在希腊化城市佩拉(Pella)的基础上,该遗迹内出土了一个小型的早期基督教定居点。斯拉夫人入侵时,这种城市最终被摧毁,遗址也被遗弃。

6个世纪后,它的名字再次出现在"塞萨洛尼基,特别是佩拉"[*Σ(ϑ)λανίτζης ἤτοι Πέλλης*]主教的头衔中,其教座(See)很可能位于奥斯曼帝国征服后命名的城镇叶尼杰·瓦尔达尔(Yenidjé Vardar,希腊文写作扬尼察[Yannitsa])。近现代以来,18世纪的希腊学者梅莱蒂奥斯(Meletios)首次尝试确定古佩拉的遗址所在,他在扬尼察和一个"如今被称为'宫殿'[*ta Palatia*]"的遗址之间犹豫不决。不到一个世纪后,普克维尔(Pouqueville)将这一遗址(他称之为帕拉蒂齐亚[Palatitzia])对应至安拉·基里萨(Allah Kilissa)村庄。同年,另外三位旅行者博若尔(Beaujour)、库西内里(Cousinéry)和利克(Leake)也将该遗址定位至这一村庄(他们采用的拼写名称各异,而希腊文写作 Hagioi Apostoloi);他们还补充说,村庄往西两公里处的一处水源仍沿用着佩拉(希腊文写作"*Πέλλα*",保加利亚文写作Pel)的名称。

因此,佩拉古城究竟位于何处?在扬尼察,或是哈吉奥伊·阿波斯托罗伊,还是村庄以西的水源?尽管罗马时期的旅游指南所提供的地理信息指向"佩拉"水源,但19世纪的旅行家一致选择了哈吉奥伊·阿波斯托罗伊,因为该地点与李维(Livy 44.46.4—11,来源是波利比乌斯[Polybius])对佩拉的描述相似,令他们印象深刻。然而,这些旅行家无法为"佩拉"一名转移至水源或扬尼察提供有效解释,也无法为该遗址的各种后世名称提供合理解释。

乔治奥斯·奥克诺莫斯(G. Oikonomos)于1914年至1915年开展了对该遗址的系统发掘,克里斯托斯·马卡罗纳斯(Ch. Makaronas)和福蒂奥斯·佩特萨斯(Ph. Petsas)于20世纪50年代重新恢复了发掘工作,方才解开了这个谜团。考古发现清晰地表明,自阿敏塔斯三世(Amyntas III)至佩尔塞乌斯(Perseus),其间历代马其顿国王的首都均位于哈吉奥伊·阿波斯托罗伊村庄(后更名为"帕拉伊亚·佩拉"[Palaia Pella]),其后的罗马拓殖地则位于哈吉奥伊·阿波斯托罗水源和现代的新佩拉(Nea Pella)村附近①。后续的一系列发掘,同时参照大量的铭文材料,如今我们证明了19世纪旅行家的选择是正确的,哈吉奥伊·阿波斯托罗伊德莫(deme)②恢复了旧日王都的光荣称号。

根据迪奥多鲁斯(Diodorus, 22.12.1)的说法,埃盖是马其顿王国的第一个首都,也是马其顿王国"圣火所在"(ἑστία),但这一首都的位置不仅更为复杂,同时也更富政治内涵③。直至20世纪60年代,除了19世纪德国学者忒欧斐鲁斯/戈特里布·卢卡斯·弗里德里希·塔费尔(Th. L. Fr. Tafel)之外,所有专家都一致认为,埃盖在被卡剌诺斯(Karanos,忒梅尼德王朝的建立者)征服之前的名字是厄德萨,即古代城市厄德萨,中世纪时被称为沃德纳,其依据为公元3世纪的诗人、卡珥奇斯的欧弗里翁(Euphorion of Chalkis)的作品,以及罗马历史学家尤斯丁(Justin)的作品,后者曾为公元1世纪高卢拉丁历史学家庞培乌斯·特洛古斯(Pompeius Trogus)所著《腓力史》(Historiae Philippicae)作了一份《摘要》(Epitome)。针对这一既定观点,即埃盖和厄德萨是同一座城市抑或同一座城市的两个部分,塔费尔提出了以下反驳:(1)一些古代作家,即老普林尼(HN 4.33和6.34)、普鲁塔克(Pyrrhus 10.2; 12.6; 26.6)和克劳狄乌斯·托勒密(3.13. 39)明确区分了埃盖和厄德萨;(2)忒欧弗剌斯托斯(Theophrastus)将其在埃盖观察到的天气现象归因于该城毗邻奥林匹斯山(De ventis 27),而厄

① 关于马其顿王室宫邸从埃盖迁至佩拉的年份,参 Hatzopoulos 1987a, 41—44。
② [译注]希腊文"δῆμος"的含义较为丰富,既可指一群聚集起来的公民,也可以指一群共同生活的公民形成的共同体、社群乃至行政单位,因而译者采用音译。
③ 关于埃盖的定位、历史、地形及考古研究,另参见 EKM II, 60—62。

德萨则位于奥林匹斯山北面约90公里处,从距离而言,埃盖应当是另一座离山更近的城市;(3)厄德萨没有出土过马其顿王室陵墓,而根据古代作者的说法,马其顿的王室陵墓位于埃盖[①]。

　　我们难以解释为何塔费尔的反驳如此有力,却未能得到认真对待,或许人们更多出于感性而非理性,沿信了厄德萨作为马其顿王国首都的观点:厄德萨拥有壮丽的自然景观,包括其上城(Upper City)、瀑布和绵延的葡萄园,比任何一个马其顿的城市都更适于作为一个伟大王朝的首都。这至少是所有来访者的感受,他们为我们留下了关于这座城市美景的抒情性描绘。因此,帕拉蒂齐亚的发掘者莱昂·厄泽(L. Heuzey)并没有意识到他可能发现了一座王都,尽管他完全知道此处的宫殿具有极其重要的意义,以及那座"马其顿最壮丽的墓冢",即圆形土冢遗址(Great Tumulus),象征着一座极其重要的葬仪纪念碑(funerary monument),并且他也提到帕拉蒂齐亚遗址可能正位于托勒密笔下的"埃盖亚"(Aigaia,厄玛提亚[Emathia]地区的一座城市)[②]。囿于传统观点,他有所保留地将帕拉蒂齐亚归为位置尚不明确的城市巴拉(Balla),而非埃盖。将近一个世纪后,两位学者——南斯拉夫的法努拉·帕帕佐格鲁(Fanoula Papazoglou)和英国人哈蒙德(N.G.L. Hammond)——才成功地挑战了这一定见(*communis opinio*)。前者在1957年的博士论文中提出文本和碑铭两方面的证据,其中提到了厄德萨与埃盖两座城市,并且认为存在两个不同的族群——厄德萨族群(Edessaios)和埃盖族群

---

　　① Tafel 1842, 48—50.

　　② Heuzey 1876, 183:"托勒密确确实实将埃盖(*Aίγαία*)列为一个厄玛提亚地区的城市;但甚至都不能确切证明帕拉蒂齐亚地区属于古代的皮耶里亚。如今,这些位于河流对岸的村庄并不隶属于基特罗斯(Kitros)的皮耶里亚主教区,而是属于韦里亚的大都会主教的辖区。而我们也知道,有时教会行政区划会借鉴古代国家政治实体边界的划分。事实上,在这一地区,相较于易于渡涉的哈利克蒙河,皮耶里亚山脉的厚实山链形成更有效的边界,因此河流右岸的这一部分似乎更自然地与厄玛提亚大平原相连。"

（Aigaios），从而证明它们分属不同的两座城市。她还强调厄德萨未曾出土王室墓葬，而奢华的墓葬出土于厄德萨以南，也就是现代的纳乌萨镇（Naoussa）附近[①]。11年后，在1968年于塞萨洛尼基举行的第一届古代马其顿国际学术会议上，哈蒙德在塔费尔和帕帕佐格鲁的基础上又补充了两个论点，即（1）迪奥多鲁斯（Diodorus）曾记述一位王位宣称者阿尔伽尤斯（Argaios）公元前360年从梅托内（Methone）到埃盖再返回的失败行军，而这段记载与梅托内相距厄德萨90公里的事实不符；（2）一份出土于阿尔戈斯（Argos）的铭文，其日期可追溯到公元4世纪晚期，铭文中按地理方位从南到北的顺序列举了马其顿诸城市，包括埃盖，紧接着是另一个现已名称失考的城市（可能是贝罗亚），之后是厄德萨。然而，哈蒙德不仅否定了厄德萨即埃盖的观点，还进一步认定，符合所有描述的古代遗址是帕拉蒂齐亚-韦尔吉纳（Palatitsia-Vergina）：这一遗址距离奥林匹斯山及其皮耶里亚山脉（Pierian）足够近，符合忒欧弗剌斯托斯所观察到的天气现象；该遗址出土了一座"马其顿人所建造的墓冢"，墓中出土了一个王座，可能是腓力二世的宝座；它距离梅托内只有25公里，符合迪奥多鲁斯关于阿尔伽尤斯行军的叙述；最后，它位于厄德萨和贝罗亚的南面[②]。对于哈蒙德的理论，与会的马诺利斯·安德罗尼科斯（M. Andronicos）表示赞同，而佩特萨斯则不认同，并语含讽刺地评论了这一理论。

10

在安德罗尼科斯发掘韦尔吉纳墓冢时出土了一座王室陵墓，这一轰动一时的发现使"埃盖位于何处"从单纯的学术问题变成了掺杂着个人利益和政治立场的争议。佩特萨斯曾在纳乌萨附近的列夫卡迪亚-科帕诺斯（Levkadia-Kopanos）和厄德萨指导过发掘工作，并在

　　① Papazoglou 1957, 111。
　　② Hammond 1970, 53—67。巧合的是，1970年9月，年轻的罗伯特·莱恩·福克斯在访问韦尔吉纳期间观察到了忒欧弗剌斯托斯所描述的天气现象：Lane Fox 1973, 504。

前者发掘出了雄伟的"审断之墓"（Tomb of the Judgement），在后者则发掘出了下城（lower city）的环形城墙，此外，他与安德罗尼科斯在学生时代就存在着长期的个人竞争关系，因此，佩特萨斯对其同事的发现提出激烈的质疑，并不令人意外。此外，厄德萨的居民以自己是马其顿历史上第一个首都的公民而深感自豪，厄德萨考古遗址的入口处还铭刻着"埃盖古遗址"的字样，因此，厄德萨的公众舆论对其"首都地位"的丧失极为不满，同样不足为奇。相较而言，更难预料到的是希腊北部一些邻国的反应。赫里斯托·安东诺夫斯基（Hristo Andonovski）在 1979 年出版的新英文期刊《马其顿评论》（*Macedonian Review*）创刊号上发表了一篇题为"韦尔吉纳丰富的考古发现"（"Rich Archaeological Discoveries in Vergina"）的文章，极具启发性。安东诺夫斯基对哈蒙德的理论提出了质疑，因为"迄今为止，在韦尔吉纳既没有出土古城遗址，也没有发现古代剧场痕迹"，他还解释道，一部分人出于政治动机轻易地接受了韦尔吉纳是古代埃盖的观点。"一直以来存在一个顽疾，那便是一部分博学的希腊人和官方政府试图抹杀一切证据，如果它们可以证明在爱琴马其顿的地理范围内曾经生活过并且现在还生活着非希腊血统的人的事实……直至 1912 年，沃德纳（Voden）一直表现为纯粹的斯拉夫文化特征区，直到小亚细亚的逃亡者在这一地区开始拓殖，斯拉夫族群的特征才被淡化。相较而言，沃德纳位于马其顿人的人种学疆界（ethnographic borders）之内，然而贝罗亚（Ber）和韦尔吉纳则位于马其顿的人种学南部疆界之外。如果哈蒙德的假设成立，即古代马其顿王国的首都在韦尔吉纳而不是沃德纳，我们就可以论证希腊文化在马其顿地区赓续不绝，从而佐证古代马其顿发源于希腊民族。然而，迄今为止，支持这种理论的论据非常薄弱。"①

11　　　　自 1979 年以来，韦尔吉纳先后出土了古代剧场和城市遗址。我

---

① Andonovski 1979, 112.

们不知道上述文章的作者是否由此确信马其顿的第一个首都就位于韦尔吉纳，并由此推断，古代马其顿族群起源于希腊；不过，仍有希腊学者在出土了王宫、王室陵墓和剧场之后依然否认韦尔吉纳即古埃盖，他们更倾向于将古埃盖定位于纳乌萨-科帕诺斯（Naoussa-Kopanos）——那里出土了一个剧场，但既没有王宫也没有王室陵墓问世——或定位在未发现任何一种上述遗址的厄德萨[①]。

此外，其他一些马其顿古城的位置问题直至近期才得以解决，例如卡林多亚（Kalindoia）、摩尔律洛斯（Morrylos）、阿罗洛斯（Arrolos）、贝尔革（Berge）、斯特列普撒（Strepsa）、辛提刻赫拉克勒亚（Herakleia Sintike）等，得益于考古学、碑铭学和钱币学研究的发展，这些难题在过去半个世纪得以解决，而没有引发类似争论。在现代外交和政治辩论中，古代马其顿的历史常常被引用乃至滥用，但抛开这一话题，我们现在必须研究古代史背景下的核心问题：马其顿究竟位于何处，其边界究竟延展到哪里。

正如笔者在大约30年前所写的那样，"一些人群的认同归属于一个特定国家，而另一些国家的认同则归属于一个特定人群。如果说法国人是法国的产物，那么马其顿则不过是马其顿人（*Makedones*）征服并定居的国家。因此，很难从地理角度对其进行准确定义。纵观历史，马其顿的疆域一直随着马其顿人的扩张而扩张，从西部的品多斯山脉到东部的腓力比平原，从南部的奥林匹斯山到北部巴尔努斯山（Mounts Barnous，包括尼杰山［Nidje］和派孔山［Paikon］）和欧尔贝洛斯山（Orbelos，即贝莱斯山）之间的阿克西欧斯峡谷（Axios gorge）。在此，我们将使用'马其顿'一词来指代希腊化末期在罗马统治之前由于征服、被征服土地的拓殖化以及'土著'人群被驱逐及

---

① Faklaris 1994, 609—616; Touloumakos 2006; 笔者的反驳参见 Hatzopoulos 1996d, 264—269 (=*Recueil* 171—176); 比较 Saatsoglou-Paliadeli 1996, 225—235; Hammond 1997a, 177—179。

同化而形成的一种国家形态"。[1]

2.1　古风时期

古代马其顿的边界问题与马其顿王国的起源及早期扩张联系紧密。一旦学者们将马其顿王国的肇基之地埃盖定于厄德萨或其附近,他们就必然面对一个难题,即将希罗多德和修昔底德各自的史著,两份最古早、最详实但又明显相互矛盾的证据,结合起来。修昔底德的叙述断代明确,涉及公元前429年马其顿王国的情形,而他撰写其史著的时间是在阿尔刻拉奥斯统治时期(公元前414年至前399年),即伯罗奔尼撒战争结束后不久[2]。另一方面,若我们希望将希罗多德所记述的传说纳入修昔底德的年代学框架,唯一的信息是亚历山大一世(Alexander I)是马其顿王国开创者佩尔迪卡斯一世(Perdikkas I)的第六代后裔。亚历山大一世于公元前495年左右登基,因而马其顿王国的建立时间应倒推至公元前7世纪70年代或该世纪中叶,取决于我们采取每一代人相距30年还是25年来计算年份。考古证据似乎证实了这一年代的可靠性[3]。

希罗多德(8.137—138)叙述道,马其顿王国的建立者是佩尔迪卡斯,他是来自阿尔戈斯的忒梅尼德三兄弟中的幼弟,他们从伊利里亚(Illyria)来到上马其顿,在当地国王的驻地勒巴耶(Lebaie)谋求生计。国王获悉预言,得知佩尔迪卡斯将继承他的王国后,三兄弟被迫逃亡。在躲避国王和他的骑兵追捕的过程中,他们得到了一条河的保护,追击者无法像他们那样渡过这条河,后来三人还向这条河感恩

---

[1] Hatzopoulos 1993a, 19.

[2] 比较 Hornblower 1991, 375—376。

[3] Saripanidi 2017, 86.

献祭。他们在贝尔米翁山(Mount Bermion)下的"米达斯花园"(gardens of Midas)定居下来,"那里的玫瑰兀自开谢",随后从这一地点出发,开始征服马其顿的其他地区。

这一传说初看来与埃盖位于厄德萨或其附近的说法并不矛盾:毕竟,厄德萨恰好位于贝尔米翁山和巴尔努斯山(即尼杰山)山麓交汇处形成的山口上,果园丰饶,花木繁茂,完全符合希罗多德对"米达斯花园"的描述。然而,这一传说与修昔底德(2.99)更为冷静的叙述并不相符:

西塔珥刻斯(Sitalces)的军队正在多贝鲁斯(Doberus)集结,准备翻越山峰,攻占佩尔迪卡斯统治下的马其顿。马其顿族群(race)还包括林科斯人、厄利梅亚人(Elimiotes)和上马其顿的其他部落,这些部落虽然与较近的马其顿人结盟并臣服于他们,但也拥有自己的国王;然而,现在位于海边的这一被称为马其顿的国家,是由佩尔迪卡斯的父亲亚历山大一世和他的祖先,即最初来自阿尔戈斯的忒梅尼德人所开拓,并成为他们的王国。他们打败了皮耶里亚人,并将他们赶出了皮耶里亚,这些人后来居住在法格雷斯(Phagres)和斯特里蒙河(Strymon)以东潘伽乌斯山(Mount Pangaeus)脚下的其他地方(直到今天,潘加乌斯山脚下向海的地区仍被称为皮耶里亚山谷[Pierian Valley]);他们还从被称为波提亚(Bottia)的地方驱逐了波提亚人(Bottiaeans),这些人现在居住在卡珥奇迪刻人(Chalcidians)的边境地区;他们还夺取了沿着阿克西欧斯河从腹地一直延伸到佩拉和海边的派奥尼亚(Paeonia)狭长地带。在阿克西欧斯河之外,他们占有的土地一直延伸到被称为米格多尼亚(Mygdonia)的斯特里蒙河,因为他们赶走了厄多尼斯人(Edonians)。此外,他们还从现在被称为厄欧尔迪亚(Eordia)的地区驱逐了厄欧尔迪亚人(Eornians),

13

大部分厄欧尔迪亚人被消灭了,但少数幸存者如今定居在皮斯卡(Physca)附近;他们还从阿珥莫皮亚(Almopia)驱逐了阿珥莫皮亚人。这些马其顿人还占据了属于其他部落的一些地方,至今统治着这些土地,即安忒穆斯(Anthemus)、格雷斯托尼亚(Grestonia)、比萨珥提亚(Bisaltia)以及马其顿本部(Macedonia proper)①的大部分地区。然而,现在他们所拥有的全部领土作为一个整体被称为马其顿,西塔尔刻斯入侵时,亚历山大一世的儿子佩尔迪卡斯在位统治。②

修昔底德关于马其顿扩张的叙事似乎清晰明确。然而,这里存在一个关键问题:上述叙述是依地理顺序展开,从南到北,自西向东,还是按时间次序组织的?

如果将修昔底德的叙述视为按时间次序展开,那么,我们不可避免地会得出一个结论:忒梅尼德王朝的扩张是从征服皮耶里亚而非厄德萨所在的波提亚开始的。因此,大多数将埃盖定位于厄德萨或其附近的学者(缪勒[Müller]、盖耶[Geyer]、卡纳佐利斯[Kanatsoulis]、贝洛赫[Beloch]、克洛歇[Cloché]、达斯卡拉基斯[Daskalakis])③都以某种方式将修昔底德的记载解释为按地理顺序展开。然而,这种解释不能令人满意。人们如何解释为什么忒梅尼德人征服的最西端的厄欧尔达亚(Eordaia)和阿珥莫皮亚两地,在波提亚(下派奥尼亚[Lower Paionia])和米格多尼亚之后被提及,而非之前?因此,相信这一观点的许多学者按自己的意愿重新修订了忒梅尼德

---

① [译注]"马其顿本部"为希罗多德笔下马其顿人的起源地与核心定居区域,强调其与其他希腊地区的文化联系,而后文中的"马其顿本土"则强调马其顿王国的核心地带,区分于扩张夺得的新领土,两概念不应混淆。

② Charles Forster英译,载于洛布古典丛书(Loeb Classical Library [1956]),笔者略作修改。

③ K. Müller 1825, 31; Geyer 1930, 39—41; Kanatsoulis 1964, 13—15; Beloch 1912², 341; Cloché 1960, 29—34; Daskalakis 1960, 235—236.

人征服的时间表①。只有阿贝尔（Abel）、霍夫曼（Hoffmann）和埃德森（Edson）坚持认为修昔底德的叙述是按照时间次序组织的②。

依笔者之见，修昔底德并未预先决定他将遵循时间次序抑或地理顺序开展叙述。他很自然地从皮耶里亚开始，该地区最接近王国的发源地，也可能是忒梅尼德人开启征服的地方；随后他谈到毗邻皮耶里亚的波提亚，接着是邻近的下派奥尼亚（Lower Paionia），与之接壤的米格多尼亚，直至斯特里蒙河。此时，修昔底德发现自己遗漏了厄欧尔达亚和阿珂莫皮亚这两个更早被征服的地区，于是他不无道理地添上这两个西部地区，并补充介绍：“此外，他们还驱逐了⋯⋯”③，最后他列举了克瑞斯托尼亚（Krestonia）、比萨珥提亚和安忒穆斯（Anthemous）这三个在时间上最晚、在地理上最东和最南的被征服地区。

最终，得益于哈蒙德敏锐的直觉④，埃盖被重新定位于韦尔吉纳，即希罗多德所说的马其顿地区（Μακεδονίς），由此两位古代史学家文本之间明显的矛盾似乎得已解决，而认为修昔底德叙述为按时间次序开展的学者也获得了论据。马其顿扩张不同阶段的相对顺序现在大致得以确定，其早期历史终于浮现较为清晰的轮廓。佩尔迪卡斯从贝尔米翁山麓的“米达斯花园”出发，进入哈利亚克蒙河谷（Haliakmon valley）下游，首先占领了埃盖及毗邻地区，即希罗多德所说的马其顿地区。随后，马其顿人从埃盖出发，先是征服了皮耶里亚，然后又征服了波提亚。因此，在第二轮征服之后，早期的马其顿地区便包括了希罗多德（7.131）所说的马其顿山区（*Makedonikon oros*），即哈利亚克蒙河与路迪阿斯河（Loudias）汇流处与皮耶里亚山

① Zahrnt 1984, 332—333 及所附参考文献。

② Abel 1847, 143—146; Hoffmann 1906, 257; Edson 1970, 27, 特别参见页54、56。

③ 希腊文原文为“*ἀνέστησαν δὲ καὶ ...*”。

④ Hammond 1970, 53—67.

脉北部延伸地带之间的哈利亚克蒙河谷,以及卢迪阿斯河上游以西的贝尔米翁山麓。赫西俄德《列女传》(*Catalogue of Women*,M—W残篇7)也印证了早期马其顿人活跃于这一地区,该作品还声称宙斯之子玛格内斯(Magnes)和马其顿分别定居于奥林匹斯山和皮耶里亚;希罗多德的另一段文字(1.56;参见8.43)也曾提及奥林匹斯山是"早期马其顿族群"(Μακεδνὸν ἔϑνος)的居住地,这个庞大的游牧人群中的一个分支便是历史上建立王国的马其顿人①。

　　马其顿扩张的第三阶段包括占领"沿着阿克西欧斯河从内陆延伸到佩拉和海边的派奥尼亚狭长地带"②。修昔底德对这一地区的地理描绘(2.99.4)与希罗多德的相应叙述(7.123.3:"阿克西欧斯河将米格多尼亚和波提亚分开,后者是坐落着伊克奈[Ichnai]和佩拉两座城市的一条狭长地带"),均沿袭了赫卡泰欧斯(Hecataeus)的描述③。值得注意的是,希罗多德使用了新的地理学术语"波提亚"而非"派奥尼亚"来指代这一新并入马其顿王国的狭长地带。此外,关于这一阶段的马其顿扩张,我们还有两个间接的证据。斯特拉波(Strabo,7,残篇20 Baladié)曾记载,在阿克西欧斯河上有一个叫阿比敦(Abydon)的要塞,即荷马笔下的阿米顿(Amydon),被阿尔吉德马其顿人(Argead Macedonians)摧毁。毫无疑问,这一事件发生在马其顿人吞并阿克西欧斯河下游右岸时。另一个间接的证据则是马其顿征服者在伊克奈南部建立了一个新的定居点阿珥兰忒(Allante),意在取代阿克西欧斯河口的阿比顿,后者已历经数百年河水冲积,不断南移,同时也为了将伊克奈与大海隔离开来,当时伊克奈还是派奥尼亚人的定居点④。

　　在随后第四阶段的扩张中,马其顿人征服了米格多尼亚,并驱逐

　　① 参见 Zahrnt 1984, 348—352。
　　② Thuc. 2.100.3.
　　③ 参见 Hammond 1972, 146—147。赫卡泰欧斯,公元前6世纪希腊地理学家、历史编纂学家。
　　④ Edson 1955, 187,注71;参见 Gounaropoulou/Hatzopoulos 1985, 61。

了以前居住在那里的厄多尼斯人（Edones）①。最后，马其顿人征服了克瑞斯托尼亚、比萨尔提亚和安忒穆斯。至于马其顿人何时吞并厄欧尔达亚和阿珂莫皮亚，以及他们如何处置原住民，我们无法从修昔底德的作品准确获悉，因为这只是他在描述马其顿人征服米格多尼亚之后回想起来的一些事件。不过，它们很可能发生于之前的扩张阶段。

至此，马其顿扩张各个阶段的相对次序已基本明确，然而精确的年代仍未断定。幸运的是，我们至少可以确定，比萨珥提亚和克瑞斯托尼亚是在波斯人撤退后被征服的，因为根据希罗多德的记载（8.116.1），比萨珥提亚人和克瑞斯托尼亚人在公元前479年仍处于本国国王的统治之下。但是，马其顿王国在下派奥尼亚地区的第三阶段扩张，以及在米格多尼亚"直至斯特里蒙河"的第四阶段扩张，是始于公元前479年后波斯人的撤退，还是早在公元前6世纪末期阿敏塔斯一世（Amyntas I）统治时期就已经开始了呢？综合各种文献，并考察希罗多德和修昔底德作品的其他章节，我们更倾向于前一种观点。赫卡泰欧斯称洛伊迪阿斯河（Loidias，一作路迪阿斯河[Loudias]）为"马其顿人的河流"（*FGrHist* 1 F 145），而卡拉斯特剌（Chalastra）是"色雷斯人的城市"，辛多尼亚人（Sindonians）是"色雷斯人"，忒尔梅（Therme）则是"希腊色雷斯人"的城市（*FGrHist* 1 F 146—147），这意味着在公元前6世纪末赫卡泰欧斯撰写《寰宇志》（Περιήγησις）时，马其顿人已经占领了皮耶里亚和波提亚，但尚未跨过阿克西欧斯河进入米格多尼亚。希罗多德作品提供了相应的证据，他记载道（5.17），在公元前510年左右，梅伽彼佐斯（Megabyzos）曾派遣七名波斯使者前往马其顿，"从普刺西阿斯湖（Prasias，即普拉维湖[Pravi]）到'马其顿'有一条绝妙捷径，不过要翻越狄索隆山

---

① [译注]此处"Edones"与前文的"Edonians"均为希腊文 *Ἠδωνιοί* 的转写形式，厄多尼斯部族于米格多尼亚聚居的地区因其得名厄多尼亚。

（Mount Dysoron，即梅诺伊奇昂山［Mount Menoikion］）"，他在此将

16　"历史"时态（'historical' tenses，包括未完成时［imperfect］和不定过
去时［aorist］）转换成了现在时态（present tense），从而表明自己指的
是写作时的情况，而非公元前6世纪晚期的情况。显然，古风时期的
马其顿尚未扩张至斯特里蒙河谷①。在叙述克塞尔克塞斯（Xerxes）
行军途经马其顿时，希罗多同样借用了赫卡泰欧斯的描述，记载道
"阿克西欧斯河将米格多尼亚和波提亚划分开来"（7.123.3），并进一
步补充道："此外吕迪阿斯河（Lydias，即路迪阿斯河）和哈利亚克蒙
河将波提亚和马其顿本部划分开来，它们的河水则在同一块河床上
交汇"（7.127.1），此时他再次从"历史不定过去时"（'historical' aor-
ist）转为现在时态，再次表明所指为自己同时代的情况。总而言之，
无论提及阿克西欧斯河，还是吕底斯河（路迪阿斯河）和哈利亚克蒙
河的共同河床，希罗多德都未曾提到"国家"边界，因此，我们不应认
为古风时期的马其顿已经吞并了米格多尼亚②。

　　查尔斯·埃德森（Charles Edson）坚称，马其顿对下派奥尼亚、米
格多尼亚和安忒穆斯的征服并不早于波斯战争，其依据为，下派奥尼
亚的伊克奈和米格多尼亚西部的勒忒（Lete）在公元前5世纪的前几
十年里一直在铸造自己的钱币③，而马其顿王国控制的城市直到公元
前2世纪才可能享有这一特权④。然而，新的研究成果削弱了这一论
点的说服力：塞莉妮·普索玛（Selene Psoma）指出，所谓的"勒忒"钱币
乃是误读，现在已被重新归源于塔索斯佩刺亚（Thasian Peraia）的一
个城市，可能是贝尔革⑤，而发现于伊克奈的钱币则被塞莉妮·普索玛
和安杰洛斯·赞尼斯（A. Zannis）重新归源至马其顿东南部的一个不

---

①　Hatzopoulos 2008a, 13—20.

②　Zahrnt 1984, 360持同样的观点。

③　Edson 1970, 27及注54。

④　Kremydi 2018, 286—289及参考文献。

⑤　Psoma 2006, 61—86.

见于文献记载的同名城市①。虽然埃德森的理论没有被普遍接受②，但马其顿人对下派奥尼亚的攻占，可能与伊克奈一段时间内延续的自主铸币权并不矛盾，而且铸币权可能与马其顿的扩张问题完全无关。被征服的城市或地区可能不会立即并入马其顿本部(Macedonia proper)。伊克奈可能经历了一段过渡期，在此期间该城市保留了与铸币权相对应的半自治地位③。一些学者坚持认为下派奥尼亚和米格多尼亚很早就被征服，因为希罗多德(5.94.1)曾记载，当僭主希庇阿斯(Hippias)未能在公元前505年恢复他在雅典的旧职时，阿敏塔斯一世将安忒穆斯送给他定居。这些学者声称，如果阿敏塔斯一世还没有控制下派奥尼亚，至少还没有控制西米格多尼亚，他就不可能拥有甚至考虑征服安忒穆斯。埃德森正确地指出这种说法的荒谬之处④。阿敏塔斯一世的提议"不过是一个联合占领的计划"，以附近的莱伊刻洛斯(Rhaikelos)的庇西特拉图(Pisistratid)领地作为扩张基地；同时，由于希庇阿斯拒绝了马其顿国王的提议，因此这一提议无果而终。此外，最近有学者认定莱伊刻洛斯即安忒穆斯海岸上的佩拉伊亚(Peraia)古遗址⑤，然而修昔底德将佩拉伊亚、克瑞斯托尼亚和比萨珥提亚一同作为马其顿扩张的最后地区，远远晚于马其顿人征服米格多尼亚，进一步削弱了该论据的可信度。在另一处叙述中，修昔底德(2.100.4—101.5)提供了更多的证据来证明安忒穆斯是马其顿人晚近才夺取的，因为该地区与下派奥尼亚、米格多尼亚和克瑞斯托尼亚一起，似乎是"新征服领土"(New Territories)的一部分，而"新征

---

① Psoma/Zannis 2011, 23—46.

② *EKM II*, 753.

③ Hatzopoulos 1996b, 107; *EKM II*, 753.可比较安菲波利斯的情况。在公元前357年被马其顿征服后，安菲波利斯在一段时间内仍在铸造本地的货币，参 Picard, O. 1994, 207—210.

④ Edson 1955, 186, 注47。

⑤ Nigdelis 2011, 103—117; Apostolou 2016, 134—152; 比较 *BE* 2012, 273 及 2017, 335。

服领土"构成了佩尔迪卡斯二世的兄弟菲利珀斯(Philippos)的领地①。

　　总而言之,在确认韦尔吉纳即古埃盖后,修昔底德关键叙述的地理顺序解释派(geographical)和时间次序解释派(chronological)之间的争论的确得以解决,后者获得了更多认可(尽管确认韦尔吉纳即古埃盖的学者哈蒙德仍自相矛盾地忠实于地理解释),但马其顿扩张不同阶段的绝对(而非相对)年代学问题仍然悬而未决。毕竟,这并非一个容易激发情绪的话题。然而,在马其顿考古学的"万花筒"中,在"辛多斯"(Sindos)、哈吉亚·帕拉斯凯维(Hagia Paraskevi)和阿尔孔提孔(Archontikon)的古代墓地中发现了奢华的墓葬物品之后,马其顿扩张的绝对年代学问题就不再成立了,因为马其顿人在下派奥尼亚和西米格多尼亚扩张的年代似乎取决于当地定居者的族群身份(ethnic identity):他们是马其顿人还是派奥尼亚人、波提亚人和其他厄多尼亚人?

18　　　受限于缺乏明确的文字资料,我们若想回答这一问题,需要明确一些基本的方法论问题,包括"族群身份"一词在古风时期希腊语境中的确切含义乃至重要性,出土器物何种程度上能确定语言、宗教信仰及习俗、社会制度(institutions)和风俗(这些通常被认为是族群身份的构成要素),以及"扩张"一词的确切内涵。解决这些学术问题本身就已足够艰巨,而参与遗址发现工作的考古学家之间的个人争斗又使这些问题愈发复杂。

2.1.1　"马其顿扩张"术语的内涵

　　"扩张"可能意味着几种不同的实际情况,包括政治-军事控制或行政整合,甚至是大规模拓殖。马其顿国王拥有一块土地,不同于马其顿人民对一块土地进行拓殖,必须明确区分。例如,在公元前4世纪上半叶,马其顿本土既是马其顿王国的一部分,也是马其顿人的主

---

　　① Hatzopoulos 1996b, 174—176.

要居住地,这一点可以从文学作品和最早的碑铭所保留的地名中得以证实。在同一时期,米格多尼亚和安忒穆斯在大部分时间里也是马其顿领土的一部分,但马其顿人定居在这两个地方吗?举个现代的例子,突尼斯在1956年之前只是法国的保护国。另一方面,阿尔及利亚1962年之前则是被并入法国,并被划分为一个"省"(départements)。相反,作为"海外领土"(territoire outre-mer)的新喀里多尼亚(New Caledonia)却被大规模拓殖化,以至于今天的土著居民仍然是少数群体。当我们谈论到"马其顿扩张"时,我们会联想到以上的哪一种情形呢?在现代社会,无论沦为被保护国还是被拓殖国行政整合,都没有导致当地人口的大规模更替。同样,波斯战争后,马其顿对阿克西欧斯河以外的新领土无可置疑的控制,也不一定意味着马其顿王国的发源地随之出现了大规模的拓殖化。我们在讨论阿尔孔提孔、"辛多斯"、哈吉亚·帕拉斯凯维、"忒尔米"及奥克里德湖畔的特列贝尼什忒(Trebenishte)出土的遗骸所拥有的"马其顿身份"时,必须牢记这一点。因为,那些主张在这些地方发生过"马其顿扩张",并将死者的"族群身份"与这些地区联系在一起的学者,并不只是指对下派奥尼亚、米格多尼亚或安忒穆斯的政治军事控制,而是指大规模的驱逐和拓殖统治,也就是说,马其顿人在很大程度上取代了原来的土著居民。

2.1.2 出土器物与"国民"身份

近期已有一些将中部马其顿的古墓葬按族群分类的尝试,而在进一步考察这些尝试之前,我们有必要简单介绍一下过去几十年发掘出土的一些主要的古风时期马其顿墓葬。

2.1.2.1 "辛多斯"

"辛多斯"是第一个发掘的主要古风时期遗址,也是考古报告已

完整出版的唯一遗址。"辛多斯"以所在地现今的村庄命名,在该村庄
的工业区偶然间发现了一座古代墓葬,其发掘工作从 1980 年持续至
1982 年,发掘者凯瑟琳·德斯波伊尼(Aikaterini Despoini)于 2016 年
出版了三卷卓绝的发掘成果。[①]出土的 123 座墓坑中,有一半在古代
曾遭到洗劫,但另一半墓坑中发现的物品却以其奢华精美震惊了学
者专家和普通大众。金银珠宝、殡葬面具(mortuary masks)、手套鞋
子、青铜及铁制矛头、战剑、头盔、盾牌、炊饮具、当地生产的马车和家
具微缩雕塑(miniatures),以及从希腊南部进口的极其精良的陶器。
这座墓地从公元前 560 年左右一直延续到公元前 5 世纪中叶,其中随
葬品最丰富的 52 座墓葬属于古风时期(公元前 560 年至前 480 年),
但从雅正风格(severe style)[②]时期开始,出土器物的丰富程度急剧下
降,只剩古典时期少数墓葬中的一件金首饰。根据发掘者的说法,该
墓地属于附近的安奇阿洛斯(Anchialos)古定居点,她根据初步的证
据将其认定为卡拉斯特剌古城[③]。

现代"辛多斯"遗址所葬之人属于什么种族,明显与附近的"安奇
阿洛斯"定居点的古代名称存在着不可分割的联系,其名称有两种可
能:"辛多斯"或"卡拉斯特剌"。该村庄的现代名称"辛多斯"并非源
自古典时期。在古马其顿大部分地区被希腊吞并后,该村被赋予了
一个土耳其名字"忒刻利"(Tekeli)。在古代作家中,只有希罗多德
(7.123.3)提到过"辛多斯"这一古代定居点,它是位于忒尔梅和查拉
斯特拉之间的一座沿海城市,属于米格多尼亚人,拜占庭人斯忒法努

20

①Despoini 1916; Despoini 2009, 20—65。另参见 Despoini 1985, Despoini 1993。
②[译注]雅正风格:又称早期古典风格,约兴盛于公元前 5 世纪上半叶。
③Hatzopoulos/Loukopoulou 1989, 87—92。近期(1990 年至 1995 年)新斐拉德尔
菲亚的考古发掘工作中出土了一个重要的定居点,其古风时期和古典时期的墓葬可
追溯到公元前 6 世纪至前 3 世纪(Misailidou-Despotidou 2017, 308—309;比较 Misaili-
dou-Despotidou 2018, 111—125)。该遗址将成为德尔斐圣使礼宾官(ϑεωροδόκοι)名
单、普林尼和托勒密提到的古城克利泰(Klitai)的一个可能所在地。

斯（Stephanus Byzantius）的《诸民族辞典》（*Ethnika*）引用了希罗多德
的这段描述，其中也提到了辛多斯这个名字。然而，我们从拜占庭人
斯忒法努斯著作的另一个条目中得知，赫卡泰欧斯在他的《欧罗巴
志》（*Description of Europe*，参 *FGrHist* 1 F 147）①曾提到辛多斯人
（Sindonaioi），并称其属于色雷斯族群（Thracian *ethnos*）。遗憾的是，
上述所有地理标识都存在定位争议。忒尔梅的位置，目前有塞萨洛
尼基、图姆巴－卡拉马里阿斯（Toumba Kalamarias）、卡剌布尔纳基
（Karabournaki）或现今的"忒尔米"（Thermi，旧名"色得斯"[Sedes]或
"路特剌色得斯"[Loutra Sedes]）多种说法②。关于卡拉斯特剌的位
置也存在争议，有人认为它位于革费剌（Gephyra，旧名托璞辛[Top-
sin]）或哈吉奥斯·阿塔纳西欧斯（Hagios Athanasios），例如蒂贝里奥
斯（Tiverios）③及他从前的学生斯特凡诺斯·吉马齐迪斯（St. Gimatzi-
dis）④与瓦西里基·萨里帕尼迪（Vasiliki Saripanidi）⑤，而也有人认为
它位于"辛多斯"或安奇阿洛斯，例如德斯波伊尼⑥与笔者⑦。前一种
观点已不再成立，因为一块刻有该城市名称及其与狄尔剌奇翁（Dyr-

———

① [译注]即《寰宇志》的第一卷。

② Vickers 1981, 327—333（塞萨洛尼基）；Sueref 2009, 351（图姆巴－卡拉马里阿
斯）；Tiverios 2009, 394（卡剌布尔纳基）；*ATLI* 398—399 及 546（色得斯）。Romaios
1940, 1—7认为"忒尔梅"是所有这些定居点的共同名称。关于早期对忒尔梅位置的
假设的概述和讨论，参见 Edson 1947, 100—104。

③ Tiverios 1991—1992, 209—234.

④ Gimatzidis 2010, 50—54; Gimatzidis 2017, 313.

⑤ Saripanidi 2017, 88, 注112, 文中提及 Gimatzidis 2010, 50—54。

⑥ Despoini 2016, 12; Despoini 1993, 33—35; Despoini 2009, 30 及注93。最近在
皮克罗林尼湖（Lake Pikrolimni）进行的研究证实了湖水中存在硝酸盐，从而为如下
观点提供了决定性的论据：该湖即是卡拉斯特剌湖，而卡拉斯特剌即位于"辛多斯"
与附近出土了圣物供奉桌（τϱάπεζα）的安奇阿洛斯一带，而非更遥远的革费剌遗址。
Ignatiadou 2004, 241—248; Ignatiadou *et al.* 2003 64—67; Ignatiadou *et al.* 2005,
311—312。

⑦ Gounaropoulou/Hatzopoulos 1985, 62—71; Hatzopoulos/Loukopoulou 1989,
87—92; Hatzopoulos 1996b, 107—108 及 171—173; *BE* 1996, 262。

rhachion)的距离(以罗马里[miles]为单位)的里程碑足以证明,革费剌/哈吉奥斯·阿塔纳西欧斯实为赫拉克勒亚。另一方面,正如斯特拉波(7,fr. 20及fr. 24)所记载,卡拉斯特剌是在城市合并运动(syn-oecism)中被并入忒萨洛尼刻的26个小城市之一。此外,作为赫卡泰欧斯笔下的"色雷斯人的城市"(πόλις Θρηίκων,参 *FGrHist* 1 F 146),革费剌或哈吉奥斯·阿塔纳西欧斯地区发现的墓葬纪念碑上的专有名称(onomastics)却没有包含任何预想的非希腊元素;恰恰相反,几乎所有碑铭①提及的地名都带有明显的马其顿色彩,加之在哈吉奥斯·阿塔纳西欧斯发现的两座"马其顿"墓葬,这些都充分表明马其顿人构成这座城市的基础。至于阿克西欧斯河与查拉斯特拉的关系,当然与在"辛多斯"发掘时发现的古河床有关②。若我们采信现今忒尔梅位置最可信的假设,即它的城市中心位于图姆巴-卡拉马里阿斯(Toumba Kalamarias),其毗邻的卡剌布尔纳基(Karabournaki)遗址是其商业港口,那么位于塞萨洛尼基中部的一座考古遗址,具备强烈的爱奥尼亚特征③,并且位于图姆巴或卡拉布纳基和"辛多斯"或安奇阿洛斯这两个遗址之间,极有可能是古代辛多斯的遗址:根据希罗多德的说法,辛多斯位于忒尔梅和卡拉斯特剌之间④。

2.1.2.2　哈吉亚·帕拉斯凯维

　　康斯坦丁诺斯·西斯马尼迪斯(K. Sismanidis)于1981年开始在哈吉亚·帕拉斯凯维遗址进行发掘,当时"辛多斯"的发掘工程业已开

---

① Hatzopoulos/Juhel 2009, 423—437: Hadymos, Nikolaos, Kynnane, Nikanor, Hippotas; Misailidou-Despotidou 2003—2004, 64—70: Menneas(比较BE 2007, 376); Chrysostomou, P. 1998, 301—333 插图 93—96: Menandros, Nikanor; Petsas 1967, 339—340,图例21: Philotera; Hatzopoulos 2008c, 246。

② Despoini 1985, 12.

③ Petsas 1982, 66—67.

④ Hatzopoulos 1996b, 107 及 171—173。

始。这次工程共发掘了435座墓葬,年代从公元前6世纪第二季度至前5世纪下半叶,其中大部分墓葬都未经盗掘,墓中陈列着丰富的随葬品:男性死者身边配有铁器和铜器(剑、矛头、匕首与头盔),女性死者则配有铜器、银器和金器珠宝(耳环、手镯、戒指、扣子与别针)。在许多墓葬中,死者的口腔中都塞有黄金口含(ἐπιστόμια)。除了当地生产的陶器外,随葬品还包括大量从阿提卡、科林斯和爱奥尼亚进口的精美陶制饮具和食具。根据发掘者的说法,在哈吉亚•帕拉斯凯维墓葬中发现的墓葬器物与同属古风时期的"辛多斯"墓葬的随葬品"极其相似"[①]。

2.1.2.3 埃盖(韦尔吉纳)

安德罗尼科斯和科塔里杜于1988年着手发掘埃盖出土的两组古风时期墓葬[②]。B组墓葬位于古风时期主墓葬区的东南部,专门用于埋葬地位较高的女性死者,包括三座规模庞大的古风时期墓坑(公元前540年至前480年),以及其余毁损严重的更早期的墓葬(约公元前600年)。完整保存下来的仅有一座公元前500年左右的墓葬,其中出土了约70件金银器(头饰、首饰、各种装饰品、鞋底残片,一根似乎是金饰权杖的物件),以及金属饮具与食具。从盗墓者未取走的物品来看,另外两座墓葬中的随葬物品也同样奢华,其中年代较早的一座还出土了进口的陶器。

Γ组墓葬位于古风时期主墓葬区的东北部,基本上与武梅尼德王朝的年代重合,从公元前6世纪初一直延续至公元前3世纪初。在出土的21座墓葬中,有8座是古风时期的墓葬,6座是公元前6世纪的墓葬,两座墓葬属于前5世纪初。全部墓葬被发现时均已被洗劫一空,但在陪葬品中发现了头盔、剑、矛头、青铜器和陶瓷器皿,由此可推测

22

---

① Sismanidis 1993, 170.

② Andronicos 1991, 1—3。下文参见Kottaridi 2016, 612—639及Kottaridi(待刊)。

出这些陪葬品的原貌。墓主很可能是忒梅尼德王朝的男性成员。

古风时期的主墓葬区出土了两百余座墓葬。与男性王室成员的火葬形成鲜明对比的是，这些墓葬几乎均采取坑葬形式。(火葬的特权在公元前5世纪晚期扩展到皇室女性成员，甚至在公元前4世纪晚期扩展到平民群体)。在主墓葬区中，死者随葬有与其性别、地位和职业相关的物品。相较于"辛多斯"甚至是哈吉亚•帕拉斯凯维出土的墓葬，这些墓葬物品的简朴程度令人震惊。随葬服饰无法与"辛多斯"墓葬出土的重装步兵全套装备(panoplies)相媲美(参见下文，更无法与阿尔孔提孔墓葬出土的相应装备相提并论)。墓中没有随葬盾牌，甚至头盔也极为罕见。女性的首饰和其他服饰由铁、铜和银制成。金器、马车微缩雕塑和烤肉叉(spits)①几乎只出现在B组和Γ组墓葬中，而殡葬面具、黄金口含、眼覆(ἐποφϑάλμια)几乎从未出土。

2.1.2.4 阿尔孔提孔

阿尔孔提孔的一个重要的城市中心遗址自1992年开始发掘，而位于现代阿尔孔提孔村附近的该定居点的墓园(necropolis)则在2000年后的发掘中得以面世②。阿尔孔提孔的繁荣得益于其水源充足、适于牧牛的肥沃土地，也得益于其位于巴尔干半岛南部由东向西的大动脉(日后的埃格纳提乌斯[Via Egnatia]大道)上的战略要地。在墓园西区已发掘出一千零一座墓葬，其中734座属古风时期，年代上限为公元前650年左右，其余墓葬则属于公元前480年至希腊化早期之间。几乎所有墓葬都是坑葬，仅有11座墓葬为火葬坑。墓葬区没有发生过劫掠事件，因而发掘者可以尝试根据墓葬物品的相对富

23

---

① [译注]墓葬发掘中常见的烧烤器物。

② 其后的发掘工作参见 A. Chrysostomou/P. Chrysostomou 2009, 477—489。比较 P. Chrysostomou 2017, 267—269; P. Chrysostomou 2018, 82—110。

裕程度对墓葬进行社会分层:在社会金字塔的最底层是一些仅随葬有一两支长矛和一把刀的男性墓葬,以及一些极为简陋的女性墓葬。在高一级的社会阶层墓葬中,男性随葬品中多出了一把剑,此外,无论是男性还是女性墓葬中,珠宝器皿的数量都有所增多,并出土有青铜器。第三级社会阶层的墓葬特点是男性墓葬中增加了头盔、黄金或白银眼覆、黄金头饰(diadems)与手套,以及用于头盔和配剑的金饰,而女性墓葬中则出土了金银珠宝和各种曾缝在衣物上的金饰。男性和女性墓葬中都出土了大量青铜器,通常还有工艺精湛的陶俑。最后,位于社会金字塔顶层的八座男性墓葬中,除了随葬有前述的武器,还出土了一面青铜盾牌、一张黄金面具或压花金箔片,五座墓葬中的死者都以这些器物覆盖住自己的面孔。三位地位相当的女性死者有黄金面具随葬,另一位女性死者则有白银面具随葬。相较于低一级的墓葬,这一类墓葬中发现的器皿和珠宝数量更多,质量更优。格外瞩目的是,最高两级的墓葬占公元前6世纪墓葬的四分之一以上,大量出土的黄金器物证明墓主的庞大财富,繁多的进口器物则表明当地社群与其他地区联系之紧密。这种非凡的繁荣在公元前6世纪末突然消失。墓中不再随葬有黄金面具和装饰品,墓园也几乎荒置近一个世纪,从公元前5世纪末直至公元前275年左右,墓园才小规模地重新启用。

2.1.2.5 "忒尔米"

在哈吉亚·帕拉斯凯维西北几公里处,靠近现今的"忒尔米"村[①],出土了一座城市中心及墓园,其归属社群的身份尚不明确,其历史可追溯到公元前8世纪至公元前1世纪,尤其活跃于公元前6世

---

① 引号的使用旨在避免该城市与古代城市"忒尔梅"(Therme)混淆,后者古称为塞得斯(Sedes)。下文参见 Skarlatidou 2009, 329—343;比较 Skarlatidou 2017, 342—343。

纪、5 世纪及 4 世纪。1987 年至 2007 年间,考古学者在此发掘了约六
千座墓葬,其中许多墓葬没有随葬物品,或随葬的贵重金属已被洗劫
一空。不过,仍有足够多的墓葬可以清晰地表现当地社群的特征。
古风时期的男性墓葬中出土有武器(长矛、剑、匕首、头盔)和饮具(青
铜或进口陶器),女性墓葬中则出土了青铜器、银器和金首饰。男性
和女性通常都随葬有黄金口含和各种金饰。发掘者叶夫多基娅·斯
卡尔拉蒂杜(Evdokia Skarlatidou)强调了"忒尔米"古风时期墓葬群
与"辛多斯"和新菲拉德珥斐亚古风时期墓葬群具有相似性[1]。

2.1.2.6　新菲拉德珥斐亚(克利泰,存疑)

　　新菲拉德珥斐亚原名纳列什(Naresh),可能正是古代的克利泰
城[2],其考古遗址自第一次世界大战以来就已进入人们的视线,当时
隶属于东方军团(Armée d'Orient)的法国考古学家莱昂·雷伊(Léon
Rey)对其进行了描述[3]。1955 年,考古学家在沿加里科斯(Gallikos,
古希腊语称作厄刻多鲁斯[Echedoros])河谷的铁路网改造期间重启
了实地田野考察,并发掘了 168 座古风时期和古典时期(自公元前 6
世纪至 3 世纪初)的墓葬,其中男性墓葬中随葬了武器(青铜头盔、铁
剑、两支长矛),女性墓葬中则随葬有她们的珠宝。男女墓葬中均出
土了进口自雅典、科林斯和爱奥尼亚及当地生产的黄金口含和谷物
器皿[4]。

2.1.2.7　埃亚内

　　从 1980 年开始,乔治亚·卡拉米特鲁-门特西迪(Georgia

[1] Skarlatidou 2009, 338.
[2] Hatzopoulos/Loukopoulou 1989, 87—92.
[3] Hatzopoulos/Hautefeuille 1992, 191—200.
[4] Misailidou-Despotidou 2017, 308—309.

24

Karamitrou Mentessidi)积极主导了埃亚内(Aiane)的考古发掘工作，发掘出从公元前6世纪下半叶至公元前5世纪初的12座宏伟的墓室，以及数座较小的石棺墓(cist graves)和大量的坑墓(pit graves)。所有墓室都曾遭到劫掠，但盗墓贼没有夺走华丽的标志性纪念性雕刻：青年男子(κοῦροι)和女子(κόραι)大理石雕塑[①]、一只狮子、一座蓄胡男性雕像，以及一些伊奥尼亚式的墓碑，在一定程度上都得以保存，他们还舍弃了一些黄金饰品。未被盗掘的坑墓中保存了随葬各种武器(青铜头盔、青铜盾牌、铁剑和矛头)的男性墓葬及随葬贵金属珠宝的女性墓葬，大量的墓葬中还出土有黄金或白银口含、金属器皿和微缩雕塑马车，以及当地生产或进口自科林斯和雅典的陶器[②]。

25

* * *

最近，有人试图根据"族群身份"(ethnic identity)对马其顿古风时期的墓葬进行分类。2017年，瓦西里基·萨里帕尼迪发表了一篇近百页的文章(73—170)，专门对希腊北部的三对墓葬遗址作了比较分析，她将每对遗址与一个族群联系起来：希腊南部的拓殖者(阿卜德剌[Abdera]和阿坎托斯[Akanthos])、色雷斯人(小杜卡托[Mikro Doukato]和后来的安菲波利斯[Amphipolis]地区)与马其顿人(埃盖或韦尔吉纳和阿尔孔提孔)。两年后，她以一篇短文重论了这个主题[③]。在文中，她舍弃了哈吉亚·帕拉斯凯维、新菲拉德珥斐亚和特列贝尼什忒地区出土的墓葬，集中讨论了阿尔孔提孔、韦尔吉纳和"辛多斯"的墓葬，试图以此论证它们高度相似，从而揭示马其

---

① [译注]这类青年男女雕像并非一般的人物塑像，而是以特点风格雕刻而成的理想化人体，以供奉神灵。

② Karamitrou-Mentesidi 2017, 106—111.

③ Saripanidi 2017, 73—170; Saripanidi 2019a, 175—196, Plates 50—52; 比较 Saripanidi 2019b, 381—410(特别是383注11)。

顿人在阿克西欧斯河以东的早期扩张历程①。她特别试图反驳 2016
年发表的一篇文章的论点,在这篇文章中,安德罗尼科斯的前助手、
考古服务部(Archaeological Service)在韦尔吉纳的发掘工作负责人
科塔里杜试图系统地比较埃盖/韦尔吉纳和阿尔孔提孔的墓园,以
确定其各自墓主的"族群身份"。萨里帕尼迪之前的长文中没有提
出这个问题,因为她想当然地认为韦尔吉纳和阿尔孔提孔都属于忒
梅尼德王国的发源地。因此,她认为这两个地方的墓葬群作为一个
整体,可作为衡量阿克西欧斯河左岸地区墓葬及右岸的米格多尼亚
墓葬群(尤其是"辛多斯"和哈吉亚·帕拉斯凯维的墓葬群)的标准。
她的论证前提是"公元前560年左右在阿克西欧斯河以东的塞尔迈
海湾地区引入的殡葬习俗,不仅与新的马其顿习俗有相似之处",而
且"它们表现了相同结构的本地及外来的物质文化形式,其遗址内
的各种变体遵循相同的文化模式",并因此做出了结论,"很难相信
这些生活在不同文化体系中、其利益在很大程度上与马其顿人的利
益相冲突的人,会乐意分享后者的文化意识形态,特别是考虑到这
种意识形态的主要目的之一是促进马其顿人的身份认同。更难相
信的是,不同的殡葬意识形态会发展出相同的物质表现形式,并在
考古遗址中呈现出相同的模式……因此,对阿克西欧斯河右岸(笔
者按:实为'左岸')墓葬的唯一可能解释是,当时这一地区已成为马
其顿王国的一部分"②。

问题在于,这个乍看之下令人信服的论证作出了一个双重假设:
首先,阿尔孔提孔"属于古波提亚的一部分……应当是在公元前6世
纪中叶之前最早并入马其顿王国的地区之一"③;其次,我们讨论的

26

① Saripanidi 2019a, 180 未能正确理解笔者关于西米格多尼亚地区希腊—"色雷
斯"混居点的论述(Hatzopoulos 1996b, 171—173)。

② Saripanidi 2017, 117.

③ Saripanidi 2017, 82 及注 65,以及页 87,注 101。

墓葬"表现了相同结构的本地及外来的物质文化形式，其遗址内的各种变体遵循相同的文化模式"并且"发展出了相同的物质表现形式，并在考古遗址中呈现出相同的模式"①。关于第一个预设，萨里帕尼迪认为，在古风时期，埃盖位于皮耶里亚，而阿尔孔提孔遗址则属于波提亚地区②。事实上，埃盖位于希罗多德(7.127)所称的"马其顿本土"，后来被认为是波提亚的一部分，而阿尔孔提孔遗址与佩拉一样，距波提亚东面仅5公里，属于公元前6世纪末赫卡泰欧斯所称的"派奥尼亚狭长地带"③。

关于第二个问题，科塔里杜在其2016年的文章中反对这样的假设，即埃盖的墓葬群与阿尔孔提孔及"在阿克西欧斯河以东的塞尔迈海湾周围地区"的墓葬群拥有(使用萨里帕尼迪的术语)"相同的结构"、"相同的模式"或"相同的物质表现形式"④，她声称：

> 从公元前6世纪中叶开始出现在阿尔孔提孔的习俗：重　27
> 装战士们带着金饰的全套装备、青铜盾牌、令人印象深刻的黄
> 金口含和眼覆，尤其是金质的殡葬面具、黄金手套和微缩雕塑
> 家具，这些习俗在马其顿本土之外的地区，例如毗邻的米格多
> 尼亚("辛多斯")和更偏远的吕克尼多斯(Lychnidos，即特列
> 贝尼什式)，可能包括安法克西提斯(Amphaxitis)，都能找到
> 与之完全相似的地方。如果有学者认为马其顿人在公元前
> **560年**就已经占据上述全部地区，那么他们就必须解释为什
> 么他们领土上一切财富的主人如此清贫——除了埃盖的王室

---

① 同样的问题也出现在 Xydopoulos 2017，72—98一文中。其作者想当然地认为韦尔吉纳和阿尔孔提孔的墓地具有相同的器物特征，因此阿尔孔提孔和佩拉(下派奥尼亚)地区在古风时期属于马其顿王国。

② Hatzopoulos 1996d，265—266.

③ 参见上文页20及注3。

④ 即"辛多斯"、新斐拉德尔菲亚、"忒尔米"与哈吉亚·帕拉斯凯维地区的墓葬群。

墓葬群,甚至在公元前六世纪时,王室墓葬群也并不凸显其奢华——从皮德纳(Pydna)到米耶扎(Mieza)的忒梅尼德王国中心地带的墓葬中只有很少的随葬品,几乎还比不上阿尔孔提孔西部墓地的两层"最低级"墓葬,这一事实充分表现了墓主的简朴。与之相反,这些学者也必须解释为什么在公元前六世纪末,阿尔孔提孔的'黄金墓葬'消失了;为什么在整个公元前5世纪期间,这个遗址始终处于衰落之中,而与此同时,埃盖的王室墓葬群却充斥着气势恢宏的殡葬建筑和奇珍异宝,皮德纳的墓园则被丰富的墓葬所填满。①

重要的是,科塔里杜的论点得到了萨里帕尼迪本人的支持。例如,萨里帕尼迪发问,"将视线转回马其顿王国的核心地区,令人惊讶的是,至今都没有发现出土自王都韦尔吉纳的殡葬面具"②。她还呼吁人们关注一个事实,即虽然微缩雕塑家具在"辛多斯"和阿尔孔提孔十分常见,但"迄今为止,韦尔吉纳尚未出土过任何微缩雕塑家具"③。她还曾指出:"事实上,辛多斯墓葬群出土的本地和进口工艺品在类型、来源和随葬方式上都与阿尔孔提孔的出土工艺品多有重合。哈吉亚·帕拉斯凯维墓葬群的情况也大致如此;但韦尔吉纳、阿尔孔提孔西侧墓葬群和辛多斯墓葬群中较为富裕的墓葬往往具有一些特定类别的供奉(offerings),在哈吉亚·帕拉斯凯维墓葬遗较少甚至从未出现。"④值得注意的是,只有"韦尔吉纳较富裕的墓葬",即王室墓葬群,才能与辛多斯和阿尔孔提孔的墓葬在整体上(in toto)相提并论。萨里帕尼迪喜欢将阿尔孔提孔与"辛多斯"而非韦尔吉纳联系起来,这绝非

---

① Kottaridi 2016, 635—636.

② Saripanidi 2017, 108.

③ Saripanidi 2017, 102,注226。

④ Saripanidi 2017, 95.

偶然:"除了花瓶以外,[辛多斯]出土的随葬物品与阿尔孔提孔出土的
随葬物品不仅在类型上,而且在来源上都非常相似,包括黄金面具和　　28
用于覆盖死者眼睛和嘴巴的薄片;衣服、手套、鞋子和武器上的金银镀
制箔片;金属和其他材料制成的服饰配件和首饰;金属推车模型;青铜
权杖和泥制人偶。此外,所有男性都随葬有成套武器,其样式与阿尔
孔提孔出土的武器相似,包括盾牌、头盔、剑、矛、刀、箭,可能还有标枪
和长剑,另外还有一把长矛。"①她紧接着写道:"陶制酒杯主要来自进
口,但也有本地产品,种类繁多。这些杯子来自不同的生产中心,与阿
尔孔提孔的产品有所重合。斟酒器和混合器的情况同样如此……与
阿尔孔提孔的情况一样,辛多斯所有未被盗掘的、装饰完备的墓坑中
都出土了用于会饮(sympotic)的器具,这些器具可能全部由本地或进
口花瓶组成,也可能由22件陶土和金属酒器、斟酒器和混合器组成一
套。"②她又在两页后写道:"哈吉亚·帕拉斯凯维出土的供奉品,除花瓶
外,基本与阿尔孔提孔与辛多斯的供奉品一致,然而金属制品,尤其是
金银器的种类和数量似乎较少。"③

　　在第二篇文章中,萨里帕尼迪试图回应科塔里杜的第二个论点,
她强调韦尔吉纳和阿尔孔提孔的古风时期墓园极为相似,而科塔里
杜却没有给予这些相似之处应有的重视④。在2019年发表的一篇专
门论述该问题的文章中⑤,帕夫洛斯·克里索斯托穆(P. Chrysosto-
mou)援引从韦尔吉纳当地、皮耶里亚人、皮德纳、贝罗亚、米埃扎和
厄德萨发现的新出或未发表的考古报告,试图反驳科塔里杜的论点。
然而,显而易见的是,对于一个没有亲自检阅过上述几个马其顿古风
时期遗址的考古报告(数目巨大,且大部分未发表)的非专业人士来

---

① Saripanidi 2017, 89.

② Saripanidi 2017, 89.

③ Saripanidi 2017, 91.

④ Saripanidi 2019a.详细内容参Kottaridi待刊的著作。

⑤ P. Chrysostomou 2019a, 387—396;比较P. Chrysostomou 2018, 82—109。

说,评估这些遗址的亲缘性或差异性极其困难。因此,我们不可能对这些遗址所反映的"文化意识形态"做出任何评判,更无法接受或反驳"这种意识形态的主要目的之一是促进马其顿人的身份认同"这一说法。换而言之,出土器物所能回答的问题是有限的,任何试图超越出土器物范畴的努力都会徒劳无功。

几十年来,古代史研究者已经放弃不切实际的幻想,即在没有书面文献的情况下,仅凭出土器物就可以对古代人群进行"族群"识别[1]。一位在马其顿(尤其是在新菲拉德珥斐亚古风时期墓葬群)工作多年的考古学家提出了同样的观点,这一点非常值得赞同[2]。瓦西里基·米萨利杜-德斯波蒂杜(Vasiliki Misailidou-Despotidou)写道:"墓葬习俗并不构成政治事件的直接证据",因为"在铁器时代,斯特里蒙河、哈利亚克蒙河和科里察(Korytsa)盆地之间的地区就已经存在着表现在物质文明层面的单一文化共同体(koine)。"根据她的观点,古风时期单一文化共同体的出现,同样可以归因于相邻人口群体之间的渗透,"他们彼此相邻生活了许多世纪,共享商人带来的相同文化产品,并最终彼此通婚"。她还恰当地补充道,从奥克里德湖到埃亚内,再从埃亚内到朗伽达斯湖(Langadas),这一文化共同体的范围远远超出了"公元前480年马其顿人的领土"。

然而,萨里帕尼迪根据阿克西欧斯河左岸的墓葬群推断出马其顿吞并了米格多尼亚,这说明前述的讨论在整体上存在模糊之处。墓葬可能会告诉我们一些关于某一地区特定人群的组成情况,但实际上却无法告诉我们该地区的主权归属,因为主权是一种政治现象而非人口学现象。倘若问题的关键不是国民身份(*Staatsangehörig-*

---

① 比较 Derks/Roymans 2009, 5; Whittaker 2009, 202; Xydopoulos 2017, 77; Chemsseddoha 1919, 283—284。

② Misailidou-Despotidou 2018, 110—125.

keit)，而是族群(*Volkstum*)①，那么就需要采取不同的方法进行研究。

如果马其顿人的"国民认同"(nationality)、"族群认同"(ethnicity)、"身份认同"(identity)或其他任何特定概念指的是属于某个群体的主观感受，那么，由于缺乏古风时期的文献资料，我们无法了解那个时期马其顿人的"身份认同"。因此，我们只能希冀发现通常被视为"客观标准"的身份标识，而特定人群通过这些标识使自己得以区分于他者(individualised)。在希罗多德(8.144.2)定义的"标准"中——共同的血缘、共同的语言、共同的宗教和共同的习俗——血缘无法体现于出土器物，宗教与习俗则为多个族群所共享，只有语言充分表现了差异性，并保存在文献资料中，但这些材料时期往往过于晚近。值得注意的是，碑铭材料作为唯一可以证明相关人群所使用语言的证据，极为重要，并且是这一情况下唯一可用的身份标志，却未获得充分讨论。

尽管没有公元前6世纪来自下派奥尼亚、米格多尼亚和安忒穆斯的铭文流传下来，但公元前5世纪与前4世纪留存的碑铭文献却极具参考价值。因为如果我们在公元前4世纪的铭文中没有发现任何典型的马其顿人名，那么就很难假设这些人名在更早的时候曾经出现，随后又消失在时间长河里。

佩拉最早的两份铭文分别涉及来自爱奥尼亚和科林斯的移民②，其铭刻姓名要么保留了爱奥尼亚方言的形式③，要么经由爱奥尼亚(或阿提卡)方言形式的转化④，这绝非偶然。佩拉还没有发现过公元前5世纪末或前4世纪初之前的以方言形式书写的典型马其

30

---

① [译注]前者强调法律-政治归属，而后者侧重文化、语言与民族认同。

② *EKM II* 517 及 544。

③ *EKM II* 517："阿里斯托克剌忒斯之子欧尔塔罗勒斯，阿里斯托波勒"(Ὀρθαγόρης Ἀριστοκράτεος, Ἀριστοβόλη)。

④ *EKM II* 544：科林斯女祭司的名字拼写形式是"Τιμαρέτη"而非"Τιμαρέτα"，后者是科林斯方言和马其顿方言共同的拼写形式。

顿姓名^①。

　　在斯特列普撒(今瓦西利卡[Vasilika])发现的一份公元前4世纪中期的销售契据上,刻有"比珥忒斯"(Bilthes)、"阿尔尼阿斯"(Arnias,或阿尔尼耶斯[Arnies])、"内梅尼欧斯"(Nemenios)和"密隆"(Myron)等名字,其中没有一个名字属于典型的马其顿姓名,"比珥忒斯"甚至不是希腊语,可能是波提刻语(Bottic),因为在波提刻北部城市的卡林多亚,同样出土了公元1世纪时的"比珥塞斯"(Bilses)姓名形式^②。另一份公元前4世纪中叶斯特列普撒的销售契据上刻有非典型的马其顿语的希腊名字"赫剌克勒伊得斯"(Herakleides)、"赫剌克勒欧多罗斯"(Herakleodoros)、"密隆"、"吕松"(Lyson)、"卡珥利珀斯"(Kallippos)、"迪欧倪西欧斯"(Dionysios),以及属于波提刻语(存疑)的非希腊名字"托刻斯"(Tokkes)、"波忒斯"(Pottes)和"斯奇塔斯"(Skittas)^③,其中"托刻斯"见于卡珥奇斯城市阿菲提斯(Aphytis,公元前4世纪)、埃多尼斯(Edonis,公元前6世纪至前5世纪)以及较晚的比萨珥提亚和辛提刻(Sintike)的铭文;"波忒斯"在卡珥奇迪刻(Chalkidike)的斯托洛斯(Stolos,存疑)公元前4世纪中叶的一份销售契据中也有记载,而"斯奇塔斯"则是一个文本孤例(ἅπαξ)。公元前3世纪早期来自卡山德瑞亚(Kassandreia)的王室捐赠(royal donation)提到居住在斯特列普撒领土上的三个人:安倪忒斯(Annythes)之子古剌斯(Gouras)、奇欧尼得斯(Chionides)以及德米特里欧斯之子欧阿珥刻斯(Eualkes)。^④这三个名字均不是典型的马其顿姓名形式,前两个姓名甚至不属于希腊语,可能是波提亚语。"安倪忒斯"同样是一个孤例,而"古剌斯"这一名字见于一份公元前

EKM II 514：Ἀμαδίχας。关于姓名形式问题,比较 Hatzopoulos 1996b, 172。

② Hatzopoulos 1988a, 42,注5;*SEG* 58 (2008) 663;*BE* 2011, 424; Hatzopoulos/Loukopoulou 1996, 234。

③ *SEG* 58 (2008) 662.

④ Hatzopoulos 1988a, 17—18.

4世纪中叶斯帕尔塔洛斯(Spartolos)的销售契据(见下文)、一份公元前3世纪的献辞(dedication)、一份公元3世纪初塞萨洛尼基的墓志铭[1]和马其顿及其他地区的一些铭文中[2]。类似地，非马其顿方言的希腊语和波提刻语(存疑)名字同时出现在公元前4世纪中叶波提刻联盟(Bottic League)中心城市斯帕尔塔洛斯的一份销售契据上，一面写着"陶里亚得斯"(Tauriades)、"珀勒摩克刺忒斯"(Polemokrates)及"佩松"(Peison)，另一面则写着"塔尔贝斯"(Tarbes)、"塞得勒斯"(Sedeles)、"珀里斯"(Poris)、"特刺利斯"(Tralis)、"巴塞斯"(Basses)与"古刺斯"等名字[3]。在非希腊语姓名中，除了"古刺斯"(见上文)，通用希腊文形式的"塞得勒斯"(Sedalas)亦见于北波提刻城市卡林多亚[4]、米格多尼亚的勒忒和马其顿其他地区，以及希腊世界的其他地方。在附近的迪卡亚(Dikaia)公元前1世纪的铭文、卡珥奇迪刻半岛城市斯托洛斯(存疑)的公元前4世纪中叶的铭文中刻有"珀里斯"，在波提亚的巨尔贝阿(Gyrbea)发现的公元前3世纪初铭文中也可以读到"珀里斯"，但该铭文的主人是一位来自波提亚地区屈尔罗斯(Kyrrhos)的公民。李维引自公元前2世纪波利比乌斯的叙述也证实了埃亚内同样存在该姓名形式[5]。"特刺利斯"还见于在公元前2世纪安忒穆斯市和公元1世纪北波提克卡林多亚(Bottic Kalindoia)市出土的铭文，以及随后在马其顿其他地区，乃至希腊其他地区发现的铭文[6]。

来自斯特列普撒(即瓦西利卡)的两份销售契据和来自奥林托斯(Olynthos)的王室捐赠尤具参考价值，因为它们可以分别精确地

31

---

① *IG* X, 2, 1, 94; *IG X* 2, 1 S. 1407.

② Dana 2014.

③ *BE* 1997, 402; *SEG* 46 (1996) 804.

④ Dana 2014, 298—299.

⑤ Dana 2014, 275。关于巨尔贝阿的铭文，参见 *EKM II* 428。

⑥ Dana 2014, 378—379.

断代为公元前4世纪中叶(公元前351年或公元前350年,存疑)与公元前3世纪初(公元前285年或公元前284年),并且提供了安忒穆斯河谷中人群姓名的随机样本。我们注意到,这些文献中完全未记载典型的马其顿人名,而是混合了一系列非希腊语人名和带有爱奥尼亚方言特征的希腊人名。该地区的马其顿人名仅在安忒穆斯和卡林多亚两个城市见于记载,这两个城市在腓力二世统治时期和亚历山大三世统治初期(公元前336年至前334年)都活跃着来自马其顿的拓殖者[①]。斯巴托洛斯出土的销售契据提供了一份有用的参照,因为它表明我们在斯特列普撒观察到的姓名现象代表了卡珥奇迪刻半岛西部的一般情况。事实上,安忒穆斯和斯特列普撒最迟在公元前479年就已经属于马其顿人的控制范围。在佩尔迪卡斯二世统治时期,它是国王托付给其兄弟菲利珀斯的辖域($\grave{a}\varrho\chi\acute{\eta}$)的一部分。这一地区无疑曾短暂地(公元前383年至前379年)被并入过卡珥奇迪刻,但在卡珥奇迪刻联盟(Chalkidian League)战败解散后被阿敏塔斯三世收复。公元前370年至前368年,他们和忒尔梅一同被王位宣称者泡萨尼阿斯攻占,泡萨尼阿斯很快被伊菲克拉忒斯(Iphikrates)驱逐[②],但至少在公元前360年之前,泡萨尼阿斯始终在卡林多亚设法维持着统治。不久之后,腓力二世又重新吞并了安忒穆斯,很可能还包括斯特列普撒,但在公元前356年又将这两座城市割让给了卡珥奇迪刻人。最后,他在公元前348年卡珥奇迪刻联盟战败解散后收复了这两座城市[③]。腓力二世在公元前356年的割让行为提供了决定性的证据,证明安忒穆斯在此之前并没有马其顿人定居[④]。

遗憾的是,我们迄今未在西米格多尼亚发现类似的希腊化时期

---

① 参见 Hatzopoulos 1996b, 193—195 及参考文献。
② 关于相应历史事件的日期,参见 Hatzopoulos 1985—1986, 37—58。
③ 关于安忒穆斯罹受的频繁战乱与数度易主,参见 Zahrnt 1971, 152—154。
④ 参见 Hatzopoulos 1996b, 174。

以前的碑铭文献。不过,在卡拉斯特剌(今安奇阿洛斯)出土了一份公元前4世纪早期的信函,以阿提卡方言或爱奥尼亚方言写在圆匣(πυξίς)上,其中提及"欧迪刻斯"(Eudikos),可能还有"梅内斯特拉托斯"(Menestratos),这些名字均不是典型的马其顿姓名[1]。另一个出土于新菲拉德珥斐亚的公元前4世纪墓志铭上刻有赫革西珀斯(Hegesippos)和他父亲厄皮刻尔得斯(Epikerdes)的名字,两者均不属于典型的马其顿姓名[2]。

总而言之,一方面,阿尔孔提孔、"辛多斯"、新菲拉德珥斐亚、"忒尔米"与哈吉亚·帕拉斯凯维的古风时期墓葬群之间的亲缘关系很近,另一方面,他们与相应的韦尔吉纳古风时期墓园差异极大,因此并不能将其视为属于同一人群的生活遗迹。从古风时期末期开始,前五个墓葬群中出土的财富迅速减少,与之形成鲜明对比的是,韦尔吉纳墓园出土的财富不断攀升,这说明财富的转移通常与征服有关。公元前4世纪时,韦尔吉纳的大部分铭文中的希腊名字事实上都属于典型的马其顿名字,然而同一时期安忒穆斯地区的铭文则同时包括爱奥尼亚希腊语和非希腊语的波提刻语(存疑)人名。此外,鉴于腓力二世(可能还有早先的阿敏塔斯三世)将这一地区割让给卡珥奇迪刻人,我们可以推断在当时及之前的古风时期,哈吉亚·帕拉斯凯维和"忒尔米"墓葬群所在的安忒穆斯河谷的居民并非马其顿人。总而言之,忒梅尼德王国在下派奥尼亚、米格多尼亚及其他地区扩张的时间似乎是不早于公元前6世纪末的古风时期末期,而马其顿人从古马其顿王国开始向安忒穆斯和东米格多尼亚所属的塞尔迈海湾以外的地区移居的时间应该更晚,为公元前348年以后[3]。

[1] Tiverios 1991—1992, 209—234.

[2] Despotidou-Missailidou 2003—2004, 61—70。

[3] 安菲波利斯是唯一确凿无疑的例外:由于其战略重要性,公元前357年腓力二世征服该城市后,立即开始移居马其顿殖民者至此,参见 Hatzopoulos 1991, 80—86。

33

2.2　古典时期与希腊化时期

关于公元前479年后马其顿王国边界的最早描述见于希罗多德
（5.17.2），他谈到了公元前510年左右波斯使团拜见阿敏塔斯一世：
"从普剌西阿斯湖到马其顿有一条捷径。首先，湖边有一座银矿，后
来亚历山大一世每天都能从那里开采出一塔兰特（talent）[1]白银；过
了矿山，如果翻过一座叫狄索隆的山，就已经到了马其顿。"[2]路易
莎·鲁科普鲁（Louisa Loukopoulou）几年前曾对笔者解释，读者必须
区分这一叙述中的三个时间点：公元前510年左右波斯代表团出使
事件的时间点，阿敏塔斯一世的继任者亚历山大一世在普剌西阿斯
湖附近开采矿山的不确定的时间点，以及希罗多德写作的更晚的时
间点。当时，马其顿已经失去了对普剌西阿斯湖流域及湖边银矿的
控制，其边界也向西移到了狄索隆山上一段距离[3]。几十年来，人们
常常将狄索隆山与克尔迪里昂山（Mount Kerdylion，旧称克鲁西亚山
[Krousia]）和普剌西阿斯湖与克尔基尼湖（Lake Kerkine，旧称布特科
武[Boutkovou]）相混淆[4]，从而给这段文字的理解造成诸多困扰。第
一个对上述混淆提出质疑的是兰布罗斯·米西齐斯（L. Missitzis），他
重新修订了著名的腓力比使节团（Philippian ambassadors）就亚历山

---

①　[译注]约合今26千克。

②　希腊文原文为"Ἔστι δε ἐκ τῆς Πρασιάδος λίμνης σύντομος κάρτα ἐς τήν Μακεδονίην. πρώτα μεν γάρ ἔχεται τῆς λίμνης το μέταλλον ἐξ οὖ ὕστερον τούτων τάλαντον ἀργυρίου Ἀλεξάνδρω ἡμέρας ἐφοίτα, μετά δε το μέταλλον Δύσωρον καλεόμενον ὄρος ὑπερβάντα εἶναι ἐν Μακεδονίη"。

③　Hatzopoulos/Loukopoulou 1992, 20—21.

④　比较Cassson 1926, 62—63及相应较早的参考文献；Geyer 1930, 46; Kanatsoulis 1964, 86; Hammond 1972, 194; Hammond/Griffith, 1979, 58中哈蒙德的段落；Borza 1992², 46—48; 53—55; Hatzopoulos/Loukopoulou 1992, 15—25,并参见Hatzopoulos 2008a 13—54。

大大帝的决定向其家乡提交的报告[①]。他推断狄索隆山即现今的梅诺伊奇昂山,而普剌西阿斯湖则是近代早期的普拉维湖与古代的达托斯湖(Lake of Datos),即腓力比盆地中的一片沼泽地。尤金·N.博尔扎(E. N. Borza)在四年后发表的一篇文章的结尾处提及了米西齐斯的结论[②];哈蒙德分别在1988年和1997年发表的两篇文章中否定了他的提议[③];笔者本人也草率地间接批评了他的观点[④]。直到米歇尔·法拉古纳(M. Faraguna)于1998年发表了一篇详尽的文章之后[⑤],笔者才确信米西齐斯的建议是正确的[⑥]。

此后,我们对亚历山大一世统治下的忒梅尼德王国东部行军路线局势的最新了解来自普鲁塔克的《客蒙传》(Life of Kimon 14)。根据普鲁塔克的说法,公元前456年,客蒙在征服塔索斯佩剌亚(Thasian Peraia)后本可以进攻马其顿,并夺取该国的大部分领土,但他放弃了这一进攻计划,并被指责为收取了亚历山大一世的贿赂[⑦]。

公元前454年左右,佩尔迪卡斯二世继承了亚历山大一世的王位。此时的马其顿国王仍然控制着斯特里蒙河谷,但这种有利的形势并未持续太久。公元前451年,伯里克利(Perikles)在比萨珥提亚安置

---

① Missitzis 1985, 1—14.

② Borza 1989, 60—67.

③ Hammond 1988, 382—391 (= *Collected Studies* III 211—220); Hammond 1997b, 41—45.

④ Hatzopoulos/Loukopoulou, 1992, 19—20.

⑤ Faraguna 1998, 349—395,但在第389页,他声称笔者提出了一个毫无根据的理论,即当王室土地移交给马其顿人用于建城或重新建城时,它"被移交给了一个不同于国王权力的、独立于马其顿公民大会(assembly of Macedonians)权力的管理机构"。

⑥ Hatzopoulos, *BE* 2000, 436; Hatzopoulos 2008a 13—54。Vasilev 2015, 91107提出了反对意见,他倾向于将普剌西阿斯湖定为未曾发现的(可能并不存在的)古代布特科沃(Butkovo)湖,这一观点难以令人信服。

⑦ 关于安菲波利斯建城之前斯特里蒙河谷活跃的波斯人、帕罗斯人(Parians,或塔索斯人[Thasians])、雅典人和马其顿人,请参见 Mari 2014, 53—114 的出色研究。下文参见 Hatzopoulos 2020。

了1000名雅典授田民①（*κληροῦχοι*, *Life of Pericles* 11）。这一结果清楚地反映在随后几年的雅典贡品（*Ἀπαρχαί*）缴纳目录中：位于斯特里蒙河右岸的阿尔吉洛斯（Argilos，公元前454年或前453年）②和赫德罗洛斯或阿罗洛斯（Hedrolos或Arrolos，公元前450年或前449年）③以及左岸的贝尔革（公元前452年或前451年）④成为雅典帝国的贡品缴纳者，其中阿尔吉洛斯属于海岸（coastal）城市，其余均为内陆（continental）城市。马其顿失去整个斯特里蒙河谷下游地区。佩尔迪卡斯二世的反应是任命他的弟弟菲利珀斯为从阿克西欧斯河谷向东的马其顿新征服领土的副统帅（Lieutenant General），以保卫马其顿王国东部边境上的马其顿据点，并尽可能收复失地。截至公元前432年，菲利珀斯显然彻底失败了：他不仅没能夺回前马其顿在比萨珥提亚的领土，甚至没能阻止雅典人在公元前437年或前436年在阿尔吉洛斯对面建立安菲波利斯，从而将马其顿王国完全封锁在斯特里蒙河口⑤。不久之后，雅典人可能在公元前425年或前424年吞并了博尔米斯科斯（Bormiskos），并在公元前422年或前421年之前吞并了特刺吉洛斯（Tragilos），从而彻底斩断了马其顿人与斯特里蒙海湾的联系⑥。

馬其顿王国西部的情况也并不乐观。在雅典人与佩尔迪卡斯二世签订的战前条约（*IG* I³ 89）中提到了上马其顿的三位"同盟及臣属"地方统治者（kinglets），即厄利梅亚的德尔达斯（Derdas of Elimeia）、林科斯的阿尔哈巴尤斯（Arrhabaios of Lynkos）和欧列斯提斯的安提欧科斯（Antiochos of Orestis），其中前两位统治者转而反对下

35

---

①［译注］一种特殊的拓殖民身份，其土地拥有者仍保留其母邦的公民权，而通常的拓殖民及拓殖地与母邦彼此独立。

② Flensted-Jensen 2004, 820—821, 注554。

③ Hatzopoulos 2010a, 229—236 (= *Recueil* 251—258).

④ Loukopoulou 2004, 858—859, 注628。

⑤ Flensted-Jensen 2004, 819—820, 注553。

⑥ Flensted-Jensen 2004, 821, 注555。

马其顿国王(Thuc. 1.57.3;4.83.1),第三位似乎被发生在品多斯(Pindos)山脉西侧的事件所分散精力(Thuc. 2.80.6)。事实上,忒梅尼德王室的统治范围并没有超出贝戈尔里提斯湖(Lake Begorritis)南岸的阿尔尼萨(Arnisa,今维戈拉[Vegora])[①]。伯罗奔尼撒战争期间,马其顿在雅典人于公元前432年攻打忒尔梅(Thuc. 1.61.2),遭受了进一步的损失,公元前425年或前424年皮耶里亚的赫剌克勒伊翁(Herakleion in Pieria)可能也被并入雅典帝国[②]。然而,这两个地方雅典人都没有占领太久。忒尔梅在公元前431年被归还给佩尔迪卡斯(Thuc 2.29.6),赫剌克勒伊翁则在公元前421年最后一次出现在雅典贡金[③]评估单(assessment)中。

修昔底德(2.99)描绘的忒梅尼德王国全景反映了阿尔刻劳斯统治时期的马其顿风貌,可能是伯罗奔尼撒战争结束之后的情况。雅典的衰落使马其顿人收复了整个塞尔迈海湾的西岸,但梅托内、远至斯特里蒙河的米格多尼亚和比萨珥提亚除外;阿尔吉洛斯、特剌吉洛斯、贝尔革,以及最重要的安菲波利斯仍保持独立。在马其顿王国的西面,阿尔刻劳斯改善了与厄利梅亚人的关系,他将自己的长女嫁给德尔达斯国王的儿子,这使他获得对抗"西尔哈斯(Sirrhas)与阿尔哈拜欧斯"的盟友,前者显然是林科斯国王及其幼子的监护人[④]。

阿尔刻劳斯于公元前399年逝世,开启了长达40年的动荡时期,在此期间,马其顿国王为维护王国完整而遭遇了极大的困难。在西面,阿敏塔斯三世与西尔哈斯之女欧律迪卡(Eurydika)的第二次婚姻终结了林科斯独立的愿望,但此后忒梅尼德王国便不得不与林科斯一起承担重任,保卫马其顿免受伊利里亚人的侵略。阿敏塔斯三世很快就被伊利里亚人逼入绝境,他被迫同意与卡珥奇迪刻人签订不平等条

36

---

① Hammond/Hatzopoulos 1982, 128—149.

② Hatzopoulos/Paschidis 2004, 802注537。

③ [译注]雅典帝国时期其同盟国或附庸国被迫向雅典支付的贡金,以赎买和平。

④ Arist. *Pol.* 1311b及Hammond/Griffith 1979, 139中Hammond撰写的段落。

约,并暂时将边境地区(安忒穆斯,存疑)划入联盟,但卡珥奇迪刻人提供的帮助并不足以挽救他的王位,几年后他不得不在帖萨利亚人的帮助下恢复王位(Diod. 14.92.3—4;15.19.2—3)。在阿敏塔斯三世的儿子及其继承者亚历山大二世、佩尔迪卡斯三世和腓力二世统治时期,伊利里亚人将成为马其顿的一个经常性威胁。另一方面,厄利梅亚保持独立,其国王德尔达斯二世(Derdas II,德尔达斯一世[Derdas I]之孙,活跃于伯罗奔尼撒战争期间)在公元前382年至前379年被迫应对咄咄逼人的卡珥奇迪刻人时,他与忒梅尼德国王阿敏塔斯三世仍处于平等地位(Xen. *Hell*. 5.2—3)。他也是唯一在公元前390年至前375年间自主铸币的厄利梅亚国王[①]。不过,我们有理由相信,在那之后不久,阿敏塔斯三世在厄利梅亚和多利刻(Doliche)之间臭名昭著的边界纠纷中充当了双方诉讼的仲裁人(*AE* 1923,页161—162,注386以下)[②]。厄利梅亚与阿尔吉德王室的联系很可能在公元前4世纪60年代因另一场王室联姻而得到加强,即阿敏塔斯三世的儿子佩尔迪卡斯三世与"德尔达斯二世和玛卡塔斯(Machatas)的妹妹菲拉(Phila)"的联姻(Athen. *Deipn*.13.557c)[③]。

马其顿王国领土完整面临的主要危险来自东方和卡珥奇迪刻联盟的扩张主义。卡珥奇迪刻人不仅拒绝归还暂时割让的领土,还开始吞并米格多尼亚的城市,甚至阿克西欧斯河以西的佩拉(Xen. *Hell*. 5.2.11—24; 37—39; 3.18—20; 3.26; Diod. 15.23.3)。最终,卡珥奇迪刻人被逐回,由于斯巴达的果断干预,其联盟于公元前379年解体,但阿敏塔斯再也没有收复他以前的部分领土:博珥贝湖(Lake

---

① Liampi 1998, 5—11.

② 关于该历史事件的详细评论见 Lucas 1997, 101—108 和 211—219,他认为阿敏塔斯在公元前379年后不久就吞并了佩尔莱比亚特里波利斯(Tripolis of Perrhaibia)。相反,Liampi 1990, 11—22认为佩尔莱比亚特里波利斯差不多在公元前379年的一段时期内发行了自己的独立铸币。与此相反,Lucas则认为这些钱币来自摩洛西亚特里波利斯(Molossian Tripolis)。

③ 参见下文关于腓力二世妻子们的讨论。

Bolbe）畔的阿波罗尼亚（Apollonia）和斯特里蒙河湾（Strymonic Gulf）的阿瑞图萨趁阿敏塔斯陷入困境时脱离王国，并保持独立，而卡林多亚则被泡萨尼阿斯（可能是阿尔刻劳斯的儿子）占据[1]。事实上，马其顿失去了奇索斯山（Mount Kissos）以东的米格多尼亚。在阿敏塔斯于公元前370年去世后不久，泡萨尼阿斯可能在卡珥奇迪刻人的支持下攻占了安忒穆斯、斯特列普撒和忒尔梅，并威胁到了佩拉，安忒穆斯和西米格多尼亚的大部分地区也因此暂时失守。雅典将军伊菲克拉忒斯将其击退，并救出亚历山大二世的母亲和兄弟，但泡萨尼阿斯却在卡林多亚苟延残喘[2]，而梅托内和皮德纳则在公元前364年被雅典将军提摩忒欧斯（Timotheos）夺取[3]。

公元前368年或前367年，亚历山大二世遇刺身亡，佩尔迪卡斯三世在与伊利里亚人的战斗中阵亡，腓力二世于公元前360年继承马其顿王位。伊利里亚人占领上马其顿，派奥尼亚人则席卷阿克西欧斯河谷，来自卡林多亚的泡萨尼阿斯威胁着王国的东部进军路线，并在色雷斯人的支持下再次宣称要夺取马其顿王位，此外，另一个篡位者阿尔伽尤斯也带着雅典人提供的一支雇佣军向埃盖进军。腓力二世打出他唯一保留的一张好牌，即将自己兄弟佩尔迪卡斯三世（Perdikkas III）在安菲波利斯设置的马其顿驻军撤走，以释放对雅典的善意姿态，随后他开始对自己王国辉煌的"重新征服"。腓力二世打败阿尔伽尤斯，除掉泡萨尼阿斯和派奥尼亚人，从伊利里亚人手中收复上马其顿，夺回安菲波利斯，并把雅典人从皮德纳引诱出来。一百年来，马其顿第一次完全收复斯特里蒙河谷。然而，腓力二世并没有就此止步。他占领克列尼得斯（Krenides），建立了一座新城，并以自己的名字命名为腓力比，从而重新夺回他的祖先亚历山大一世在一个世纪前失去的潘

37

---

[1] Zahrnt 1971, 155—158; 160—161; 191—193.

[2] Hatzopoulos 1985—1986, 37—58.

[3] Dinarch. 1.14;比较 Demosth. 4.4 及 Hammond/Griffith 1979, 186 中 Hammond 撰写的段落。

伽翁山(Mount Pangaion)银矿。最后,腓力二世夺取已成为雅典属地的古老的厄雷特里亚(Eretrian)拓殖地梅托内。这样,仅用了6年时间,他就完全恢复了马其顿领土在历史上的最大范围,其范围从上马其顿的奥克里德湖和普列斯帕双湖一直延伸到斯特里蒙河谷,从坦佩(Tempe)河谷一直延伸到阿克西欧斯峡谷(德米尔山口[Demir Kapija]地区)。从赫刺克勒伊翁到忒尔梅(Therme)及更远处的塞尔迈海湾西岸同样完全属于马其顿。尽管如此,腓力二世还是毫不犹豫地暂时让出安忒穆斯,以获得卡珥奇迪刻联盟的好感并与之结盟(Diod. 16.8.4—5; Dem. 6.20; Liban. *Hypoth. Dem.* 1.2)。他很可能已经在计划将安忒穆斯夺回。公元前349年至公元前348年,腓力二世迎来了自己的机会,他击败卡珥奇迪刻联盟,不仅征服了安忒穆斯,还征服了整个卡珥奇迪刻半岛。马其顿本部(不包括外部属地)此时实际上已经具备明确的轮廓,并基本上保持至罗马征服时期。然而,要将这些杂乱无章的族群和不同的政治单位转变为一个单一的族群和统一的国家,仍然是一项艰巨的任务。

2.3　国家/族群领土、王室领地与同盟城邦

38　　迄今为止,我们一直在讨论马其顿王国的扩张。然而,这部征服编年史无法回答被征服土地及其居民的法律地位问题。第一个问题尚未激起人们的兴趣,而第二个问题则众说纷纭,下文将予以讨论。

关于被征服土地的法律地位问题,笔者曾在另一部拙作中以约50页的篇幅专门论述[①],特别讨论了南派奥尼亚、西米格多尼亚和克瑞斯

---

① Hatzopoulos 1996b, 167—216。笔者在页76—82和页216中写到的关于潘塔波利斯(Pentapolis)的内容,在Zannis 2014,159—160及507—512对重要铭文进行新的解读后,部分观点已经过时。

托尼亚、皮德纳和梅托内并入马其顿的问题,这一问题或是已经在上文讨论过[①],或是目前的学术观点基本一致,没有人怀疑这些地区和城市在腓力统治之前或统治期间已并入马其顿本部。笔者还讨论了腓力对安菲波利斯和东马其顿的吞并,并根据文献、碑铭和钱币学证据得出结论,斯特里蒙河谷东至狄索隆山(梅诺伊奇昂山)和潘伽翁山,以及皮耶里亚海岸直至奥伊叙梅(Oisyme),也被纳入马其顿本部,但腓力比盆地及其港口内阿波利斯(Neapolis,今卡瓦拉[Kavala])仍处马其顿本部之外,作为独立实体与马其顿国王结盟,至少在被马其顿吞并前的最后几年如此。斯特里蒙河谷的某些地区可能也是如此,一些希腊化的城市(伽佐罗斯、贝尔革、西尔海[Sirrhai]、阿罗洛斯、斯科图萨[Skotoussa]、辛提刻赫拉克勒亚)与土著居民比萨珥提亚人、欧多曼提刻人(Odomantes)和其他辛提人(Sintians)的村庄共存[②]。最后,笔者还考察了马其顿对东米格多尼亚和卡珥奇迪刻半岛的逐步吞并,特别是最后一任忒梅尼德国王卡山德和安提戈诺斯·戈纳塔斯(Antigonos Gonatas)时期。在东米格多尼亚,阿尔吉洛斯被安菲波利斯吞并,而阿波罗尼亚和阿瑞图萨(Arethousa)在公元4世纪末之前被并入马其顿,该地区较小的城市被并入阿波罗尼亚或卡山德新建立的塞萨洛尼基[③]。在安忒穆斯,同名的城市中心成为了马其顿治下的城市,而斯特列普撒则失去其城邦(polis)的地位,沦为国王领土,并最终变为农村庄园,其中一些庄园被授予国王之友(royal Friends),后来并入卡山德瑞亚(Kassandreia)的公民领地(civic territory)。再往东,波提刻北部城市卡林多亚、卡马凯(Kamakai)、特里珀埃(Tripoai)和塔米斯科斯(Thamiskos,存疑)被剥夺城邦地位,其领土被转化为国王领土,并最终捐献给马其顿公民,用于建立新的马其顿城市卡林伊亚。

39

① 参见上文页16—43。
② Hatzopoulos 1996b, 184; 247 注 8;比较 Livy 44.45.8; 45.30.3。
③ Hatzopoulos 2005, 201—212 (= *Recueil* 239—250).

在克鲁西斯(Krousis),虽然埃亚内作为一个定居点保留下来,但它被并入塞萨洛尼基,而克鲁西斯的其他大部分地区则成为新城市安提戈内亚(Antigoneia,又称普萨法剌[Psaphara])的一部分,该城可能由安提戈诺斯·戈纳塔斯(Antigonos Gonatas)所建立①。在波提刻南部的新卡利克剌忒亚(Nea Kallikrateia),厄雷特里亚拓殖地迪卡亚(Dikaia)作为一个城邦已经不复存在,显然是最终被并入卡山德新建立的卡山德瑞亚②。事实上,波提刻南部最初与安忒穆斯的斯特列普撒命运相同。西诺斯(Sinos)和斯帕尔塔洛斯等城市被划为皇家领地,其领土上开辟了国王之友的庄园,而这些庄园最终也被纳入卡山德瑞亚的公民领地。同样的命运也降临到了奥林托斯和塞尔米利亚(Sermylia)等卡珥奇迪刻半岛城市以及古科林斯拓殖地波提代亚(Poteidaia),卡山德瑞亚新城就是在波提代亚的遗址上建立的。我们对更东边发生的事情知之甚少,仅知道斯塔革伊剌(Stageira)被腓力二世摧毁,随后由腓力二世本人或他的儿子亚历山大重建。后来,它被并入安提柯王室(Antigonid)新建立的斯特剌托尼刻亚(Stratonikeia)。卡珥奇迪刻半岛的最南端和东南部地区似乎没有受到战乱破坏和马其顿拓殖的影响。阿坎托斯和阿克忒(Akte,一作阿托斯[Athos])的城市似乎就是这种情况,这些城市不属于卡珥奇迪刻联盟,门德(Mende)、斯基奥内(Skione)、阿菲提斯(Aphytis)甚至托罗内(Torone)也曾抵抗过腓力二世。这些城市逐渐被纳入马其顿本部。我们可以从托罗内的一份销售契据窥探这一过程。该契约的法律形式采用了早先的卡珥奇迪刻联盟的形式,方言和月份名称仍然是爱奥尼亚式的,而缔约双方、邻居、担保人和证人的名字也没有透露出来自旧王国的马其顿拓殖者的痕迹;然而,契约文书中的纪年祭司(eponymous priest)③不再是当时

---

① Papazoglou 1988b, 419—421.

② Biliouka/Graikos 2005, 381—389.

③ [译注]即以某位重要人物的名字标记年份,例如"阿格里帕第三次担任执政官当年",古希腊及罗马常见的一种纪年方式,下文的"纪年行政官"等同理。

已解散的卡珥奇迪刻联盟的祭司,而是阿斯克勒庇俄斯(Asklepios)祭司,这与其他马其顿城市保持一致[1]。

上述段落清楚地说明,卡山德瑞亚的建立从根本上简化了卡珥 40
奇迪刻半岛大部分地区的行政版图[2]。卡山德瑞亚不同于卡山德建立的另一座城市塞萨洛尼基,旨在并入马其顿本部,而是像之前的腓力比一样,作为一个与马其顿结盟的独立希腊城邦建立的。卡山德瑞亚的行政官有不同的职官命名(nomenclature),并拥有自己的纪年祭司和自己的历法,甚至有时还奉行自己的政策,然而这对它的特殊地位造成致命的危险。公元前276年,安提戈诺斯·戈纳塔斯征服了这座叛乱的城市,将其并入马其顿本部。行政官的头衔得以保留,但马其顿历法取代了之前使用的历法。此外,如前文所述,安提戈诺斯·戈纳塔斯还在卡珥奇迪刻西部新建了安提戈内亚,包括忒萨洛尼刻和卡山德瑞亚领土之间的克鲁西斯领土;在东部建立了斯特剌托尼刻亚,包括阿坎托斯(Akanthos)以北的土地,还可能包括斯塔革伊剌。这两座城市是伴随着马其顿拓殖者的定居和马其顿基本制度(constitution)的通过而建立的。

因此,从公元前5世纪相关文献面世开始,一直到被罗马征服,马其顿国王的个人财产都不限于马其顿公民所居住的土地,还包括臣民或"同盟"城市和族群的领土,以及通过战争赢得的王室土地。王室土地部分由国王直接保有(但通过委托给他人管理)[3]和开发,部分租给

---

[1] *SEG* 62 (2012) 479 及 *BE* 2017, 337。同时比较安菲波利斯的一份销售契约,该契约显示了从希腊殖民城市逐渐过渡到马其顿城市的共同特征(传统的法律形式,但包括对神祇和好运的呼求(invocation)、爱奥尼亚方言的姓名及月份,但增加了阿斯克勒庇俄斯祭司):Hatzopoulos 1991, 24—28注III。

[2] 与此同时,卡山德的弟弟阿纳克萨尔科斯(Anaxarchos)在安德罗斯(Andrian)殖民地萨内(Sane)的领土上建立的乌拉诺波利斯(Ouranopolis)则并没有产生类似影响。

[3] 比较 Arr. *Anab.* 7.9.9:"[国王]将这些土地委托给你们"(ὅσα ἕνεκα ὑμῶν φυλάττεται)。

职业商人,或将一部分永久性地授予个人。当授予的土地明确规定为
世袭,且受让人拥有与授予土地毗邻的城市的公民权时,那么王室土
地便可以转化为私人拥有的公民土地。尽管如此,倘若土地所有者没
有继承人,王室仍然是全部土地的最终所有者①。马其顿国王的辖域
(ἀρχή,拉丁文写作 regnum)既包括马其顿②,也包括"同盟"城市、地区
和民族,例如德米特里阿斯(Demetrias)、多洛佩斯(Dolopes)或斯特里
蒙盆地以外的色雷斯地区,但马其顿公民(civitates Macedonum)或马
其顿领土(ἡ χώρα ἡ Μακεδόνων)指的则是马其顿本部,由属于马其顿
公民的城市组成,并不包括帖萨利亚四部(tetrades)③、内斯托斯河
(Nestos)和赫布罗斯河(Hebros)之间的色雷斯地区、伊利里亚马其顿
的城市,如吕克尼多斯(Lychnidos)或安提帕特雷亚(Antipatreia),甚
至不包括派奥尼亚,尽管后者与其他一些个例需要进一步澄清说明。

41

2.4　个例说明

2.4.1　派奥尼亚

我们至少知道从公元前359年至前358年到公元前230年左右
在位的七位派奥尼亚国王的名字。在此期间,无论其维持完全独立
甚至与马其顿敌对,还是与马其顿结盟并在事实上臣服于马其顿,派

---

① 参见 Tziafalias/Helly 2010, 86—93 及发表于 BE 2011, 399 的拙评。

② 比较 IG I³ 89:ἐπὶ πόλιν οὐδεμ[ία]ν hōν Π[ερδίκκας κρατεῖ];Hatzopoulos 1996c, 20
注 1:"并且如果某个人在战争时去到阿米敦……"(καὶ ἐάν τις ἤι ἐπ᾽ Ἀμ]ύνταν [ἐς | τὴν
χώρην ἐπὶ πολέμοι ...]);SEG 57 (2007) 576, 1. 26—27:"佩尔迪卡斯代[国王]治理[这
些]全部的土地"(ἐκ τῆς χώρης πάσης ἧς ἐπάρχει Π[ερ]δίκκας)。

③ [译注]帖萨利亚在行政区划上分为四个区域。

奥尼亚都是一个明显不同于马其顿的政治实体。直到公元前227年
左右,"给予者"安提戈诺斯(Antigonos Doson)才征服派奥尼亚南部
地区,并在阿克西欧斯河谷中部靠近阿克西欧斯河峡谷(今德米尔山
口[Demir Kapija])的地方建立安提戈内亚。10年之后,腓力五世完
成对派奥尼亚的征服,占领派奥尼亚国王的古都比拉佐拉(By-
lazora),并以此抵御达尔达尼亚人(Dardanian)的入侵。在接下来的
五十年里,派奥尼亚一直属于马其顿,但不是马其顿本部的一部分,
而佩尔塞伊斯(Perseis)和阿斯特剌伊翁(Astraion,很可能是派奥尼
亚的第三座马其顿城市)正是在这五十年中得以建立。尽管如此,派
奥尼亚仍然是一个独特的将军辖地(στρατηγία),派奥尼亚人在不同
的军队中服役[1],派奥尼亚城市的居民并非马其顿人,而是派奥尼亚
人[2]。直到公元前167年罗马人在马其顿驻军后,派奥尼亚才被划分
为马其顿第二分区(μερίς)和马其顿第四分区,并入马其顿地区(Livy
45.29)[3]。

2.4.2 佩尔莱比亚特里波利斯

皮提翁(Pythion)、多利刻和阿佐罗斯(Azoros)三座城市组成的
佩尔莱比亚特里波利斯(Perrhaibian Tripolis)隶属于厄利梅亚,但仍
保留了特殊地位[4],其被马其顿吞并的确切日期不详,但最迟在公元
前3世纪中叶之前,因为德尔斐人(Delphians)在公元前254年或公元
前253年左右任命了"来自皮提翁的马其顿厄利梅亚人,赫拉尼翁之
子菲拉尔科斯(Philarchos son of Hellanion)"担任马其顿驻城代表

[1] Merker 1965, 35—54。

[2] 比较 Petrakos 1968, 110,注77:"尼卡诺尔,比阿伊俄斯之子,来自欧达里斯塔
伊的派奥尼亚人"(Νικάνωρ Βιαίου Εὐδαρισταῖος Παίων);比较 BE 1969, 456。

[3] Papazoglou 1988b, 68—71; Sakellariou 1983 于198页所附地图。

[4] 页48注2。

($\pi\varrho\acute{o}\xi\epsilon\nu o\varsigma$)①。事实上，马其顿必然早已吞并该地区。厄皮道罗斯
（Epidauros）的圣使礼宾官名录在马其顿部分提到两位皮提翁的圣
使礼宾官，即布普拉戈斯（Bouplagos）和厄克番托斯（Ekphantos）。
该目录最初的编纂时间为公元前360年左右，但涉及皮提翁的记述
可能是公元前4世纪末的增补②。阿佐罗斯、多利刻和皮提翁没有出
现在公元前4世纪上半叶的佩尔莱比亚的城市名单中，显然它们已
隶属于马其顿③。阿敏塔斯三世仲裁了多利刻和厄利梅亚之间的领
土争端，证实了佩尔莱比亚特里波利斯最迟在公元前370年或前369
年之前就已归属马其顿④。"给予者"安提戈诺斯于公元前222年10月
"致梅伽洛克勒斯（Megalokles）和特里波利斯同盟"的信件证实特里
波利斯在厄利梅亚享有特殊地位⑤。信中虽未提及梅伽洛克勒斯的
头衔，但从公元前3世纪晚期萨摩色雷斯（Samothrace）的铭文来看，
他很可能是一位军政官（$\sigma\tau\varrho\alpha\tau\eta\gamma\acute{o}\varsigma$）⑥。特里波利斯一直属于马其顿，
直到公元前196年弗拉米尼努斯（Flamininus）恢复这一同盟（Pol.
18.47.6；Livy 33.32.5；Plut. *Flam*. 10）⑦。

2.4.3　玛格内西亚

科斯（Kos）的碑文记载了霍莫利翁（Homolion）公元前243年的
一项法令，该法令规定科斯的阿斯克勒庇俄斯圣所（Asklepieion）不
受侵犯，并以现任的阿斯克勒庇俄斯祭司与首席执政官的姓名纪年，

①　*FD* III 4, 417 III L. 14—15关于该历史事件的日期，参见 Lefèvre 1995, 190；比较 Lucas 1997, 217。
②　*IG* IV 1, 2, 94 Ib；比较 Lucas 1997, 81—82注33。
③　Helly 1979, 165—200.
④　参本书页47—48及页48注2。
⑤　*SEG* 60 (2010) 586；比较 Hatzopoulos, *BE* 2011, 399。
⑥　*IG* XII 8, 178；比较 Lucas 1997, 84—85注37。
⑦　比较 Lucas 1997, 218—219。

这表明这座城市以及玛格尼西亚(Magnesia)的大部分地区都已并入马其顿(德米特里阿斯一定程度上是个例外,它使用一种不同于马其顿的特殊历法)①。这也就解释了为什么马其顿王室在这一周边地区拥有大量土地②。

玛格尼西亚一直隶属于马其顿,直至公元前196年才成为一个独立的联邦。公元前191年,腓力五世收复玛格尼西亚(Livy 39.23.12);公元前168年,佩尔塞乌斯在皮德纳战役中战败,玛格尼西亚联邦重组,马其顿因而丧失对玛格尼西亚的控制,大量的碑铭文献对此有所记述③。

2.4.4　缇姆法亚、帕剌瓦亚与阿廷塔尼亚

缇姆法亚(Tymphaia)、帕剌瓦亚(Parauaia)和阿廷塔尼亚(Atintania)是否归属于马其顿,这一争议由来已久,关键在于如何确定这些地区的地理位置,这一问题长久以来悬而未决。

幸运的是,人们对缇姆法亚的位置达成了一定程度的共识,这为确定其他两个地名的位置提供了一个可靠的参照点。大多数人都认为,缇姆法亚应位于"哈利亚克蒙河拐弯处西南"的高地④。哈蒙德给出了最清晰的地理定义:"在南部,缇姆法亚绵延至佩奈乌斯河(Peneios)的上游(Str. 7.7.9),并与紧靠佩奈乌斯河以南的埃提奇亚(Aethicia)地区接壤;在东部,它延伸至格雷韦纳(Grevena),即这一地区现今的首府,甚至可能包括这一城市;在西部,它与帕剌瓦亚接

① Hatzopoulos 1996b, 155; 158. *Contra* Intzesiloglou 2006, 69注3。

② Batziou-Efstathiou/Pikoulas 2006, 79—89.

③ 比较 *IG* IX 2 1101; 1102; 1103; 1104; 1109。

④ Wace/Woodward 1911—1912, 181—182 中 Woodward 撰写的段落;比较 *RE* VII 1754—1756 中 E. Oberhummer 撰写的 Tymphe 词条;Lévêque 1957, 127 注5; Hammond 1967, 680—682; Hammond 1979, 25; Hammond 1980, 175 (=*Collected Studies* 49); Bosworth 1981, 91 注22; Papazoglou 1988b, 230 及参考文献。

壤;其北部边界并不明确。"①至少从腓力二世统治时期开始,提姆法亚就被纳入了马其顿本部,亚历山大三世的远征军中就有一支隶属于珀律佩尔孔(Polyperchon)的缇姆法亚部族军团($\tau\acute{\alpha}\xi\iota\varsigma$, Diod. 17.57.2),马其顿人中也有安德罗梅内斯(Andromenes)之子阿塔洛斯(Attalos),阿里安(Arrian)明确称其为缇姆法亚人(Arr. *Ind.* 18.6—7)。缇姆法亚曾被皮洛士(Pyrrhos)吞并(Plut. *Pyrrhos* 6.4),但马其顿很快便收复了该地区。

　　鉴于相关资料匮乏,很难确定帕剌瓦亚的位置。除了普鲁塔克的上述段落,只有修昔底德、斯特拉波(延续武欧姆庞普斯[Theopompus]的叙述)和阿里安曾提及。修昔底德(2.80.6—7)列举了公元前430年或前429年在伊庇鲁斯与克内摩斯(Knemos)率领的拉凯戴蒙远征军并肩作战的部队,他将摩洛西亚人、阿廷塔尼人和帕剌瓦亚人并列,并指出后两者在帕剌瓦亚人的国王欧罗伊多斯(Oroidos)的率领下共同作战。斯特拉波(7.7.8 Baladié)如此列举各种伊庇鲁斯人:安菲洛奇亚人(Amphilochoi)、摩洛西亚人、阿塔曼尼亚人(Athamanes)、埃提奇亚人、缇姆法亚人、欧列斯提斯人、"帕罗剌亚人"(Paroraioi,帕帕佐格鲁将其视为"帕剌瓦亚人"[Parauaioi]之讹误)②和阿廷塔尼亚人。最后,阿里安(*Anab.* 1.7.5)以如下方式描述了亚历山大三世从伊利里亚的佩利昂(Pelion)到帖萨利亚的佩林纳(Pelinna)的路线:"因此,他行军途经厄欧尔达亚和厄利梅亚(Elimiotis),以及斯缇姆法亚和帕剌瓦亚的边界,第七天到达了帖萨利亚的佩林纳。"(P. A. Brunt译,载于洛布古典丛书,笔者略作修改)

　　韦斯(Wace)认为帕剌瓦亚位于哈利亚克蒙河的上游河谷③,恩斯特·基尔斯滕(E. Kirsten)则认为其位于格雷韦纳和奥欧斯(Aoos)

---

① Hammond 1980, 175 (= *Collected Studies* 49).

② Cabanes 1976, 130; Papazoglou 1988b, 230.

③ Wace/Woodward 1911—1912, 181—182中Wace撰写的段落。

河的源头之间①，皮埃尔·莱维克(Lévêque)在他的注释中支持韦斯的观点②，但在他的地图上将其置于奥欧斯河的中游河谷③；哈蒙德则认为帕刺瓦亚位于"佩尔梅特(Permet)与莱斯科维克(Leskoviq,即当格利[Danglli]与科隆尼厄[Kolonië])地区"，也就是说同样位于奥欧斯河的中游河谷④，这使他不得不将阿里安的《亚历山大远征记》(*Anabasis*)⑤中的"帕刺瓦亚"改读作"佩尔莱比亚"。然而,在1980年关于亚历山大大帝进军忒拜(Thebes)的文章中,他保留了"帕刺瓦亚"的读法,代价是将第二个厄欧尔达亚定位于小普列斯帕湖(Lake Little Prespa)周围地区⑥；博斯沃思(Bosworth)建议,我们应将缇姆法亚和帕刺瓦亚整体上视为一个地理实体⑦；最后,帕帕佐格鲁认为帕刺瓦亚"位于品多斯山脉两侧的领地,其中心位于奥欧斯河上游河谷,帕刺瓦亚也因此得名"⑧。

在修昔底德的描述中,帕刺瓦亚人与欧列斯提斯人毗邻而居,与摩洛西亚和阿廷塔尼亚人的联系则较少；在斯特拉波的叙述中,帕刺瓦亚人定居于欧列斯提斯人和阿廷塔尼人之间,与缇姆法亚相距不远；在普鲁塔克和阿里安的描绘中,帕刺瓦亚人和缇姆法亚人联系紧密,因此可以合理地将帕刺瓦亚定位于缇姆法亚人和欧列斯提斯之间的东面,摩洛西斯(Molossis)位于西南面,阿廷塔尼亚位于西北面,也就是说,位于奥欧斯河的上游河谷,毗邻林孔山(Mount Lynkon)。现在,亚历山大如何向帖萨利亚进军便完全清楚了："他从林科斯平原越过基尔利-德文山口(Kirli Derven)到达厄欧尔达

---

① Philippson/Kirsten 1956, 76 中 Kirsten 撰写的部分,注 1。
② Lévêque 1957 127 注 5—6。
③ Lévêque 1957 插图 II。
④ Hammond 1967, 680.
⑤ Hammond 1967, 680 注；Hammond 1972, 109 注 2; 118。
⑥ Hammond 1980, 174 (= *Collected Studies* III 48).
⑦ Bosworth 1981, 91 注 22。
⑧ Papazoglou 1988b, 231—232。

亚,然后向南进军至现今的科扎尼城(Kozani)。他很可能从那里穿过西亚蒂斯塔(Siatista)山口,进入哈利阿克蒙河谷和厄利梅亚古城。然后,亚历山大在格雷韦纳现代十字路口附近的某个地方进入缇姆法亚。"①"最好是将缇姆法亚和帕刺瓦亚整体上视为一个地理单元。如果亚历山大像哈蒙德推测的那样,从现代的格雷韦纳地区向南进发,那么他前往佩奈乌斯河源头时,将会绕过将提姆法伊亚和帕拉奥埃亚分隔的品多斯山脊。这就是阿利安含糊措辞所暗示的一切。"②

笔者还希望补充一点:依我看来,提姆法亚和帕刺瓦亚不仅在地理上构成一个单独的地理单元,在行政上也同样如此。这就解释了为什么在亚历山大大帝麾下历史学家的著作中,以及在希腊化时期有关马其顿的著作中,帕刺瓦亚经常被归入缇姆法亚,却很少出现在古代文献中③。

数十年来,马其顿和伊庇鲁斯的学者们一直在为阿廷塔尼亚的位置而苦恼。修昔底德(2.80.6)、托名斯屈拉克斯(Pseudo-Skylax,26)、托名亚里士多德(Pseudo-Aristotle, *Mir.* 833a 9)、吕科弗隆(Lycophron, *Alex.* 1042—1046)、波利比乌斯(2.5.8; 11.11; 7.9.13)、斯特拉波(7.7.8 Baladié)、李维(27.30.13; 29.12.13; 45.30.7)、阿庇安(Appian, *Ill.* 7—8)、珀吕埃努斯(Polyaenus, 4.11.4)、拜占庭人斯忒法努斯(参 Ἀτιντανία 词条)及多多纳(*SGDI* 1336)面世的一份碑铭都提到这一城市。上述记载的历史背景涉及伯罗奔尼撒战争、罗马人与马其顿人的伊利里亚战争、第一次马其顿战争以及公元前167年罗马人在马其顿的定居④。尽管记述相对较多,但人们对阿廷塔尼亚的

---

① Bosworth 1981, 96.

② Bosworth 1981, 91注22。

③ M. B. Hatzopoulos 1993c, 187—188(=*Recueil* 529—530); Hatzopoulos 1996b, 77;比较 Cabanes 1976, 130。

④ 关于下文,参见 Hatzopoulos 1993c, 183—190。

位置一直没有达成共识。莫里斯·霍洛(M. Holleaux)[①]提出一个简单而大致正确的解决方案，并被莱维克采纳[②]，即阿廷塔尼亚位于奥欧斯河的中游河谷[③]。此后，一些学者对古代证据提出了不同的阐释，而涉及上述阿廷塔尼亚(一作阿廷塔尼斯[Atintanis])位置的争议，大致分为三种理论：(1)在1966年至1989年的一系列文章中，[④]以及在其关于伊庇鲁斯的不朽专著中[⑤]，哈蒙德提出一个观点，即伊庇鲁斯地区分布着两个不同的国家和两个不同的族群(ἔθνη)：定居于吕克尼提斯湖(Lake Lychnitis)西北部阿廷塔尼亚的伊利里亚阿廷塔尼亚人(Illyrian Atintanoi)，以及定居于伊庇鲁斯中部的德里诺斯(Drynos)上游河谷的伊庇鲁斯阿廷塔尼亚人(Epirotic Atintanes)。(2)哈桑(Hasan)和内里坦·切卡(Neritan Ceka)在一系列文章中提出，阿廷塔尼亚人属伊利里亚人群，其疆域最初在奥里科斯(Orikos)、阿曼提亚(Amantia)和比利斯(Byllis)领地以北，卡奥尼亚(Chaonia)领地以西，摩洛西亚领地以南之间，相当于奥欧斯河中游河谷与远至多多纳的德里诺斯河谷。阿曼提亚和比利斯两座城市最终脱离阿廷塔尼亚人，形成独立的国家[⑥]。(3)皮埃尔·卡巴内斯(P. Cabanes)支持他的阿尔巴尼亚同事的观点，但将德里诺斯河谷留给卡奥尼亚人，因而阿廷塔尼亚缩小为比利斯城和达萨雷提斯(Dassaretis)之间的一小块区域[⑦]。帕帕佐格鲁对这一理论作了一些修

46

① Holleaux 1921, 109—110及注1。

② Lévêque 1957, 184及注7。

③ Lévêque草率地将德里诺斯河谷也划入阿廷塔尼亚。

④ Hammond 1966, 53—54 (= *Collected Studies* III 279—280)及图例3；Hammond 1968, 8 (= *Collected Studies* III 288)及图例1、图例2；Hammond 1989a, 11—25 (= *Collected Studies* III 245—259)及图例1。

⑤ Hammond 1967, 599—601及地图15。

⑥ Ceka 1987, 135—149(及早先的阿尔巴尼亚语参考文献)。另参见Hatzopoulos 1993c, 190。

⑦ 比较Cabanes 1976地图1及8；比较Cabanes 1986, 80—85。另参见Hatzopoulos 1993c, 190。

正,在一定程度上扩大了阿廷塔尼亚的领土,东起奥欧斯峡谷的克勒伊苏剌(Kleisoura),西至塞勒尼刻(Selenice)[①]。

在 1993 年的一篇论文中,笔者试图说明(a)哈蒙德关于同一地区存在两个同名国家和族群的理论尽管易于理解,但缺乏说服力,同时也多此一举。他的依据来自两份互相矛盾的证据:一方面,珀吕埃努斯所记载卡山德的战略意图是从厄皮达姆诺斯观测阿廷塔尼亚村庄的火情,说明厄皮达姆诺斯(Epidamnos)紧邻阿廷塔尼亚;另一方面,波里比乌斯曾描述过埃皮罗特人的军队从佛伊尼刻(Phoinike)撤退到阿廷塔尼亚,则佛伊尼刻与阿廷塔尼亚也相近,然而厄皮达姆诺斯距离佛伊尼刻约 150 公里,阿廷塔尼亚不可能同时位于两者附近。事实上,波里比乌斯叙述更具权威,如修昔底德声称阿廷塔尼亚人与摩洛西亚人由同一将军指挥作战;斯特拉波(7.7.8 Baladié)也将阿廷塔尼亚人与摩洛西亚人、阿塔曼尼亚人、埃特刻斯人、缇姆法亚人、欧列斯提斯人和帕剌瓦亚人等伊庇鲁斯人并列;此外,李维(45.30.6)将阿廷塔尼亚与厄欧尔达亚、林科斯、佩拉戈尼亚、缇姆法亚和厄米梅亚一同归入马其顿第四分区。阿庇安(*Ill.* 7—8)称呼阿廷塔尼亚人为“伊利里亚人”,学者认为这是指他们被伊利里亚统治者吞并后的政治状况[②]。问题的真正关键在于珀吕埃努斯的一段描述,他必然误解了其来源(可能是卡尔迪亚的希厄罗倪穆斯[Hieronymus of Kardia]),或者其来源作者不熟悉该地区的地理情况而犯下错误。

阿廷塔尼亚的政治史非常复杂。作为一个与摩洛西亚人结盟的独立邦国(Thuc. 2.80.6;比较 *SGDI* 1336),阿廷塔尼亚曾于公元前 230 年被伊利里亚人短暂吞并,但第二年阿廷塔尼亚人利用罗马人的干预,将自己置于后者的保护之下(App. *Ill.* 3.7, 229)。几年后,

47

———————

① Papazoglou 1986, 444 注 27。

② Cabanes 1986, 82.

他们站在了法罗斯的德米特里欧斯（Demetrios of Pharos）一边
（App. *Ill.* 3.8，222），但后者战败后，罗马人重新统治了阿廷塔尼亚。
在接下来的几年中，阿廷塔尼亚的治权引发了罗马人和马其顿人之
间的争议（Livy 27.30.13），最终由佛伊尼刻和约（peace of Phoinike）
确定其归属马其顿（29.12.13）。此后，阿廷塔尼亚无疑一直属于马其
顿，因为它被划入了马其顿第四分区（Livy 45.30.7）。

2.4.5 得尔里欧珀斯

李维（39.53.14）将得尔里欧珀斯（Derriopos）描述为"派奥尼亚的
一个区域"（*Paeoniae ea regio est*），却又说得尔里欧珀斯的主要城市
斯缇贝尔剌（Styberra）位于佩拉戈尼亚（31.39.4：然后他前往佩拉戈
尼亚地区，收集田间的谷物［*deinde petit atque ex Pelagonia frumen-
tum quod in agris erat convexit*］），然而阿里安提到"克剌特乌阿斯之
子佩同，阿珥科梅纳人"（Πείθων［ὁ］Κρατεύα Ἀλκομενεύς），来自得尔里
欧珀斯的一个城镇，是一位马其顿人（*Ind.* 18.6），腓力五世的一位廷
臣在一份献辞上署名"安提戈诺斯，赫拉克莱托斯之子，斯缇贝尔剌
公民，马其顿人（Ἀντίγονος Ἡρακλείτου Στυβερραῖος Μακεδών）"[①]。此外，
正如帕帕佐格鲁所正确强调的，斯缇贝尔剌[②]的姓名记载证实该地
区的人群具有希腊特征，更确切地说，是马其顿特征[③]。得尔里欧珀
斯人有可能是上马其顿人的一支，佩里斯特里山（Mount Peristeri）的
山麓使他们与林科斯马其顿人的领土连为一片。从这些相互矛盾的
证据中，我们可以推断出什么呢？首先，如果得尔里欧珀斯属于派奥

---

① *SEG* 35（1985）821.

② 在德尔瑞俄波斯的其他遗址中也有类似证据发现。

③ Papazoglou 1988a，250："斯缇贝尔剌石碑上铭刻的公民预备役人名绝大多数
均为希腊（希腊-马其顿）姓名……整体给人一种纯粹的希腊环境的印象（milieu pure-
ment grec）。"

尼亚,同时得尔里欧珀斯城市斯缇贝尔刺又是佩拉戈尼亚的一个城市,则佩拉戈尼亚本身就是派奥尼亚的一部分,或是佩拉戈尼亚和派奥尼亚本就是可以互换的地理术语。这两个命题都可能是正确的,因为斯特拉波(7 fr. 38 Baladié)指出,派奥尼亚包括佩拉戈尼亚,而雅典公元前365年或前364年的铭文则纪念了一位名为"Π[……]"的佩拉戈尼亚国王,这个名字很可能应该重构为"帕特剌奥"(Π[άτραον]),他可能是另一个"帕特剌奥斯"(Patraos)的祖父,公元前4世纪下半叶的派奥尼亚国王[①]。罗马人在公元前167年将派奥尼亚最西部并入马其顿第四分区,并以佩拉戈尼亚命名,但佩拉戈尼亚最西北部仍被称为得尔里欧珀斯[②]。

48

　　总而言之,尽管马其顿与马其顿国王的广阔辖域之间始终存在区别,但为马其顿拓殖者开疆辟土和同化"盟友"的压力始终存在。因此,马其顿的国家领土往往与马其顿属地(Macedonian possessions)相邻,这一过程最终使马其顿的国土从品多斯山脉延伸到斯特里蒙河谷,甚至更远。碑铭证据显示,马其顿土地和马其顿人民在法律意义上属于高度同一的概念。至安提柯王朝末期,马其顿领土上的所有自由民(显然不包括被释奴和外国佃农),无论其最终的族裔起源如何,都是一个或另一个公民社群(城邦[πόλις]、族群[ἔθνος]或政治共同体[sympolity])的公民成员[③],他们共同组成马其顿人族群,即马其顿国家的两个组成部分之一。

---

① 比较 Papazoglou 1988b, 276注2。

② 比较 Papazoglou 1988b, 68—71 及 Sakellariou 1983, 198 所附地图。

③ 关于不同类型的马其顿公民社群,参见 Hatzopoulos 1996b, 47—123。

3 族群:何为马其顿人?

3.1 族群痕迹

马其顿人"自我介绍"时使用的措辞表现了马其顿人如何定义自 49
己的身份:"菲利珀斯之子阿革洛科斯,来自埃盖的马其顿人"(Del-
phi, *FD* III 1 112: Ἀγέλοχος Φιλίππου Μακεδὼν ἐξ Αἰγειῶν);"赫剌克勒伊
托斯之子安提戈诺斯,来自斯缇贝尔剌的马其顿人"(Kaliakra, *SEG*
35[1985]821: Ἀντίγονος Ἡρακλείτου, Στυβερραῖος Μακεδών);"忒欧多罗
斯之子安提帕特罗斯,安菲波利斯人"(雅典, *SEG* 32[1982]290:
Ἀντίπατρος Θεοδώρου Ἀμφιπολίτης);"阿敏塔斯之子安提戈诺斯,贝罗亚
人"[出土于德米特里阿斯,A. S. Arvanitopoulos, Θεσσαλικὰ Μνημεῖα
[Athens 1909]295—296 注 82: Ἀντίγονος Ἀμύντου Βεροιαῖος)];"阿尔忒
蒙之女索西克剌忒亚,马其顿人"(出土于德米特里阿斯,同前述作品
134 注 11: Σωσικράτεια Ἀρτέμωνος Μακέτα);"阿尔忒蒙之子阿里斯得摩
斯,卡山德瑞亚人"(出土于德米特里阿斯,同前述作品,417 注 167:
Ἀριστόδημος Ἀρτέμωνος Κασσανδρεύς);"西米阿斯之子菲洛克塞诺斯,缇
里萨人"(Marinia, *EKM* II 117: Φιλόξενος Σιμμία Τυρισσαῖος)。

上述"自我介绍"说明了什么?首先,希腊语的姓名固定表述

(onomastic formulae)并不像罗马人的那样刻板。其次,马其顿人对姓名的表达方式与希腊其他"联邦"国家的公民完全一样。例如,一位埃托利亚人可以在德尔斐自我介绍为"米基纳斯之子忒伊桑德罗斯,来自博托斯的埃托利亚人"(*CID* IV 23: *Τείσανδρος Μικκίνα Αἰτωλὸς ἐγ Βοττοῦ*)或是简单地自称"博托斯的埃托利亚人"(*CID* IV 101: *Αἰτωλῶν … Λεοντομένεος Βο*[*υττ*]*ίου*),甚至干脆自称"埃托利亚人拉尼科斯"(*CID* IV 33: *Λανίκου Αἰτωλοῦ*),或自称阿卡尔纳亚人,如"尼刻玛刻斯之子萨缇罗斯,来自缇尔贝翁的阿卡尔纳亚人"(Delphi,同上。*Σάτυρος Νικομάχου Ἀκαρνὰν ἐκ Τυρβείου*),或自称帖萨利亚人,如"阿纳克西珀斯之子尼刻斯特剌托斯,来自拉里萨的帖萨利亚人"(*CID* IV 106: *Νικόστρατος Ἀναξίππου Θεσσαλὸς ἐγ Λαρίσσης*)。马其顿人使用某种姓名表达出于实用考虑:他们使用姓名、父称(patronym)、"联邦"族群('federal' ethnic)或由介词引导的城市名称,或在"联邦"族群后面加上所属城市的族群等正式表达,主要用于"联邦"以外的地区。反之,当城市在其语境中并不重要,或出于其他原因,当事人更侧重表达自己的马其顿身份而非城市归属,例如"德米特里阿斯的索斯克剌忒亚"(Arvanitopoulos,*Μνημεία* 134 注 11: *Σωσικράτεια Ἀρτέμωνος Μακέτα*),而她的哥哥阿里斯托得摩斯则更愿意被称为卡山德瑞亚的公民(同前述作品 417 注 167: *Ἀριστόδημος Ἀρτέμωνος Κασσανδρεύς*)。另一方面,在"联邦"境内省略"联邦"的身份表述是常见做法,如菲洛克塞诺斯。正如第一章所强调的,这些多种多样的表达方式绝不意味着马其顿人自我认同属于不同阶层(如"高等贵族"[Mitglieder der Hochadel]或"生活在国王领土上的普通公民"[schlichte Bewohner der *χώρα βασιλική*][①])。马其顿和前共和制时代的摩洛西亚一样,都是"族群国家"(现代意义上的"联邦国家"),其公民拥有多重政治身份,且彼此重合。公元前4世纪初,摩洛西亚

50

---

① Rosen 未出版论文,日期地点不详,参见 Hatzopoulos 1996b, 168。

国王内奥普托勒摩斯(Neoptolemos)麾下有一位地方"联邦"地方行政官($\delta\eta\mu\iota\sigma\nu\varrho\gamma\acute{o}\varsigma$)阿尔克坦(Arktan),他是"摩洛西亚人公民,以及一位欧律梅奈公民"(Dodona, Cabanes, Epire 534—535: $\mathring{A}\nu\delta\sigma\varkappa\acute{a}\delta\varepsilon\sigma\varsigma$ $\mathring{A}\varrho\varkappa\tilde{a}\nu\sigma\varsigma$ $E\mathring{\upsilon}\varrho\upsilon\mu\varepsilon\nu\alpha\acute{\iota}\omega\nu$);同样地,在安提柯王朝时期,赫拉尼翁之子菲拉尔刻斯,驻德尔斐的马其顿代表($\pi\varrho\acute{o}\xi\varepsilon\nu\sigma\varsigma$),也是一位"马其顿公民,来自皮提翁的厄利梅亚"($\Phi\iota\lambda\acute{a}\varrho\chi\omega\iota$ $\dot{E}\lambda\lambda\alpha\nu\acute{\iota}\omega\nu\sigma\varsigma$ $M\alpha\varkappa\varepsilon\delta\acute{o}\nu\iota$ $\dot{E}[\lambda]\varepsilon\iota\mu\iota\acute{\omega}\tau$ $[\eta\iota]$ $\dot{\varepsilon}\varkappa$ $\Pi\upsilon\vartheta\varepsilon\acute{\iota}\sigma\upsilon)^{①}$。

3.2 "不凭血缘,也不凭土地": 如何成为一个马其顿人?[②]

当然,大多数马其顿公民的父母均为马其顿公民,没有理由相信马其顿人遵循伯里克利的非婚生子女法律[③],或是像雅典那样[④],父母具备马其顿公民身份是一个人登记在公民名册中的先决条件。无论如何,血统限制不适用于王室家族,他们常与外国公主进行王室联姻,却不会引起继承合法性问题[⑤]。像马其顿人这样有着征服史的社会中,男性与被征服人群的女性结婚很可能极普遍,以致其后代不可能被排除在社会之外。相反,马其顿作为一个征服型国家,仅凭血统授予一个人公民权绝不可能。

---

① 比较 Cabanes 1980, 323—351。

② 该节标题戏拟了"血缘与土地"(Blut und Boden)的政治意识形态,该观念曾是德国纳粹政权的核心口号之一,强调某一纯净血统构建的种族与其定居空间的绝对一致。

③ Plut. *Per.* 37.

④ 正如 Badian 1963, 244 所言:"在婚宴上,新娘的叔叔阿塔路斯(Attalus)侮辱了亚历山大,暗示他——这可能是真的,也是显而易见的——这场婚姻的目的是给国家带来一个合法的(即具备纯粹马其顿血统的)继承人。"

⑤ 参见关于亚历山大大帝因其母亲是摩洛西亚人而具有合法继承身份的尚无成效的讨论,比较 Ellis 1981, 120—121;Hatzopoulos 2018b, 69—71。

51　　考虑到早期马其顿国家的形成过程,保拉·赞坎(Paola Zancan)在她1934年的论文中提出了一个完整且令人信服的理论框架,遗憾的是,几乎所有英语世界的学者都没有关注到这篇论文[1]。她首先强调"马其顿人这个术语并不是纯粹的、本质主义的种群概念",至少在公元前4世纪,"它具备政治内涵",因此她提议将马其顿人不建立纪念碑的典范传说(Paus. 9.40.8—9)解释为马其顿人对被征服敌人示以慷慨。马其顿人决定让自己的胜利被遗忘,从而与过往的敌人有朝一日和解,并最终使他们被纳入马其顿社群。昨天的敌人将成为明天的臣民(ὑπήκooι),日后的盟友(σύμμαχoι),在马其顿公民军中与其他人并肩作战,最终成为完全的马其顿公民。

　　哈蒙德独立提出了类似但存在实质性差异的论点。他认为,严格意义上的(proper)的马其顿人是"一个由国王选定的、在战争中表现出色且在军事服务中可靠的精英男性组成的群体,他们只占所有臣民中的一小部分"[2]。他们享有充分的政治权利,参加马其顿公民大会,在居住的城市同时拥有马其顿公民权和当地的公民权。该国其他自由居民只拥有当地的公民权[3]。克劳斯·罗森(Kl. Rosen)在他未出版的博士论文中提出相反的观点:大多数马其顿人拥有双重公民权,但其中一些人,即高级贵族和国王领土上最贫穷的居民,只拥有马其顿公民权[4]。

　　哈蒙德的理论立即受到了爱德华·米切尔·安森(E. M. Anson)、艾灵顿、帕帕佐格鲁和笔者的挑战[5]。最近,帕帕佐格鲁重新探讨这

---

① Zancan 1934, 124—136. Ellis 1976 是一个值得关注的例外。

② 参见 Hammond/Griffith 1979, 163—164 中 Hammond 撰写的段落。

③ 参见 Hammond/Griffith 1979, 163—164; 647—652 中 Hammond 撰写的段落。

④ Rosen 未出版论文,日期地点不详,9—13。

⑤ Anson 1984, 67—68 及 Errington's 1980, 78—80 及 1989, 288—300, Hammond/Griffith 1979 的书评,Hammond/Walbank 1988, 以及 Papazoglou 1990, 229—233; Hatzopoulos 1996b, 167—171。

一问题,提出了一个观点,即"马其顿"这一概念从未丧失其种族内涵,而腓力二世和亚历山大大帝的军事改革将来自其他族群的新兵纳入军队,从而赋予他们马其顿公民权[①]。她低估了公元前4世纪马其顿已经发展起来的公民制度(civic institutions)所发挥的作用,在"阿尔吉德"王朝(即忒梅尼德王朝)[②]和安提柯王朝之间划出了不可逾越的界限。事实上,腓力二世和亚历山大大帝的士兵并非全是马其顿人,但所有的马其顿士兵都是马其顿某座城市的公民。内阿尔刻斯(Nearchos)和欧梅内斯(Eumenes)都不是来自马其顿,而是分别来自克里特和卡尔迪亚。尽管如此,前者被认为是马其顿人,后者则被认为是希腊人(Arr. *Ind.* 18.3—11)。这种区别与他们的种族血统或军旅生涯无关,而是因为内阿尔刻斯是马其顿的一个城市安菲波利斯的公民,而欧梅内斯不是。这一现象并非独特,由来已久。拉欧梅东(Laomedon)和安德罗斯忒内斯(Androsthenes)也被认为马其顿人,尽管他们分别来自米提林(Mytilene)和塔索斯(Thasos),因为他们都是安菲波利斯的公民。在公元前4世纪前中叶,也就是腓力二世统治的早期,我们发现拥有典型马其顿姓名和非马其顿姓名的人在安菲波利斯同时担任行政官,买卖土地,这证明不同血统的人均

52

---

① Papazoglou 1998, 25—41.

② "阿尔吉德"原则上是建立下马其顿王国的人群(或许可视为"氏族")的名称,而"忒梅尼德"则是公元前309年亚历山大四世去世前的统治王朝的名称。参见Hammond/Griffith 1979, 26—28中Hammond撰写的段落。屈忒尼亚(Kytenians)出土的一块石碑(Bousquet, 1988, 12—53)曾一度使笔者的观点有所动摇(Hatzopoulos 2003a, 216及注74[=*Recueil* 206及注74]),然而,鉴于屈忒尼亚人也将安条克(Antiochos)划入赫剌克利德(Heraklid)/阿尔吉德王室(尽管塞琉古王室[Seleucids]声称自己祖上有独特的阿波罗血统),而且不仅腓力五世自称拥有阿尔吉德血统(Pol. 5.10.10; Livy 27.30.9;比较Livy 32.22.11),其敌人的文献也将其归入阿尔吉德王室(Paus. 7.8.9;参Edson 1934, 213—246),"阿尔吉德"一词通常指涉的家族一定比忒梅尼德王室家族更广泛(比较Just. 7.1.10:人民向阿尔吉德家族呼求[*populum Aegeadas vocavit*])。不过,也不能排除"忒梅尼德"与"阿尔吉德"混淆的情况(比较Bousquet 1988. 40注55)。

可以拥有公民权①。腓力五世的一份涉及服兵役的军事通谕($\delta\iota\acute{\alpha}\gamma\varrho\alpha\mu\mu\alpha$)表明，除非有国王的书面豁免，否则在普通马其顿军队中纳入非公民将被严厉惩罚②。

在随后的著作中③，哈蒙德修正并重申了他的理论；必须承认，这个新的理论有一定的道理。最终出版的涉及服兵役的军事通谕无疑表明，国王可以在特定情况下书面授权地方当局，将非公民纳入公民募兵队伍，从而使他们有资格加入军队④。此外，正如哈蒙德所指出，一些情况下，国王的决定间接授予了马其顿公民权。例如，当来自旧王国的马其顿人被迁移至阿克西欧斯河以外的新征服领土，并在那里分配土地时，之前的人群并不会简单地消失。姓名学(onomastic)证据表明，有些人从一开始就获得正式的马其顿公民权⑤，而其他人，尤其是居住在农村的非希腊血统的农民，可能在他们的村子里属于低等公民，附属于马其顿城市里的公民⑥。因此，至少从公元前4世纪中叶开始，加入马其顿社群似乎并非服兵役的结果，相反服兵役似乎是通过加入政治共同体($\pi o\lambda\acute{\iota}\tau\epsilon\upsilon\mu\alpha$)获得马其顿公民身份的结果。总之，公民权问题似乎与族群血统或军队服役并无联系，而与社会分层关系更紧密。

如果我们不考虑卡尔·尤利乌斯·贝洛赫(K. J. Beloch)的简短评述，那么第一个将关注转向马其顿人口社会分层的是弗朗茨·汉普尔(Franz Hampl)⑦。"谁属于马其顿的国王伙友阶层？"汉普尔的回答

---

① Hatzopoulos 1991, 75—82; Hatzopoulos 1996b, 184; Hatzopoulos 2007a, 59—63(＝*Recueil* 401—415).

② Hatzopoulos 2001a, 96—98及154, L. 21—34。

③ Papazoglou 1998, 25—41. Hammond 1989b, 49—64; 152—165及382—395; Hammond/Walbank 1988, 12中Hammond撰写的部分,86; 484。

④ Hatzopoulos 2001a, 96—98及154, ll. 21—34。

⑤ 参见Hatzopoulos 1991, 80—86; Hatzopoulos/Loukopoulou 1992, 110—122。

⑥ *EKM II* 401, l. 31中提到的民众($\lambda\alpha o\acute{\iota}$)可能便属于这种情况。

⑦ Hampl 1934, 66—67.

是,伙友既不是君特·普劳曼(G. Plaumann)所断言的国王的小圈子,也不是在重骑兵中服役的人[1],而是与现任国王构成封建关系的一个群体,他们提供服务以换取王室土地上的土地财产收入。皮埃特罗·德·弗朗西斯奇(P. de Francisci)用各种论据对汉普尔的"封建论"进行了抨击,其中一些论据较为中肯,另一些则失之偏颇[2]。

一代人之后,约翰·理查德·埃利斯(J. R. Ellis)区分了三个社会群体:国王伴友,他们作为重装骑兵服役[3];"士兵",他们既在重装步兵,也在王室近卫这类精英军团和轻骑兵中服役[4];以及"次等公民",即像斯巴达公有奴(helots)和帖萨利亚公有奴(πενέσται)那样的农奴,他们在军队中的辅助单位服役(马夫、仆人、驭手等)。在同一时期,哈蒙德除了将"严格意义上的马其顿人"与其他只享有城市公民权并在地方军队中服役的自由民区分开来之外[5],还断言马其顿没有家奴[6]。

马克思主义学者帕帕佐格鲁强调阶级差别。与哈蒙德相反,她不相信马其顿没有家奴:事实证明她是对的,因为最近出土了极可能属于前罗马时期马其顿奴隶的释奴记录(manumissions)[7]及其墓碑[8]。尽管如此,这种现象似乎并不像在希腊南部的主要城邦那般普遍。帕帕佐格鲁不相信埃利斯的说法,即在非马其顿人居住的新征服领土,国王伙友的庄园由农奴所耕种[9]。因此,她将前罗马时代

54

---

[1] Plaumann 1913, 1374—1379.

[2] de Francisci 1947, 360—380.

[3] 他没有提到腓力麾下的步兵卫队(πεζέταιροι),参 Hammond/Griffith 1979, 705—713 中 Griffith 撰写的段落。

[4] 这是一种时代错乱(anachronism),参见前注。

[5] Hammond in Hammond/Griffith 1979, 647—648.

[6] Hammond in Hammond/Walbank 1988, 12.

[7] Papazoglou 1998, 33 及 35。参见 *EKM I* 45—46; *EKM II* 174; 402—404。

[8] 比较 *EKM II* 44; 470; 473。

[9] Papazoglou 1998, 34.

的马其顿文献中的孤例"有居留权的外邦民"(μέτοικος)解释为"王室土地的自由佃农"[①]。事实上,高卢人的记载中曾提及波提亚的非马其顿佃农[②],而且在屈尔罗斯也发现了一份保存完好的碑文,其中记有"农民/民众"(λαούς)[③]。

许多学者都强调了腓力二世所面临的挑战,即在他将其势力范围从品多斯山脉扩展到斯特里蒙河谷,从坦佩山口扩展到奥克里德湖之后,如何统一这个幅员辽阔、文化多元的国家。埃利斯和帕帕佐格鲁都将这一成就与军队改革联系在一起,其细微分歧在于,前者认为腓力扩充和整编军队的意图是统一国家[④],而后者则认为,军队的统一导致了国家的统一。她认为,腓力二世并不通过血统区分马其顿人或非马其顿人,而是遴选最优秀、最强壮的年轻人,命令他们遵守同样的军纪,从而使非马其顿新兵成为马其顿人[⑤]。笔者认为两位作者都低估了公民制度的重要性,这无可厚非,因为在他们写作的时候,新出碑铭证据的重要性还没有被充分认识,这些证据强调非马其顿人在早期融入腓力二世所建立(如林科斯赫拉克勒亚[Herakleia Lynkestis])、重新建立(如卡林多亚)或改造(如安菲波利斯、托罗内)的新马其顿城市的重要性[⑥]。事实上,从相应的碑铭文献来看,加入公民社群是参加军队的前提,而非相反。因此,组建马其顿公民单元(civic units)是建立稳定的公民军队征兵制度(πολιτικοὶ

---

① *EAM* 87; Papazoglou 1997, 239注466。

② Livy 45.30.5:"第三个著名的地区坐落着埃德萨、贝罗亚和佩拉城,并生活着勇武的维提人和其他居民,包括许多高卢人和伊利里亚人,后者均为勤劳的农民。"(*tertia regio nobilis urbes Edessam et Beroeam et Pellam habet et Vettiorum bellicosam gentem, incolas quoque permultos Gallos et Illyrios, inpigros cultores*)。

③ *EKM II* 401, l. 31。详见 Hatzopoulos 2011a, 62—68 (=*Recueil* 500—506); Hatzopoulos 2013a, 1376—1377。

④ Particularly Ellis 1969, 9—17; Ellis 1977, 103—111; Ellis 1981, 36—47.

⑤ Papazoglou 1998, 36—37.

⑥ 关于笔者的观点,参见 Hatzopoulos 2012, 37—53。

στϱατιῶται)的先决条件①。阿里安所记述亚历山大大帝的演讲(*An.*
7.8.2)便概述了这场社会和政治革命:"[腓力二世]他使你们居住在
城市中,并赐予你们良好的法律和习俗",这意味着一系列针对人口、
经济和制度方面的措施。最近,埃利斯在一篇专门论述腓力二世人
口迁移的文章中对马其顿人口问题进行了探讨②,哈蒙德在其关于
马其顿国家的专著中,用整整一章的篇幅对人口、经济、城市化和军
事发展进行了全面研究③,而鲁科普鲁和笔者本人则在克瑞斯托尼
亚、安忒穆斯和波提克北部建立或重建的马其顿城市中"实地"发现
了这一点④。笔者在关于马其顿政治制度的作品中强调了马其顿政
策推行的渐进性,修昔底德(2.99.3—6)、亚里士多德(*Pol.* 1310 b)和
尤斯丁(7.1.1—12;8.5.7—6.2)对此予以证实,并且其政策在城市化
背景下从扩张演进到兼并再到同化⑤。最近,安森对腓力二世的政
策进行了颇具意义的重新评估,他强调了征服、土地分配、城市化、步
兵方阵(phalanx)募兵以及马其顿穷人对国王坚定不移的忠诚之间
的紧密联系,国王将"一个由牧民和佃农组成的依附性人群转变成了
一个拥有数以万计忠诚土地拥有者的国家"。安森有力地质疑了埃
利斯和比洛斯(Billows)的推断⑥,即这些马其顿穷人属于被征服的
臣民,其地位与斯巴达的公有奴或帖萨利亚的公有奴地位相当⑦。

56

---

① 亚历山大从腓力二世那里继承了一支以公民为基础组织的军队;比较 Diod.
18.12.2:"因为马其顿缺乏公民军队,他们已将大量公民派遣至亚细亚以补充兵源"
(ἐσπάνιζε γὰϱ ἡ Μακεδονία στϱατιωτῶν πολιτικῶν διὰ τὸ πλῆϑος τῶν ἀπεσταλμένων εἰς τὴν
Ἀσίαν διὰ τὴν διαδοχὴν τῆς στϱατείας)。

② Ellis 1969, 9—17.

③ Hammond 1989b, 152—165; 49—53.

④ Hatzopoulos/Loukopoulou 1989, Hatzopoulos/Loukopoulou 1992, Hatzopou-
los/Loukopoulou 1996,另参见 Hatzopoulos 1991, 62—86关于安菲波利斯转变为马其
顿城市的论述。

⑤ Hatzopoulos 1996b, 169; 179及473—474。

⑥ Ellis 1976, 27; Billows 1995, 10.

⑦ 但国王领土的情景有所不同。

另一方面,我们也没有理由认为被征服地区的土地分配的所有受益者都是牧民和无地佃农。小土地所有者可能愿意(或被迫)放弃在旧王国的小块土地,而选择在新征服领土上的大块土地①。

无疑,血统不是获得马其顿公民权的唯一途径,但出生于马其顿的土地上同样如此。非马其顿佃农的子女,或非马其顿原住民的后代,与被释奴的子女一样,并不能仅仅因为出生在马其顿的城市里就自动获得马其顿公民权。然而,如前文所述,从长远来看,大多数人都被纳入了马其顿公民群体。马其顿国王的"盟友"(实际上是臣民)和前雇佣兵(色雷斯人、伊利里亚人、高卢人等)也是如此,他们在人口稀少的地区与马其顿人混居在一起。碑铭证据确凿地表明,他们被马其顿土著居民同化,讲希腊语,并遵守当地的崇拜和信仰②,因为对于那些愿意学习希腊语并通过希腊教育机构(主要是体育锻炼馆)提升社会地位的人来说,并没有不可逾越的障碍③,一些马其顿年轻公民的养兄弟(σύντϱοφοι)中可能就有这样的人④。我们仍有待回答:"所有马其顿公民是否享有平等权利?"

尽管埃利斯没有提及,但他认真考察了库尔提乌斯·鲁弗斯(6.8.23)记载的菲洛塔斯(Philotas)审判的一段话:"大约六千名士兵已抵达,此外还有一大群男仆和侍从充斥着王宫"(*VI milia fere militum venerant, praeterea turba lixarum calonumque impleverant regiam*)。那些男仆和侍从是谁?埃利斯的回答是,正如我们已经提到过的,他们属于"亚公民"阶层,与斯巴达公有奴和帖萨利亚公有奴地

---

① 最近,Mari 2019, 213—239重论了这一主题,并对兵役、马其顿公民权(和土地所有权)之间的联系提出了与哈蒙德类似的观点。在她看来(页215及全书),土地所有权是在军队服役时获得的特权,"获得或保持土地所有权是获得马其顿国家"完全公民权"和定期参加马其顿公民大会的权利"的先决条件"。

② 例如一位被释奴向屈尔罗斯的雅典娜圣所(Athena of Kyrrhos)的献辞,他的姓名具备凯尔特语特征:*EKM II* 403—405。

③ Hammond 1989b, 388—391.

④ Hatzopoulos 2015—2016a, 57—70.

位相当,也就是说,他们是附属于土地的农业劳动者,为军队提供后勤补给。这一假说反映了近半个世纪前人们对前罗马时代马其顿社会状况的一无所知。从新发现的碑铭来看,没有任何证据可以证明马其顿存在公有奴隶。

首先,我们应区分王室/前王室土地和"马其顿人的土地"之间的不同状况,前者是"盟友"城市,如卡山德瑞亚,后者则是"马其顿人的土地"①。例如,在国王吕西马库斯(Lysimachos)赐予哈尔帕洛斯(Harpalos)之子利姆纳尤斯(Limnaios)的庄园地产中,位于塞尔米利亚境内的庄园分别与吕西马库斯的长子阿伽托克勒斯(Agathokles)和国王的一位廷臣、克勒翁之子比缇斯(Bithys son of Kleon)的土地接壤,而位于奥林托斯的庄园则与卡山德瑞亚的两位公民(索西克勒斯[Sosikles]之子梅农[Menon]、厄皮忒勒斯[Epiteles]的儿子皮隆[Pylon])的土地接壤,两人的名字具备爱奥尼亚特征,可能是奥林托斯人的后裔,这些奥林托斯人曾向腓力二世出卖这座城市;最后,位于斯特列普撒的那块庄园,其一位邻居的个人名和父名为"安倪忒斯之子古剌斯",属于波提克语而非希腊语,另两位则为一对兄弟,其父名为"德米特里乌斯",个人名分别为"奇欧尼得斯"(Chionides)与"欧阿珥刻斯"(Eualkes),他们极有可能并非马其顿人,而是南部希腊人②。吕西马库斯的儿子和他的廷臣显然不会亲自耕种土地,他们很可能把自己的庄园(可能和利姆纳尤斯的庄园一样大,甚至更大)分给了佃农,这些佃农可能拥有卡山德瑞亚的公民权,也可能没有。如果梅农和皮隆在"精心挑选"的特剌佩祖斯(Trapezous)邻近地区的庄园与利姆奈欧斯的庄园规模相当,这两个卡山德瑞亚人可以通过雇工自己开发庄园,也可以将庄园出租给佃农。古剌斯以及奇欧

---

① 关于安提戈诺斯·戈纳塔斯之前的卡山德瑞亚地位,参见 Hatzopoulos 1993b,575—584。

② 参见本书页 40。

尼得斯与欧阿珥刻斯兄弟的社会地位则难以设想。如果利姆奈欧斯的地产规模可以有效地说明其邻居的地产规模，那么我们就有理由推断，这些斯特列普撒前公民遭受的掠夺并不严重。无论如何，如此庞大的庄园（920 希腊顷［$\pi\lambda\dot{\epsilon}\vartheta\rho\alpha$］[①]），即使主要是橄榄园，如果没有佃农（或不见记载的地产奴隶［chattel slaves］）的帮助，也是无法开发的。总之，在王室土地或过去属于王室的土地上，我们可以找到具有"马其顿境外"（阿伽托克勒斯、比缇斯、利姆奈欧斯）或当地公民身份的大地主，并以此推断出还活跃着身份不确定的佃农和雇农。

在"马其顿人的土地"上，情况则有所不同[②]。马其顿公民拥有不同的社会地位：国王的"伙友"，即后来的"朋友"（$\dot{\epsilon}\tau\alpha\tilde{\iota}\rho o\iota/\dot{\alpha}\mu\varphi'$ $\alpha\dot{\upsilon}\tau\grave{o}\nu$ $\dot{\epsilon}\tau\alpha\tilde{\iota}\rho o\iota/\varphi\dot{\iota}\lambda o\iota/\pi\rho\tilde{\omega}\tau o\iota$ $\tau\tilde{\omega}\nu$ $\varphi\dot{\iota}\lambda\omega\nu$，拉丁文对应为 amici/principes amicorum/purpurati），他们构成了与王室联系最紧密的内部圈子；王室近卫（$\sigma\omega\mu\alpha\tau o\varphi\dot{\upsilon}\lambda\alpha\kappa\epsilon\varsigma$/custodes corporis/satellites）、骑兵指挥官（$\dot{\upsilon}\pi\alpha\sigma\pi\iota\sigma\tau\alpha\dot{\iota}$）、步兵方阵指挥官（$\dot{\iota}\lambda\alpha\rho\chi o\iota$/duces copiarum/$\dot{\eta}\gamma\epsilon\mu\dot{o}\nu\epsilon\varsigma$ $\tau\tilde{\omega}\nu$ $\tau\dot{\alpha}\xi\epsilon\omega\nu$）、军事要塞指挥官（$\varphi\rho o\dot{\upsilon}\rho\alpha\rho\chi o\iota$/praefecti praesidiorum），一般在拉丁文中宽泛地称为"王室卫队"（regii）或"紫衣卫队"（purpurati）构成了较外层的圈子。当然，还存在其他马其顿人，他们在上述成员的指挥下，在骑兵卫队（$\beta\alpha\sigma\iota\lambda\iota\kappa\alpha\dot{\iota}$ $\dot{\iota}\lambda\alpha\iota$）和精锐步兵团（$\dot{\upsilon}\pi\alpha\sigma\pi\iota\sigma\tau\alpha\dot{\iota}$，后称 $\pi\epsilon\lambda\tau\alpha\sigma\tau\alpha\dot{\iota}$）、重骑兵团或轻骑兵团以及步兵方阵中服役。所有上述人员既是马其顿公民，也是各自所属公民单元的成员[③]。

近期发现的碑铭材料揭示了马其顿公民内部的经济地位差异。

---

①［译注］约合一万平方尺。

② 比较 Hatzopoulos 1996c，74—75 注 58，l. 6："马其顿人的土地"（$\tau\dot{\eta}\nu$ $\lambda o\iota\pi\dot{\eta}\nu$ $\chi\dot{\omega}\rho\alpha\nu$ $\tau\dot{\eta}\nu$ $M\alpha\kappa\epsilon\delta\dot{o}\nu\omega\nu$）。关于"王室土地"（比较 SEG 60［2010］606：τo $\beta\alpha\sigma\iota\lambda\iota\kappa\dot{o}\nu$）与"马其顿人的土地"（$\tau\dot{\eta}\nu$ $\lambda o\iota\pi\dot{\eta}\nu$ $\chi\dot{\omega}\rho\alpha\nu$ $\tau\dot{\eta}\nu$ $M\alpha\kappa\epsilon\delta\dot{o}\nu\omega\nu$）的区别，参见 Faraguna 2019，50—51。希腊化时期的马其顿，不仅在新征服领地中，在旧王国中同样存在依附性人群（见本书页71—72）。尚不清楚的是，他们是仅在王室土地上开拓垦种，还是也在私有的公民土地上劳动。比较 Hatzopoulos 2011a，62—69（＝Recueil 500—506）。

③ 比较 Hatzopoulos 1996b，332—333 及 Hatzopoulos 2001a全文。

军事通谕规定,较富裕的公民应在步兵卫队(ἄγημα)和王室近卫(πελτασταί)服役,而不太富裕的公民则在步兵方阵服役,王室卫队则从精干且富裕的公民中遴选[①]。骑兵被视为步兵初级军官,享受同样的待遇[②]。此外,内阿波利斯(Neapolis,今卡瓦拉[Kavala])残存的体育锻炼法(存疑)似乎规定当地体育锻炼馆招募15岁的男孩时,男孩的家庭必须拥有200德拉克马(可能是每年的收入)的财产[③],而安菲波利斯的公民预备役法则规定,若"青年男性"登记为预备役公民并拥有3000德拉克马的不动产和牲畜财产,则他每天坚持接受相应训练[④]。不过,必须强调的是,拥有3000德拉克马的财产并不是参加公民预备役培训的先决条件。相反,这意味着家境优渥的年轻人必须严格遵守规定,而对家境贫寒的年轻人则采取比较宽容的态度,这也是寡头政权的特点[⑤]。对于年收入达到或超过200德拉克马的"青年男性",可能也存在类似的规定。

另一方面,贝罗亚的体育锻炼法规定,一些"男孩"和青年男子会依据一系列社会标准被排除在体育锻炼馆之外[⑥],被排除在外的人包括奴隶、被释奴及其后代、身体不合格者(ἀπάλαιστροι)、男妓、商贩、工匠、醉汉和精神病患者。奴隶和被释奴及其后代显然不属于马其顿公民。奴隶一旦被释放,只要不包含驻留劳动(παραμονή)条款,就可以获得真正的自由,但不能获得公民权,充其量只能获得有居留权的外邦民身份。身体羸弱的奴隶显然既不能参加体育锻炼和军事训练,也不能服兵役,他们也不适合担任大多数需要至少一点身体素质的公职。即使他们在法律上(*de iure*)没有被剥夺公民权,他们在事

---

① Hatzopoulos 2001a, 103—107 及 155 注 2 I, B, L. 1—8; 158 注 2 II, L. 14—19。

② Tziafalias/Helly 2010, 104—105.

③ Hatzopoulos 2001a, 123—127 及 164 注 4。

④ Lazaridou 2015, 3, L. 14—19; Hatzopoulos 2015—2016b, 155—156.

⑤ Arist. *Pol.* 1297a.

⑥ Gauthier/Hatzopoulos 1993, 20—21, L. 27—39 及 78—87。

实上(de facto)也是二等公民。将男妓、醉汉和精神失常者排除在外,旨在维持体育锻炼的良好秩序,但为何将商贩和匠人排除在外?联系马其顿人禁止预备役公民在作坊停留或进入集市的规定[1],这说明他们厌恶体力劳动和赚钱,而理想的公民应该是"具备独立经济能力的绅士",因此,有独立经济能力的人负有特殊的义务,即接受公民预备役培训并在精英军团中服役。然而,根据腓力五世的军事通谕,即使是条件极为困难的人(ἀπορώτατοι)与一贫如洗的人(οἱ ἐλαχίστην οὐσίαν ἔχοντες)也被招募到步兵方阵(πεζοί)中[2]。因此,至少在安提柯王朝时期,似乎只有身体不合格的公民或因其他原因未受过训练的公民,可能还包括非公民,才会在军队中担任男仆和侍从。我们不知道他们作为马其顿公民及特定城市公民的政治权利,是否会因其劣等社会地位而受到限制。

最后一个问题,马其顿国家是否为增加训练有素的青年人数制定了相关政策,以避免潜在的兵源萎缩。确凿无疑的是,大多数马其顿国王,例如阿敏塔斯一世、亚历山大一世、佩尔迪卡斯二世、腓力二世、亚历山大三世、卡山德、安提戈诺斯·戈纳塔斯、腓力五世等,都推行了积极的人口政策[3]。腓力二世采取的措施已在上文做了详细介绍,除此之外,我们还从同一份涉及兵役的军事通谕残篇中发现了一种之前未曾发现的措施,其中提及"养兄弟"在轻骑兵部队中服役以替代年轻的马其顿募兵[4]。显而易见,这些人和斯巴达的非斯巴达自由民(μόθακες)一样,都是社会地位或经济地位较低的男孩,在富裕的同龄男孩家中长大,因此能够在体育锻炼馆中接受同样的教育,并在必要时替他们的养兄弟履行服兵役的义务[5]。

---

① Lazaridou 2015, 5, L. 42.

② Hatzopoulos 2001a, 103—104.

③ Hatzopoulos 2015—2016a, 65—68.

④ Hatzopoulos 2001a, 159,注Ⅱ2, L. 52—55。

⑤ Hatzopoulos 2015—2016a, 57—70.

3.3 马其顿人的起源

"起源"一词包含着两种不同的含义:空间意义上的"起点"与时间意义或逻辑意义上的"开端":"任何事物的最初起源"。前一章中,笔者在讨论马其顿扩张的不同阶段时略微涉及了第一个含义①。幸运的是,从一开始,人们就对马其顿人在地理意义的起点达成了大致的一致:他们来自西方②。希罗多德(8.137.1)明确指出,来自阿尔戈斯的三个兄弟前往伊利里亚,翻山越岭抵达上马其顿。阿庇安(*Syr.* 63)证实了建立下马其顿王国的阿尔吉德马其顿人来源于西部,尽管他错误地将马其顿部族的名称"阿尔吉德人"与欧列斯提斯的阿尔戈斯城联系在一起③。然而,在确认韦尔吉纳即埃盖之前,这一理论并不完善。修昔底德在描述马其顿扩张时,将征服厄欧尔达亚置于征服皮耶里亚、波提亚、下派奥尼亚和米格多尼亚之后,这在一定程度上与明显的时间顺序理解相矛盾。令人难以置信的是,所有这些征服都发生在马其顿人在埃盖建都之前。但是,马其顿人从西部迁来,怎么可能在没有征服厄欧尔达亚之前就占领了厄德萨或其附近的埃盖?④正如我们所见(前文12至14页),马其顿学者面临着一个令人不安的选择,要么指责修昔底德按时间叙述时自相矛盾⑤,要么认为他没有遵循时间次

61

---

① 参见本书页 14—21。

② Müller, K. O. 1825, 42—43; Abel 1874, 97; Cloché 1960, 26—27. Rosen 1978, 1—27.

③ Hoffmann 1906, 121—122 表明"阿尔吉德人"(Ἀργεάδαι)指的绝非一个族群,而只可能是某个"阿尔戈阿斯"(Ἀργέας)的后裔。比较 Geyer 1930, 37。参见本书页 69 注 2。

④ 下文可参见 Zahrnt 1984, 330—334。

⑤ Müller, K. O. 1825, 31; Geyer 1930, 39—40; Kanatsoulis 1964, 13—15; Beloch 1912, 1, 341; Kaerst 1927, 166; Cloché 1960, 26—27 及 29—31; Daskalakis 1960, 29—34.

序,而是遵循某种相当复杂的地理顺序进行叙述①。只有罗森在其发表于《奇隆》(Chiron)②论马其顿权力基础的一文中设法回避了这一难题,但犯下了两个新的错误:他武断地将勒巴耶(Lebaie)定位于皮耶里亚而非上马其顿,韦尔吉纳同样如此,尽管它实际上位于马其顿本土,后来并入波提亚③。此外,在讨论韦尔吉纳遗址的发掘工作时,罗森根本没有提到哈蒙德,也没有提及后者将该遗址定为古埃盖遗址。我们不禁要问,他为什么没有利用赞坎对马其顿扩张过程的极具独创性和说服力的重建④,尽管从罗森早先论文的参考文献中来看,他必然读过这部作品⑤。

从希罗多德的一段"来自厄里内乌斯与品多斯的多里斯人与马其顿人"(Δωρικὸν καὶ Μακεδνὸν ἔθνος ἐξ Ἐρινεοῦ τε καὶ Πίνδου,8.43;比较1.56.3)开始,接着是赫西俄德《列女传》中关于宙斯儿子们的记述"玛格内斯与马其顿将会在皮耶里亚与奥林匹斯山间自在地放牧"(Μάγνητα Μακηδόνα θ' ἱππιοχάρμην οἳ περὶ Πιερίην καὶ Ὄλυμπον δώματ' ἔναιον,M−W 残篇7),赞坎追随着早期马其顿人的足迹,从品多斯山脉到皮耶里亚山脉西坡,再到这些被希罗多德(7.131)称为马其顿山(ὄρος τὸ Μακεδονικόν)北麓的马其顿之地(Μακεδονίς γῆ)。她大胆地提出新论:"在此,(马其顿)征服者建立了他们的第一个首都……这个地区是征服的第一步,是未来王国的核心",这比哈蒙德将埃盖定于韦尔吉纳早了35年。她还推断说,修昔底德称马其顿之地以南的皮耶里亚是马其顿的第一次征服地区是有充分理由的。赞坎还强调,根据希罗多德的记载,马其顿人就像多里斯人一样属于"希腊民族"

---

① Hammond 1972, 432—440.

② [译注]德国考古研究院古代史领域通讯刊物。

③ Rosen 1978, 12—13 及 22—27;关于埃盖的位置,参见 Hatzopoulos 1996d, 264—269(=Recueil 171—176)。

④ Zancan 1934, 125—131.

⑤ Rosen(未出版论文)310.

（*ἑλληνικὸν ἔϑνος*，比较 Herod. 1.56.2—3）。

前一章已讨论了马其顿扩张的范围和时间顺序，现在只需研究希罗多德的马其顿叙述（*logos*），尽可能重建阿尔吉德马其顿人从上马其顿到韦尔吉纳的确切路线[①]。从这一角度来看，勒乌科佩特剌（Leukopetra）的地母神（Mother of Gods Autochthonous）神庙铭文中提及阿勒[巴]亚（Aleb[a]ia）是"厄勒米亚（Elemia）地区的一个村庄"[②]，从而确定了希罗多德的勒巴耶位于皮耶里亚山脉西坡。该地区的主要考古遗址位于韦珥文多斯（Velvendos）附近的帕拉约卡斯特隆（Palaiokastron），但一些重要的遗迹表明，这座城市不仅仅是一个村社（*κώμη*）。哈利亚克蒙河畔的布剌瓦斯（Bravas）遗址，或出土了大量古风晚期墓葬的斯菲奇亚（Sphikia）遗址[③]，更有可能是忒梅尼德三兄弟出发的地方，因而我们可以重构其行程：他们可能在波吕米洛斯（Polymylos，古称欧亚[Euia]）附近的某个地方渡过哈利亚克蒙河，然后越过贝尔米翁山，穿过卡斯塔尼亚山口和勒乌科佩特剌，到达贝罗亚或贝罗亚附近的"米达斯花园"，即他们获得的"马其顿的另一块土地"[④]；他们随后"从那里出发，开始征服马其顿的其他地方"[⑤]。希罗多德记述的故事并不完整，但毫无疑问，下一步是由幼弟佩尔迪卡斯建立埃盖，并以他在勒巴耶驯服的山羊命名。

另一个问题涉及下马其顿征服者的特征概况。民族志研究（Ethnography）为了解他们的社会经济状况提供了宝贵的线索[⑥]。直至一个世纪前，奥斯曼治下的马其顿地区，其经济和社会情况自古典

---

①　下文可参见 Hatzopoulos 2003a, 171—218。

②　Petsas *et al*. 2001 编号 12 及 106。

③　Kottaridi/Brekoulaki 1999, 111—114.

④　Herod. 8.138.2："他们抵达了马其顿的另一片土地……"（*οἱ δὲ ἀπικόμενοι ἐς ἄλλην γῆν τῆς Μακεδονίης ...*）。

⑤　Herod. 8.138.3："当他们获得了这里后，便从这出发，征服了马其顿的其他土地"（*ἐνϑεῦτεν δὲ ὁρμώμενοι ὡς ταύτην ἔσχον, κατεστρέφοντο καὶ τὴν ἄλλην Μακεδονίην*）。

⑥　Wace/Thompson 1910.

时期以来几乎没有发生过变化。在提塔里昂(Mount Titarion)山脚下,人们主要从事绵羊和山羊的转场饲养。"牧羊人在四月底或五月初将成千上万的牲畜从下马其顿和帖萨利亚平原迁赶到上马其顿的夏季牧场,然后在十月底将它们赶回平原,有时要走几十公里的路程。例如,皮耶里亚的卡里察(Karitsa)地区的牧羊人将夏季牧场设在提塔里昂上的普特里(Phteri),帖萨利亚的古皮提翁附近的科基诺普洛斯(Kokkinoplos)的牧羊人夏季则在奥林匹亚山上的卡利亚维亚-科基诺普洛斯(Kalyvia Kokkinoplou)放牧,而皮埃尔卡利亚维亚-科卡瓦斯(Kalyvia Kokavas)的牧羊人则在厄玛提亚的波利登德隆(Polydendron)进行夏牧。"[1]根据这些证据,恩德雷·伊万卡(E. Ivanka)与随后的哈蒙德认为在几何陶时代(Geometric)和古风时代早期,游牧民族过着类似的生活,在奥林匹斯山、皮耶里亚山和帖萨利亚、皮耶里亚和厄玛提亚平原之间来回迁徙,直到在忒梅尼德人的领导下,他们才大胆地在马其顿大平原边缘的韦尔吉纳永久定居下来[2]。在奥林匹斯山(或提塔里昂山)[3]和品多斯山脉之间[4]"移徙的佩尔莱比亚人"提供了一个类似的古代范例[5],进一步印证了哈蒙德的思路。最近出土的王室军事通谕铭文中,"篝火"($\pi\upsilon\rho\acute{o}\kappa\alpha\upsilon\sigma\iota\varsigma$)一词被用于招募士兵的"家庭/户"(household)的语境中,间接证实了古代马其顿人的游牧历史[6]。上述民族志模式已被进一步阐述并用于解释马其顿的语言现象[7]。

---

① Hatzopoulos 2003a, 213—214,基于 G. Kontogonis 的 1/200,000 比例尺地图上的信息,拉里萨部分。

② Hammond 1989b, 1—4. 比较 Ivanka 1950, 349—361。

③ Str. 9.5.20.

④ 比较 Str. 9.5.22。

⑤ Str. 9.5.12:"移徙的佩尔莱比亚人"($\Pi\varepsilon\rho\rho\alpha\iota\beta\upsilon\grave{o}\varsigma\ \mu\varepsilon\tau\alpha\nu\acute{a}\sigma\tau\alpha\varsigma\ \grave{\alpha}\nu\vartheta\rho\acute{\omega}\pi\upsilon\upsilon\varsigma$)。

⑥ Hatzopoulos 2001a, 91—98.

⑦ Hatzopoulos 2007c, 173—176; Hatzopoulos 2013b, 204—221; Hatzopoulos 2018a, 314—316; Reservations in Helly, 2007, 177—222. Brixhe 2018, 21—22.

3.4 古代马其顿人的语言

两百多年来,古代马其顿人的语言一直是困扰学者们的难题,因为直至相当晚近,除了一份缺乏定论的材料,没有一部以当地语言写成的文本流传下来,原因包括:(1)马其顿语和其他许多希腊方言一样,从未获得文学语言的尊荣,于是马其顿的作家和他们讲帖萨利亚语或阿尔卡迪亚语(Arcadian)的同行一样,以基于阿提卡方言的通用希腊语进行创作;(2)忒梅尼德国王在建立翰林院(chancery)时,采用了阿提卡方言作为他们的行政语言,这种方言从公元前4世纪或更早期便在爱琴海盆地各地逐渐流行起来。因此,学者们研究马其顿方言的唯一来源是生僻字"词表"(glosses),即词典编纂者收集的文学作品中罕见或陌生的词汇[①],以及马其顿专有名词,在希腊语中,专有名词是由称谓语名词(appellatives)组合而构成的:例如。"神所钟爱之人"($\Theta\varepsilon\delta\varphi\iota\lambda o\varsigma$)由"神"($\vartheta\varepsilon\delta\varsigma$)与"爱"($\varphi\iota\lambda o\varsigma$)构成。

这些罕见和生僻的词汇通常借用于希腊语之外的语言,主要缺陷是在几个世纪的流传过程中极易被抄工篡改,因为他们不认识这些词汇。此外,因其收集标准,生僻字词给人一种怪诞不经的印象。马其顿方言中的专有名词则由于缺乏现代的马其顿碑铭语料库,直至几年前才获得可靠的辑录。

3.4.1 马其顿人"前史"

在论述古代马其顿人的开创性著作中,让·尼古拉斯·卡莱里斯

---

① 值得注意的是,绝大部分马其顿生僻字词及注释均保存在赫叙奇乌斯(Hesychius)的《依字母编纂大辞典》($\Sigma\upsilon\nu\alpha\gamma\omega\gamma\dot{\eta}\ \Pi\alpha\sigma\tilde{\omega}\nu\ \Lambda\acute{\varepsilon}\xi\varepsilon\omega\nu\ \kappa\alpha\tau\dot{\alpha}\ \Sigma\tau o\iota\chi\varepsilon\tilde{\iota} o\nu$)中,该作仅有一部严重失真(corrupt)的抄本传世。

(J. N. Kalléris)勾勒了古代马其顿语言早期研究史的全景。[①]这里只需回顾其要点即可。

关于古马其顿语的第一部现代研究著作由弗里德里希·威廉·斯图尔茨(F. G. Sturz)撰写,1808年以《论马其顿与亚历山大里亚方言》(*De dialecto macedonica et alexandrina liber*)为题在莱比锡出版。该书的方法主要是按字母顺序列出已确定的或假定的马其顿语词汇,没有进行任何词源学分析。尽管证据稀少,方法也不可靠,但施图尔茨还是得出结论,即马其顿语是一种类似多里斯方言的希腊方言。几年后,卡尔·奥特弗里德·缪勒(K. O. Müller)以其前一年出版的关于多里斯人的重要两卷本著作为基础[②],发表了一本简短的研究报告《论马其顿民族的定居点、起源和早期历史》(*Über die Wohnsitze, die Abstammung und die ältere Geschichte des makedonischen Volks. Eine ethnographische Untersuchung*,Berlin 1825)。缪勒的结论是马其顿人为伊利里亚人的后裔。他的研究方法如下:生活在马其顿地区或附近的民族包括色雷斯人、派奥尼亚人、伊利里亚人和希腊人。马其顿人不可能拥有希腊血统,因为希腊人认为马其顿人是蛮族。派奥尼亚人也被排除在外,因为在现存文献材料中,马其顿人从未被归为派奥尼亚人。因此,马其顿人只可能是伊利里亚人或色雷斯人,而马其顿人的起源远离色雷斯,但靠近伊利里亚人(缪勒将伊庇鲁斯人归入伊利里亚人)。此外,斯特拉波(7.7.8)记载,"有些人还将延伸至科尔屈剌(Corcyra)的整片地区(country)都称为马其顿,他们的理由是,那里的居民在蓄发方式、讲方言、着短袍以及其他方面都很相似,有些人还会说两种语言"[③]。缪勒从这段话中错误地推断出马其顿人和伊利里亚人身穿同样的服装,留着同样的发型,说着同

[65]

---

① Kalléris 1954, 20—47.

② K. O. Müller, *Die Dorier* (1824)。该作品英译于1839年在伦敦出版,作为其"附录第一部分"。

③ H. L. Jones译,载于洛布古典丛书(1924)。

样的语言。斯特拉波的实际意思是,马其顿人和伊庇鲁特人有很多
共同点,说着相似的希腊方言,在希腊语地区和伊利里亚语地区之间
的过渡区内,有些人能同时说两种语言[1]。最后,在语言学层面,缪
勒断言希腊人无法理解马其顿语,我们所掌握的少量马其顿语词汇
必定是伊利里亚语;马其顿人用字母B代替字母 *Φ*,用字母 Δ 代替字
母 *Θ*,因为他们发不出希腊语的送气爆破音,因此马其顿语表现出伊
利里亚语的特征,本质上是一种伊利里亚语,并在雅典的影响下最终
混杂了希腊语的特征。简而言之,缪勒提出了马其顿混合语(mon-
grel)理论,影响至今。关于古代马其顿语言的问题,针对该理论的
正反两种观点交替出现,聚诉不休。奥古斯特•菲克(A. Fick)不仅
考察了马其顿语单词,还分析了马其顿语人名,断言马其顿语完全是
一种希腊语方言[2]。古斯塔夫•迈耶(G. Meyer)则对马其顿语单词进
行分析,将其分为三类,并得出结论,马其顿语不能断定具备希腊特
征[3]。保罗•克雷奇默尔(P. Kretschmer)采取折中方案,他认为马其
顿语仍处于其他希腊方言已完成的进化阶段,其明显特征是清送气
音(unvoiced aspirates)被浊塞音(*mediae* stops)代替,例如 *B* 代替 *Φ*,
Δ 代替 *Θ*,而伊利里亚人和色雷斯人的混杂使得马其顿语在希腊语
中进一步孤立[4]。事实上,克雷奇默尔接受了缪勒的"混合语言"
(*Mischsprache*)的概念,以及希腊语中送气与否具有决定性的作用,
并将其作为马其顿习语(idiom)特征的判定标准[5]。他将马其顿语作
为印欧语在送气塞音(*mediae aspiratae*)方面的独特发展归因于马其
顿语与其他希腊语方言在早期的分离。乔治奥斯•哈齐达基斯(G.

66

---

① Hatzopoulos 1997b, 140—145 (=*Recueil* 533—540); 比较 Hatzopoulos 2007a,
55 注 18 (=*Recueil* 405 注 18);Hammond/Griffith 1979, 43 中 Hammond 撰写的部分。

② Fick 1864, 718—729; Fick 1874, 193—235.

③ Meyer 1875, 185—192(笔者未能寓目)。

④ Kretschmer 1896, 283—288.

⑤ 所谓的送气音事实上指的是送气消失或减弱的辅音(expirates)。

Hatzidakis)在一系列研究中对缪勒、迈耶和克雷奇默尔的结论提出了质疑,他坚持认为马其顿语与其他希腊语方言经历了相同的演变过程,塞音而非送气音的出现是较晚近的次生现象,因为早先的送气音已经变为擦音,这些擦音在现代希腊语中是发音的[①]。相反观点接踵而至。1905 年,赫尔曼·希特(H. Hirt)在他的印欧语研究第一卷中同样认为,马其顿语并非希腊方言,因其标志印欧语特征的送气塞音演化成简单的塞音,而其他所有希腊方言均演化成清送气音。因此,马其顿语要么是一种独立的印欧语方言,要么是一种伊利里亚方言,但因其混合特征,无法为其他伊利里亚人所理解[②]。然而,两年后,希特在其研究报告的第二卷中承认,马其顿语可能是另一种语言,但这种语言只能是希腊语[③]。毋庸置疑,两种马其顿语的理论必然在当下再次交锋。在希特的两卷著作出版期间,第一部对马其顿语问题的所有现存证据进行深入研究的著作得以问世:奥托·霍夫曼(O. Hoffmann)出版了关于古代马其顿语言和民族的专著[④]。霍夫曼不仅对孤立词(stray words)进行系统研究,还综合分析了当时所有可获取的专有名词,从而得出结论,马其顿语是一种类似于帖萨利亚语的希腊语方言。霍夫曼的论证说服了几位审评其著作的同事[⑤],其他人(阿尔伯特·图姆[A. Thumb]、乌尔里希·冯·维拉莫维茨-莫伦多夫[U. von Wilamowitz-Moellendorf]、阿尔伯特·德布伦纳[A. Debrunner]、安托万·梅耶[A. Meillet])则表示了不同意见,前三者还强调了专有名称作为研究马其顿民族的不可靠性乃至对印欧语送

---

① Hatzidakis 1897, 5—57; Hatzidakis 1899, 131—157; Hatzidakis 1900a, 313—320; Hatzidakis 1900b, 15—154; Hatzidakis 1901, 33—114; Hatzidakis 1910—1911, 87—109。比较 Hatzidakis 1928, 390—415。

② Hirt 1905—1907, 149—150.

③ Hirt 1905—1907, 603.

④ Hoffmann 1906; Buck 1910, 288.

⑤ Lesny 1909, 297—302; 比较 V. Lesny, in *Christ's Geschichte der griechischen Litteratur II* 1, (Munich 1920[6]) 2 注 3。

气塞音的极具争议(notorious)的处理方式[1],梅耶则认为缺乏足够证 67
据的讨论是徒劳的,如果我们偶然获得一份超过十行的连续文本,问
题就会立即得以解决[2]。梅耶没有想到,他的愿望会在85年后成真。
随后,其他语言学家也提出了类似的反对意见。维托雷·皮萨尼(V.
Pisani)设想马其顿语最初是一种印欧语方言,类似于奥斯坎-翁布里
亚语(Osco-Umbrian)和希腊语,最终受到与马其顿人生活在同一地
理区域的民族语言的"污染",产生了一种与希腊语、色雷斯语和伊利
里亚语相分离的混合语言[3]。两年后,爱德华·施维泽(Ed. Schw-
yzer)在一定程度上重述了克雷奇默尔的假设,即马其顿语与其他希
腊方言分离时,它们都保留了印欧语的送气塞音,随后发生了不同的
演变,马其顿语将其转化为简单的塞音,而非清送气音。根据施维泽
的观点,马其顿语和其他希腊语之间的差异,由于混入来自被征服人
口的语音及拼读特征而进一步增强[4]。

实际上,卡莱里斯关于古代马其顿的综合性巨著(summa mace-
donica)既属于古代马其顿语言研究的"史前"阶段(这是它的绝唱),也
属于现代阶段。这部作品属于史前阶段,因为它使用了重复、有限、过
时的生僻字词和专有名词,并且以大量篇幅(57—461页)来讨论这些
生僻字词和专有名词,尤其是马其顿语中的塞音(*mediae*),这便证实
了梅耶所说的,"在缺乏足够语料的情况下,长篇累牍地讨论一个十行
连续文字就能立即解决的问题是徒劳无益的"[5]。同时,这部作品的现
代性体现于它并不抽象地研究语言现象,而是在其地理、历史和制度
背景下进行整体的研究,并对现有语料进行有序的整理,特别是从多

---

① Thumb 1909, 8—10, §9; Wilamowitz-Moellendorf 1895², 11 注 23; Debrunner
1926, 516 §20—21。

② Meillet 1930³, 57—58.

③ Pisani 1937 8—31.

④ Schwyzer 1939, 69—71.

⑤ 比较Kalléris 1954, 53。

年来积累的大量无关材料中进行必要的遴选。

1992年,卡莱里斯在其毕生巨著(*magnum opus*)未竟的遗憾中去世。他的第二卷作品于1976年出版,第三卷计划包括第三章"方式与习俗"的第二部分,包括"社会习俗"和"马其顿人的私人生活",第四章"历史证据"和"结论"。他生前仅来得及私下出版一份非常完整和珍贵的前两卷作品索引。正因如此,卡莱里斯无法利用20世纪70年代兴起的马其顿研究革命的丰富成果,否则他未必会提出这样一种站不住脚的理论,即在马其顿语中塞音取代了希腊语中常见的送气音,这一说法是语法学家的虚构;根据他的说法,这只涉及五个马其顿单词或专有名词("克散迪科斯"[*Ξανδικός*]、"眉毛"[*ἀβροῦτες*]、"晴空"[*ἀδραία*]、"贝列尼刻"[*Βερενίκη*]与"刻巴利诺斯"[*Κεβαλῖνος*])[①]。正因如此,直至上世纪末,人们仍在不断引述克雷奇默尔和施维泽关于马其顿语中保留印欧语送气塞音的假说。

同一时期,古代马其顿研究处于衰落之中,研究马其顿的学者们还无法利用现有的语料,也没有新的语料面世,两位美国古代历史学家恩斯特·巴迪安(Ernst Badian)和尤金·博尔扎(Eugene N. Borza)便是其中的代表[②]。

哈佛大学教授巴迪安是美国古代希腊与罗马史学界的元老,其影响与声望无与伦比。他被安德罗尼科斯的一篇论文激怒——该文驳斥了菲利斯·威廉姆斯·莱曼(Phylis Williams Lehmann,萨莫色雷斯发掘者卡尔·莱曼[Karl Lehmann]的遗孀)对希腊考古学家对韦尔吉纳二号墓的年代和归属表示质疑的文章(见下文)——从而决定给

---

① Kalléris 1967, 457—461.

② 比较 Crossland 1982, 843—847,作者错误地断言:"马其顿没有早于公元前3世纪的大量希腊文碑铭存世";Bonfante 1987, 83—85;Borza 1995, 17—24;Borza 1999, 42注27,他写道:"因此,似乎在解决马其顿人的本土语言问题上并未取得进展"。有关笔者对Borza最近学术成果的评述,请参见下文及Hatzopoulos 1999a, 226—239;Hatzopoulos in *BE* 2000, 431。

《时代生活》杂志的希腊裔美国读者和希腊文化部的考古学家们上一课,这些人曾组织了国家美术馆(National Gallery)的展览"追寻亚历山大大帝"(*The Search of Alexander the Great*),因为巴迪安认为,这些人为了个人或政治目的而牺牲了学术道德。实际上,当时谣传安德里科斯在即将举办的展览中夺走了本属于菲利斯·莱曼的顾问职位。1980年11月华盛顿的展览期间,在研讨会上,巴迪安的精彩论文《希腊人和马其顿人》首先被宣读,并被正式发表在论文集(*acta*)上[①],精准地刺中希腊代表团、官员和学者的致命软肋:根据他的看法,希腊人无理地将马其顿遗产据为己有。巴迪安批评的构思和实施都非常巧妙,其三大核心议题如下:(1)巴迪安先入为主地(*a priori*)取消了希腊学术著作的资格,称希腊历史学家和考古学家表现出了偏见。更糟的是,希腊学者动辄指责外国同行的错误,而他们自己也并不能避免犯错[②]。例如,巴迪安随意指责一位著名的希腊学者(卡莱里斯)故意隐瞒了一个巴迪安所谓的"历史事实",即一份纸草上提及的某个克塞尼阿斯(Xennias)是马其顿人[③],因为其名字采用了双辅音书写方式。然而,巴迪安本应知道,双辅音的拼写形式在马其顿从未出现过,而在波厄提亚(Boeotia)则至少出现过三次[④]。此外,他还将展品目录中一个微不足道的日期排印错误(公元前359年,而非公元前399年)极尽夸大渲染,以此开脱自己,同时暗示这绝非一个无心疏忽。[⑤] (2)巴迪安本人对马其顿人是否属于希腊民族,

69

---

① Badian 1982, 33—49.

② Badian 1982, 33及注2。

③ *PSI* 1284, 19.

④ Badian 1982, 41及注66。*LGPN IV* 中唯一记载的"克塞尼阿斯"(甚至被标记为"存疑")正是纸草档案 *PSI* 1284, 19所涉及的人物,并且他事实上的出生地并不清楚。关于波厄提亚的材料,参见 *LGPN III.B* 315。这位美国学者火上浇油,毫不犹豫地对他的希腊同行上了一番傲慢的学术礼仪课程,参见注68:"基于19世纪民族主义存续的政治情绪不应该在学术讨论中占有一席之地。"

⑤ Badian 1982 47注24:"很少有印刷错误传达了如此多的谬误!"

或是否说希腊语方言缺乏判断能力,也漠不关心。尽管如此,他还是尽可能搜集了一切相关与不相关的[①]证据,用以削弱马其顿人的希腊特征,同时淡化所有相反的证词,并对不合意的证据进行任意解释[②]。(3)他一再假装自己不是在讨论历史事实,而是在讨论"观念"[③]和"情感"[④],从而掩饰自己强烈的偏见,而观念与情感恰好具有无可比拟的优势,即无法抗衡考古学或语言学方面的确凿事实,但却可以进行主观解释。总之,巴迪安在研讨会上的发言是一次极为成功的诡辩,无疑是为了献身于他自以为的崇高事业[⑤]。

70   20世纪80年代初,宾夕法尼亚州立大学古代史教授博尔扎是马其顿研究领域一颗冉冉升起的新星。他曾担任华盛顿展览的历史顾问,并以"马其顿的历史与考古"为题,为国家美术馆研讨会撰写了一

---

① Badian 1982, 35:"我们在辞典编纂家(lexicographers)的作品中找到了对他(亚历山大一世)的描述,其来源可追溯至公元前4世纪,其中称他为'希腊之友'(Phil-hellen)——这肯定不是一个可以给予真正的希腊人的称号。"巴迪安若能翻开他的利德尔-斯科特希腊语辞典(Liddell & Scott),他就可以读到:"'希腊之友'[φιλέλλην]……同样被用于称呼希腊的僭主,如斐莱的亚森(Jason of Pherae),Isoc. 5.122;泛指希腊爱国者,Pl. *R.* 470e;用于希波克拉底,Sor. *Vita Hippocr.* 8;'做一个友爱希腊人的好希腊人[καλὸν Ἕλληνα ὄντα φιλέλληνα εἶναι]',X. *Ages.* 7.4。"

② Badian 1982, 37 及注 28。

③ Badian 1982, 33.

④ Badian 1982, 42.

⑤ 对巴迪安的文章进行如此详细的分析似乎有些刻薄,却并非无的放矢,因为它旨在强调一种基于偏见的反应模式,当我们面对颠覆传统观点的新事实时,我们中的一些人就会做出这种典型的反应。在接下来的章节中,我们不仅在语言问题上,而且在古代马其顿人的宗教、制度或习俗问题上,甚至在有关韦尔吉纳古墓的"无休止的争论"中,都会一再遇到这种情况。究其根源,我怀疑是一种错位的雅典泛希腊主义(Athenocentric philhellenism),它对公元前338年在喀罗尼亚结束"希腊自由"(或雅典帝国主义)的马其顿人深恶痛绝。许多学者支持雅典人的观点,他们认为马其顿人只是生活在草屋中的化外蛮族,除了赤裸裸的武力之外,他们无视任何法律。当逐渐积累的发现揭示出不同的现实时,人们更容易忽视它或将其搁置一旁,声称异议者别有用心(甚至给他们扣上民族主义的帽子),而不是设想(更遑论采用)一种不同的范式。因此,基于对新论据的无知而认为马其顿人"非希腊人"的巴迪安-格林-博尔扎教条(关于这三位历史学家的关系,参见 Borza 1999b, 264 注 23)在美国学术界蔓延开来(参见 Pomeroy et al. 1999, 373—374)。

篇资料翔实、乐观前瞻的介绍性论文:《马其顿的历史与考古:回顾与展望》("The History and Archaeology of Macedonia: Retrospect and Prospect")[①]。巴迪安将博尔扎视为志同道合者和值得信赖的继任者,至少在马其顿研究领域是如此,便向其伸出橄榄枝,帮助博尔扎成为自己创办的古代史协会的主席[②]。正如巴迪安的回忆:"大约35年前,我开始从事一项在当时看来艰巨的任务:对亚历山大大帝进行诠释,尽可能摒弃古代和现代的'神话'。我没有想过进一步扩展这项工作。主要是博尔扎的功劳,他对古典马其顿历史进行了批判性的历史阐释,这使得古代马其顿研究成为可能,并且现在已被所有与'神话'利益无涉的古代历史学家所接受。无须多言,我欢迎并赞同这种方法,除了在相对琐碎的解释细节上,我从未与他有过分歧。"[③]博尔扎确实对马其顿表现出浓厚的兴趣,他曾多次访问马其顿,了解考古发现的最新进展,并以简洁但优雅迷人的风格描述了马其顿的过去和现在。事实上,博尔扎也与巴迪安一样,善用抽象的"观念"和"情感"来代替历史事实[④],惯于隐蔽地将观点转变为结论[⑤],并武断地将现代希腊人视为在学术上不可靠的民族主义者[⑥]。然而,在语言问题上,并非语言学家的博尔扎起初只持谨慎的不可知论(agnos-

71

---

① Borza 1982b, 17—30.

② Borza 曾于 1984 至 1990 年两度担任古代史协会主席(Association of Ancient Historians),并通过这一关键席位对年轻同事施加了巨大影响。

③ Thomas 1995, 2. 巴迪安诽谤所有不同意巴迪安和博尔扎观点的学者都是希腊神话的既得利益者,这是一种典型的"基于历史争议的憎恶"(*odium historicum*)。

④ 比较 Borza 1982b, 11(= *Makedonika* 118):"无论德摩斯梯尼的本意如何,这一评论肯定是为了利用[雅典人]现有的怀疑。"德摩斯梯尼无可置疑的意图被最小化,以强调雅典人想象中的怀疑态度。

⑤ Borza 1982a, 12(= *Makedonika* 119):"鉴于这些故事产生和发展的历史环境,否认希腊神话似乎是谨慎的。马其顿的忒梅尼德起源传说必须从历史中剥离。"

⑥ 比较 Borza 1999a, 34:"只需阅读一些关于马其顿的现代希腊考古研究的代表作,便可以发现一些所谓'希腊起源论'的主张与所谓的'民族主义考古学'(nationalistic archaeology)极为接近";比较 Borza 1982a, 13 注 28(= *Makedonika* 123,注 28)。

ticism)。他得出的重要否定结论是,在缺乏充分证据的情况下,人们无法合理地确认马其顿语是一种希腊语方言。然而,从1990年起,他开始涉足语言学领域①。在对语言产生新兴趣的同时,他也越来越多地参与到"马其顿问题"的政治和外交纠纷中②。遗憾的是,尽管他极富热情,但缺乏必要的专业背景,也难以消化以各种语言出版的前沿专家研究报告,这一点在他使用的术语③以及他的惊讶和困惑中体现得尤为明显④。他对古代民族的文化适应(acculturation)⑤过程一无所知,却认为他的"希腊化"假说可以充分地解释马其顿为何使用希腊语⑥;他声称色雷斯银器上的"色雷斯人名和地名是以希腊文铭刻的"⑦,却忽视了这些铭文与同时代马其顿铭文的本质区别:在同期的马其顿铭文中,以希腊文书写的人名是希腊语人群的姓名,而非外来人群的姓名。倘若他研究过同时代非希腊语的人群进行希腊化的案例,就应当知道,在这种环境中,非希腊语的地名在这些人群采用希腊语作为交流媒介后长期大量存在。此外,古代色雷斯人与大多数经历了希腊化的古代民族(弗里吉亚人[Phrygians]、卡

72

---

　　① Borza 1992², 92—94 及 305—306; Borza 1995, 18—21; Borza 1999a, 41—43。下文参见 Hatzopoulos 1999a, 227—233。

　　②比较 Borza 1999b, 249—266。

　　③ 例如,博尔扎使用术语"标准希腊语"来指代阿提卡通用希腊语,以及所有希腊方言的总称,与"马其顿语"甚或马其顿方言本身相对立。比较 Borza 1992², 93:"那些出土的少数碑铭是以标准希腊语书写的"(指阿提卡通用希腊语)";Borza 1995a, 20:"标准希腊语以几种方言形式用于正式的演说与写作";Borza 1995a, 21:"该铅板上的文字以标准希腊语写成(实为马其顿语)",参见下文。

　　④ 例如 Borza 1992², 306:"一个方法论问题:为什么一个距离雅典三百英里的地区——未经受雅典殖民——会使用阿提卡方言,除非它是由外部传入的?"显然,Borza 并不知道在公元前5世纪和前4世纪影响整个爱琴海盆地的"阿提卡化"(Atticisation)现象。参见 Brixhe/Panayotou 1988, 245—260; Panayotou 1990, 191—228。

　　⑤ [译注]又译作涵化,指多种不同文化相互接触,从而导致文化以及心理变化的过程。

　　⑥ Borza 1995a, 18—19.

　　⑦ Borza 1995a, 20.

里亚人[Carians]、吕奇亚人[Lycians]等)一样,其土著语言的存在也可以通过用该语言书写的文本(无论多么稀缺或短小)来证明,而在马其顿王国的发源地,除了一些孤立的伊利里亚语或色雷斯语片段之外,没有任何其他语言和外来名称留下的痕迹[①]。当然,阿克西欧斯河以东的情况截然不同。在马其顿国王吞并这些地区数百年后,当地地名(包括非希腊语地名和典型的爱奥尼亚希腊语方言地名)仍在使用[②]。在这些地区,阿提卡化的爱奥尼亚方言作为通用语(*lingua franca*),与马其顿语同时使用,而不是像博尔扎所认为的那样,马其顿语完全就是一种外来语[③],这也解释了为何菲洛塔斯在为自己辩护时选择使用阿提卡方言,而不是马其顿语,这样来自新征服领土而非马其顿中心的人"会更容易理解"[④]。

博尔扎晚期著作中还有一个明显的元素,便是"预设研究动机"(*sumptio quaerendi*)[⑤],这反映了一种强烈的偏见,博尔扎指责他的希腊同事也抱持这种偏见[⑥]。诚然,我们不能先验地排除科学之外的考虑可能会影响学者们对古代马其顿人的用语的起源的看法或信念。然而,并非只有希腊人可能犯下这种谬误。毕竟,其他巴尔干国

73

---

① Hatzopoulos 2000b, 99—117.

② 比较 Hatzopoulos/Loukopoulou 1992, 117—122。

③ Borza, 1995a, 19.

④ Curtius 6.9.35,笔者强调,正如 Hatzidakis 1897, 28 和 Beloch 1897, 200 早已指出的,"更容易"意味着非马其顿希腊人可以理解马其顿方言,但比理解阿提卡方言困难,这意味着马其顿语是一种希腊语方言,而不是博尔扎所认为的完全不同的语言。关于马其顿方言逐渐被弃用、转而使用阿提卡方言的过程,参见 Brixhe 2018, 21—23。如果马其顿语不是一种希腊语方言,而是一种完全不同的语言,那么亚历山大大帝军队中讲阿提卡方言(或爱奥尼亚方言)的人就根本听不懂马其顿语。

⑤ Borza 1999a, 42 注 27:"马其顿语——我指的是一种非希腊语——存世语料不足,无法确定它是什么语言。"笔者试图弄清他说的"语料不足"是什么意思。在罗马征服之前,马其顿王国内除了希腊语材料之外,完全没有其他语言流传的痕迹。从同一注释中可以看出,博尔扎知道佩拉铅板(Pella tablet)的存在,但他先入为主地将其排除出讨论,因为它是以一种希腊语方言书写的。

⑥ Borza 1992[2], 90—91.

家,甚至欧洲诸大国,也卷入了马其顿人的麻烦之中[①]。这种坚称希腊学者缺乏客观性的立场,很可能反映了一种拒绝承认偏见与不愿面对新证据的防御机制。

3.4.2 "五十年时期"革命[②]

马其顿研究的革命是由四项独立但又相互影响的发展促成的:(1)塞萨洛尼基马其顿研究学会每五年举行一次由世界各地学者参加的古代马其顿国际会议(*Ancient Macedonia*),会议论文集从 1970 年起开始出版;(2)著名学者长期致力的著作逐渐取得成果,如查尔斯·埃德森经过 36 年的努力,于 1972 年在《希腊碑铭集成》(*Inscriptiones Graecae*)中出版了第一卷马其顿铭文,同年起,哈蒙德参与合撰的三卷本巨著《马其顿史》开始出版;(3)从 1977 年开始,马诺利斯·安德罗尼科斯在发掘韦尔吉纳的圆形土冢遗址时敏锐地发现了王室陵墓;(4)1979 年,国家希腊研究基金会(NHRF)历史研究所希腊罗马研究部(KERA)开始了重新研究活动,旨在系统地出版马其顿和色雷斯的碑铭语料[③]。笔者有幸与安德罗尼科斯合作出版《马其顿的腓力》(*Philip of Macedon*, Athens 1980),与哈蒙德合作勘探埃格纳提乌斯大道(Via Egnatia),同时还负责 KERA 的马其顿碑铭出版项目。安德罗尼科斯不仅是韦尔吉纳的发掘者,还是 NHRF 理事会的成员。

马其顿的数千份碑铭材料得以收集整理,古代马其顿的语文学和语言学研究方能焕然一新,甚至发生了革命性的变化。KERA 的

---

① 比较 Kalléris 1954, 43 注 1。

② [译注]希腊文"五十年"(πεντηκονταετία)原专指第二次希波战争(公元前 480 年至公元前 479 年)结束至伯罗奔尼撒战争爆发之间的五十年较稳定时期,在这期间雅典、斯巴达、波斯等多方势力明争暗斗,政治、社会与经济结构产生了显著变化,尤其是雅典帝国的崛起。笔者在此借用该概念,隐喻 70 年代至今约五十年时间内,马其顿研究领域中所发生的显著变化。

③ 比较 Hatzopoulos 1981, 91—108。

研究人员通常与考古服务部的考古学家合作,将这些铭文编入一系列语料库^①和专著丛书"马其顿研究"(*MEΛETHMATA*)中出版^②。与此同时,阿尔吉罗·塔塔基(Argyro Tataki)还进行了一系列的姓名学和人物记(prosopographic)研究^③,为彼得·马歇尔·弗雷泽(P. M. Fraser)和伊莱恩·马修斯(Elaine Matthews)出版《希腊人名词典》(*Lexicon of Greek Personal Names*,Oxford 2005)第四卷做出了巨大贡献,该卷专门介绍马其顿、色雷斯和黑海北部地区。这些作品对古代马其顿人群语言研究的重要性难以估量。对古代马其顿语言学感兴趣的学者首次获得可靠的马其顿原始碑铭证据和人名语料。许多学者,如奥利维尔·马森(O. Masson)、克劳德·布里克什(Cl. Brixhe)、洛朗·杜波瓦(L. Dubois)、安娜·帕纳约图(Anna Panayotou)、胡利安·门德斯·多苏纳(J. Méndez Dosuna)与埃米利奥·克雷斯波(E. Crespo)等人均充分利用了这些材料^④。

74

尽管几乎全部的马其顿书面文献均以通用希腊语写成,但极为重要的是,我们首次接触到如此浩瀚的存世文献,并能以此确定碑铭的

---

① EAM; EKM I; EKM II.

② Gounaropoulou/Hatzopoulos 1985; Hatzopoulos 1988a; Hatzopoulos 1988b; Hatzopoulos/ Loukopoulou 1989; Hatzopoulos 1991; Hatzopoulos/Loukopoulou 1992; Hatzopoulos/ Loukopoulou 1996; Hatzopoulos 1994c; Hatzopoulos 1996b; Hatzopoulos 1996c; Petsas *et al.* 2000; Hatzopoulos 2001a.

③ Tataki 1988; Tataki 1994; Tataki 1998; Tataki 2006.

④ 例如 Brixhe, 1999, 41—71; Brixhe 2017—2018, 1862—1867; Brixhe 2018, 9—16; Brixhe/Panayotou, 1988, 245—260; Brixhe/Panayotou 1992, 129—135; Brixhe/Panayotou 1994, 206—222; Crespo 2018, 329—348; Hatzopoulos 1987b, 397—412; Hatzopoulos 1994a, 249—254; Hatzopoulos 1998, 1189—1218 (=*Recueil* 261—279); Hatzopoulos 1999a, 225—239; Hatzopoulos 2000b, 99—117 (=*Recueil* 51—69); Hatzopoulos 2000c, 177—182; Hatzopoulos 2006a, 35—51; Hatzopoulos 2010b, 356—365 (=*Recueil* 417—425); Hatzopoulos 2017a, 203—209; Hatzopoulos 2018a, 299—328; Masson 1996, 905—906; Masson 1998, 879—880 (=*OGS* III 292—295); Méndez Dosuna 2012, 133—145; Panayotou 1992a, 13—31; Panayotou 1992b, 181—194; Panayotou 1992—1993, 5—32; Panayotou 1996, 124—163; Voutiras 1998).

作者(或刻工)如何在无意识的情况下,用自己的希腊语方言母语替换通用希腊语形式。最早的一段文字来源于公元前3世纪末(或公元前2世纪初)腓力五世的一份军事通谕①,涉及安菲波利斯的野战军团兵役征召,其刻写形式为"但最低贱的人不必服役"(*TΩI ΔE ΧΕΙΡΙΣΤΑ ΜΗΔΕΝ ΔΙΔΟΣΘΑΙ*)。十分明显,与格(dative)形式的"*ΧΕΙΡΙΣΤΑ*"是通用希腊语正确写法"*ΧΕΙΡΙΣΤΗ(Ι)*"的讹误(*lapsus*)。这一讹误表明,马其顿语与大多数希腊语方言一样,保留了普通希腊语长/a/的/a/发音,而在阿提卡方言和爱奥尼亚方言中,长/a/已演变为长/e/,最后演变为/i/。此外,它还使我们能够重构第一变格名词阳性形式的范式。其他类似的例子,包括"少女"(*κόρας＝κόρης*、*κόραν＝κόρην*)、"女奴"(*παιδίσκαν＝παιδίσκην*)②③④、"美丽的女神"(*Καλᾶ θεᾶ＝Καλῆ θεᾶ*)⑤,则使我们能重构第一变格名词阴性形式的范式。

　　随后,在公元232年斯屈德刺(Skydra)的一份释奴记录中出现了固定的不定式表达:"在公元19年左右,被欧内西摩斯抚育得很好的人们,光荣地将此放置在伽佐罗斯的阿尔忒弥斯之前"(*ἠξίωσαν οἱ θρέψαντες καλῶς δουλευθέντες ὑπὸ θρεπταρίου εἰδίου ὀνόματι Ὀνησίμαν, περὶ ἔτη ΙΗ, ἀνατιθήμειν θεᾶ Ἀρτέμιδι Γαζωρίᾳ ταύτη[ν]*)⑥。同样明显的是,"放置"(*ἀνατιθήμειν*)是马其顿语方言形式,它悄无声息地取代了通用希腊语的不定式形式"*ἀνατιθέναι*"。因此,这些固定表达与生僻字词和专有名词一起,成为研究马其顿语言的第三类材料来源,其最大优点是可以彻底解决下述难题,即为何某些马其顿词汇和专有名词中出现浊塞音,而非其他希腊语方言中出现的清送气音。

---

① Hatzopoulos 2001a, 162, 3 A, Col. 3, L. 3.

② *EKM II* 398.

③ *EKM I* 56.

④ *EKM II* 168.

⑤ Hatzopoulos 1994c, 44.

⑥ *EKM II* 121.

在埃盖地区出土的一系列敬献(votive)铭文或释奴记录碑文中，本地的神祇阿尔忒弥斯(Artemis)与其属性别称(epithets)"迪伽亚"($\Delta\iota\gamma\alpha\iota\alpha$)及"布拉伽尼提斯"($B\lambda\alpha\gamma\alpha\nu\iota\tau\iota\varsigma$)一同出现，后者源于该地区的地名"布拉伽诺伊"($B\lambda\alpha\gamma\alpha\nuo\iota$)①。第一个属性别称实际上是形容词"$\delta\iota\kappa\alpha\iota\alpha$"的当地方言形式，即"正义的"，但"布拉伽诺伊"和"布拉伽尼提斯"又作何解呢？赫叙奇乌斯的一条生僻字词注释"$\beta\lambda\alpha\chi\alpha\nu$ $\dot{o}$ $\beta\dot{\alpha}\tau\varrho\alpha\chio\varsigma$"中提供了第一条线索，而另一份碑铭将献祭的神灵称为"青蛙之神"($\tau\dot{\eta}$ [$\vartheta\varepsilon\dot{\alpha}$ $\tau\dot{\omega}\nu$ β] $\alpha\tau\varrho\dot{\alpha}\chi\omega\nu$)②也证实了这一点。"布拉伽诺伊"地名意为"青蛙"，可能是因为它位于沼泽附近，而沼泽是阿尔忒弥斯钟爱的一种景观③。"$\Delta\iota\gamma\alpha\iota\alpha$"代替"$\Delta\iota\kappa\alpha\iota\alpha$"与"$B\lambda\dot{\alpha}\gamma\alpha\nuo\iota$"代替"$*B\lambda\dot{\alpha}\chi\alpha\nuo\iota$"的形式清楚表明，零星出现的浊塞音代替浊不送气音，与马其顿语中印欧语送气塞音与其他希腊语方言的早期分化演变无关，而是希腊语内部较晚近的次生现象。这一现象发生在马其顿语中，同时影响了送气清辅音与不送气清辅音，正如哈齐达基斯所强调的，这种现象发生在清送气音(/ph/, /th/, /kh/)变成无咝擦音(/φ/, /ϑ/, /χ/)以及浊塞音(/b/, /d/, /g/)变成浊擦音(/b/, /d/, /g/)之后④。这只是许多其他语言和方言中常见的浊辅音影响清辅音的现象。

与此同时，一些马其顿中的专有名词具有无可争议的希腊语词源，但在希腊其他地区却不为人知，它们通常以特定的马其顿语拼读形式见于通用希腊语书写的铭文中，如狄奥尼索斯(Dionysos)的属性别称"匿藏者"($\dot{E}\varrho\dot{\iota}\varkappa\varrho\upsilon\pi\tauo\varsigma$)与"伪装者"($\Psi\varepsilon\upsilon\delta\dot{\alpha}\nu\omega\varrho$)⑤，或动词"作为

76

---

① *EKM II* 62—78.

② *EKM II* 65.

③ 比较利姆奈乌斯的阿尔忒弥斯(Artemis Limnaia, Paus. 2.7.6; 3.14.2; Artemis Limnatis, Paus. 3.23.10; 4.4.2)等。

④ 自 Hatzidakis 提出这一观点后，许多类似的语料得以收集，比较 $\Phi\dot{\alpha}\lambda\alpha\varkappa\varrho\varsigma/B\dot{\alpha}\lambda\alpha\varkappa\varrho\varsigma/B\dot{\alpha}\lambda\alpha\gamma\varrho\varsigma$, $\Delta\iotao\nu\dot{\upsilon}\sigma\iotao\varsigma/\Delta\iotao\nu\dot{\upsilon}\zeta\iotao\varsigma$ 等。

⑤ 该词由"伪装的、假冒的"($\psi\varepsilon\upsilon\delta\dot{\eta}\varsigma$)与"[男]人"($\dot{\alpha}\nu\dot{\eta}\varrho$)构成，详见下文。

少女完成任务"（*νεύω / ἀρχινεύω*）^①。另一系列的碑铭证实了赫叙奇乌斯关于宗教词汇的一些注释（达隆［*Δάρρων*］＝*Θάρρων*，一个类似于阿斯克勒庇俄斯的治愈之神；佩里塔斯［*Περίτας*］＝*Φύλαξ*，赫拉克勒斯的一个属性别称），或指涉马其顿社会制度的词汇（例如元老［*πελιγάν*］、募兵户［*πυρόκαυσις*］）^②完全是马其顿语，其希腊语词源值得商榷。一些马其顿历法中的月份名（克散迪科斯［Xandikos］、戈尔皮埃约斯［Gorpiaios］、奥德纳尤斯/埃多纳尤斯［Audnaios］/［Aidonaios］）的希腊语词源曾引起不必要的质疑，但如今已毫无争议^③。新发现的人名（如希科塔斯［*Ἱκκότας*］）、地名和族群名（如克兰内斯忒斯［*Κραννέστης*］）揭示了马其顿语与其他希腊语地区共享一部分希腊语单词的方言形式，例如"*ἴκκος*"（＝*ἵππος*）和"*κράννα*"（＝*κρήνη*）^④。

上述例子共同构成了一项重大进展，使我们勾勒出马其顿方言的轮廓。目前缺少的仅仅是一个连续的、篇幅足够的马其顿方言文本，而梅耶在近一个世纪前便提出了这一要求。事实上，较短的文本确实存在：公元前4世纪中叶欧律迪卡女王在埃盖的敬献铭文并没有使用阿提卡方言，而是使用了马其顿方言的语音和词形，"欧律迪卡·希尔剌·欧克勒耶"（*Εὐρυδίκα Σίρρα Εὐκλείαι*）^⑤；迪翁出土的公元前5世纪或前4世纪初的一份祝祷辞（consecration）："普剌克西迪卡与'生产者赫尔玛斯'"（*Πραξιδίκαι καί*［*Ἑρ*］*μᾶι Τύχωνι*）^⑥；塞萨洛尼基的

---

① Hatzopoulos 1994c，44；65—71.

② Hatzopoulos 1998，1195—1196（＝*Recueil* 267—268）；Hatzopoulos 2003c，54—55（＝*Recueil* 354—355）.

③ Hatzopoulos 1999a，237—239. 如今笔者非常确信月份"狄斯特罗斯"（*Δύστρος*）来源于希腊语动词"燔祭"（*θύω*〈* thus—"跳跃"），比较狄奥尼索斯的属性别称"图斯忒里欧斯"（*Θυστήριος*）与"酒神女祭侍"（*Θυίαι*），参见下文。

④ Hatzopoulos 2007b，227—235."*ἴκκος*"刑式见于厄庇道罗斯和南意大利，而*κράννα*见于勒斯波斯（Lesbos），并以"*Κραννών*"的形式间接见于帖萨利。

⑤ *EKM* II 8及9.

⑥ *SEG* 61（2011）490.

一个村社出土的一份公元前3世纪墓志铭："少女皮斯塔列塔•特刺西普佩亚"（*Πισταρέτα Θρασιππεία κόρα*）①。梅耶的愿望在1998年终于实现，此时一份保存相当完好的公元前4世纪早期诅咒铭板（*defixio*）出版面世，共九行，以一种西北部希腊语方言写成，具备许多典型的马其顿特征，例如清辅音偶尔的发声现象（*δαπινά⟨ταπεινά*）、早先不发音的"送气音"的早期擦化，导致它们在与另一个擦音（*γενέσται ⟨γενέσθαι*）接触时发生语音异化（dissimilation）②，与现代希腊语中的情况一样（例如 *εἶστε⟨εἶσθε*）、元音的等时性（isochrony③，*πάλειν⟨πάλιν*）以及中元音（median vowels）的闭合，这通过"倒置"拼写的得以证实（*άνορόξασα ＝ άνορύξασα, διελέξαιμι ＝ διελίξαιμι*）④。

还有一个问题尚未解决。布里克什和帕纳约图在一系列文章中重申希特的旧理论⑤，坚持认为马其顿曾通行两种语言⑥。他们认为，历史上腓力二世和亚历山大大帝所说的马其顿语是一种希腊语方言，但除这种形式的马其顿语之外，早先的马其顿还流行另一种语言，印欧语的送气音在这种语言中演变为塞音，其中的专有名词和称谓语名词都发浊塞音，而不是希腊语中的清塞音，例如"贝列尼卡"（*Βερενίκα*）与"巴拉克罗斯"（*Βάλακρος*）而非"斐列尼卡"（*Φερενίκα*）与"法拉克罗斯"（*Φάλακρος*）。根据两人的说法，这种语言应该是弗里吉亚语或类似的语言。

在近三十年的学术交流期间，笔者的理论得以完善和澄清，而布里克什最终在两篇宽宏友善的文章中放弃了弗里吉亚语假说，支持笔者

77

---

① *IG X* 2, 1s, 1652.

②［译注]一种语流音变现象，即两个及以上相似或相同的音连读时，其中一个音变得与另一个音不再相似或相同。

③［译注]语言按照特定节奏划分为等时的部分。

④ Voutiras 1993, 8. 在阿瑞图萨出土了另一份以相同方言写成的组织铭板，可惜残损严重：*BE* 1988, 263.

⑤ Hirt 1905—1907, 603.

⑥ Brixhe/Panayotou, 1988, 260; Brixhe/Panayou 1994, 216—219.

三十年来一直主张的假说,即在希腊语演化史中偶尔会出现清辅音二次发声的假说[1]。笔者乐于赞同他目前大部分的观点:马其顿征服者阿尔吉德人说的是一种希腊西北部方言,他们从品多斯山来到平原时,遇到了与非希腊语者杂居在一起的阿凯亚(Achaean)希腊人。印欧语系中浊"送气音"塞音存留,或其向"不送气"音演变(reflex),并不能解释为何马其顿语中浊塞音字母取代清"送气音"字母。笔者的假设是,在某些条件下,马其顿方言中(1)所有清塞音都趋向于响音化(sonorisation);(2)"送气音"与(3)浊塞音的擦化值得认真考察,因为前者为公元前6世纪的地区性现象,而后者则是希腊语中更普遍的现象,至少从公元前5世纪开始就有证据记载。考虑到其地理位置,马其顿人零星使用色雷斯和布里吉亚(Brygian)人名和专有名词的可能性不能排除。布里克什在其最新文章的结尾指出:"就我们目前的知识水平而言,最有效的假设似乎说明,这一特征(出现塞音而非清'送气音')与米尔蒂阿季斯·哈措普洛斯所援引的整组音变(whole group of mutations)有关。"[2]

奇怪的是,在过去五十年里,一些著名学者赞同或质疑古代马其顿语言(及"宗教",见下文)具备希腊特征,却忽略了最古老、也可能是决定性的证据:马其顿历法,其起源可追溯到希腊史前时期。这一证据本应最适宜于研究,因为卡莱里斯曾用了大约19页的篇幅来研究它,结果仍不尽如人意[3]。凯瑟琳·特吕姆皮(Catherine Trümpy)随后对希腊历法进行了深入研究[4],笔者独立对其进行了一些补充[5]。正如马丁·佩尔松·尼尔森(M. P. Nilsson)所说,马其顿历法"与通常的希腊历法一样,其月份名称证明马其顿人属于希腊民族"[6]。事实

---

① Brixhe 2017—2018, 1862—1867;Brixhe 2018, 9—16.

② 比较 Hatzopoulos 2018a, 323。

③ Kalléris 1876, 554—572.

④ Trümpy 1997, 262—265 及 287—289.

⑤ Hatzopoulos 1999a 237—239; Hatzopoulos 2010b, 361—362。比较 Brixhe 2018, 20 及 25。

⑥ Nilsson 1962, 61.

上,马其顿月份的名称与大多数希腊月份的名称一样,都源自纪念希腊诸神的节庆,但不可能借自其他希腊历法,因为它们中的大多数名称都结合了马其顿方言形式和明显的希腊语词源(除了一个可能的例外,即许多其他希腊历法中都有的月份):"迪欧斯"(Δῖος)源自宙斯(Zeus)、"阿佩莱约斯"(Ἀπελλαῖος)源自阿波罗(Apollo);"奥德奈约欧斯/阿伊多奈欧斯"(Αὐδναῖος/Ἀἰδωναῖος)源自哈得斯(Hades);"佩里提欧斯"(Περίτιος)源自"护卫者赫拉克勒斯"(Herakles Peritas);"狄斯特罗斯"(Δύστρος)很可能与"燔祭"(θύω)同源,因此狄奥尼索斯的女祭侍被称为"燔祭者"(Θυάδες),一个狄奥尼索斯的节庆被称为"燔祭节"(Θυῖα);"克散狄科斯/克散提科斯"(Ξανδικός/Ξανθικός)源自"金发者"(Xanthos),很可能指克散狄卡节庆(Xandika)上被崇拜的赫拉克勒斯;"阿尔忒米西欧斯"(Ἀρτεμίσιος)源自阿尔忒弥斯;"代西欧斯"(Δαίσιος)源自代西亚节庆(Daisia),一个与神分享"飨食"的节日(比较 Θεοδαίσια, Θεοξένια);"潘内摩斯/潘纳摩斯"(Πάνημος/ Πάναμος),一个泛希腊世界均采用的月份,但起源不明(可能源自前缀"全部"[παν-]和动词"收获"[ἁμάω],存疑,比较法国大革命时设置的"获月"[Messidor]);"霍洛约斯/洛约斯"(Ὁλώιος/Λώιος),源自/sm-/⟩ ὁ- 与希腊语动词"将要/愿意"(λῶ)的词干部分,指和谐之神(宙斯,存疑);"戈尔皮阿约斯/科尔皮阿约斯"(Γορπιαῖος/Κορπιαῖος)源自"丰收者狄奥尼索斯"(Dionysos Karpios,比较法国大革命时设置的"果月"[Fructidor]);"叙佩尔贝列泰欧斯"(Ὑπερβερεταῖος)源自"超越者宙斯"[Zeus (Hy)perpheretas]。

79

3.5 马其顿崇拜与信仰

语言仅是构成特定人群"身份认同"的要素之一,卡莱里斯在他的研究中以另外两章来深入讨论其他的一些要素,如古代马其顿人的崇拜、信仰以及政治体制,并概述历史学家和考古学家关于马其顿人"民族性"(nationality)的观点,以及可能对其产生影响的学术之外的因素。

任何探讨马其顿宗教问题的学者,在回顾上述对过去两个世纪的古代马其顿语言研究综述之后,都会有一种似曾相识(*déjà vu*)的感觉①。卡尔·缪勒是第一位根据部分可信的残篇重构马其顿人的"伊利里亚万神殿"(Illyrian pantheon)的学者,这些片段来自赫叙奇乌斯对"阿梅里阿斯"(Amerias)的注释,这位注者将"塞勒诺伊"(Silenoi)等同于马其顿语中的"扫阿代"(Sauadai)或"扫多伊"(Saudoi),即伊利里亚语中的"得乌阿代"(Deuadai);以及对"达隆"的注释"治愈之神",对"代帕缇罗斯"(Deipatyros)的注释"缇姆法亚人崇拜的神"。卡尔·缪勒随后还根据另外两条赫叙奇乌斯的注释补充了"泽伊列内"(Zeirene,马其顿体系中等同于阿芙洛狄忒[Aphrodite]的神)和"陶洛斯"(Thaulos,等同于阿瑞斯[Ares]的神)②。奥托·阿贝尔(O. Abel)虽然坚持认为马其顿人与其他希腊人共享相同的宗教体系,并认为缺乏独立书面文本支持的生僻字词注释毫无价值,但他还是将"克洛多内女祭司"(Klodones)和"米玛隆内女祭司"(Mimallones)纳入了研究范围③。事实上,仅有"达隆"、"克洛多内女祭司"与"米玛隆内女祭司"曾独立见于文献记载,且它们均具备希腊语词源④。至于"扫阿代"与"陶洛斯",它们在希腊其他地区也以不同的形式出现⑤。泽伊列内可能源自色雷斯某个城镇或村庄的族群。加夫里勒·卡扎罗夫(G. Kazaroff)将来源不明的贝迪(Bedy)、阿兰提得斯(Arantides)、伽佐罗斯的阿尔忒弥斯(Artemis Gazoria)和托托厄

---

① 下文参见 Kalléris 1967, 532—542。

② Müller, K. 1825, 56—57.

③ Abel 1874, 118—119.

④ *EKM II* 436 及参考文献;Hatzopoulos 1994c, 75 及 79—80 及参考文献。

⑤ Kalléris 1954, 182—184 及 259—260。

斯(Totoes)也加入马其顿神系,并断言马其顿宗教具有色雷斯特征①。威廉·伍德索普·塔恩(W. W. Tarn)现在可以构建一个完整的"马其顿万神殿"了:"很明显,随着统治部落的扩张,无论其属于何种民族,大量的伊利里亚人和色雷斯人的元素一定会融入随后形成的马其顿人中。色雷斯元素在马其顿宗教中表现得相当明显。诸国王在希腊化过程中引入了奥林匹斯山上的神祇,但它们并非马其顿人早先所崇拜的神。他们自己的神祇仍然有迹可循;在希腊人看来,这些神祇基本上属于色雷斯人的崇拜;我们可以怀疑,其中的一部分,至少是水神崇拜,可以追溯到色雷斯人之前的安纳托利亚原住民(Anatolian aborigines)。除萨巴齐欧斯·狄奥尼索斯(Sabazios-Dionysos)外,我们还发现了一大群不知名的神灵:达隆,治愈之神;陶摩斯(Thaumos,又作陶洛斯),战神;阿兰提得斯,可能是战神的侍从;一位本地的狩猎女神,希腊化(graecized)为伽佐罗斯的阿尔忒弥斯;一个怪异的睡神托托厄斯(Totoes);贝迪,厄德萨的名祖神(eponymous),现在被认为是空气之神与水神;扫阿代或色雷斯的塞勒诺伊,历史悠久的水中精灵,随后演化为酒神的侍从。"②在塔恩添加的三个神祇中,只有伽佐罗斯的阿尔忒弥斯的确来自色雷斯,很可能起源于斯特里蒙河畔的伽佐罗斯,出于某种缘故在波提亚的斯屈德剌流行起来③。贝迪来自亚历山大的克莱蒙的一条注释,几代学者都试图对其做出令人信服的解释,均徒劳无功④,而马其顿文献中出现的孤例"托托厄斯"则被证实是罗马时期传入马其顿的埃及睡神⑤。

① Kazaroff 1910, 246—248.

② Tarn 1913, 177—178;比较 Tarn 1928, 197—198,其中塔恩根据赫叙奇乌斯的注释"巨伽:本地的雅典娜神"(*Γνγᾱ· Ἀϑηνᾶ ἐγχώϱιος*),声称巨伽(Gyga)是马其顿崇拜中与雅典娜等同的神,将其随意添加到马其顿神祇体系中,然而原注释中并未提及马其顿。

③ *EKM II* 120—123.

④ Kalléris 1954, 118—130.

⑤ Picard, Ch. 1958, 49—84;比较 *BE* 1959, 242. 关于上述问题参见 Hatzopoulos 2007a, 55注(= *Recueil* 405注18)。

　　这种夸大其词的伊利里亚-色雷斯理论(Illyro-Thracian)情有可原:当这些学者写作时,对古代马其顿的系统性研究还没有开始,任何人都可以对马其顿的崇拜和信仰畅所欲言。但是,博尔扎没有理由在1990年仍写道:"马其顿人的丧葬习俗表明,他们对来世的观念与希腊人不同,尽管他们崇拜的许多神都是一样的。涉及马其顿神灵崇拜的主要书面文献来自腓力二世和亚历山大大帝时期,使得马其顿人看上去与希腊人共享一套神灵崇拜体系。然而,许多崇拜的表现形式可能有所不同。例如,马其顿遗址中未曾出土公元前4世纪末之前兴建的大型的公共宗教纪念碑,这是与希腊人的另一个不同之处。因此,我们必须依赖文献证据,在认定马其顿人采用希腊的崇拜形式,并以此推论马其顿人自我认同为希腊人时必须保持谨慎。"[1]

81

　　值得注意的是,博尔扎并未具体说明马其顿人的哪些习俗表明他们对来世的观念与希腊人不同。为什么书面文献没有证明,却"使得"马其顿人与希腊人"看上去"共享一套神灵崇拜体系? 为什么"崇拜的表现形式可能有所不同"而不是"可能相同"? 在公元前4世纪末之前,希腊是否到处都有"大型的公共宗教纪念碑"? 上述段落的作者能说出多少座由伊庇鲁斯人、阿卡纳尼亚人或塞浦路斯人(Cypriots)建造的"大型的公共宗教纪念碑"?[2]当文献证据证实马其顿人采用希腊人的崇拜方式时,我们为什么要先入为主地质疑这些证据呢? 我们应该相信其他哪些证据? 为什么采用希腊的崇拜形式不能作为希腊身份认同的证明? 合理的答案无从寻觅。然而,既然文献(literary)证据受到质疑,甚至不被采信,那么让我们考虑一下档案(documentary)证据的说法[3]。

---

　　① Borza 1992[2], 95。比较 Borza 1995a, 23。

　　② 无论如何,公元前4世纪晚期在迪昂的宙斯圣所中发现的铭文提及神庙和这座圣所(Hatzopoulos 1996c,73—74,注57),该遗址中还发现了一座宏伟建筑的多立斯式廊柱残片(Pandermalis,无日期,30页)。

　　③ 关于 Borza 1992[2], 95 未采信的文献证据,参 Baege 1913; Kalléris 1967, 532—572。

　　事实上,近百年来的发现已然证实,马其顿神祇崇拜体系与其他希腊神祇崇拜体系是一致的。只需查阅碑铭语料库的索引,便可看到在阿克西欧斯河以西的马其顿腹地,哪些神灵(不包括抽象概念和神格化星象[astronomical figures])被频繁提及[1]。贝罗亚的阿斯克勒庇俄斯、勒乌科佩特剌的地母神、厄德萨的玛已在圣所中发掘或被识别出来,并出土了大量的碑铭文证;如果不考虑这三位神,那么最受欢迎的三位神则是宙斯、赫拉克勒斯和狄奥尼索斯,随后是阿尔忒弥斯、雅典娜和阿波罗。厄诺迪亚(Ennodia)和哈得斯在上马其顿尤其受欢迎。对得墨忒耳(Demeter,以及珀耳塞福涅[Kore])的崇拜在前罗马时期就有大量痕迹留存,但后来似乎受到了地母神的竞争。在奥林匹斯十二主神中,只有赫斯提亚(Hestia)几乎毫无痕迹留存[2]。此外,我们知道阿斯克勒庇俄斯祭司是城市的纪年执政官(eponymous magistrate),因此在每个马其顿城市都有其印记。

　　这些现象并不出人意料,也并非后人伪造,因为宙斯被认为是马 **82** 其顿民族的始祖(《列女传》M—W残篇7),在奥林匹斯山麓的泛马其顿(pan-Macedonian)圣所迪翁被作为主神祭拜。迪翁还出土了宙斯的神殿与祭坛[3],以及大量官方文件,包括腓力五世和佩尔塞乌斯所签的条约,"围城者"德米特里欧斯(Demetrios Poliorketes)、安提戈诺斯·戈纳塔斯、腓力五世等统治者的书信,城邦法令,以及王室或其他人敬献众神之父的铭文,这些档案清晰有力地表明宙斯是马其顿"万神殿"中的核心。[4]

---

　　① 未出版的皮耶利亚语料库不会对上述结论产生重大影响。

　　② 笔者仅知晓一处关于她的崇拜的记载:*IG* X 2, 2, 57(议事会的赫斯提亚[Hestia Boulaia])。

　　③ 下文是笔者2005年在楠泰尔的勒内-吉努韦斯之家(Maison René Ginouvès at Nanterre)演讲的修订版。比较 Hatzopoulos 2006a, 53—60。另参 Mari 2011, 453—465。

　　④ Pandermalis 1999。比较 Voutiras 2006, 333—345。

忒梅尼德王室的祖先赫拉克勒斯(Herod. 8.137—139；Theopompus, *FGrHist* 115 F 393)在诸多马其顿城市被作为神灵祭拜，尤其在贝罗亚与历座王都，因为他是王室"猎人"(18至20岁的年轻人，隶属于王室随从)的守护神，属性别称为"猎者"(Kynagidas)[①]。在埃盖的圆形大殿中发现了一份佩尔塞乌斯的两个儿子腓力与亚历山大献给"父神赫拉克勒斯"(Herakles Patroios)的献辞[②]，佩拉则出土了一份腓力五世献给"猎者赫拉克勒斯"的献辞[③]。"猎者赫拉克勒斯"在贝罗亚极受崇拜，其主要圣所便坐落于此。当地的王室信函、其祭司与"猎人"的名录以及释奴记录的献辞均反映了对他的崇拜[④]。

至于阿斯克勒庇俄斯崇拜，安菲波利斯[⑤](及托罗内[⑥])的销售契据、米耶扎的销售契约目录[⑦]、卡林多亚的祭司名录[⑧]、涉及贝罗亚的阿斯克勒庇俄斯圣所的记载[⑨]，以及摩尔律洛斯[⑩]、安提戈内亚[⑪]和佩拉[⑫]的其他碑铭证据，均证实了该神在马其顿享有至高无上的地位，其祭司在马其顿本部的一切城市中都担任尊贵的纪年行政官；此外，

---

① Hatzopoulos 1994c, 87—111。值得注意的是，"猎者赫拉克勒斯"崇拜仅在阿克西俄斯河以西的上马其顿(厄利迈亚两处：*AEM* 6及20；厄欧尔达亚两处：*AEM* 97及115；得尔里欧珀斯：*IG X* 2, 2, 319；佩拉戈内亚：*IG X* 2, 2, 172)与下马其顿传播(Beroia: *EKM I* 29—33; Esessa *EKM II* 135—136; Pella: *EKM II* 442)，而未传播至阿克西俄斯河以东。这一观察得益于帕斯奇迪斯。

② *EKM II* 10.

③ *EKM II* 442.

④ *EKM I* 3; 29—33; 134.

⑤ Hatzopoulos 1996c, 99—105，编号84—91。

⑥ *SEG* 62 (2012) 479及 *BE* 2017, 337。

⑦ Hatzopoulos 2011a, 64—68 (= *Recueil* 502—507)。

⑧ Hatzopoulos 1996c, 84—85注62。

⑨ *EKM I* 16，其他部分仍未出版。

⑩ Hatzopoulos 1996c, 69—70注53。

⑪ Hatzopoulos 1996c, 95注81。

⑫ *EKM II* 434.

我们还足以确认,在来自埃盖、贝罗亚[①]、佩拉[②]、忒萨洛尼刻[③]、安菲 83
波利斯[④]等地的法令、一份安菲波利斯的体育锻炼负责人名录[⑤]与一
份贝罗亚的释奴记录[⑥]等档案中,姓名不详的纪年祭司,正是阿斯克
勒庇俄斯祭司。事实上,阿斯克勒庇俄斯在引文中被提及的次数不
亚于狄奥尼索斯。

　　除了国家层面的宙斯、赫拉克勒斯与阿斯克勒庇俄斯三位一体
(trinity)的主神崇拜之外,在马其顿的两个政治首都埃盖[⑦]与佩拉[⑧],
以及宗教中心迪翁[⑨]与其他马其顿城市(如勒忒[⑩]和安忒穆斯)[⑪]也发
现了对"大女神"(great feminine deity)的崇拜,其起源可能来自前马
其顿时期[⑫]的两种神格(ὑπόστασες),即母神与处女神,作为同一个神
(如大母神)的两种化身形态,或是两个不同的神灵形态,一个是母亲
(如得墨忒耳),另一个则是女儿(如珀耳塞福涅)。在她们旁边被尊
崇的还有一位男性伴侣,在古典和希腊化时期通常以狄奥尼索斯的
形象出现,被视为一位游离于城邦共同体之外(apolitical)或敌视城
邦(antipolitical)的至高之神。在罗马时期,新出现的女神(其中一些
传自东方)往往会承担得墨忒耳和大母神的一些职能,例如有着诸多

---

① 笔者通过同事克劳斯·哈洛夫(Klaus Hallof)和德米特里奥斯·波斯纳基斯
(Demetrios Bosnakis)得知了来自埃盖和贝罗亚的新出土法令。笔者希望对他们慷慨
的分享致以谢意。

② *EKM II* 430.

③ *IG* X 2, 1, 2.

④ Hatzopoulos 1996c, 60注41。

⑤ Hatzopoulos 1996c, 83注61。

⑥ *EKM I* 45—46。关于马其顿的阿斯克勒庇俄斯崇拜,另参见 Voutiras 1993,
251—265;比较 *BE* 1994, 379。

⑦ Drougou 2017, 200—203; Giannopoulou 2016, 468—488.

⑧ Lilimbaki-Akamati 2000.

⑨ Pingiatoglou 2009, 285—294.

⑩ Hatzopoulos 1994c, 123—127.

⑪ Hatzopoulos/Loukopoulou 1992, 48—49注A3。

⑫ 比较"地母神"的属性别称, Petsas *et al.* 2000, 28—30 中 Hatzopoulos 撰写的
段落。

属性别称的阿尔忒弥斯("正义者"[Digaia]、"布拉伽诺伊的女神"[Blaganitis]、"猎者"[Agrotera]、"伽佐罗斯之神"[Gazoraia]、"宠爱山峦者"[Bloureitis = $Φιλωρεΐτις$][1]、"施援者"[Eileithyia]、"猎鹿者"[Elaphebolos])、处女神(Parthenos)、玛(Ma)、厄诺迪亚、涅墨西斯(Nemesis)、索忒伊剌(Soteira)、阿塔尔伽提斯(Atargatis)、伊西斯(Isis)[2]等。上述所有的神祇均被视为孩童的看护神($χουροτρόφι$)[3]。

从婴儿时期到青春期,以及从青春期到男性/女性成年期均需要完成过渡仪礼(Rites of passage)[4],这些仪式与一位多重形态(multi-form)的女神及其男伴的崇拜联系密切,并构成了一个祝祷(conse-crated)行为序列,而这些行为必须在从一个年龄阶段到另一个阶段过渡时完成,否则将使"过渡"这一生物学事实在社会层面上失效。20世纪初以来,斯巴达和克里特发现了过渡仪礼留存的痕迹,此后雅典也发现了过渡仪礼与崇拜的遗迹[5]。我们自然想获悉,这些看似孤立的案例,是否正是曾经普遍存在于所有希腊人中的教育制度的晚近形式。然而,整个希腊地区,尤其是希腊北部,似乎一直未发现这种仪式和相应的崇拜痕迹,因而无法证实这一假设。然而,这一空白现在得以填补,因为帖萨利亚和马其顿地区的祝祷辞近期已被译读乃至出版,它们曾被视为无法解释。[6]

在帖萨利亚,少女会向孩童的看护女神,例如阿尔忒弥斯、得墨忒耳或珀耳塞福涅敬献祭品,铭文上称其为"成熟"($τελέουμα$)或"释放"($λύτρον$),因为这标志着她们结束了在女神圣所的"教育"服务,并

---

① Thavoris 1999, 1144.

② 马其顿引入埃及的神祇崇拜可追溯至希腊化时期。比较 Bricault 2005, I 129—175.

③ 另参见 Hatzopoulos 1987b, 402—405 及 Hatzopoulos 1995a, 130—132。

④ [译注]文化人类学术语,指个体离开一个群体进入另一个群体,社会地位转变时举行的仪礼。

⑤ 比较 Jeanmaire 1939; Brelich 1969。

⑥ 比较 Vidal-Naquet in Hatzopoulos 1994c, 9—11 及 Hatzopoulos 1994c, 21—24。

被"释放"出来,准备婚育。描述圣所服务的术语是动词"νεβεύω",在帖萨利亚语中意为"我作为一个年轻女孩完成了我的任务"。赫叙奇乌斯的一条注释提及了这种服务结束时举行的仪式:"完成任务的年轻女孩:已参加了神圣竞赛的妇女"(*νέαρ ἀγωνισάμεναι γυναῖκες τὸν ἱερὸν δρόμον*),并有希腊各地发现的一系列关于少女过渡仪礼及相应竞赛的神话与崇拜相佐证①。

唯有正确地阐释帖萨利亚地区出土的祝祷辞,一组1936年马其顿的勒忒出土的一组碑铭及雕塑才可能得以阐释,它们被束之高阁近六十年,未曾出版。这些雕塑刻画了得墨忒耳和珀耳塞福涅母女二人,或是几位捷足奔跑的年轻女孩形象,碑铭则是两份祝祷辞,分别献给得墨忒耳,"得墨忒耳的女祭司贝列尼卡引领着诸少女完成了任务:尼刻斯特剌托之女斯特剌托"(*Δήμητρι ἀρχινεύσασαι ἐπὶ ἱερείας Βερενίκας: Στραττὼ Νικοστράτου, Μελὶς Κλέωνος, Λυσιδίκα Ἀντιγόνου*)与"美惠女神"(Kala Thea,哺育狄奥尼索斯的孩童看护女神,著名的"白色女神"伊诺[Ino-Leukothea]的属性别名),"埃盖人阿勒克散德剌在美惠女神的庇佑下完成了任务"(*Ἀλεξάνδρα Α[ργ]αίου Καλᾶ Θε[ᾶ] νεύσασα*)。这些马其顿的碑铭必须与帖萨利亚的祝祷辞对照,方能将马其顿语中罕僻的动词分词形式"νεύσασα"与"[ἀρχι]νεύσασαι"解读成帖萨利亚语中动词"作为少女完成任务"(νεβεύω)的对应形式"νεβεύσασα"②。1985年前后的一项未公开发掘项目还出土了一些其他雕像,包括阿尔忒弥斯、大母神与一位正在赛跑的少女,从而进一步证实了上述阐释③。无疑,古典时期与希腊化时期的马其顿确实存在着年轻女孩的崇拜和过渡仪礼,然而男孩和青年男子呢?他们难道没有相应的崇拜和仪式吗?

---

① Hatzopoulos 1994c, 27; 31—32; 52及参考文献。

② Hatzopoulos 1994c, 21—40.

③ Tzanavari 2001, 363—375;Tzanavari 2002, 241—246.

在上文所述的 1936 年勒忒圣所发掘工作中,还出土了两块同样刻有神秘铭文的石碑"屈里乌斯执政,竞跑比赛/赛道"(Ἐπὶ Χύρῃ πεζῶν δρόμος)以及"屈里乌斯执政,骑术比赛/赛道"(Ἐπὶ Χύρῃ ἵππων δρόμος),晦涩难懂,直至 1996 年仍未出版。碑铭中"δρόμος"一词的确切含义是什么? 它是指一条赛道还是一场赛跑比赛? 贝罗亚的一块类似的石碑上也刻有铭文"弗剌西克勒伊多斯执政,竞跑比赛/赛道"(Ἐπὶ Φρασικλείδου πεζῶν δρόμος),这至少表明,无论其后搭配着属格还是与格形式,该介词与一位纪年官员(eponymous official)搭配,并暗示"此事"发生于该官员任期内[1]。此外,屈尔罗斯境内同样发现了一块石碑,刻有"达摩诺斯之子忒隆执政,骑术比赛/赛道[Ἐπὶ Θήρωνι Δάμωνος ἵππω δρόμω,或 ἱππόδρομος,存疑],男子竞赛[ἀνδρῶν δρόμος]"[2],这三份碑铭彼此对照,无疑说明"δρόμος"一词所指并非赛道,而是竞跑与骑术竞赛。在厄欧尔达亚的刻勒(Kelle)发现的另外三块石碑(实际为两块,因为其中一块雕工粗劣,铭文错刻,遭到丢弃并被另一块石碑替换)证实这些竞赛极受欢迎:"达贝列斯执政,竞跑比赛"(Δαβρεία πεζῶν δρόμος)以及"埃罗珀斯执政,骑术竞赛"(Αἰρόπου ἵππω δρόμος[或 ἱππόδρομος,存疑])[3]。铭文没有提及参与者甚至获胜者,唯一解释是竞赛的重要性在于它举行于某位纪年官员的任期内,其名字以及相应的年份,足以标示参加竞赛的人的身份,因为它们伴随着少男少女的过渡仪礼而举行,标志着他们的青春期结束,走向成年[4]。我们进一步追问,是否有一位神祇在少男成年时发挥着重要作用,正如得墨忒耳(及珀耳塞福涅)或大母神、阿尔忒弥斯和其他女

86

---

① *EKM I* 139.
② *EKM II* 419.
③ *BE* 2017, 315.
④ Panayotou/Chrysostomou 1993, 372—375 将屈尔罗斯的碑铭解释为一份描绘葬礼赛会的纪念碑,Manakidou 1996, 84—98 接受了这一观点,但 *BE* 1994, 406 及 1997, 389 提出了不同观点。

性神灵之于将要成年的少女那般。

马其顿已出土了数百份释奴祝祷词,但贝罗亚的祝祷词独一无二,它将一位男性神灵称为释奴人。如上文所述,狄奥尼索斯的名字出现并不意外,然而他的属性别名"田野的"(Ἄγριος)、"潜匿者"和"伪装者"无疑令人惊异。第一个属性别名源于"田野/乡村"(ἀγρός),意指狄奥尼索斯在本质上不属于城市与社会;第二个词源于少年经由秘密仪式变成男人的过程中,他们需要从共同体中退隐避居;第三个称谓则源自狄俄尼索斯在仪式上的异装与模糊的性别形象,见于一个马其顿的神话中,即一些扮成女性的战士在与伊里利亚人的战斗中取得了胜利,在希腊其他地区(斯巴达、阿尔戈斯、忒革阿[Tegea]等)也流传着类似的神话①。

我们对马其顿人来世观的了解来自他们的墓葬与其中出土的档案文献。②佩特萨斯将在米耶扎发掘的"审判之墓"正面的墓壁画(其中描绘了死者、"灵引者赫尔墨斯"[Hermes Psychopompos]、埃阿科斯[Aiakos]与剌达曼缇斯[Rhadamanthys])与柏拉图《高尔吉亚》(Gorgias)中的一段著名文字联系起来(523e—524a),其中苏格拉底声称宙斯让自己的儿子们担任死者的判官,米诺斯(Minos)和剌达曼缇斯负责来自亚细亚的死者,埃阿科斯(Aiakos)则审判欧罗巴的逝者。他们在一块草地上宣布判决,草地位于两条路的交汇处,一条通往至福岛(Isle of the Blessed)③,另一条通往塔尔塔罗斯地狱(Tartaros)④。在韦尔吉纳,珀耳塞福涅被哈得斯掳

---

① 具体细节参见 Hatzopoulos 1994c, 57—58。此外,近期在贝罗亚的老教堂(Old Cathedral)中发现了一大批献给狄奥尼索斯的释奴祝祷词,但尚未发表。笔者感谢约安尼斯·格雷科斯提供的信息。

② 下文参见 Hatzopoulos 2006b, 131—141;比较 Hatzopoulos 2006a, 53—60。

③ [译注]希腊神话中区别于冥界的一片永恒幸福的安居之所,一般而言,仅有被神明准允的灵魂死后方可前往,例如赫拉克勒斯、阿喀琉斯等。这一概念最早出现于赫西俄德的《劳作与时日》中。

④ Petsas 1966, 143—151.

走的画面绘制在圆形土冢遗址一号王室墓的内壁上[①]，而两人作为冥界的统治者骑着战车的画面绘制在"欧律狄刻之墓"（Eurydike's Tomb）中宝座的背面[②]。在米耶扎，哈得斯和珀耳塞福涅同样出现在"棕榈树之墓"（Palmettes Tomb）的三角楣绘画中[③]，手持冥界的钥匙。然而，在马其顿人的眼里，冥王哈得斯和珀耳塞福涅在其从冥界走向永恒的过程中扮演了什么角色？与希腊其他地方一样，哈得斯是生死的主宰（δεσπότης）[④]，马其顿人在"奥德奈约欧斯/阿伊多奈欧斯月"举行哈得斯的节庆以安抚这位神灵，然而出土的一系列刻有文字的黄金口含或金箔叶体现了珀耳塞福涅的特殊地位[⑤]，其中一部分仅载有死者的名姓："佩拉人菲洛克塞纳（Philoxena）与赫革西斯卡（Hegesiska）"、"梅托内人费洛玛伽（Phylomaga）"、"皮德纳人安德戎（Andron）与克塞纳里斯塔（Xenarista）"、"迪翁人厄皮革内斯（Epigenes）"、"欧罗珀斯人波塔科斯（Bottakos）"，以及一些篇幅更长的铭文，例如"埃盖人菲利斯忒"（Φιλίστη Φερσεφόνηι χαίρειν）[⑥]或公元前4世纪的"佩拉人珀塞伊迪珀斯，虔信者，致珀耳塞福涅"（Φερσεφόνηι Ποσείδιππος μύστης εὐσεβής）[⑦]。珀耳塞福涅是珀塞伊迪珀斯祝祷的倾听者，祝祷者向女神宣布自己是虔诚的信徒，祈求她的庇佑。安菲波利斯出土的另一份公元4世纪的金箔铭文提供了在此，其中死者将自己的名字告知冥后，并宣称"我是安提多鲁斯之女阿尔刻布勒，酒神狄奥尼索斯的虔诚信徒"（εὐαγὴς Διονύσου Βαχχίου εἰμὶ Ἀρχεβού[λ]η

----

① Andronicos 1994, 特别是页 19。

② Andronicos 1993, 154—161.

③ Romiopoulou/Schmidt-Dounas 2010.

④ *EAM* 15；比较 89。

⑤ Tzifopoulos 2010, 268—279.

⑥ Tzifopoulos 2010, 270 注 E2。

⑦ Tzifopoulos 2010, 271 注 E3。

Ἀντιδώϱου)①。珀耳塞福涅与狄奥尼索斯之间的联系可以在俄尔甫斯神谱(Orphic theogonies)②中找到,据称狄奥尼索斯是宙斯与珀耳塞福涅的儿子,他被泰坦诸神肢解,但其心脏被保留下来,并通过塞米勒再次诞生。宙斯杀死了泰坦诸神,并以他们的骨灰创造了人类,但人类却背负着狄奥尼索斯被杀的原罪,只有参加酒神秘仪和珀耳塞福涅祭仪才能赎清原罪。希腊各地(帖萨利亚、伯罗奔尼撒、克里特、南意大利、西西里)均发现了类似的金箔,表明了相同的信仰③。在哈吉奥斯•阿塔纳西欧斯/革费剌(古米格多尼亚的赫拉克勒亚)马其顿拱墓中出土过一份金箔,博尔扎据此声称马其顿人对来世的观念与希腊人不同④,但上述材料证明,无论马其顿人采用拱墓、石棺墓还是坑墓形式,他们都与帖萨利亚人、克里特人或南部意大利的希腊人秉持相同的来世观。该拱墓的铭文"菲洛特剌向冥王致意"(Φιλωτέϱα τῶι Δεσπότει χέϱε[ι]ν)⑤清晰有力地表明,马其顿人建造陵墓并非为了永居幽冥,而是希望能进入至福岛⑥。

88

　　总而言之,无论是马其顿神系、马其顿崇拜乃至马其顿关于来世的观念,都绝不可能否定其根源上具备希腊特征。

3.6　风俗与政制

　　笔者已就过渡仪礼、政治体制与军队分别撰写三本专著及数篇

---

① Tzifopoulos 2010, 270 注 D4。
② [译注]俄尔甫斯神谱属赫西俄德神谱之外的另一体系,但对后者有所借鉴与重释,核心神祇是狄奥尼索斯。
③ Tzifopoulos 2010, 255—284;比较 Pugliese Carratelli 1993。
④ "马其顿人对来世的观念与希腊人不同"。
⑤ Tzifopoulos 2010, 272 注 E5。
⑥ Guimier-Sorbets/Morizot, 2006, 117—130。

论文^①,因此,下文将尽量避免乏味地重复旧论。笔者将摈弃上述最全面详尽的第二部专著的方法,按照主题顺序开展叙述,而是依据时间顺序来介绍相关的学术研究。

3.6.1 导论

"因此,马其顿人的日常生活是以不同的形式展开的,而非希腊人的'劳作与时日'。马其顿的确有几个庞大的集镇,但对希腊人来说,这些集镇几乎缺乏构成城邦的一切要素:没有真正的公民,只有地主和农民。他们独特的衣着、蓬乱头发上的头巾、胫甲和鞋袜清晰可辨。这些人……不热衷于参加任何公民大会,或是任何选举与投票,也对任何令人兴奋的陶片放逐不感兴趣……体育锻炼与摔跤练习也不属于当地社会制度的一部分。当地的蒸气浴解决了他们的个人卫生问题。对于农夫和牧人来说,每日的劳作已经足够锻炼身体,然而乡绅们却有着完全不同的爱好,他们骑着充满野性的骏马驰骋竞技,狩猎,狂欢,饮酒作乐……女人的行为几乎与男人无异,这完全不符合希腊人的习惯……在马其顿,妻子和母亲扮演着更加重要的角色,在争夺统治权、精力充沛、肆无忌惮而富于激情方面,她并不比丈夫和父亲逊色……如果我们将这里的风景和气候作为一个整体来考虑,我们会感到马其顿充斥着某种粗粝感。诗人和梦想家可能像

① Hatzopoulos 1994c; Hatzopoulos 1996c; Hatzopoulos 2001a; Hatzopoulos 1996a 25—38 (=*Recueil* 315—324); Hatzopoulos 1999b, 383—387; Hatzopoulos 2000a, 99—117; Hatzopoulos 2001b, 45—52; Hatzopoulos 2001c, 189—199 (=*Recueil* 325—335); Hatzopoulos 2003b, 127—140 (=*Recueil* 337—350); Hatzopoulos 2003c, 51—64 (=*Recueil* 351—364); Hatzopoulos 2003/4, 27—60 (=*Recueil* 365—397); Hatzopoulos 2004, 91—96; Hatzopoulos 2006a, 61—92; Hatzopoulos 2009, 47—55; Hatzopoulos 2011b, 39—47; Hatzopoulos 2015a, 105—120; Hatzopoulos 2015c, 77—87; Hatzopoulos 2015b, 319—340; Hatzopoulos 2015—2016a, 57—70; Hatzopoulos 2016a 202—216; Hatzopoulos 2015—2016b, 145—171.

在其他地方一样诞生在马其顿,但他们不可能享受到自然和风景的独特滋育!"[1]除了上述引文,这位奥地利历史学家还补充了另外两段论述:"对希腊人的生存至关重要的城邦与公民政治生活,对马其顿人来说仍然完全陌生"[2],以及"希腊人的公民辩论对马其顿人来说仍然是完全陌生的。他们完全不理解共和精神和民主"[3]。这些观点绝非一家之见;事实上,德国[4]、法国[5]、意大利[6]和英国[7]的学者也基本赞同这些观点。

在一百年乃至五十年前发表这样的言论不无道理。1912年至1922年,以及1940年至1949年间,希腊战事不断,大部分战事发生在马其顿。因此,这一地区实际上一直是考古学的未知之地(*terra incognita*)。战时的希腊被小亚细亚地区的灾祸毁于一旦,又面临着约150万难民的紧急安置,财政上无力支持马其顿地区的系统性发掘。事实上,只有两处主要遗址得到了系统性发掘,均位于马其顿本土之外,而且都是由外国考古团队发掘的:法国人在腓力比进行发掘,而美国人则在奥林托斯开展发掘[8]。直至第二次世界大战和希腊内战结束后的1957年,考古服务部才在马卡罗纳斯和佩特萨斯的指导下开始对佩拉遗址进行系统性发掘[9]。随后,在安德罗尼科斯的指导

90

---

[1] Schachermeyr 1949, 17—20.

[2] Schachermeyr 1949, 29.

[3] Schachermeyr 1949, 247.

[4] Wilamowitz-Moellendorff 1923², 154; Kaerst 1926—1927³, 177—179; Hampl 1934, 78—82; Heuss 1962², 279—280; Bengtson 1985, 121.

[5] Jardé 1923, 395; Jouguet 1926, 73.

[6] Momigliano 1934, 7—8; 36—37(然而,请参阅作者在 Momigliano 1935, 18 注1中对 F. Hampl 论文的一定程度上的反思);de Francisci 1947, 350—351; 358—359。

[7] Tarn 1913, 54 及 180—181.

[8] 唯一的例外是由塞萨洛尼基大学发起、由乔治·索特里亚德斯(G. Soteriades)于1928年至1931年在迪翁指导进行的小规模发掘,以及 K. Romaios 于1938年至1940年在韦尔吉纳进行的发掘。

[9] 1914年雅典考古学会授权乔治奥斯·奥克诺莫斯展开发掘工作,次年因第一次世界大战而被迫中断。

下,塞萨洛尼基大学于1963年恢复了对韦尔吉纳古典时期遗址的发掘[①]。一个新时代从此开启,数十座马其顿城市得以发掘或识别,仅列举一些最重要的名字:迪翁、皮德纳、埃亚内、梅托内、贝罗亚、米耶扎、厄德萨、屈尔罗斯、欧罗珀斯、摩尔律洛斯、约隆(Ioron)、埃内亚(Aineia)、卡林多亚、阿波罗尼亚、门德、阿菲提斯、斯基奥内、托罗内、阿坎托斯、乌拉诺波利斯、斯塔革伊剌、阿瑞图萨、阿尔吉洛斯、贝尔革,特剌吉洛斯、安菲波利斯等。这些城市中的剧院、体育锻炼馆、圣所、门廊驳斥了否认存在城市中心的学者的断言,而刻在石头上的法令、法律、献辞、目录、账目则证实了他们丰富蓬勃的公民生活。迪翁及其圣所、剧院和竞赛运动场(stadium)有力地反驳了塔恩关于马其顿缺乏宗教中心的指控。最为讽刺的是,在马其顿发现了唯一完整存世的希腊体育锻炼馆的管理文本,即贝罗亚出土的体育锻炼馆管理法令和安菲波利斯出土的公民预备役法令。

然而,在尤金·博尔扎的马其顿研究手册《在奥林匹斯的阴翳中:马其顿的崛起》(*In the Shadow of Olympus. The Emergence of Macedon*)中,作者在第一版(1990年)与第二版(1992年)中均未对马其顿人的公民制度着墨一词,尽管这部影响深广,反响良好(至少在美国市场如此)[②]。博尔扎的作品从马其顿人的起源讨论至腓力二世与亚历山大大帝统治时期,因而不存在"研究时间段狭促"之局限,也不能将这一疏漏推咎于材料匮乏——笔者出版于1996年的作品《国王

91

---

① 韦尔吉纳的史前时期墓葬此前已由考古服务部在安德罗尼科斯和佩特萨斯的指导下发掘过。

② P. Green,引自 Thomas 1995, 2:"没有任何人比尤金更冷漠于古典研究论争中时常出现的那种'基于语文学争议的憎恶'(*odium philologicum*)。尤金能将一个论点拆解破碎,并使其该论点的笃信者不再迷失于思绪之中。"E. Badian,同上:"主要得益于尤金,对古典时期马其顿的可辨识的(recognizably)历史阐释不仅成为可能,并且现已被所有古代历史学家所接受,只要他们在尤金的著作所消解的神话中没有既得利益。毋庸置疑,我欣赏并赞同这种方法,除了在相对琐碎的解释细节上,我从未与尤金有过分歧。"

治下的马其顿政治体制》(*Macedonian Institutions*)中碑铭附录部分
(*Epigraphic Appendix*)绝大多数的材料,在该书面世六年前必定是可
以获取的。特别是腓力二世在米格多尼亚的边界设置方案(附录
4)、亚历山大大帝对腓力比使节团的指示(附录6)[①]、卡林多亚自亚
历山大重建以来的阿斯克勒庇俄斯祭司名录(编订于公元前4世纪,
附录62)[②]、公元前4世纪来自安菲波利斯的销售契据(附录86、88、
89、91),这些档案文献应当引起作者格外的兴趣,而他对马其顿公民
生活的漠视又当如何解释呢?

　　无疑,上述文献均属碑铭材料。事实上,碑铭文献不同于文学
作品抑或考古器物,其释读无法采用修辞性的手段,而是基于理性
之谨严与规范。同样地,我们也可以解释为何考古学家不愿考虑
这种潜在的可能性,即希腊化时期的公民制度可能出现了极具启
发性的发展,因为公元前3世纪的希腊,尤其是马其顿地区的文学
编纂史极为粗劣,而碑铭文献却至关重要。在这种情况下,先入为
主地全盘否定希腊化时期证据的价值似乎是便宜之举[③],尽管事实

[①] Borza 1992[2], 56 提及一份"亚历山大大帝的王室法令摘要"时,仅引述了与木
材贸易有关的内容,但对其涉及腓力比城市地位的相关内容却只字未提。

[②] Borza 1992[2], 219 注 55 及页 309 提及一份与亚历山大的王室头衔有关的"卡林
多亚(原文如此)法令",但未能讨论该法令对于了解一座马其顿新城的建立过程的重
要意义。

[③] Borza 1992[2], 233:"任何回溯早期马其顿历史的尝试都需要假设从公元前5世
纪和前4世纪早期,以及从前4世纪晚期和希腊化时代之间存在着制度的连续性(这
种假设未尝不是一种信仰之跃[leap of faith]。译注:"信仰之跃"指在缺乏确凿证据或
合理依据的情况下,基于信念、直觉或信任而做出的决定或行动)。如果制度连续性
(constitutionalism)的倡导者将这种演变或连续性作为一种可行的方法论假设,他们
应该也能将这种制度的延续追溯至希腊化时期,否则,他们需要论证为何会出现制度
的中断。"234:"用以论证该假设的证据主要来自希腊化时期,而从早期马其顿至希腊
化时期存在制度连续性的假设尚无法得以证实";Borza 1999a, 47:"另一个值得商榷
之处是,哈措普洛斯的论证方法,无论其在阐明希腊化王室与公民制度方面具有何等
价值,都面临着与其他学者一样的困境:在腓力二世统治时期,马其顿的档案文献急
剧减少。"

上在公民制度及其他各个领域都有明确的、无可争议的证据,以证明其连续性。

　　事实上,连续性的问题,甚而之腓力二世和亚历山大大帝统治时期和希腊化时期证据的可信度问题,不仅涉及公民制度,还涉及古代马其顿的整部不成文"宪法"。例如,马其顿人享有的自由言论的"宪法"权利,在腓力二世和亚历山大大帝统治时期获得了充分的记载①,在一百多年后的腓力五世统治时期仍然有效②。同样地,国王埋葬阵亡将士的义务既适用于亚历山大大帝③,也适用于腓力五世④。公元前4世纪,举起长矛,矛尖朝上是马其顿人拒绝战斗的传统标志⑤,公元前2世纪依旧如此⑥。这一习俗由来已久,以至于马其顿方言中还保留着相关的词汇⑦。最晚从腓力二世统治时期(更可能是从阿尔刻劳斯统治时期)⑧至两个多世纪后的佩尔塞乌斯统治时期一直存在的王室侍从(*Βασιλικοὶ παῖδες*),以及从马其顿起源⑨至王国覆灭期间始终活跃的国王伙友,这些制度层面显而易见的连续性,谁又能否定呢?

　　面临着证据的挑战,或是对碑铭形式不够熟悉,或是因根深蒂固的偏见不符合材料而感到尴尬,我们似乎倾向于轻易地将其断定为"来自远离历史现场的晚近作者",或称其指称为"希腊化时代的历史

_____

　　① Plut. *Alex.* 51.5; Plut. *Mor.* 179A 24; 179C 31; Arr. *Anab.* 5.27.1—9; Curt. 9.3.3—15.

　　② Pol. 5.27.6:"因为马其顿人始终在国王面前拥有这种平等言论权"(Εἶχον γὰρ ἀεὶ τὴν τοιαύτην ἰσηγορίαν Μακεδόνες πρὸς τοὺς βασιλεῖς)。

　　③ Curt. 5.4.3.

　　④ Livy 36.8.3—6.

　　⑤ Plut. *Eum*. 14.9.

　　⑥ Pol. 18.26.9.

　　⑦ Hes.:"ἄγχαρμον:举起长枪;κἄγχαρμον:枪尖朝上。马其顿语"(ἄγχαρμον ἀνωφερῆ τὴν αἰχμήν; κἄγχαρμον τὸ τὴν λόγχην ἄνω ἔχειν. Μακεδόνες)。

　　⑧ Ael. *VH* 14.4.

　　⑨ Ath. *Deipn.* 13.572 d.

事件"①。甚至有学者称,亚历山大统治时期的证据基于"马其顿军队远离家乡、缺乏正常形式的支援所造成的特殊情况"②。这实际上等于否定了整个文学传统,因为没有一部关于腓力二世和亚历山大大帝统治时期的同时代著作完整地流传存世,而且公元前3世纪的历史编纂学作品大多已佚亡。

一旦摆脱了确凿证据的约束,人们便可以不厌其烦地(*ad nauseam*)反复强调马其顿王权是"个人性的"③,却不解释这个词的内涵;仅仅声称"国王代表他自己,而非代表作为一个民族的马其顿人",这无疑是荒谬的,因为马其顿人服从于国王的统治④,并且在没有提供任何证据的情况下宣称希腊化时期的马其顿是专制的⑤,马其顿国王"显然"比荷马时代的部落首领更加专制⑥,或者马其顿采用了"巴尔干式君主制(Balkan monarchy)……日益受到东方绝对君主制的影响"⑦,却不去定义或解释什么是"巴尔干式君主制",并质疑"马其顿是否是欧洲最早的民族国家"⑧,并闪烁其词,总结道:"虽然马其顿人是一个民族,但他们对简单的个人君主制的持续依赖阻碍了他们实现国家建构(statehood)。"⑨这是否意味着马其顿王国(kingdom)并非一个国家(state)? 论断者对此毫不关心,而"个人

93

---

① Borza, 1992², 234.

② Borza 1992², 235—236;比较247:"不幸的是,我们面临着方法论上的旧问题:有关制度及运行的最详尽资料来自亚历山大大帝时代,而他的统治在许多方面都极为特殊。"比较 Borza 1999a, 45:"不应广泛地利用亚历山大大帝征服过程中的局限性证据来回溯历史,因为他的征服是马其顿历史上的一个反常现象。"

③ Borza 1992², 235;237.

④ 比较阿敏塔斯三世与卡珥奇迪刻人之间的和约(Hatzopoulos 1996c,页19—20注1),该条约自然对 Slide B, L.9 中提到的马其顿人具有约束力。

⑤ Borza 1992², 235;比较239。

⑥ Borza 1992², 236.

⑦ Borza 1992², 279.

⑧ Borza 1992², 281—282.

⑨ Borza 1992², 282.

的"、"专制的"、"巴尔干的"等一连串修饰语的重点在于,马其顿君主制"与希腊世界的制度不同"①。这也是《亚历山大大帝之前:建构早期马其顿》(*Before Alexander: Constructing Early Macedonia*)第二章中最核心的关切②:"但我对他(笔者)的做法持保留意见,即试图将马其顿人塑造成另一个希腊人群体……类似于帖萨利亚人、波厄提亚人、埃托里亚人(Aetolians)及其他希腊城市或村庄联盟。依照古代世界的理解,帖萨利亚人和其他希腊人同属一个群体,而马其顿人则自成一个民族——或者说是一个迥异而独特的族群国家(ethnic state)。"这是以现代术语套用古代社会现实的无谓尝试,因为在古希腊语的术语中,马其顿人与帖萨利亚人、佩尔莱比亚人和玛格内西亚人一样,均为"族群"(ἔϑνη)③,因此,他们形成的政治组织有理由被描述为"族群国家"(即 *ethnos-states*,与城邦国家[*polis-states*]相对应),而不意味着族群国家与城邦国家"彼此迥然相异"。然而,博尔扎却以为有必要为马其顿人贴上"迥异而独特"的标签,并在"制度"一章中以近半篇幅(页44至页48)试图防止人们混淆"马其顿人"和"希腊人"。

　　问题是,马其顿"国家"的定义应以什么为基础?博尔扎对马其顿的"宪法"——或者说任何不成文宪法——的理解是:"我们必须假设有一套普遍接受的道德规范将他们(即马其顿人)联系在一起"。但他没有继续追问。事实上,马其顿的君主制既非专制,也不是绝对君主制,因为国王必须遵守某些不成文的规定,而马其顿人则拥有某些不可剥夺的权利,在史料中被称为"自然法"(νόμιμα)、"习惯法"(νόμοι)、"依旧例"(τὰ νομιζόμενα/νενομισμένα)、"习惯"(ἤϑη/ἔϑη)、"祖宗

①　Borza 1992², 279.

②　Borza 1999a, 46—47.

③　这便是马其顿人对自己的理解,并且来自科斯的圣使也予以认可,这些圣使于公元前243年造访马其顿,宣布将重新组织泛希腊的阿斯克勒庇俄斯节庆。比较 *IG* XII 4, 1, 216:佩尔莱比亚人和玛格内西亚人;217:帖萨利亚人。

之法"(τὰ πάτρια/patrii mores)、"传统习俗"(traditi mores)、"律法"
(leges)、"约定俗成"(consueta)等。例如,国王有义务接见马其顿
人,耐心倾听他们的抱怨[①],并为在战场上阵亡的马其顿人举行体面
的葬礼[②]。如果不能满足这些期望,国王便可能丧失其合法性。宽
泛而言,人们期望国王的行为符合传统的、被普遍认可的马其顿国王
模式,并在定义上与野蛮的专制统治相对立[③]。此外,马其顿人还享
有言论自由权(παρρησία)[④],即与国王平等的言论权(ἰσηγορία)[⑤],这象
征着国王与人民"伙友关系"(ἑταιρεία)中根基性的平等。亚历山大大
帝和后来的"围城者"德米特里欧斯曾试图削弱或无视这一权利,但
并不意味着废除这一权利,因为两人的做法引起了激烈的反抗(分别
是马其顿人在厄皮斯[Opis]的叛乱和"围城者"德米特里欧斯遭到驱
逐),使后来的马其顿国王不敢再做类似的尝试。马其顿人还有权审
判死刑案件[⑥],并执行他们宣判的死刑[⑦]。此外,正如下文所述,如果
国王去世时没有明确指定继承人[⑧],马其顿人民就被视为他的继承
人,并有权选举继任国王[⑨]。

3.6.2 族群或城邦?

不仅是普罗大众,许多古希腊史家也曲解了古希腊的现实社会　95

---

① Plut. *Mor.* 178F—179A 注 24; 179C 注 31;比较 177B 注 5.

② Curt. 5.4.3; Livy 36.8.3—6.

③ Plut. *Mor.* 182C, 注 8; Arr. *Anab.* 7.6.5; 7.8.2; Curt. 4.7.31; 6.6.2; 4.7.31;比较
Plut. *Al.* 47.5。

④ Plut. *Al.* 51.5.

⑤ Curt. 9.3.4; Pol. 5.27.6.

⑥ Curt. 6.8.25;比较 8.2.12,另参见下文。

⑦ Curt. 6.11.10;比较 Diod. 17.80.2。

⑧ Curt. 10.6.23.

⑨ W. Kroll 1958, 33.11.

制度①。我们必须承认,在某些现代著作中,希腊有时仅仅沦为雅典的同义词,但这只能部分归咎于作者,他们秉持的雅典中心主义事实上反映了现存原始文献中的雅典中心主义立场。雅典无疑是"希腊的学校"(*Thuc.* 2.41.1),希腊政治思想以城邦为中心。毕竟,作为希腊国家的另一种形式,族群国家在柏拉图的理论著作中被完全忽视,亚里士多德也几乎从未提及②。现代人对"进步"的信仰和不可避免的偏见塑造了古希腊国家的"进化"观念。平心而论,我们必须承认,古代政治思想家提供的极其片面的信息、波利比乌斯的权威论述以及希腊政治术语通常的模糊性也是造成现代人误读的另一部分原因。从原始的部落国家到古典时期的城邦,最后到希腊化时期的"联邦"国家,古代的民族、城邦和联盟被认为代表社会制度的近似于线性发展的三个连续阶段。一段时期以来,我们已经明确认识到,希腊人对现实社会制度的认识是截然不同的。传统的希腊思想实际上拒绝承认任何形式的君主制国家的合法性,只承认两种国家形式,它们彼此并不存在先后继承关系,而是在一定时期内并存,这便是城邦和族群。"联盟"(共同体)在希腊语中并非特指"联邦国家",而是一个非常笼统的术语,既适用于城邦国家与族群国家,也适用于任何其他形式的联盟。在理想状态下,城邦国家和族群国家均为基于想象的共同祖先与血缘共同体的部落国家,但在实践中,它们都以共同的公民权作为基础。然而,城邦国家由一个单一的城市中心主导,而在族群国家中,这种特权单位并不存在,或者至少不被正式认可③。这种差异的经济和社会根源解释了为什么城邦出现在希腊东南部的发达地区,而族群国家则在希腊半岛西部和北部的农村地区占主导地位。④这并不意味着希

① 下文参见 Hatzopoulos 1994c, 182—188。

② 比较 Sakellariou 1989, 280—282。

③ 比较 Sakellariou 1989, 473—494。

④ 关于希腊民族和希腊"联邦国家"相关主题的参考书目不胜枚举。最近的两份综述参见 Beck and Funke 2015, 1—29 及 Hall 2015, 30—48。

腊西部和北部,特别是马其顿,普遍没有出现城市中心,它们可能在
现存的文献中同样被称为"城市",但并不具有"邦国"的主权地位,而
是服膺于"族群国家"的统治,这些城市属于"民族"的一部分[①]。古
典时期晚期的马其顿国王不得不一再向自己王国的城市发动战争,
包括首都佩拉[②]。然而,在族群国家中,城市并不一定是细分的唯一
地方单位,也可能存在由城市中心构成的更小的族群或是村社。例
如,上马其顿的欧列斯提斯人在马其顿王国内部形成了一个自治的
政治单位,相当于一个马其顿城市,由一个或两个城市中心(欧列斯
提斯阿尔戈斯[Argos Orestikon]和刻勒特隆[Keletron],后者存疑),
以及几个自治村社构成,即后世文献中的 πολιτεῖαί。[③]

　　乌尔里希·卡尔施泰特(U. Kahrstedt)于1953年出版了一部专门
研究马其顿自治城邦问题的开拓性著作[④]。遗憾的是,受限于当时的证
据,这项早期研究存在一些误区,一定程度上影响了其结论。卡尔施泰
特将修昔底德未曾提及其拓殖地母城(metropolis)的所有城市和民族
都视为由非希腊人群所建立,因此未能将马其顿人所建立的皮德纳(由
文学作品和碑铭文献所证实)[⑤]、厄雷特里亚拓殖者建立的梅托内[⑥]以及
欧波亚(Euboean)人所建立的卡珥奇迪刻诸拓殖城市区分开来[⑦]。卡

---

　　① 雅典人修昔底德在提到属于马其顿王国的诸城市中心时避免使用"城邦"一词
(他改用聚落[χόριον]一词),而希罗多德来自小亚细亚,那里的希腊城市都隶属于波斯
统治,因为他并不觉得有必要进行这种细分——这并非无意为之。

　　② Hatzopoulos 1985, 247—257.

　　③ 参见 Hatzopoulos 1996b, 77—104,近期的探讨参见 *BE* 1999, 328。

　　④ Kahrstedt 1953, 85—111.

　　⑤ Thuc. 1.137.1; Diod. 11.12.3. 关于典型的马其顿 anthroponyms,参见 Curbera
and Jordan (2002—2003), 109—127 及 L. Dubois, *BE* 2004, 12 的评论,以及 M. B.
Hatzopoulos, *BE* 2005, 315。

　　⑥ Plut. *Aet. Gr.* 11, 293 B. 关于梅托内出土的埃雷特里亚字母表与方言铭文,参
见 Méndez Dosuna 2017, 242—258。

　　⑦ 关于卡珥奇迪刻人的起源,参见 Hatzopoulos 1988b, 40—55 及 Knoepfler
1989, 23—58。

97 尔施泰特还拒绝接受埃德森[1]对本杰明·迪恩·梅里特(B. D. Meritt)[2]等人所编的不朽巨著《雅典贡金清单》(*Athenian Tribute Lists*)中的错误所做的正确修正,自然也未能考虑最近对"勒忒"和伊克奈的钱币所作的重新归源[3]。更重要的是,他未能区分马其顿古王国的城市和新近吞并的阿克西俄斯以东新征服领土的城市,而这些城市直至腓力二世统治之前均不属于马其顿人的定居点。尽管如此,该作仍有一个重要的优点,即首次意识到将托名斯屈拉克斯作品中的马其顿城市名单与同时代(约公元前360年)厄皮道罗斯的圣使礼宾官名录进行对比的意义[4],并强调马其顿城市分离主义叛乱的重要性。

卡莱里斯论述马其顿城市的章节则更为深入[5]。基于卡尔斯泰特的论点(及一定程度的保留意见),他分析了亚历山大大帝时期历史作品中广泛存在的城市族群,并以同时期碑文作为补充,有力地论证了马其顿城邦现象的重要性。卡莱里斯还反驳了他的历史学同行的主流观点,即马其顿城市中心没有城市自治的痕迹,城市族群仅表明了该人群的地理起源。相反,卡莱里斯支持贝洛赫的清晰论点,即地方、城市公民权是马其顿公民权的先决条件,所有古希腊"联邦"国家的情况经过一定的调整(*mutatis mutandis*)都符合这一事实[6]。此外,他还从古风时期的指涉城市行政官的希腊语词汇"塔戈斯"(ταγοί)与"元老"(πελιγᾶνες)[7]中发掘了一份有力的证据,即城市自治并非腓力二世或阿尔刻劳斯晚近的创造,而是马其顿的传统制度。

---

[1] Edson 1947, 88—105.

[2] *ATL* 1939.

[3] 参见本书页22。

[4] 尽管 Kahrstedt 1953, 100错误地指出,圣使礼宾官名单并未列举政治实体,而仅仅提及休息驿站。

[5] Kalléris 1967, 589—623.

[6] Beloch 1912² I, 397,此后 Geyer 1930, 103 及 Bengtson 1944, 322均接受这一观点。

[7] 比较 Hatzopoulos 1998, 536—52。

然而，他忽略了一个不可或缺的区别，即公民机构一定程度上的自发与零星出现，不同于腓力二世对其进行的系统性重组。令人遗憾的是，1974年，哈蒙德在撰写其与格里芬合著的《马其顿史》第二卷时（出版于1979年），并不了解卡莱里斯的著作（1954年出版第一卷，1976年出版第二卷）；否则，他应当会援引其广泛采用的托名斯屈拉克斯和厄皮道罗斯的圣使礼宾官名录，从中获取关于马其顿地理与制度方面的双重论据①。

就此，我们应当回顾一下，马其顿人自己如何在城市背景下构想遥远的过去②。关于阿尔吉德王国建立神谕的最早传说不晚于公元前5世纪初（*Diod.* 7.16），据说佩尔迪卡斯（应该生活在六代人，即150年至200年之前）获得指示，令他在埃盖的遗址上建立其王国的首都（"建立国家中心"［ἄστυ κτίζε πόληος］）。重要的是，马其顿人是按照城市中心（ἄστυ）及其领土（χώρα）所包围的古典模式来构想他们的国家（πόλις）的，其随后的扩张过程与城邦并无本质区别。当然，我们无法确定这种（极不可信的）对过往的回溯在多大程度上符合历史现实，也无法证实原本是游牧民族的马其顿人，在公元前7世纪时便已成为城市居民。波斯战争之前的"前城市"（preurban）或城市"近邻"（perioikic）社群（如贝罗亚、阿洛罗斯、皮德纳或厄德萨）与埃盖关系具有何种性质，自治程度如何，我们也无法猜测。然而，毫无疑问，除了这些社群通过参加每年克散迪科斯月和迪欧斯月（Dios）举行的泛马其顿庆典，或派遣精英进入王室宫廷，从而将其融入"国家"政治生活的议题之外，在地方一级举行某种形式的初期政治活动的问题在古风时期也已浮现。在征服南派奥尼亚（佩拉、伊克奈）之后，地方政治问题必然变得更加紧迫，波斯战争带来的米格多尼亚（卡拉斯特

98

---

① Hammond 1979, 193—195。哈蒙德十年后出版的作品《马其顿国家》（*Macedonian State*）中也没有提及卡莱里斯的这部巨著（Hammond 1989b）。

② 下文参见 Hatzopoulos 2003b, 127—140。

剌辛多斯、忒尔梅、勒忒)征服使之进一步加剧。被征服的城市中心，无论是南部希腊人的拓殖地、土著城镇还是混合定居点，如忒尔梅、卡拉斯特剌和佩拉，即使政治上并不独立，但也沿袭着自治的传统。这些城市很可能并没有立即被吞并，而是在马其顿统治者的监管下首先沦为非独立的"盟友"[①]。无论如何，不管这些城市是否简单地被完全吞并，在南部希腊不可抗拒的影响和城邦移民大量涌入的背景下，"盟友"城市与马其顿古王国城市之间的相互渗透已不可避免[②]。我们注意到，在公元前5世纪下半叶，雅典人对马其顿新征服领土上的斯特列普撒和忒尔梅与旧王国的赫剌克勒伊翁和皮德纳不做任何区分，他们努力将这些城市从马其顿国王手中"解放"出来，企图将其纳入雅典联盟，无论成功与否。事实上，皮德纳和忒尔梅在实际事务层面并没有本质区别。因此，佩尔迪卡斯二世与雅典签订的条约（*IG* I³ 89，l. 40）中没有对"佩尔迪卡斯统治的城市"（hōn ὁ Περδίκκας κρατεῖ）进行任何细分，并且有记载可循的第一次反对国王的地方自治叛乱发生在马其顿古王国的皮德纳，也便不足为奇了：阿尔刻劳斯决定将皮德纳向内陆迁徙约3600米，但这一决定并未使得该城免受来自塞尔迈海湾沿岸的商业繁荣和思想兴盛对整个王国的侵蚀。不到三十年，叛乱就席卷马其顿腹地，一直蔓延至佩拉，而皮德纳则孕育了一场新的叛乱，该城随即被提摩忒欧斯"解放"，并于公元前364年或前363年加入了第二次雅典联盟[③]。

上述论述基于现有的文学证据，并得到了越来越多的碑铭证据的充分证实和极大丰富。然而，值得注意的是，这些碑铭直至最近才获得研究，而且它们明显极具说服力的结论也不为人们所信任，仅仅是

---

① Hatzopoulos 1996b, 171—179.

② 每年新出的考古发现都可以追溯到希腊南部的影响，而泡萨尼阿斯(7.26.5)与忒欧姆庞普斯(*FGrHist* 115 F 387)则证实了移民的涌入。

③ Dem. 19.194—195 及 Hatzopoulos 1985, 253. 亚历山大二世遇刺与皮德纳公民在公元前368年或前367年的密谋不无联系。

勉强接受。然而,自19世纪末以来,有关公民机构的碑铭证据就在不断积累。首先是在德洛斯岛发现的忒萨洛尼刻法令,该法令可追溯到公元前240至前230年①,随后分别是可追溯至243年的佩拉、卡山德瑞亚、安菲波利斯和腓力比的4份法令,于20世纪初在科斯的阿斯克勒庇俄斯圣所中发现。直到1952年,它们一直未获出版②,但其副本在学者中流传③。然而,大多数专家囿于定见,极大地轻视了这些法令作为研究马其顿城市自治地位证据的重要性,其借口多种多样:忒萨洛尼刻和卡山德瑞亚不应该被考虑在内,因为它们不是"真正的"马其顿城市;或者卡山德瑞亚和佩拉不可能是真正的城市,因为它们没有公民大会。④即使是像法努拉-帕帕佐格鲁这样富有创新精神的学者,也不承认在安提戈诺斯·戈纳塔斯统治之前存在具有"法人资格"(legal personality)的城市⑤。此外,近期在科斯的阿斯克勒庇俄斯圣所发现了两份分别由埃盖和贝罗亚授予的额外的免侵害权(ἀσυλία)法令,但未提及马其顿国王的任何个人决定或意愿(佩拉法令也是如此),这应该可以消除有关马其顿城市享有自治权的所有疑虑⑥。

100

　　格外出乎意料的是,在撰写有关马其顿历史和制度研究的作品时,人们竟然没有考虑到圣使礼宾官名录:无论是厄皮道罗斯的名录⑦,还是内梅阿(Nemea)⑧或德尔斐的名录⑨,尽管这些名录对研究马其顿城市的发展至关重要,而且卡莱里斯和帕帕佐格鲁都承认它们的重要性——至少德尔斐名录如此。事实上,这份名录虽不完整,

---

① Dürrbach 1886, 124—133(=*IG* X 2, 1028; Hatzopoulos 1996c, 67—68注50)。

② Herzog/Klaffenbach 1952, 15—19, nos 6 and 7(Hatzopoulos 1996c, 54—55注36;60注41;64—65注47;74—75注58)。佩拉的法令参见 *EKM II* 430。

③ 比较 Tarn 1913, 184注54。

④ 比较 Bengtson 1986, 209。

⑤ Papazoglou 1988b, 44—45.

⑥ 见前文页107,注1。

⑦ *IG* IV2 1, 94, ll. 6—27.

⑧ *SEG* 36(1986)331.

⑨ J. Oulhen 1992, t. I p. 53—55.

但包含了超过25座马其顿城市（几乎与帖萨利亚一样多），在这些城市中，来自德尔斐的阿波罗圣使可以得到当地公民的官方赞助和款待。这份公元前3世纪晚期的名录提及诸多城市，揭示了马其顿境内施行城邦政体的范围，但其重要性绝不限于这些名称和数目；将其与公元前4世纪中叶厄皮道罗斯的名录和4世纪末内梅阿的名录比较，它的全部意义便显而易见了：厄皮道罗斯的名录可追溯至腓力二世即位之前，其中国王佩尔迪卡斯是马其顿王国唯一的圣使礼宾官；内梅阿的名录并不完整，很可能是十年前阿尔戈斯名录的补充①，其中记载了亚历山大大帝刚刚去世后，来自内梅阿的圣使不仅向马其顿王室宣布举行宙斯的节庆，还访问了马其顿的几个城市，并受到了当地圣使礼宾官的欢迎。鉴于希腊主要圣所的使节只访问自治城市，以便"来到地方行政官、议事会和公民大会面前，并郑重邀请他们遣使参加节庆"②，将厄皮道罗斯的名录与后来的名录进行比较，我们必然得出结论，在佩尔迪卡斯三世统治末期至亚历山大三世统治末期之间，马其顿的城市已经获得了"法人资格"（legal personality）和"国际"地位。在此期间，只有一位马其顿国王，即腓力二世，有可能对其领土上的城市地位开启根本性改革。文学传统明确将这一改革归功于腓力二世（Arr. *Anab.* 7.9.2:"他使[他们]成为城市的居民，并以良好的法律和习俗加以规范。"[*πόλεών τε οἰκήτορας ἀπέφηνε καὶ νόμοις καὶ ἔθεσι χρηστοῖς ἐκόσμησεν*]），而亚历山大三世在位的前两年在希腊或巴尔干北部地区征战，其余十五年均在攻略亚洲，因而腓力二世无疑是这一改革的发起者。因此，在亚历山大统治之初便有记载将"马其顿人的土地"划分为自治的公民单位和三到四个军事单位

101

---

① 另一份残缺的阿尔戈斯名录可追溯至公元前4世纪末（*IG* IV 617, ll. 15—21），其中提及了7个支付了礼宾款项的马其顿城市：埃盖、贝罗亚（存疑）、厄德萨、阿兰忒、欧罗珀斯卡山德瑞亚与腓力比。

② Robert 1946, 510.

(Arr. *Anab*. 1.2.5)^①，这一做法显然是在腓力二世统治时期开始实施的。"人口迁徙、上马其顿和新征服领土并入王国、城市化和公民自治的发展，以及将扩大后的王国划分为同质化和可管理的军事/行政区域，都是同一个人[腓力二世]的灵感与杰作，因此必须结合起来进行综合研究和解释。"^②部分学者质疑圣使礼宾官名录作为证据，可否用于研究马其顿城市在王国中的制度地位^③，或军事单元的实际存在与运作^④，但均未能令人信服^⑤。

　　没有公民机构，就不可能存在公民自治。在马其顿及希腊其他地区出土的文献揭示了马其顿城市的内部组织结构。公民团体在我们的资料中被称为"πολίτευμα"，细分为"部落"(φυλαί)^⑥，并举行公民大会(ἐκκλησίαι)。议事会(βουλή)与希腊世界的其他地方一样，均属于公民大会的常设委员会，其成员在马其顿古王国中被称为"元老"(πελιγᾶνες)。在马其顿本土的每座城市中，所有官方文件的日期均以当地的阿斯克勒庇俄斯祭司纪年^⑦。最初独立而随后与马其顿结盟的城市，如腓力比、卡山德瑞亚与德米特里阿斯，其采用传说中的或历史上的建城名祖祭司纪年。在马其顿本土的城市中，当地的行政长官是首席执政官(ἐπιστάτης)，其身边有许多评审员(assessors)，头衔各不相同：马其顿古王国中称为"塔戈斯"(ταγοί)，在忒萨洛尼刻称为"司法官"(δικασταί)，在新征服领土的大部分城市中简单地称为"执政官"(ἄρχοντες)^⑧。从腓力比与卡山德瑞亚的比较中可以推断出，在纯粹的

102

---

①尽管各单位的行政管理功能直至安提戈诺斯·多松时期才见于记载，但不能排除它们早在腓力二世改革时便已开始付诸实践的可能性。参见下文。

②参见 Hatzopoulos 1996β, 474—476。

③ Raynor 2016, 225—262.

④ Juhel, 2011, 579—612.详尽细节参见下文页 151—153。

⑤ *BE* 2012, 265; *BE* 1918, 254.另参见 Daubner 2018, 131—157 对伊庇鲁斯和马其顿圣使组织网络的深入研究。

⑥ Hatzopoulos 1996b, 121—122.

⑦不过参见 Mari 2018, 184,作者并未被说服。

⑧ Mari 2018, 179—197.

"同盟"城市中,行政权属于一位最高行政官($\check{\alpha}\varrho\chi\omega\nu$),并辅以两个官吏团体:司法官($\nu o\mu o\varphi\acute{\upsilon}\lambda\alpha\kappa\epsilon\varsigma$)和军政官($\sigma\tau\varrho\alpha\tau\eta\gamma o\acute{\iota}$)。在以上高级官员之外,马其顿城市中还存在其他低级行政官员:库府监督官($\tau\alpha\mu\acute{\iota}\alpha\iota$),在马其顿本土的城市设有几位,但在腓力比和卡山德瑞亚仅有一个;市场监督官($\dot{\alpha}\gamma o\varrho\alpha\nu\acute{o}\mu o\iota$);以及体育锻炼官($\gamma\upsilon\mu\nu\alpha\sigma\acute{\iota}\alpha\varrho\chi o\varsigma$)等。随后的安提柯王朝时期还出现了城市行政官($\pi o\lambda\iota\tau\acute{\alpha}\varrho\chi\alpha\iota$),他们最初可能是公民民兵的长官,随后在罗马时代成为了马其顿地区的首席执政官[①]。

这些行政官召集并主持议事会和公民大会,提出法令以供表决。他们的任期为一年,由议事会选举产生,尽管我们有理由怀疑国王会采取必要的手段来影响选举的结果,使其青睐的候选人获益,或者并非一个城市的所有居民均享有完全的公民权[②]。

尽管马其顿现存最古老的公民机构档案不早于公元前4世纪中叶,然而可以肯定,马其顿的一些城市在此之前便已拥有公民机构。腓力二世不仅重组了其王国的行政机构,还批准将阿提卡语作为其翰林院的官方语言[③]。由此,古代辞典编纂者,尤其是赫叙奇乌斯(见"马其顿元老"[$\pi\epsilon\lambda\iota\gamma\tilde{\alpha}\nu\epsilon\varsigma$]、"塔戈斯"[$\tau\alpha\gamma\acute{o}\nu\alpha\gamma\alpha$]与"斯克伊多斯"[$\sigma\kappa o\tilde{\iota}\delta o\varsigma$]条目),在其作品中收录了马其顿的三个公民机构术语("马其顿元老"、"塔戈斯"及"斯克伊多斯"),这些术语显然不属于阿提卡方言,因此必然早于腓力二世改革而出现[④]。近期的考古发现也验证了上述文献证据。"马其顿元老"作为公民议事会的委员会成员,最初见于叙利亚北部的马其顿定居点拉欧迪刻亚(Laodikeia)的铭

---

① Hatzopoulos 1996b, 129—165 及 Hatzopoulos 2016a, 203—216。

② 详见本书页74和页77。

③ 阿提卡方言作为马其顿翰林院的官方语言也有可能追溯到阿尔刻劳斯统治时期,参见 *AKM II* 6 的公元前5世纪末或前4世纪初的文献及布里克什的相应观点(Brixhe 2018, 23)。

④ 比较 Kalléris 1954, 242—245,注125—126; 266—268 注143; 262—264 注141; Hatzopoulos, 1998, 1189—1218(= *Recueil* 261—279)。

文①，以及波利比乌斯关于底格里斯河畔塞勒乌刻亚(Seleukeia on the Tigris)的一段经修复的晦涩文字②，最后是腓力五世写给迪翁的一封信中③。现在，"塔戈斯"已被证实是马其顿古王国时期的米耶扎、缇里萨(Tyrissa)、可能还包括贝罗亚的地方行政官④，而在上马其顿缇姆法亚的一份名录中出现了一个被称为"斯克伊多斯"的地方行政官，其确切职能仍未确定⑤。尽管如此，我们还是可以得出结论：至少在腓力二世统治之前，一些马其顿城市便已拥有地方议事会与行政官。

3.6.3　军事君主制、封建制、绝对君主制或其他体制？

关于古代马其顿政治体制的传统理论在"印欧人群"沿袭的军事君主制(*Heerkönigtum*)和纯粹的东方绝对君主制(despotism)之间摇摆不定。德国学者很早便对古代马其顿表现出了浓厚的兴趣，并在其政治体制研究中发挥了主导作用⑥。两篇博士论文在20世纪二三十年代的相关讨论中占据了主导地位：一篇是弗里德里希·格拉尼尔(F. Granier)撰写的《马其顿军队大会：古代国家法研究》(*Die makedonische Heeresversammlung: ein Beitrag zum antiken Staatsrecht*, Munich 1931)，另一篇则是弗朗茨·汉普尔(F. Hampl)所撰《马其顿的国王》(*Der König der Makedonen*, Weida 1934)。这两部著作分别论述了马其顿国家理论上的两个组成部分：军队大会和国王。两本书都

---

① Roussel 1942—1943, 21—32.
② Pol. 5.54.10.
③ *SEG* 48 (1998) 785；比较 *BE* 2000452注4。
④ 分别参见 *EKM II* 93; 425 及 *EKM I* 392。
⑤ *EAM* 74.
⑥ Demandt 1972, 325—36；比较 Geyer 1930, 32："同样，腓特烈大帝时代的普鲁士人认为，与所有其他德国人相比，他们是一个特殊的民族，并自豪地宣称自己是普鲁士人，而非德国人。"

以凯撒和塔西佗论述古代日耳曼习俗的资料为基础,重构马其顿史前时期的政治体制①。格拉尼尔在文献中发现了军队大会的原型②,而汉普尔则找到了马其顿国王及其"伙友"的原型,并将马其顿国王

等同于日耳曼的"首领"(dux)和他的"自愿扈从(comitatus)"③:根据汉普尔的观点,马其顿国王除行使公职的公共身份(persona)外,还拥有一重私人身份,使其能够充当私掠者(condottiere),在陆地和海上发动私人性战争。此外,汉普尔还将有所保留地将马其顿国王与其拥有地产的"伙友"之间的私人关系,与中世纪封建宗主(Lehnsherr)与其封臣之间的关系进行了比较,认为国王在发动私人性战争时,其伙友承担着类似附庸对其领主的责任。

汉普尔关于马其顿国王的双重身份(公共与私人)的论点遭到了普遍反对,而格兰尼尔关于马其顿军队大会的论点则得到了相对更多的赞同④。同时,反对者主要批评格兰尼尔不加节制地将"Μακεδόνες"一词始终解释为"马其顿军队大会"⑤,并毫无根据地将军队大会制度扩展到所有希腊化国家⑥。然而,第二次世界大战结束后,德·弗朗西斯奇的巨著《统治之秘密》(Arcana imperii)第二卷全

---

① Caes. *Gall.* 6.23; Tac. *Germ.* 7.1; 11.1—3; 13.1—14.5.

② 比较 Tac. *Germ.* 11.1:"只要民众所愿,他们便全副武装地坐下"(*Ut turbae placuit, considunt armati*);13.1:"然而,无论是公共事务还是私人事务,他们除非全副武装,否则不予处理"(*Nihil autem neque publicae neque privatae rei nisi armati agunt*)。

③ 比较 Tac. *Germ.* 7.1:":他们从贵族中推举国王,从勇者中选择将领"(*Reges ex nobilitate, duces ex virtute sumunt*);Caes. *Gall.* 6.23.4:"当国家进行防御战争或发动进攻时,他们会选出指挥战争的将军,这些将军拥有生杀大权(*Cum bellum civitas aut inlatum defendit aut infert, magistratus qui ei bello praesint ut vitae necisque habeant potestatem deliguntur*);23.7:"当某位首领在会议上宣布自己将成为领袖时,并宣布愿意追随的人可以站出来时,那些赞同其志业和为人的[同伴]便起身,承诺为他提供支持,并受到众人的赞扬"(*Atque ubi quis ex principibus in concilio dixit se ducem fore, qui sequi velint profiteantur, consurgunt ii qui et causam et hominem probant, suumquem auxilium pollicentur atque ab multitudine laudantur*)。

④ 相关参考文献参见 Briant 1973, 288—290。

⑤ Ferguson 1935, 518.

⑥ Bikerman 1938, 8—11.

面否定了上述两种理论①,并声称"伙友"并不像封建时代的男爵,而是"构成了首领(*ductor*)的扈从";因为王权趋于稳定,首领非但没有保持首席地位(*primus inter pares*),反而演变成一个绝对君主制下的王朝成员,统治着从属于他的有产贵族。德·弗朗西斯奇认为,"国王是行使主权和代表政治组织的唯一实体"②。至于马其顿军队大会,他的结论是,它在死刑判决方面没有"制度性"权威③,同时,根据王朝所采用的长子继承制,军队对新国王的拥戴只能是一种形式,而军队大会在争议性的继承情景中进行干预"实际上并非如一些人所设想的那样,应用了法律-制度原则,而是完全由政治欲望引发的特殊事件"④。

　　若不考虑德·弗朗西斯奇对古代马其顿的整体理解,便无法公正地评估他对马其顿国家的构想:从相关章节的第一页开始,他就将古代马其顿视为希腊的对立面⑤:"必须排除马其顿人口的主体起源自希腊人的观点……如果考虑到马其顿国家与希腊国家之间存在纯粹且不可调和的对立,那么希腊人与马其顿人之间的冲突就容易理解了……马其顿是一个与希腊截然不同的世界;即使马其顿人模仿希腊的制度,最终也会表现出不同的形式和特色;这不仅是因为国王们

①　de Francisci 1948.
②　de Francisci 1948, 368.
③　de Francisci 1948, 378.
④　de Francisci 1948, 384;比较381。
⑤　de Francisci, 1948:"据我所知,依照我们对最古老的国家结构的了解,马其顿人起源于希腊的观点并不成立,他们与伊利里亚人或伊庇鲁斯人的亲缘关系更近"(页345);"此外,考虑到马其顿国家与希腊国家存在纯粹且不可调和的对立,并且马其顿的国家结构更接近于后世的法兰克王国或勃兰登堡-普鲁士等国,这种对立便很容易解释"(页347);"因此,这些观察也足以说明马其顿是一个与希腊截然不同的世界;即使马其顿人模仿希腊的制度,最终也会表现出不同的形式和特色;这不仅是因为国王们有意为之,还因为马其顿人的心智、性情和灵魂与希腊人迥异"(页351)。德·弗朗西斯奇对古代马其顿的总体看法源自Kaerst和Momigliano的作品(见本书页115注4及6)。

有意为之,还因为马其顿人的心智、性情和灵魂与希腊人迥异。"

　　一位法国学者对德·弗朗西斯奇"纯粹且不可调和"的论点做出了回应,他信心十足地将马其顿君主制作为一套受规则约束的制度进行研究。安德烈·艾马尔(André Aymard),索邦大学希腊史教授,在1948年至1955年间发表的一系列文章中,抨击了德·弗朗西斯奇构建的马其顿绝对君主制[①]。根据埃利亚斯·比克曼(E.Bikerman)的精辟论述,艾马尔观点的核心是区分"私人性"和"国家性"两种不同的君主制[②]:在"私人性"君主制下,国王是国家的主人,是以"长矛赢得的"(δορίκτητος)土地的主人。所有希腊化王国都是这种情况,无论是早先的马其顿王国还是其他起源的王国,但忒梅尼德、安提帕特(Antipatrid)和安提柯时期的马其顿王国则属于"国家性"君主制,而国家的本质是国王与马其顿人民的二元结构。这种二元性反映于马其顿国王的称号,他们仅在必要时才使用"马其顿国王"(βασιλεύς Μακεδόνων)这一头衔;此外,在国王本人或第三方(无论敌友)起草的官方文件中,除了国王之外,同样需要提及马其顿人,即"一位国王与马其顿人民"(βασιλεύς ὁ δεῖνα καί Μακεδόνες)。在"国家性"君主制下,王权不具备绝对性,因为国王必须遵守一系列不成文但具有道德约束力的习惯法[③]。阿里安(Anab. 4.11.6:[提及亚历山大的祖先])便声称,"马其顿的君王并非通过暴力,而是通过法律统治"(οὐδὲ βία, ἀλλὰ νόμῳ Μακεδόνων ἄρχοντες διετέλεσαν)。马其顿人通过马其顿大会(Macedonian Assembly)行使政治权力,在和平时期召开马其顿人民(popular)大会,在战争期间召开军队大会。

　　艾马尔的论证实际上依赖于对通常所认定的马其顿大会的两

---

　　① Aymard 1948, 232—263 (=Etudes 73—99); Aymard 1949, 579—590; Aymard 1950a, 61—97 (=Etudes 100—122); Aymard 1950, 115—137 (=Etudes 143—163); Aymard 1955, 215—234 (=Etudes 123—135).

　　② Bikerman 1938, 7—10.

　　③ 参见本书页120。

个主要职能中的一个职能的研究,即关于死刑案件的审判,而他只用了几行字来讨论另一个职能:当长子继承因某种原因出现争议时,马其顿大会将负责指定国王或摄政。在腓力五世统治初期,轻盾军团(πελταστής)的指挥勒翁提欧斯(Leontios)被国王逮捕,出使在外的轻盾军团向腓力派遣使团请愿"不要在没有[他们]参与的情况下进行审判"(μὴ χωρὶς αὐτῶν ποιήσασθαι τὴν ὑπὲρ τῶν ἐγκαλουμένων κρίσιν, Pol. 5.27.5),"否则,他们将认为这是极其轻视和贬低他们的一种行为"(εἰ δὲ μή, ὅτι νομιοῦσι μεγαλείως παρολιγωρεῖσθαι καὶ καταγινώσκεσθαι πάντες)。波里比乌斯认为有必要用以下的话来解释请愿书中毫不掩饰的威胁措辞:"因为马其顿人始终在国王面前拥有这种平等言论权"(εἶχον γὰρ ἀεὶ τὴν τοιαύτην ἰσηγορίαν Μακεδόνες πρὸς τοὺς βασιλεῖς)。艾马尔做出结论,根据几个世纪以来一直行之有效的习惯法,国王无权单独做出死刑判决。库尔提乌斯(Curtius)对菲洛塔斯审判的叙述也证实了这一官方流程:"根据马其顿人的古老习俗,在死刑审判中,国王负责调查,军队负责判决——在和平时期则由马其顿人民负责"(6.8.25: *De capitalibus rebus vetusto Macedonum modo, inquirebat* [*rex, iudicabat*] *exercitus-in pace erat vulgi-*)[1]。

艾马尔简短地回顾了马其顿大会在继承争议中发挥的作用[2]。他声称,大量证据一致表明,马其顿的习惯法要求国王死后召开马其顿大会,指定其继承人,但在大多数情况下,这仅仅是走过场,因为王室继承和长子继承原则的强大效力。即使王位继承人还未成年,马其顿大会也仅限于在继承人最亲近的男性亲属中指定一名监护人和摄政。文献中至少记载有两次(腓力二世、"给予者"安提戈诺斯)大会进一步向摄政授予国王头衔的情况。

皮埃尔·勒韦克的学生(他本人曾是艾马尔的学生)的博士论文同

107

---

① 比较本书页143。

② Aymard 1955, 224(*Etudes* 128—129).

样对马其顿"族群"制度这一研究主题做出了贡献,他日后成为了著名的阿契美尼德波斯(Achaemenid Persia)专家。此后,皮埃尔·布里安(Pierre Briant)的《"独眼者"安提戈诺斯:权力起点与马其顿大会研究》(*Antigone le Borgne. Les débuts de sa carrière et les problèmes de l'assemblée macédonienne*,巴黎,1973年)以115页的篇幅详细描述了公元前323至前321年间马其顿军队对王位继承的干预,并撰文对其进行解读。年轻的历史学家布里安在艾马尔的基础上进一步深入,但其重要贡献在于,他反驳了当时的正统观点(但艾马尔曾预料到这一点)[①],提出所谓的"军队大会"不过是马其顿人民大会在战争时期所采取的非常形式。此外,他还强调马其顿国王所履行的不同的宗教和军事职能,这些职能通常——但并不总是——集于一身。亚历山大一世与大多数马其顿国王一样,既是马其顿人的军政官($\sigma\tau\varrho\alpha\tau\eta\gamma o i$),又是马其顿人的国王($\beta\alpha\sigma\iota\lambda\varepsilon\acute{\upsilon}\varsigma$)(Herod. 9.44.1)。索斯忒内斯(Sosthenes)被马其顿人拥戴为国王,但他予以拒绝,"要求士兵们对其仅作为军政官而非国王进行宣誓"(Just. 24.5.14: *cum rex ab exercitu appellatus esset, ipse non in regis, sed in ducis nomen iurare milites compulit*)。安提戈诺斯·多松首先被宣布为监护人($\dot{\varepsilon}\pi\acute{\iota}\tau\varrho o\pi o\varsigma$)与军政官,后来才被宣布为国王(Plut. Aem. 8.2)。相反,腓力三世"阿尔瑞达约斯"(Philip-Arrhidaios)在亚历山大死后便被宣布为国王,因为他与亚历山大举行的祭祀和仪式联系在一起。然而,由于他的智力缺陷,他没有承担任何军事职能,这些职能首先由梅勒阿戈罗斯(Meleagros),随后移交给佩尔迪卡斯[②](Curtius 10.7.2.)。

108　　英国学者罗伯特·马尔科姆·艾灵顿仅比布里安年长大一岁,但在贝桑松大学(University of Besançon)左翼人文主义教授皮埃尔·勒韦克(Pierre Lévêque)这位截然不同的"思想大师"的培养下,对其法国

---

① Aymard 1950b, 132—133 (= *Etudes* 158—159).

② [译注] 即亚历山大大帝麾下的将军佩尔迪卡斯。

同事的观点作出了有力的回应[①]。艾灵顿首先批评艾马尔对希腊王室礼仪制度的研究"夸大了马其顿王室头衔与称谓在反映国家制度证据的重要性"[②]。艾灵顿感到不满的是,一些学者(如艾马尔)认为"在马其顿,国王并不完全等同于国家,但马其顿人民在某种意义上拥有司法权利,他们拥有维护这些权利的机制",这些权利反映在"马其顿人的国王"(βασιλεύς Μακεδόνων)这一头衔中。艾灵顿认为,接受这种"国家性君主制"理论意味着"指责波里比乌斯不了解他那个时代最强大的巴尔干国家是如何真正运作的"。在他看来,这种想法无法接受,因此有必要对该观点的论据提出质疑[③]。

艾灵顿首先试图解释卡山德将位于卡山德瑞亚附近的田产赠与一位杰出的马其顿人佩尔迪卡斯时使用的程式化表达"马其顿人的国王卡山德"(βασιλεύς Μακεδόνων Κάσσανδρος)[④]。艾灵顿复杂的论证可归结为,卡山德使用这个特定的程式化表达,因为其地位并不稳固,需要维护自己王权的合法性:"很明显,因为这些土地是马其顿的土地,又因为他在马其顿统治,所以他称自己为'马其顿国王'——但这不过是宣示其通过该头衔'授予'这些土地的合法性。"[⑤]

① 他的导师恩斯斯特·巴迪安曾在杜伦指导其论文。关于巴迪安对马其顿君主制的看法,参见 Badian 1968, 197—198 及 Badian 1971, 42—43。

② Errington 1974, 20—37.

③ 关于波利比乌斯对马其顿政治体制的误解,参见 Hatzopoulos 2015c, 77—87。

④ Hatzopoulos 1996c,页 43—45,注 20。

⑤ 这个论点后来被证明缺乏根据,因为(1)在吕西马库斯类似地授予哈尔帕洛斯之子利姆纳纽斯田产时,其使用的称号仅是"国王利西马科斯"(βασιλεύς Λυσίμαχος,参见 Hatzopoulos 1996c,页 45—46页,注 22);(2)卡山德在迪翁献给奥林匹斯的宙斯的一件敬献品上使用了同样的程式化表达"马其顿人的国王卡山德,安提帕特之子"(βασιλεύς Μακεδόνων Κάσσανδρος Ἀντιπάτρου, SEG 47 [1997] 940);(3)在卡山德同年授予卡山德瑞亚另一位公民田产的文书中,国王使用的称号是"国王卡山德",(βασιλεύς Κάσσανδρος)没有提及"马其顿人"。因此,很明显,"马其顿人的国王"这个称号与卡山德作为国王的权力稳定性毫无联系,因为这两份田产文书日期相同,目的相同,即向新建的盟友城市(非马其顿城市)卡山德瑞亚宣示自己特权,以回应潜在的质疑。卡山德在向个别马其顿人或马其顿公众致辞时使用"马其顿人的国王"的称号,(转下页注)

109　　艾灵顿随即讨论了腓力五世的三份献辞,其中他被称为"马其顿国王"(βασιλεὺς Μακεδόνων):两份献辞来自得洛岛的阿波罗圣所①,第三份则来自林多斯的雅典娜圣所②。难以理解的是,艾灵顿对这三份献辞的价值有所否定,认为它们并非公开文献("就像卡山德的铭文一样"),然而卡山德的赠与和腓力五世的献辞都是公之于众的。艾灵顿还质疑艾马尔对这些文献的断代,依笔者看来,这与其研究目标并无太多联系。其结论是,卡山德和腓力五世使用"马其顿国王"这一头衔并非"正常情形",应当以非常之举来解释③。

　　尽管艾灵顿正确地指出,马其顿国王经常在国内使用更为简单的头衔"一位国王"(βασιλεὺς ὁ δεῖνα),而在马其顿境外则使用"一位马其顿国王"(βασιλεὺς ὁ δεῖνα Μακεδών),但他忽略了艾马尔的论证核心,即只有在马其顿统治的国王才能使用完整的称呼"一位马其顿国王"。在论文的第二部分,艾灵顿以"条约语言"(Treaty Language)为题,试图解释"一位国王及马其顿人"(βασιλεὺς ὁ δεῖνα καὶ Μακεδόνες)这一称谓,以驳斥艾马尔的论点,即这一头衔突出了国家的两个构成要素,一方是国王,另一方则是马其顿人民。为此,他对公元前5世纪

(接上页注)而向非马其顿人(如埃斯屈洛斯[Aischylos]之子凯瑞法内斯[Chaire-phanes],卡山德瑞亚的盟友城市希珀塔得伊斯[Hippotadeis]德莫的公民)讲话则仅使用"国王"的称号。艾灵顿还讨论了勒巴得亚(Lebadeia)的特罗佛尼欧斯(Tropho-nios)圣所中发现的一份铭文,其中"阿敏塔斯"(很可能是腓力二世的侄子)名字后附有"马其顿人的国王"称号,但欧罗珀斯(Oropos)被雅典吞并,以及同时期阿敏塔斯与朋友在当地安菲阿劳斯(Amphiaraos)圣所进行敬献的日期已被重新断定,因而艾灵顿的讨论已失去效力(最新进展参见Knoepfler 2011, 367—389)。

① Syll³ 574:"马其顿人的国王腓力,德米特里乌斯之子,献给阿波罗"(Βασιλεὺς Μακεδόνων Φίλιππος βασιλέως Δημητρίου Ἀπόλλωνι);Syll³ 573:"马其顿人的国王菲利普,德米特里乌斯之子,将从陆上竞赛(的胜利)献给阿波罗"(Βασιλεὺς Μακεδόνων Φί[λιππος] Ι βασιλέως Δημη[τρίου] Ι ἀπὸ τῶν κατὰ γῆν ἀγ[ώνων] Ι Ἀπόλλων[ι])。

② Wilhelm, 1922, 70—72:"马其顿人的国王腓力,德米特里乌斯之子,战胜了达尔达尼亚人……"(Βα[σ]ιλεύ[ς] Ι Μακεδ[ό]ν[ω][ν] Φίλιππο[ς] βασι[λ]έως Δημ[ητρί]ου νικάσας Δα[ρ]δ[ανί]ου[ς ...])。

③ Errington 1974, 30:"一切情况都说明,这一做法极为反常。"

雅典与佩尔迪卡斯二世签订的著名条约中"佩尔迪卡斯及马其顿人"的表述不置一词[1],对安提戈诺斯·多松和腓力五世统治时期的马其顿条约中多次提到的程式化表达"一位(国王)与马其顿人"也置若罔闻,认为这不过是多松建立联盟时的一种手段,兴许出于掠夺战利品的目的,"发现有必要为联盟目的建立一个马其顿人的政治人格(political persona)"[2]。更缺乏说服力的是,敌对势力(如阿塔洛斯王朝[Attalids]和罗马人)在对马其顿的宣战书或战利品索取清单中不断地同时提及国王及马其顿人,这一做法却被艾灵顿轻率地忽视:"因此,正如之前所指出的,罗马人的做法并不能为霍洛的论点提供任何支持,现在整个论点已被证明缺乏依据。"[3]艾灵顿论文的总体结论是:"我们不能……期待在其[国王的头衔]中发现马其顿政治体制的隐秘痕迹。我们看到的是一幅国王在公共生活的所有方面都拥有至高无上地位的图景,现存的文学文献完全印证了这一图景。"[4]我们不禁要问,王权至高无上的图景,如何从毫无任何政治体制痕迹留存的国王头衔中反映出来。无论如何,艾灵顿都忽略了一些重要的碑铭和钱币证据,例如冠以"马其顿联盟"(*Κοινόν Μακεδόνω*)或"马其顿人"(*Μακεδόνες*)的献辞[5],以及以马其顿人名义铸造的钱币[6],现在还包括了以马其顿人名义发出的官方信函[7]。

110

艾灵顿没有提及布里安的著作,自然是因为后者的作品出版

---

[1] *IG* I³ 89, l. 26.

[2] Errington 1974, 34.

[3] Errington 1974, 36.

[4] Errington 1974, 37.

[5] Hatzopoulos 1996c,页52,注33:"马其顿联盟[授予]德米特里欧斯国王之子腓力国王[头衔],以表彰其[对联盟的]表现的美德和施予的恩惠"(*Τὸ κοινόν M*[*ακε*]*δόν*[*ων*] | *βασιλέα Φί*[*λιππον βασιλέως*] | *Δημητρίου ἀ*[*ρετῆς ἔνεκα*] | *καὶ εὐνοία*[*ς τῆς εἰς ἑαυτούς*];页53,注34:"马其顿人与腓力国王,德米特里欧斯国王之子,[敬献]给伟大的神明"(*Βασιλέα Φίλιππον* | *βασιλέως Δημητρίου* | *Μακεδόνες* | *Θεοῖς Μεγάλοις*)。

[6] Kremydi 2018.

[7] Preka-Alexandri 2018,页649—661及先前的参考文献。

于该文发表之后。罗伯特·洛克(Robert Lock)则在恩斯特·巴迪安的指导下将布里安的作品纳入了考察范围[①];在简要回顾了过去的研究后,洛克试图驳斥艾马尔关于马其顿国王应遵守习惯法的主张,并质疑布里安关于存在马其顿人大会的观点[②]。然而,洛克的进一步论证清楚地表明,他未能充分理解何谓习惯法($πάτριος$ $νόμος$)。

　　笔者无意坚持布里安的两位法国同事对他的批评,这些批评在不同程度上也受到法国内部意识形态竞争和大学政治的影响[③]。南锡大学教授保罗·古科夫斯基(Paul Goukowsky)谴责布里安以马克思主义的方法来处理马其顿骑兵和步兵方阵之间的冲突[④],但并没有质疑马其顿君主制基于习惯法的传统契约性质。与之相反,古科夫斯基还扩大了这一契约性的涵义与应用范围[⑤]。另一方面,斯特拉斯堡大学的埃德蒙德·莱维(Edmond Lévy)的文章也不乏论战性,但篇幅更长,完全否认了马其顿君主制的契约性质[⑥]。遗憾的是,莱维的个人敌意[⑦]使他作出了过于草率和简略的结论[⑧]。

---

① Lock 1977, 91—107.

② 他坚持认为习惯法仅具有"模糊的意义"且缺乏约束力,因其没有基于"具体的法规",并且勒翁提欧斯"没有审判权"(Lock 1977,95)。然后,他在注释中讨论了布里安的论文,声称这位法国学者"没有提供支持其论点的有力证据"(关于"马其顿人大会"的存在,Lock 1977, 96,注16)。

③ Goukowsky 1975, 263—277; Lévy 1978, 201—225.

④ Goukowsky 1975, 270—271; 275—277.

⑤ Goukowsky 1975, 275:"对马其顿人来说,无论马其顿人大会是全体人民、全部士兵或是部分军队的集会,都是他们表达信任、重申支持或质疑国王的场合,无论国王是阐述自己的计划还是要求处决反对者。"

⑥ Lévy 1978, 202—203.

⑦ 特别是对艾马尔的反驳;比较 Lévy 1978, 207注53;211及注81。

⑧ 比较 Lévy 1978, 209:"因此,布里安的阐释并不成立,因为这部文本对他的论点至关重要,而他的论点因此失去了任何依据";页212页:"更好的解释是将马其顿君主制视为欧罗巴的蛮族式君主制,因为无可否认,希腊人确实认为马其顿人是蛮族",作者同时引用了伊索克拉底的《致腓力辞》(Philippe)106—108,但其中并没有这样的内容。

　　艾灵顿在另一篇文章中对艾马尔及其法国门生提出了更为广泛深入的攻击，旨在"消灭一些学术幽灵"[1]。这篇文章分为六个部分：导言、论据、马其顿人大会、"马其顿元首"、军队、人民和政治：亚历山大及其继业者、结论。本书无意对其进行系统的评论，因为这篇文章（包括古科夫斯基和莱维关于马其顿人大会的论述）在笔者关于马其顿政治体制的专著中已有详尽讨论[2]。在此，笔者只想指出，艾灵顿在对研究文献进行介绍性概述之后，在文章的第二部分再次否定了马其顿"王室称谓与头衔"作为反映"国家制度"材料的价值；他弱化了马其顿人的"平等言论权"的重要性，并否认"暴力强制"（βία）与"基于习俗"（νόμος）之间对立的政治含义；艾灵顿还认为勒翁提欧斯事件并不足以证明马其顿人有集会审判的权利，并贬低了库尔提乌斯所述勒翁提欧斯审判的研究价值（6.8.25）。在第三部分中，他否认马其顿人民与安提戈诺斯·多松、亚历山大三世和腓力二世的王位继承有任何关系；在第四部分中，他正确地强调了"王室委员会"（Crown Council）的重要性，却错误地以其否认马其顿人大会的存在[3]。最后，艾灵顿在第五部分中否认亚历山大三世统治时期及之后存在马其顿人大会，认为它们属于"非常时期的非常之举"。艾灵顿得出结论，"正式或定期召开的马其顿人民或军队大会，其权利基于传统，并得到贵族和国王的承认，这类大会在马其顿实际上并不存在"。

112

　　1980年，哈蒙德在一篇关于阿里安的《亚历山大远征记》的论文中对艾灵顿的文章首次进行了反驳。在其中一节，哈蒙德从阿里安

---

　　① Errington 1978, 77—133. Errington 已经在 1977 年塞萨洛尼基的"古代马其顿"会议上提出了他关于马其顿"基本法"（constitutional law）并不存在的一些看法：Errington 1983, 89—101；比较他的手册中的章节"马其顿国家"（Der makedonische Staat），Errington 1986, 196—222（＝Errington 1990, 218—229）。

　　② Hatzopoulos 1996b, 261—359.

　　③ 国王在没有王室委员会建议的情况下无权做出重大决定，关于其长期被忽视的成员构成及重要性，参见 Hatzopoulos 1996b, 323—359。

及其他文学和碑铭资料中广泛引证,论述了马其顿人作为马其顿国家两个组成部分之一的独特制度地位[1];他参考了前一年出版的不朽之作《马其顿通史》第二卷中的两章,以全面阐述自己和格里菲斯的观点[2]。哈蒙德曾多次重论马其顿的政治体制问题,特别是在其关于马其顿国家的专著和《马其顿通史》的第三卷中[3]。

1983年,莱昂·穆伦(Leon Mooren)发表了一篇文章,对艾灵顿关于希腊化世界的君主制(Hellenistic monarchy)性质的抨击作出深入的回应[4]。这篇文章涉及的内容几乎与艾灵顿的文章一样广泛,但形式更为宽松,内容上也赢得了更多共识。在介绍了希腊化世界的君主制起源并概述了20世纪的相关研究之后,穆伦分析了艾马尔与艾灵顿关于马其顿国王头衔和马其顿国家特征的争论。关于第一个争议,他得出的结论是,在马其顿王国,"马其顿人民可以在国王头衔中占据一席之地,而……托勒密王朝和塞琉古王朝统治下的人民却无法实现"[5],而这种差异至关重要。至于第二个问题,他指出,官方文件中同时提到马其顿人民和国王,这使马其顿王国有别于其他希腊化世界的君主国。此外,文学文本和档案文献都表明,马其顿人民是"马其顿国家不可分割的一个组成部分"。

接下来,穆伦研究了艾马尔运用的证据,艾灵顿曾针对这些论据进行反驳,否定了能限制马其顿国王权力的"习惯法"的存在。穆伦则批评艾灵顿将"并非暴力强制,而是基于习俗"(οὐ βίᾳ ἀλλὰ νόμῳ)

113

---

[1] Hammond 1980a, 461—465.

[2] Hammond/Griffith 1979, 150—165; 383—404.

[3] Hammond 1989b; Hammond/Walbank 1988. 比较 Hammond 1993, 12—23 (= *Collected Studies* III 180—191)。他对马其顿国家的最终观点表述在他晚期的一篇论文中,即 Hammond 2000, 141—160,其中他引用了其他文本证据来论证马其顿国家的二元性(Arr. *Anab*. 7.9.5:"他将这份荣耀不仅归于自己,更归于所有马其顿人"(οὐχ ἑαυτῷ μᾶλλον τὴν δόξαν τήνδε ἢ τῷ κοινῷ τῶν Μακεδόνων προσέθηκε);5.25.5:"我们马其顿人的统治"(τῇ ἡμετέρᾳ Μακεδόνων τε ἀρχῇ)。

[4] Mooren 1983, 205—240.

[5] Mooren 1983, 216—217.

"视为微不足道的修辞性对比",并举例说明它是希腊政治思想的结构性要素,强调在古希腊语境中,"习俗"、"传统"和"传统做法"之间不存在本质区别[①]。此外,他还反驳了艾灵顿关于在敬拜仪式(προσκύνησις)的语境中习惯法只具有宗教意义的论断,指出其无疑也具备重要的政治意义[②]。穆伦还依据阿里安的另一段话(4.14.2)论证道,马其顿的习惯法规定,在死刑案件中,被告应在马其顿人大会中受审[③]。在谈到勒昂提欧斯事件时,穆伦强调,波里比乌斯认为有必要向读者解释马其顿轻盾军团的行为,这一事实本身便意味着马其顿人与国王的关系异于其他希腊化世界君主国的君民关系[④]。随后,他讨论了库尔提乌斯(6.8.25)关于死刑审判的经典叙述,并表明艾灵顿的解构基于对这份粗劣文本的严重误解与错误转述,进而推翻了艾灵顿的观点[⑤]。穆伦的结论是,关于马其顿,"当所有碎片拼凑在一起时,展现在我们面前的是一个绝不能仅限于其国王的国家……国王仅仅在国家中占有一定的地位,这种地位是由根植于传统之中的某些规范所勾勒的"[⑥]。

艾灵顿有一位热忱的追随者,即美国教授爱德华·米切尔·安森[⑦],后者与威廉·林赛·亚当斯(W. Lindsay Adams,见下文)是哈里·戴尔(Harry Dell)在弗吉尼亚州立大学的学生。在1985年发表的第一篇文章中[⑧],安森基本上重述了艾灵顿的观点,仅仅提出"作为新国王就职仪式的一部分,马其顿人大会确实存在",而且马其顿人"确实……由于马其顿君主制的不成文性(informality),享有某些

① Mooren 1983, 219—222.

② Mooren 1983, 222—224.

③ Mooren 1983, 224—225.

④ Mooren 1983, 225—227.

⑤ Mooren 1983, 227—231.

⑥ Mooren 1983, 231—232.穆伦强调了[根植于传统]之中"。

⑦ 阿肯色大学小石城校区古代史教授。

⑧ Anson 1985, 303—316.

特权,尤其是向国王请愿的特权"①。布里安和穆伦都没有出现在他的参考书目中。七年后,安森又发表了另一篇文章来讨论这个问题,除了重提旧论外,他还认为亚历山大统治下的马其顿军队在远

114 征亚细亚和继位者战争初期"从一支忠于祖国、忠于军官,尤其是忠于国王的国家军队演变成一个具备独立性的团体,除效忠国家之外,还产生了雇佣军中常见的对自身利益的忠诚"②。与此同时,作者还提及了布里安的文章,但遗憾地忽视了穆伦的论文。无论如何,其论证的主要缺陷源于一个关键的文本误解。安森以为,在拉丁作者描写希腊世界的作品中,拉丁文"集会"(contio)作为罗马人的术语,必然意味着"不作决定的集会",然而,事实上,这些作者也常将"contio"用作自己希腊文材料中"做出决策的集会"(ἐκκλησίαι)的翻译③。因此,安森草率地将马其顿人民或军队的集会视为不具备立法权力的大会。

安森的文章未能引述晚出的博尔扎论古风时期和古典时期马其顿的专著④。另一方面,博尔扎在其著作的平装再版中饶有兴趣地关注到安森的论文⑤。无须在此评述博尔扎的专著,因为笔者已讨论过该书及其1999年的续著中的观点⑥。此外,笔者也无意在此详述陋见,读者可参阅笔者关于马其顿政治体制的专著第一章,及"新拉尔森"(New Larsen)⑦中有关马其顿的一章,后者篇幅更短,视角不同⑧。这里只需引述结论:

---

① 参见 Anson 1985,页 303 及页 316。

② Anson 1991, 230—247.

③ 比较 Just. 4.4.1—3(涉及雅典公民大会);14.6.6(涉及马其顿人大会)。

④ Borza 1992².

⑤ Pp. 310—311.

⑥ Borza 1999a. 比较他在 Green 1993, 23—35 对 Hammond 1993, 12—23 的回应。参见本书页 116 至页 121。

⑦ [译注]即旨在更新拉尔森论希腊联邦国家旧著的同主题论文集,见下注。

⑧ Hatzopoulos 2015b, 319—340.

　　从现代视角看来,古代文学作品和碑铭文献所揭示的马其
顿基本制度是一种极具特色的创造。它结合了强大的君主制(统
领宗教和军事事务)、以宫廷为中心的贵族制(但扎根于城市,具
有一定的独立性)以及在'国家'和地方层面均施行的民主制。这
种民主的基础是所有具备完全公民权的马其顿公民都享有平等
的言论权利——即使与国王面对面时——无论是在公共集会
上,还是在提交请愿的群众面前,但最重要的是在公民制度中。
然而,马其顿最伟大的独创之举在于,它结合了两类政治体制,即
其族群历史中的统摄性(inclusive)传统政体,代表为君主制,以及
表现出排他倾向的进步政体,代表为追求自治自足理想的城邦
制。正是这种独创的综合政体使腓力二世得以统一从品多斯山
脉到斯特里蒙山谷的大马其顿,并成功地运作至罗马征服。①

　　正如卡罗尔·金(Carol King)所说,"自1996年哈措普洛斯出版　　115
《国王治下的马其顿政治体制》(*Macedonian Institutions under the
Kings*)一书以来,学术界的争论似乎有所平息"②。尽管如此,笔者依
然需要特别提及雅采克·热普卡(J. Rzepka)、爱德华·米切尔·安森、
卡罗尔·金和科斯塔斯·布拉塞利斯(K. Buraselis)分别撰写的几篇关
于马其顿"族群"的政治体制(国王和大会)的文章(或章节)③,并简
要评述十篇关于马其顿城市和地区及其与政治中心关系的文章(包
括笔者拙作三篇)。

　　热普卡的结论是,"马其顿的'全体人民大会',至少对卡尔迪亚
的希厄罗倪穆斯来说,是一种准'联邦'大会"④,而对当时的希腊人

---

　　① Hatzopoulos 2015b, 339—340.

　　② King 2010, 375.

　　③ Rzepka 2005, 119—142; Anson 2008, 135—149; King 2010, 375; Buraselis
2017, 59—74.

　　④ Rzepka 2005, 142.

来说,这种大会在结构上类似于希腊"联邦"国家的大会,马其顿王国也类似于这些国家①。相反,在一篇专门研究马其顿审判的文章中,安森重申其确信马其顿君主制中包含绝对主义特征②。他正确地指出国王在政治审判案件中作为公诉人享有优势:时间和地点的选择会影响作为陪审团的集会的组成、王室威望、酷刑使用等,这些通常会使审判的天平倾向国王③。然而,即使今天,从德国到日本,对"国家敌人"的审判不也总是如此吗?④真实的情况是,统治者虽然可以对成文或不成文的法律采取漠不关心的态度,但这样做总会冒着丧失王位的风险,阿敏塔斯三世(Diod. 14.92.4 with Porphyr. fr. 1, *FHG* 3.691)与"围城者"德米特里欧斯(Plut. *Pyrrh.* 11)便是例子。⑤

　　卡罗尔·金在论文中小心翼翼地绕开马其顿学术研究的雷区,避免在激烈冲突的论点之间明确表达立场,并以提问而非回答结束行文。在一处体现自己观点的地方,她正确地声称"英雄时代的君主制形象非常符合我们对马其顿文学文本的理解(Arr. 7.9.1—10.7)"。

116　　　布拉塞利斯的文章则不同凡响⑥。它独创性地阐释了马其顿人如何理解王权与监护权(guardianship)之间的紧密联系,并像金一样审慎地考察了亚历山大在厄皮斯的演讲和《苏达辞书》(*Suda*)中对王权的重要定义⑦。事实上,亚历山大的演讲为马其顿的君主制提供了极为真实——无论多么理想化——的描述:"除了紫色衣裳和国王头饰,我还剩下什么? 除了属于你们的财产和为你们保管的东西,我

---

　　① 比较 Rzepka 2005, 139。

　　② Anson 2008a, 135—149.

　　③ Anson 2008a, 147.

　　④ 比较德国的"白色监狱"(White cells)以及卡洛斯·戈恩(Carlos Ghosn)在日本监狱中的待遇。

　　⑤ 不包括梅勒阿戈罗斯、安提帕特二世"厄忒西阿斯"(Antipatros Etesias)与腓力·阿尔瑞达约斯(Diod. 22.4; Plut. *Mor.* 851 E; Porph. *FGH* 260 F 3, 10; 31.2; Euseb. 1. 235 Schoene)。

　　⑥ King 2010, 380.

　　⑦ Buraselis 2017, 65—67;比较 Hatzopoulos 1996b, 433—434。

什么也不曾占为己有,也没有人能展示属于我自己的珍宝。我吃的和你们一样,睡的也和你们一样——但我绝对不如你们中一些生活精致的人吃的那么好;而且,我知道我比你们醒得更早,因此你们才能高枕无忧"(Arr. *Anab.* 7.9.9,E. Iliff Robson译,洛布古典丛书)[①]。

或许,归根结底,这属于个人认知的问题。对于德摩斯梯尼(De-mosthenes)这样的外部观察者来说,马其顿国王是一个绝对的统治者,"他是自己政策的唯一主导者,无论这些政策公开还是隐秘;他也是将军,又是一位绝对的统治者,还是国库主管[②]",这符合亚里士多德眼中的"全能/绝对君主制"($\pi\alpha\mu\beta\alpha\sigma\iota\lambda\epsilon\acute{\iota}\alpha$)[③],但对于诸如托勒密这样的马其顿人,或对马其顿制度有深入了解的人,如卡尔迪亚的希厄罗倪穆斯,马其顿的君主制更像是亚里士多德所说的"英雄时代的王权",当时国王统治着"愿意服从的公民";"因为国王是将军、法官和神圣崇拜的主宰"。[④]

3.6.4 法律、法令、首席执政官、城市行政官与分区

笔者关于国王治下的马其顿政治体制的专著或许平息了学术界关于马其顿国王和马其顿人大会(即古代马其顿"族群"的政治机构)的争论,但同时引发了关于公民机构和地区机构的热烈讨论。

哈蒙德在自己晚期的一篇论文中讨论了马其顿首席执政官问题[⑤]。在文中,他提出一个怪异的理论,即腓力二世和亚历山大三世统治时期,首席执政官从协调城市和国王之间的民选治安官演变为国王在城市中的代表。哈蒙德从文学作品中引证的段落与马其顿城

117

---

① 关于这段演说的可靠性,参见 Hammond 1999a, 249—250。

② Dem. 1.4.

③ Arist. *Pol.* 1287a.

④ Arist. *Pol.* 1285b;比较1310b。

⑤ Hammond 1999b, 369—375.

市中的首席行政官毫无联系,如关于阿塔洛斯王室外部领土的总督,或负责监督来自亚细亚的青年的教育官员,这些青年将应征加入亚历山大的军队①。

帕帕佐格鲁次年发表的论文又重回霍洛的旧论②,即首席执政官是马其顿王廷在其统治城市的代表③;霍洛提出这一结论时,人们尚未发现来自马其顿的相应证据。帕帕佐格鲁还援引"沃尔班克"(实为"哈蒙德")的观点,即国王和马其顿人大会的权威"由一名国家官员(可能在所有城市中均是如此)'首席执政官'和他的执政助理($\chi\varepsilon\iota\varrho\iota\sigma\tau\alpha\acute{\iota}$)代表"④。帕帕佐格鲁的立场基于一种刻板的、已被普遍摈弃的概念⑤,即所有希腊城邦都是主权国家,因此非主权的市民单位,如马其顿的城市,不能被视为希腊意义上的城邦⑥。

艾灵顿在一篇论文中予以反驳,竭力维护关于国王与城市的关系以及希腊化时期马其顿的首席执政官作用的传统观点⑦。他试图阐释笔者在《国王治下的马其顿政治体制》中对马其顿政治体制的"修正主义"表述所采用的新证据,并重述了自己与霍洛(及阿达尔贝托·乔瓦尼尼[Adalberto Giovannini])⑧在首席执政官问题上一致的立场。艾灵顿大胆的尝试遇到了与哈蒙德和帕帕佐格鲁相同的困难,即没有审视希腊语中"$\dot{\varepsilon}\pi\iota\sigma\tau\acute{\alpha}\tau\alpha\iota$"一词包含诸多迥异的职能,也没有考虑马其顿国王与城市之间交流时采用的程式惯例。此外,缺乏直接的碑铭证据使得正确的阐释更为困难。

---

① 比较 *BE* 2000, 442。
② Papazoglou 2000, 169—176.
③ Holleaux 1968, 217.
④ Hammond/Walbank 1988, 476.
⑤ 比较 Hansen 2004, 85—94。
⑥ Hatzopoulos 2018c, 43—52特别是49。
⑦ Errington 2002, 51—63.
⑧ Gionannini 1977, 465—472.

在一篇专门讨论涉及贝罗亚体育锻炼官的法令的附录部分,乔瓦尼尼重新讨论了首席执政官问题①。在援引霍洛的早期"权威之论"(doxa)之后②,他论证国王不能向一个城市的民选官员下达命令,因此,首席执政官绝非一位真正意义上的执政官。这一论证并未直中肯綮,因为它忽略了一个关键事实,即马其顿城市并非独立的国家,而是自治共同体,隶属并构成一个更大的政治单位。在前一年发表的另一篇论文中,乔瓦尼尼试图为自己早先关于"联邦制"国家的著名研究将马其顿排除在外进行辩解③,声称马其顿国王与城市之间的关系,并等同于"联邦制"国家里中央与地方当局之间的关系④。

论及贝罗亚体育锻炼官的相关法令,乔凡尼尼试图将碑铭的断代日期推至晚近,他粗率地重新翻译了对应的希腊文法律文本,将前罗马时期反映马其顿分区制度的钱币材料排除在视野之外⑤,甚至武断地弱化其他马其顿碑铭文献的价值,误译腓力五世颁布的法令,并对体育锻炼官法令的制定提出极不实际的猜想。

在2006年发表的一篇文章中,艾灵顿对上述所有反对意见予以详尽的讨论和回应⑥。他在第七届古代马其顿会议上宣读了一篇明显更易产生共识的论文,重述了大致相同的主题⑦。在这篇论文中,艾灵顿坚持认为首席执政官的职能是马其顿城市中的王室代表,但他放弃了之前关于君主制和城邦制彼此互斥的观点,并承认马其顿在希腊城市向东方传播的过程中作出了决定性的贡献。

118

---

① Giovannini 2004, 473—490.

② Holleaux 1968, 216—220.

③ Giovannini 1971.

④ Giovannini 2003, 168,注 60。

⑤ 现在,伊庇鲁斯吉塔纳(Gitana)出土的印章已经毫无疑问地证明了这一点(参见下文)。

⑥ Hatzopoulos 2003—2004, 27—60.

⑦ Errington 2007, 275—282.

事实上,正如笔者同事帕斯卡利斯·帕斯奇迪斯所指出①,伽佐罗斯和摩尔律洛斯分别颁布的两项市政法令最能反映马其顿首席执政官的关键地位及职能②。其颁布日期几乎完全相同:"在[伽佐罗斯]的第六年"(ἐν τῶι ἕκτωι ἔτει [Gazoros]);"在[摩尔律洛斯]的第七年与第十年"(τῶι Z καὶ I ἔτει [Morrylos]),进入表决的理由及其表述形式也相似:"他承诺向公民们出售新的谷物……为拯救[伽佐罗斯]地区做了准备"(ἐπηνγείλατο τοῖς πολίταις πωλή[σει]ν ἕως νέων σῖτον ... πρ[ο]ενοήσατο τῆς χώρας τοῦ διασωθῆ[να]ι [Gazoros]);"他负责修筑了城墙……将谷物带到了[摩尔律洛斯]的市场上"(ἐπιδεξάμε[νο]ς τιχίσαι τὴν πόλιν ... χάριν τοῦ πρ[ον]οηθῆναι τῆς πάντων σωτηρίας ἀγαγεῖν τε εἰς τὴν ἀγορὰν [σῖτ]ον ἐποίησεν [Morrylos]),两项法令均为捐赠者授予了(部分)相同的荣誉:"他们[伽佐罗斯人]为他戴上鲜嫩枝叶编成的花环"(στεφανώσουσιν δὲ στεφάνωι θαλλίνωι [Gazoros]);"他们[摩尔律洛斯人]为这位公民戴上鲜嫩枝叶编成的花环"(στεφανῶσαι [αὐ]τὸν θ[αλ]οῦ στεφάνω [Morrylos])。鉴于伽佐罗斯的法令明确规定受勋者对国王及其同胞所肩负的双重责任:"因此,他高贵地为国王与公民提供了服务"(ἐπεὶ οὖν ἀξίως τοῦ τε βασιλέως καὶ τῶν πολιτῶν πρ[ο]ενοήσατο),而摩尔律洛斯的法令清楚地规定受勋者拥有最高的经选举产生的市政权:"当阿珥刻塔斯被选为最高行政官"(ὅτε Ἀλκέτας ἠρέ[θη] εἰς μεγίστας ἀρχάς),因此我们可以将首席执政官定义为城市中对马其顿国王及公民同胞同时负责,并经由选举产生的最高行政官③。

　　安菲波利斯的公民预备役法令近期出版,为有关马其顿城市地

---

① Hatzopoulos 2003—2004, 59.

② Hatzopoulos 1966c,分别参见注39及注54。

③ Paschidis 2006, 263—265。近期 E. Voutiras 试图推迟两份来自摩尔律洛斯的市政法令的断代日期(Voutiras 2018, 217—218),但并不具备说服力,因为其基于这一假设:前罗马时期的马其顿没有军事与行政区划(参见下文)。

位的讨论注入了新的动力①。笔者考察了这份法令，以及公元前167年安菲波利斯纪念埃米利乌斯·泡路斯(Aemilius Paulus)的儿子珀普利乌斯·科尔内利乌斯·西庇阿(Poplius Cornelius Scipio)的碑文②，希望对旧有观点做出修正，断定城市行政官是首席执政官在制度层面的后继者，并坦承先前愚鲁地拒绝了哈蒙德的观点③，即两者在安提柯王朝时(至少在一些城市)共存。④

《国王治下的马其顿政治体制》对公认的"权威之论"产生冲击的第三个方面是追溯了马其顿在前罗马时代便划分为四个分区(μεϱίδες)的做法⑤。雨果·盖布勒(Hugo Gaebler)对希腊化时期的非君主制国家所铸钱币的研究首次彰显了这些分区的重要性⑥。他关注道，除铭有"马其顿人的"(ΜΑΚΕΔΟΝΩΝ)的钱币外，还存在铭有"安法克西提斯人的"(ΑΜΦΑΞΙΩΝ)和"波提亚人的"(ΒΟΤΤΕΑΤΩΝ)钱币，部分文字以拼写形式出现，部分以花押(monograms)⑦形式出现，一部分还包括更为宽泛的民族称呼"马其顿"。仔细考察相应文学文本和盖布勒未曾寓目的最新碑文，我们可以获悉，至公元前4世纪末，安法克西斯和波提亚及上马其顿和斯特里蒙地区均为征兵和组建军团的军区。显然，波提亚包括皮耶里亚和厄玛提亚，而安法克西提斯则包括了阿克西俄斯河和斯特提蒙河谷之间的土地。近期甚至出土了一批钱币，属安提柯王室统治末期，铸造于安菲波利斯，上面赫然铭有"第一马其顿(分区)"(ΜΑΚΕΔΟΝΩΝ ΠΡΩΤΗΣ)。出土的碑铭材料中证实

120

---

① Lazaridou 2015; Hatzopoulos 2016b; Rousset 2017, 49—84; Hatzopoulos 2015—2016a, 145—171.

② *BE* 2018, 281.

③ 比较 Hammond 1989b, 393—394。

④ Hatzopoulos 2016a, 203—216(比较 *BE* 2017, 306)。另参见 Mari 2017, 345—364(比较 *BE* 2018, 255)。

⑤ Hatzopoulos 1966b, 231—260.

⑥ Gaebler 1897, 169—192; Gaebler 1926, 111—116; Gaebler 1926, 183—198.

⑦ [译注]即将多个字母或词句组合成一个单独的图样。

了分区的军事和行政职能,说明分区在军队依照一定比例的征集和轮换时发挥着重要作用,分区首长和地方的纪年行政官均拥有军政官的正式头衔[①]。

学术界对该问题并未很快作出回应,直至皮埃尔·奥利维尔·朱埃尔(P. O. Juhel)撰写了一篇长达34页的文章[②],并试图否认前罗马时期的马其顿划分了征兵区和行政区。然而,描述亚历山大大帝和腓力五世统治时期的文学作品明确证实了4个军事分区的存在,即上马其顿、波提亚、安法克西提斯和安菲波利斯近郊[③]。此外,钱币学证据显示,安提柯王朝末期所铸钱币铭有"马其顿波提亚"(*Μακεδόνες Βοττεᾶται*)、"马其顿安法克西提斯"(*Μακεδόνες Ἀμφάξιοι*)及"马其顿第一分区"(*Μακεδόνες Πρώτης Μερίδος*),并附有安法克西提斯地区铸币特有的标志)[④]。最后,铭文提及"在波提亚"(*ἐν Βοττείαι*)的王室田产(存疑)和一封"给予者"安提戈诺斯致波提亚人的书信[⑤]。除上述清晰明确的碑铭证据外,贝罗亚和摩尔律洛斯的另两份铭文分别提及其纪年军政官,他们必然是分区首长,因为在马其顿本部没有军政官担任城市行政官的记录[⑥]。然而,根据朱埃尔的观点,波利比乌斯所说的"上马其顿"(*ἄνω Μακεδόνες*)与阿里安的"上马其顿"(*ἄνωθεν Μακεδόνες*)内涵并不相同,并且"应当极其谨慎地处理"出土钱币,暗示其并不可信。此外,他还误解安提戈诺斯信中的相关段落,忽视了贝罗亚位于波提亚地区的事实;至于摩尔律洛斯铭文中

---

① 比较 Hatzopoulos 2015b, 337。钱币材料证据可参见 Kremydi 2018。关于提及波提亚、马其顿军队的轮换及军政官的铭文,参见 Hatzopoulos 2001b, 45—52;关于提及分区军政官的铭文,参见 Hatzopoulos 1996c, 69—70,注53,75—83注60。

② Juhel 2011, 579—612.

③ Arr. *Anab.* 1.2.5; Pol. 5.97.3—4.

④ Kremydi 2018, 47—167; Kremydi 2007, 91—100; Kremydi 2009, 191—201.

⑤ Helly 1973 II, 107—110,注98;*EKM I*, 4。

⑥ Gauthier/Hatzopoulos 1993, 17 及 35—37; Hatzopoulos/Loukopoulou 1989, 17 及 27—28。

提到的军政官,朱埃尔断言他们只是出访的将军。因此,他得出结¹²¹论:"在我们原则上应该发现这种组织形式[分区]的地方,资料来源却没有提供任何证据,特别是在有关军队招募和行政管理的马其顿碑铭材料中。"[①]事实上,最近又发现了一份新的证据,即一枚印章,表明马其顿王国被撤除之前存在分区划分,这些分区甚至可以与马其顿王国外的城市通信往来。这枚印章出土于公元前168年或前167年所形成的考古破坏层中的普里塔尼斯议事厅(πρυτανεῖον),铭有"第四分区"(ΜΕΡΙΔΟΣ ΤΕΤ[ΑΡΤΗΣ])[②]。如此证据,应当能终结这一争论。

3.7　自我与他者观

在起源、语言和"文化表现形式"之外,博尔扎还提出另外两个"适宜的方法论模型",以确定"古代人群的族群":"他们如何看待自己? 其他人如何看待他们?[③]除非从逝去的世界中唤醒诸多已故的马其顿人,否则我们永远无法从古代马其顿人群中获取足够具有代表性的样本,以回应第一个问题。我们仅掌握马其顿社会精英为证明自己的希腊人身份[④]而广泛流传的庄重的宣言[⑤]和神话,而更为关键的证据来自社会和宗教实践领域,例如访谒希腊圣地或本地的希腊圣所,参加泛希腊节庆和其他活动[⑥]。

---

① *BE* 2012, 265.

② Preka-Alexandri/Stogias 2011, 680—681,图例38; Preka-Alexandri 2018, 652。

③ Borza 1995a 18。他的术语"文化表现形式"包括了艺术、宗教、政治与经济制度、建筑及安居方式。

④ 比较 Just. 7.1.7。

⑤ 比较 Herod. 5.22;比较 8.137—139。

⑥ 比较 Mari 2002。

关于第二个问题,博尔扎指出"希罗多德和修昔底德将马其顿人描述为未采用主流的希腊城邦制的外来人群"。但我们已经清楚(参见本书第61页),在希罗多德看来(Herod. 1.56.2—3),马其顿人与多里斯人一样,都属于"希腊民族"($\dot{\varepsilon}\lambda\lambda\eta\nu\iota\varkappa\dot{o}\nu$ $\ddot{\varepsilon}\vartheta\nu o\varsigma$),而修昔底德(4.124.1;参见125.1)仔细地区分了马其顿人、"希腊人"(不管此处内涵为何)[①]和蛮族,随后伊索克拉底也基于某些考虑采用了这种三元分类法(Phil. 154)[②]。在雅典历史学家修昔底德的"排他性"视角中(他来自哈利卡纳苏斯的同行希罗多德并不认同这种观点),希腊无疑仅包括实行城邦制的地区范围;在德尔斐的北面和西面,居住着埃托利亚人、阿卡尔纳尼亚人、安菲洛奇亚人以及其他厄庇鲁斯人和马其顿人,他们均为未谙文明的化外之民[③]。

博尔扎紧接着谈道:"直至相当晚近,马其顿人作为一个民族一直被排除在仅限希腊人参加的泛希腊节庆活动之外。"他引用的证据包括公元前5世纪初亚历山大一世时参加奥林匹亚赛会引发的争议,但这不能被称为"相当晚近"[④]。此外,问题的关键并不在于一些参赛者试图将亚历山大一世排斥在田径竞赛之外,而在于他的希腊人身份最终被承认。此外,我们还看到,泛希腊圣地(德尔斐、内梅阿、埃皮道罗斯、科斯)的圣使访谒了马其顿的城市,邀请它们派遣使团参加泛希腊节庆,并保证停战和承认圣地的不可侵犯性,这对于保证参赛者的安全不可或缺。

---

① 笔者的阐释参见 Hatzopoulos 1996b, 267;Hatzopoulos 2001a, 55。

② "我认为,你应该善待希腊人,统治马其顿人,并尽可能地统治其他蛮族"($\Phi\eta\mu\dot{\iota}$ $\gamma\dot{\alpha}\varrho$ $\chi\varrho\tilde{\eta}\nu\alpha\dot{\iota}$ $\sigma\varepsilon$ $\tauο\dot{\upsilon}\varsigma$ $\mu\dot{\varepsilon}\nu$ $\ddot{E}\lambda\lambda\eta\nu\alpha\varsigma$ $\varepsilon\dot{\upsilon}\varepsilon\varrho\gamma\varepsilon\tau\varepsilon\tilde{\iota}\nu$, $M\alpha\varkappa\varepsilon\delta\dot{ό}\nu\omega\nu$ $\delta\dot{\varepsilon}$ $\beta\alpha\sigma\iota\lambda\varepsilon\dot{\upsilon}\varepsilon\iota\nu$, $\tau\tilde{\omega}\nu$ $\delta\dot{\varepsilon}$ $\beta\alpha\varrho\beta\dot{ά}\varrho\omega\nu$ $\dot{\omega}\varsigma$ $\pi\lambda\varepsilon\dot{\iota}\sigma\tau\omega\nu$ $\ddot{\alpha}\varrho\chi\varepsilon\iota\nu$)。关于伊索克拉底采用这一三元分类法的目的,参见 Hatzopoulos 2007a, 63—65。

③ 比较 Cabanes 1979, 190—191。

④ 亚历山大一世是第一位有史可证的马其顿国王,其统治之前的时期属于马其顿前史时期。

　　博尔扎补充说,"希腊人对马其顿人的不友好超越了他们对其他希腊人正常程度的敌意"。依笔者看来,谈论希腊人与马其顿人之间的敌意,无论正常与否,都是没有意义的,因为这是将根本不对等的实体加以对立。正如我们所知,马其顿人——无论其血统、方言或宗教倾向如何——都是马其顿公民单位的一部分,他们的国家马其顿王国($ ή Μακεδόνων βασιλεία $)是一个国家,而希腊人包括了超过一千个城邦的公民群体[①],"希腊"充其量只是一个模糊且多变的文化概念,甚至仅仅沦为一个口号[②]。一个名为"希腊人"($ οί \text{\textasciimacron}Ελληνες $)的半政治实体只存在于由腓力二世、"独眼者"安提戈诺斯与"给予者"安提戈诺斯构建的联盟中,马其顿为该联盟提供恩庇(patronage)[③],并在"给予者"安提戈诺斯执政时期加入该联盟。在当时的政治环境中,马其顿王国(及其代表)主要受到雅典、斯巴达、底比斯等其他大国的憎恨,而饱受这些大国压迫的人群(萨米亚人[Samians]、阿尔戈斯人、墨西拿人、阿尔卡迪亚人、奥刻门尼亚人[Orchomenians]等)则对其赞赏有加。一般而言,对马其顿人的敌意源于马其顿王国幅员广阔、物产丰富,从而对希腊城邦的自由造成威胁[④]。这是一种典型的政治现象,与"迥然相异"或种族对抗毫无关系:例如,在19世纪,一些南德意志邦国和小邦国的统治者对虎视眈眈的普鲁士王国充满恐惧和厌恶,尽管后者也是一个德意志邦国。与德摩斯梯尼或伊索克

123

---

　　①学者已统计了1035个希腊古风时期与古典时期的城邦。参见Hansen 2004, 6。

　　②关于这一主题的研究作品浩如烟海。读者可参见Hatzopoulos 2007a, 51注2及注3(=*Recueil* 401注2及3); Hatzopoulos 2011d, 51—78中的参考文献选编,最新修订参见Vlassopoulos 2015, 1—13和Hall 2015, 15—29。关于"希腊"与"希腊人"沦为政治口号,比较Hyperides, *Epitaph.* 11—12; 24; 34—35; 38; *IG* II² 448, l. 43—45; *IG* II² 687。关于泛希腊主义的模糊性,参见Walbank 1951, 41—60(=*Selected Papers* 1—19)。

　　③关于"马其顿人"和"希腊人"之分的本质,最早期的直接证据来自Arr. *Ind.* 18.3—11中的三层桨座战船(trierarchs)名录,参见Hatzopoulos 2007a, 59—63。

　　④Hatzopoulos 2011d, 51—78.

拉底等政治家、演说家和其他"知识分子"的演讲相比[1]，圣使礼宾官名录等碑铭文献中记录的日常实践更能反映古典时期普通希腊人对马其顿人的准确看法[2]。

　　总结而言，在第三部分的前几章中，笔者介绍了构成一个人群身份认同的大多数要素，无论其基于事实抑或想象：起源、语言、崇拜和信仰、习俗和政制，甚至对"自我"和"他者"的看法也尽量予以探讨。上述所考察的"文化标识"，即某种"客观标准"，均不能将马其顿人排除在希腊文化群体之外。矛盾的是，关于古代马其顿人的"希腊性"（或"非希腊性"）的争论仍未休止，笔者无法假装已回答了这一频繁问及的问题："古代马其顿人"是希腊人吗？关于这个问题，笔者只能回答[3]：（1）"希腊性"的概念过于模糊，而且因时间和地点的变化而改变，不能作为将一部分人群纳入或排除出希腊社会的标准；而且，无论如何，它不应以雅典的范式狭隘地定义；（2）"民族论"学者经常忽视的碑铭证据已经解答了主要文化标识（语言、崇拜和信仰、习俗、政制）等方面长期悬而未决的问题；（3）"共同活动"，如参加泛希腊节

124

----

　　[1] 这并不意味着马其顿人与其他希腊人之间的关系完全清晰明确。根据 Spawforth 2006，1—26 的精辟论述，根据不同的时间、地点以及说话者或作者，"马其顿人"这个词的内涵有时比"希腊人"更为狭隘，有时则更为广泛。在南方希腊人争夺霸权的时期（公元前 4 世纪至前 2 世纪，参见 Hatzopoulos 2011d，60—74）以及第二次智术师运动（Second Sophistic）时期的阿提卡学派（Atticists）看来，马其顿人所代表的人群比希腊人要狭隘。然而，在腓力和亚历山大大帝的战士中及希腊化东方世界（Hellenistic East）的精英眼中，"马其顿人"包含的群体则比"希腊人"更为广泛（比较 Geyer，*Makedonien* 32）。笔者仍需补充，有时"马其顿人"所涵盖的内容与"希腊人"完全等同，例如在腓力比涉及科斯免役害权的一份法令中所写的"对于/以及其他的希腊人与马其顿人"（Hatzopoulos 1996c，54—55，注 36，l. 7—8：πρὸς τοὺς ἄλλους Ἕλληνας καὶ Μακεδόνας；1. 13：καὶ τοὺς ἄλλους Ἕλληνας καὶ Μακεδόνας），在这一语境中，这个词发挥的作用与雅各布·所罗门·巴尔托尔迪（Jakob Salomon Bartholdy）致其弟的一封信提及在那不勒斯有"许多德意志和普鲁士的才华横溢的艺术家"所使用的"德意志"与"普鲁士"相同（参见 Hatzopoulos 2007a，64）。

　　[2] 比较 Hatzopoulos 2007a，55—59。

　　[3] Hatzopoulos 2007a，51—66。

庆和其他活动、访谒泛希腊圣所,比政治家的演讲或知识分子的小册子更具说服力。笔者现今想补充一条,无论古希腊人对希腊的共同价值观是真心拥护还是口头之辞,他们最看重的忠诚是效忠于自己的政治单位,忠实于自己的祖辈之地(*patris*)。

4　雄　主

125　　　马其顿国王很可能并非绝对专制者,但大多数古代作家,尤其是不熟悉马其顿习俗的非马其顿作家,都将他们视为这一类统治者①。在20世纪初,"皇帝"不就是德国的代名词吗?尽管德国皇帝远非其表兄俄国沙皇那般的专制君主。无论好坏,国王都被视为马其顿国家的化身,因而现代学者不可避免地将马其顿历史按国王统治时期进行细分,若某位国王的统治时间较短,被认为无足轻重的话,便依照数代国王来细分。

　　在这些国王中,亚历山大一世最为出类拔萃,自然也最引人注目。适逢一位与其时代相当接近的作者,即"历史之父"希罗多德,提供了有关亚历山大一世生平和功绩的大量信息。然而,希罗多德的叙述几乎遭到了一致否定。因此,现代学术界被迫探赜索隐,考察希罗多德应写却未写的内容。笔者仅知晓两部堪称小型传记的著作,分别由约安努·帕帕斯塔夫罗乌(I. Papastavrou)②和阿波斯托洛斯·达斯卡拉基斯(A. Daskalakis)③撰写。这两部作品均试图恢复希罗多德叙述的可信度。然而,我们必须承认,在没有新证据的情况下,徒劳地讨论希罗多德写了什么或本应写什么毫无

① 比较上文页147。

② Papastavrou 1936, 56—76.

③ Daskalakis 1960, 245—368.

意义。

　　亚历山大的后继者本应更加幸运。以客观著称的历史学家修昔底德①记载了佩尔迪卡斯二世（公元前452年至前413年在位）的事迹，而现代历史学家还掌握了一批珍贵的碑铭语料库②。然而，对这位国王的专门研究论著长期付之阙如，直至萨宾·缪勒近期出版了一本卓越的研究专著。③

　　阿尔刻劳斯（公元前413年至前399年在位）尽管深受修昔底德的推崇④，却比佩尔狄卡斯二世更为不幸。他的统治和生命因一次狩猎事故（极可能是其侍从的阴谋⑤）戛然而止⑥，并且修昔底德从未完成他的"伯罗奔尼撒战争史"，因此并未记述阿尔刻劳斯在位期间发生的事件，而其后继者色诺芬则没有对这位马其顿国王表现出类似的兴趣。因此，一定程度上正是因为缺乏足够的证据，学界目前仅有一部已过时的专著论述他的统治时期。⑦ 126

　　马其顿随后的一段时期政局动荡，几年内国王们轮番继位，直至公元前360年，唯一的例外是在位时间极长的阿敏塔斯三世。碍于可靠的证据极为匮乏，我们很难对这一时期进行全面的研究⑧。因此，亚历山大三世（实际上早在他英年早逝之前⑨）和他的父亲腓力

---

　　① 尽管有人对他的客观性提出了合理的质疑，比较 Badian 1993。

　　② 尤其参见著名的"雅典贡金清单"。

　　③ Müller, S. 2017.https://doi.org/10.1515/9783110718683—004.

　　④ Thuc. 2.100.2.

　　⑤ Arist. *Pol.* 1311b. 8—35.

　　⑥ Diod. 14.37.6.

　　⑦ Kanatsoulis 1948.

　　⑧ 不过，可参见 M. Zahrnt 的重要文章：Zahrnt 2006，127—141，Zahrnt 2007，239—251。

　　⑨ 这些作品的数目自然无法准确获悉，其滥觞可追溯至卡利斯忒内斯（Callisthenes）于陪同亚历山大远征途中所写的《亚历山大行述》（Αλεξάνδρου Πράξεις），参见 *FGrHist* 124 F 28—54。

二世在遭受学术界长期的冷落之后[1]，在近40年里不可避免地再次成为大多数论述马其顿忒梅尼德国王的专著的焦点。此外，不断面世的考古发现，尤其是碑铭和钱币证据，以及由此引发的学术争论，在一定程度上也印证了这两位国王备受研究者青睐。

在腓力三世"阿尔瑞达约斯"和亚历山大四世的混乱统治之后，卡山德成为两本意大利语专著的关注点[2]，而吕西玛库斯则是两部意大利语专著及一本英语专著的研究主题[3]，但直至安提柯王朝时期，马其顿国王研究才呈现一丝繁荣[4]。关于王朝的开创人"独眼者"安提戈诺斯，至少有两部专著面世[5]，而他的儿子"围城者"德米特里欧斯只获得了一部专著的关注，而且与他的父亲一同被研究[6]，但其后所有安提柯国王（德米特里欧斯二世除外）[7]均有相应专著论述：关于安提戈诺斯·戈纳塔斯、"给予者"安提戈诺斯、菲利普五世和佩尔塞乌斯的水平与事迹，已有深入研究[8]。

塔恩的安提戈诺斯·戈纳塔斯专论是一部充满想象力的学术巨著，然而作者的一些直觉未能经受住时间的考验。西尔维·勒·博赫克（Sylvie Le Bohec）研究安提戈诺斯·多松的专著也因为新的碑铭

---

[1] 忒欧姆庞普斯在腓力二世死后几年便写下不朽之作《腓力生平叙述》（*Φιλιππικαι Ιστορίαι*，*FGrHist* 115 F 24—396），但腓力很快被他更引人注目的儿子的功绩所掩盖。现代研究专著，比较 Ellis 1976; G. Cawkwell 1978; Hammond/Griffith 1979, 203—726 中 Griffith 撰写的部分; Wirth 1985; Hammond 1994a; Worthington 2008. 另参见 Hatzopoulos/Loukopoulos 1980 论文集。

[2] Fortina 1965; Landuci Gattinoni 2003，该作者另撰有诸多研究卡山德的重要短篇。

[3] Lund 1992; Landucci Gattinoni 1992; Franco 1993.

[4] 无论是卡山德的儿子还是"霹雳"托勒密（Ptolemaios Keraunos），或"霹雳"托勒密死后的各路篡位者，均没有专门的研究作品。不过，可参见 Heinen 1972。

[5] Briant 1973; Billows 1990.

[6] Wehrli 1968.

[7] 不过，可参见 Ehrhardt 1975 的未出版论文；比较 Ehrhardt 1978, 251—253；关于德米特里欧斯二世文献记载及问题的出色文章，参见 Kuzmin 2019 59—84。

[8] Tarn 1913; Le Bohec 1993; Walbank 1940; Meloni 1953.

和钱币证据面世而亟需修订。尽管弗兰克·沃尔班克的研究相当出色,但腓力五世研究依然期待着一本新的专著,因为存在大量新出土的碑铭文献出土,且波利比乌斯《历史》的叙述也在不断修正[1]。

　　有鉴于此,下面的章节将再次讨论最受学术界关注的两位国王,这绝非避重就轻,而是符合学理:因为腓力二世被称颂为欧罗巴所孕育的最卓越的人物[2],他的儿子亚历山大三世"在改变文明史方面冠绝群雄"[3];最为重要的是,他们父子比其他任何马其顿国王都易引发蓬勃热烈的学术争议。

4.1　腓力二世

　　关于腓力二世的诸多事宜都充满争议:首先是其去世时的年岁,其次是其作为人质在伊利里亚羁留的实际情况、作为人质待在忒拜时的绝大多数经历,最后是其开始掌权的日期,统治时长,早期担任摄政以及侄子阿敏塔斯的监护人一事的真实性,其数次婚姻的时间顺序,与儿子亚历山大的关系,去世时的情形,以及其陵寝坐落何处。

128

4.1.1　腓力的生平与统治、权力之路与意外身故

　　慑于卡尔·尤利乌斯·贝洛赫合乎情理的卓高声望,学者们几十

---

　　① 比较 Hatzopoulos 2014, 101—120; Hatzopoulos 2015c, 77—87。莫妮卡·达戈斯蒂尼刚刚出版了一本专著《腓力五世的崛起:希腊化世界的王权和统治》(*The Rise of Philip V. Kingship and Rule in the Hellenistic World*, Alessandria 2019),对腓力五世统治初期的重要事件新提出了一些令人信服的解释。

　　② 比较 *FGrHist* 115 F 27:"从未有人像阿敏塔斯之子腓力这般在欧罗巴取得如此的成就"(μηδέποτε τὴν Εὐρώπην ἐνηνοχέναι τοιοῦτον ἄνδρα παράπαν οἷον τὸν Ἀμύντου Φίλιππον)。

　　③ Hammond 1997, X.

年来异口同声地遵循他关于腓力二世统治年表的结论：腓力二世
于公元前359年夏即位，在位24年，卒于公元前336年8月[1]。关于
腓力二世的生卒日期及寿命长短，古代作者采用了不同的计算方
法。没有一位作家曾提及腓力的出生年份，而关于他的统治时长，
广泛流传的说法是20年至27年之间，其上限与下限均来自后世的
编年史作家，并已得到了合理的解释[2]。三份希腊晚期古典或希腊
化时期的资料来源，即忒欧姆庞普斯(间接传统，见于尤斯丁作
品)[3]、迪奥多鲁斯[4]与萨缇鲁斯(Satyrus)[5]，分别将腓力的在位时间
定为25年、24年和22年。最后一个明显异常的数字很可能源自阿
忒奈乌斯(Athenaeus)的一个错误，这是笔者根据《苏达辞书》中的
一个对照段落得出的结论[6]：腓力并非在位22年，而是22岁时掌
权[7]。至于忒欧姆庞普斯(见尤斯丁作品)和迪奥多鲁斯对腓力在
位的时长记载相差一年，而泡萨尼阿斯[8]和忒欧姆庞普斯(见尤斯
丁作品)[9]相应记载的腓力死亡年龄相差一岁，分别为46岁和47
岁。爱德华·迈耶(E. Meyer)指出，在一个缺乏出生年份登记的文
化中，国王的寿命是通过他的在位年份加上他登基的年龄来计算

---

① Beloch 1922² (*Geschichte* III 2) 59—61；比较 Ellis 1976, 14; 44; 222; Hammond/Griffith 1979, 722及726; Errington 1986, 42; Borza 1992², 196。

② 参见 Hatzopoulos 1982 注31及注33 与引用文献。

③ In Justin 9.8.1："腓力于47岁时逝世，统治了25年"(*Decessit Philippus XL et septem annorum, cum annis XXV regnasset*)。

④ Diod. 16.95.1："腓力……在统治了24年后，遭遇了这样的灾祸而离世"(Φίλιππος ... τοιαύτης ἔτυχε τῆς τοῦ βίου καταστροφῆς, ἄρξας ἔτη τέσσαρα πρὸς εἴκοσι)。

⑤ Satyrus *FHG* III页161，残篇5："在他统治的22年里"(ἐν ἔτεσι γοῦν εἴκοσι καὶ δύο οἷς ἐβασίλευσεν)。

⑥《苏达辞书》Κάρανος 词条：" ... 腓力统治了22年……"(Φίλιππος δὲ ἄρξας δύο καὶ εἴκοσιν ἔτη γεγονώς)。

⑦ Hatzopoulos 1982, 31—34；比较 Hatzopoulos 2018b, 99—101。

⑧ Paus. 8.7.6："腓力活了46岁，实现了德尔斐神谕的预言"(Φίλιππος μὲν οὐ πρόσω βιώσας ἕξ τε καὶ τεσσαράκοντα ἐτῶν τὸ μάντευμα ἐξετέλεσε τὸ ἐκ Δελφῶν)。

⑨ Just. 9.8.1："腓力于47岁时逝世"(*decessit Philippus XL et septem annorum*)。

的①。因此，一岁的差异并非来源于腓力出生年份的两种不同记述传统，而是关于其统治时长的两种不同传统，并且统治时长的差异涉及两种不同的纪年系统，而非两个不同的登基年龄。迪奥多鲁斯（和泡萨尼亚斯）的系统②——无论是他的资料来源，即雅典作家迪于洛斯（Diyllos）的纪年系统，还是单独的编年表——均基于阿提卡-奥林匹亚（Attic-Olympic）历法③；而熟悉马其顿宫廷并正在撰写马其顿国王史的忒欧姆庞普斯（见尤斯丁作品）所使用的另一种系统很可能是马其顿国王统治历法④。根据爱德华·迈耶指出的规则，国王登基后的第一个新历年算作其第二个统治年，反之，每个国王都会在其继任者的第一个统治年去世⑤，因此腓力必然在其登基第二年的迪欧斯月1日（公元前360年10月左右）之前登基，并且在其在位第二十五年的迪欧斯月1日（公元前336年10月前后）之后去世⑥。因此，基于阿提卡-奥林匹亚历法（该体系将腓力的在位时长定为24年），马其顿人灾难性地被伊利里亚人击败与新国王腓力的即位日期必定在公元前360年7月至10月之间。同样地，考虑到亚历山大在希腊南部指挥战役及其在11月底抵达阿提卡边境，腓力之死的时间必定在迪欧斯月的月初（公元前336年10月左右）。笔者曾论证，腓力遇刺时正值其女儿的婚礼和祭祀宙斯的节庆⑦，这些结论现在逐渐被其他学者所采纳⑧。

129

① Meyer 1899, 448.

② Hatzopoulos 2018b, 42, 注136.

③ Hammond 1937, 89—91（= *Collected Studies* I 11—13）。阿提卡历法的第一个月为赫卡托姆拜翁月（Hekatombaion），大致等同于现代的七月。

④ 马其顿历法的第一个月为迪欧斯月，大致等同于现代的十月。

⑤ Meyer 1899, 440—453.

⑥ Hatzopoulos 1982, 37—42.

⑦ Hatzopoulos 1982, 38—41.

⑧ 比较 Psoma 2011b, 132; Lane Fox 2011b, 269; Lane Fox 2011c, 336; Müller, S. 1916, 396注4; Müller, S. 2010, 182。笔者在 Hatzopoulos 1995b, 180—182（= *Recueil* 463—483）也曾论述腓力登基时间的问题。

4.1.2　腓力在伊利里亚与忒拜的质子时期

130　　　阿敏塔斯三世于公元前370年或前369年夏天去世,紧接着发生的事件扑朔迷离,饱受争议[①],不少于7份史料记载了两个迥异且彼此独立的事件:(a)泡萨尼阿斯企图从阿敏塔斯的合法继承人手中篡夺马其顿王位,因雅典将军伊菲克拉忒斯及时干预而失败;(b)阿敏塔斯三世和欧律迪卡的小儿子腓力二世在伊利里亚和底比斯作为人质,遭受了种种磨难。

　　我们最早的史料来源,即埃斯奇内斯(Aeschines)的作品,开头如下[②]:"阿敏塔斯不久前去世,亚历山大[二世]是诸兄弟中的长子,而佩尔迪卡斯[三世]和腓力[二世]还是孩子,此时他们的母亲欧律迪卡被那些冒充她朋友的人所出卖,泡萨尼亚斯正赶来夺取他们的王位。"[③]这可能是科尔内利乌斯·内珀斯(Cornelius Nepos)中忒欧姆庞普斯叙述的来源,其措辞大体相似,但存在一些重要差异,重述了同一事件:"事实上,佩尔迪卡斯和腓力的母亲欧律迪卡带着这两位孩子,在阿敏塔斯死后前往伊菲克拉忒斯处寻求庇护。"[④]《苏达辞书》的"Karanos"词条中包含类似记载,指向同一来源:"阿敏塔斯死后,曾被他放逐的泡萨尼阿斯回来了,他欺凌阿敏塔斯的儿子们,并夺取了王位。欧律迪卡以雅典人派遣在马其顿地区的一名将军为盟友,赶走了泡萨尼阿斯;只要阿敏塔斯的年长的儿子们掌有权力,马

------

　　① 关于这一谜题的解释及反驳意见参见 Aymard 1954, 17, 注7 (= *Etudes* 420, 注5)及页 19 注 1—4 (= 421, 注 3—6); Hatzopoulos 1985—1986, 43—44 及注 32—43。最新参考文献见 Carney 2019, 38—40 及注 18—23, 64—67。

　　② 下文三份引文均依字面意思翻译。

　　③ 该情节参见 Aeschin. 2. 26—29。

　　④ Nep. Iphicr. 3.2; FGrHist 115 F 289: *namque Eurydice, mater Perdiccae et Philippi, cum his duobus pueris Amynta mortuo ad Iphicraten confugit...*

其顿就不会发生任何重大事件,但当腓力掌权后……"①

其余4份史料叙述了腓力担任人质时所经历的磨难,其中两份的最终来源是忒欧姆庞普斯,一份来自庞培乌斯·特洛古斯和尤斯丁②,另一份来自都里斯(Duris)和萨缇鲁斯(Satyrus)③。

尤斯丁记述道:"亚历山大二世在其统治之初,向伊利里亚支付偿金,并将其兄弟腓力送往忒拜作为人质,使马其顿从伊利里亚战争中解脱出来。一段时间后,他又通过腓力恢复了与忒拜人的和平关系。腓力因此将自己与生俱来的卓越才能发挥到了极致,因为他作为人质在忒拜逗留了三年,在这座古老而朴素的城市和厄帕梅农达斯(Epameinondas)家中接受了早期教育,厄帕梅农达斯既是一位杰出的哲学家,也是一位将军。"④迪奥多鲁斯也提及其中的一些内容,但他声称是阿敏塔斯,而非亚历山大二世,将腓力通过伊利里亚人转交给忒拜人⑤:"在阿敏塔斯被伊利里亚人打败并被迫向他们赔款之后,伊利里亚人将阿敏塔斯最小的儿子腓力作为人质,将他交

①《苏达辞书》Κάρανος 词条:Ἀμύντου δὲ τελευτήσαντος, Παυσανίας φυγαδευθεὶς ὑπ' αὐτοῦ πρότερον, κατελθὼν ἐβιάσατο τοὺς παῖδας καὶ κατέσχε τὴν ἀρχήν. Εὐρυδίκη δὲ Ἀθηναίων στρατηγῷ διατρίβοντι περὶ τὴν Μακεδονίαν χρησαμένη συμμάχῳ, τὸν Παυσανίαν ἐκβάλλει, ἕως μὲν οὖν ἦρχον οἱ πρεσβύτεροι, οὐδὲν ἐνεωτερίζετο· Φίλιππος δὲ ἄρξας …

② Hatzopoulos 2018b, 113—116.

③ Hatzopoulos 2018b, 99—106.

④ Just. 7.5.1—3: igitur Alexander inter prima initia regni bellum ab Illyriis pacta mercede et Phlippo fratre dato obside redemit. Interiecto quoque tempore per eundem obsidem cum Thebanis gratiam pacis reconciliat: quae res Philippo maxima incrementa egregiae indolis dedit: siquidem Thebis triennio obses habitus prima pueritiae rudimenta in urbe severitatis antiquae et in domo Epaminondae, summi et philosophi et imperatoris deposuit.

⑤ Diod. 16.2.2—3: Ἀμύντου καταπολεμηθέντος ὑπ' Ἰλλυριῶν καὶ φόρους τοῖς κρατήσασι τελεῖν ἀναγκασθέντος οἱ μὲν Ἰλλυριοὶ λαβόντες εἰς ὁμηρίαν Φίλιππον τὸν νεώτατον τῶν υἱῶν παρέθεντο τοῖς Θηβαίοις. οὗτοι δὲ τῷ Ἐπαμεινώνδου πατρὶ παρέθεντο τὸν νεανίσκον καὶ προσέταξαν ἅμα τηρεῖν ἐπιμελῶς τὴν παρακαταθήκην καὶ προστατεῖν τῆς ἀγωγῆς καὶ παιδείας. τοῦ δ' Ἐπαμεινώνδου Πυθαγόριον ἔχοντος φιλόσοφον ἐπιστάτην συντρεφόμενος ὁ Φίλιππος μετέσχεν ἐπὶ πλεῖον τῶν Πυθαγορίων λόγων.

给忒拜人照看。忒拜人则将这个孩子托付给厄帕梅农达斯的父亲，并命令他既要细心照看腓力，又要监督他的成长和教育。"《苏达辞书》则记载阿敏塔斯将腓力直接移交给忒拜人，而没有经由伊利里亚人之手，且完全没有提及厄帕梅农达斯，而是谈到另一个忒拜人帕梅内斯，据称他是腓力的情人："阿敏塔斯与忒拜人开战后，将年幼的腓力送给他们做人质。据说一个名叫帕梅内斯的忒拜人成了他的情人。"①

剩下的两份史料则讲述了一个不同的、更复杂的故事，而这个故事显然来自另一个史源传统。普鲁塔克的《佩洛皮达斯传》(Life of Pelopidas)的记载最为详细，其最终来源可能是卡利斯忒内斯的《希腊志》(Hellenica)②："佩洛皮达斯向马其顿进军，使帖萨利亚人不再畏惧僭主，并与马其顿人彼此和睦相处。托勒密正在与马其顿国王亚历山大二世开战，双方都邀请佩洛皮达斯作为自己的调解人、法官、盟友和助手，因为双方均认为自己受到了不公正的待遇。佩洛皮达斯到来后解决了分歧，召回了流亡者，并把国王的弟弟腓力和其他30个最杰出的男孩作为人质，将他们安置在忒拜……这就是通过战争而剥夺希腊人自由的腓力二世，当时他还是待在忒拜的一个男孩，住在帕梅内斯家里。正因如此，他赢得了声誉，成为厄帕梅农达斯的拥护者……当时，马其顿又发生了动乱（因为托勒密谋杀了亚历山大二世，篡夺了权力，亚历山大二世的朋友们邀请佩洛皮达斯前来平乱），佩洛皮达斯希望介入其中，但他自己没有士兵，便召集一些当地的雇佣兵，与他们一起进军对抗托勒密。当双方接近时，托勒密用金钱利诱雇佣兵，说服他们站在自己一边，但他畏惧佩洛皮达斯的声望，便去迎接他，向他表示臣服与欢迎，乞求他的恩惠，并承诺为亚历

132

①《苏达辞书》Κάρανος词条：(Ἀμύντας) πολεμήσας δὲ Θηβαίοις ὅμηρον ἔδωκε νέον ὄντα τὸν Φίλιππον οὗ γενέσθαι Θηβαῖόν τινα Παμμένην ὄνομα ἐραστήν, ὥς φασιν.

② Westlake 1939, 11—22.

山大二世的兄弟保留王位,并与忒拜人结好,同仇敌忾。除此之外,他还将自己的儿子菲洛克赛诺斯(Philoxenos)和50多名伙友作为人质交给佩洛皮达斯,后者把他们送到了忒拜⋯⋯"①

相应地,迪奥多鲁斯仅作了概述:"佩洛皮达斯来到拉里萨后,发现马其顿人亚历山大在城堡驻防;他设法劝降了该城,进入了马其顿,并与马其顿国王亚历山大二世结盟,并从国王那里带走了亚历山大二世的弟弟腓力作为人质,将其送往忒拜。"②

学者们耗费大量时间和精力,试图将上述史料统合一致,而首要的困难是年份界定问题。腓力究竟是哪一年来到忒拜的? 迪奥多鲁斯将亚历山大二世开始统治的时间定为公元前370年或前369年,将腓力交给忒拜人的时间定为公元前369年或前368年。根据尤斯丁的说法,腓力在那里停留了三年,这意味着他是在公元前367年或前

133

---

① Plut. Pelop. 26—27: Ὁ δὲ Πελοπίδας ἄδειάν τε πολλὴν ἀπὸ τοῦ τυράννου τοῖς Θεσσαλοῖς ἀπολιπὼν καὶ πρὸς ἀλλήλους ὁμόνοιαν, αὐτὸς εἰς Μακεδονίαν ἀπῆρε, Πτολεμαίου μὲν Ἀλεξάνδρῳ τῷ βασιλεύοντι τῶν Μακεδόνων πολεμοῦντος, ἀμφοτέρων δὲ μεταπεμπομένων ἐκεῖνον ὡς διαλλακτὴν καὶ δικαστὴν καὶ σύμμαχον καὶ βοηθὸν τοῦ δοκοῦντος ἀδικεῖσθαι γενησόμενον. Ἐλθὼν δὲ καὶ διαλύσας τὰς διαφορὰς καὶ καταγαγὼν τοὺς φεύγοντας, ὅμηρον ἔλαβε τὸν ἀδελφὸν τοῦ βασιλέως Φίλιππον καὶ τριάκοντα παῖδας ἄλλους τῶν ἐπιφανεστάτων καὶ κατέστησεν εἰς Θήβας ... Οὗτος ἦν Φίλιππος ὁ τοῖς Ἕλλησιν ὕστερον πολεμήσας ὑπὲρ τῆς ἐλευθερίας, τότε δὲ παῖς ὢν ἐν Θήβαις παρὰ Παμμένει δίαιταν εἶχεν. Ἐκ δὲ τούτου καὶ ζηλωτὴς γεγονέναι ἔδοξεν Ἐπαμεινώνδου ... Ἐν τούτῳ δὲ πάλιν τῶν κατὰ Μακεδονίαν ταραττομένων (ὁ γὰρ Πτολεμαῖος ἀνῃρήκει τὸν βασιλέα καὶ τὴν ἀρχὴν κατέσχεν οἱ δὲ φίλοι τοῦ τεθνηκότος ἐκάλουν τὸν Πελοπίδαν), βουλόμενος δὲ ἐπιφανῆναι τοῖς πράγμασιν, ἰδίους δὲ στρατιώτας οὐκ ἔχων, μισθοφόρους τινὰς αὐτόθεν προσλαβόμενος μετὰ τούτων εὐθὺς ἐβάδιζεν ἐπὶ τὸν Πτολεμαῖον. Ὡς δ᾽ ἐγγὺς ἀλλήλων ἐγένοντο, τοὺς μὲν μισθοφόρους Πτολεμαῖος χρήμασι διαφθείρας ἔπεισεν ὡς αὑτὸν μεταστῆναι, τὴν δὲ Πελοπίδου τὴν δόξαν καὶ τοὔνομα δεδοικὼς ἀπήντησεν ὡς κρείσσονι, καὶ δεξιωσάμενος καὶ δεηθεὶς ὡμολόγησε τὴν μὲν ἀρχὴν τοῖς τοῦ τεθνηκότος ἀδελφοῖς διαφυλάξειν, Θηβαίοις δὲ τὸν αὐτὸν ἐχθρὸν ἕξειν καὶ φίλον ὁμήρους δ᾽ ἐπὶ τούτοις τὸν υἱὸν Φιλόξενον ἔδωκε καὶ πεντήκοντα τῶν ἑταίρων. Τούτους δὲ ἀπέστειλεν εἰς Θήβας ὁ Πελοπίδας ...

② Diod. 15.67.4: Οὗτος δὲ καταντήσας εἰς Λάρισσαν, καὶ καταλαβὼν τὴν ἀκρόπολιν φρουρουμένην ὑπὸ Ἀλεξάνδρου τοῦ Μακεδόνος, ταύτην μὲν παρέλαβεν, εἰς δὲ τὴν Μακεδονίαν παρελθὼν καὶ συμμαχίαν ποιησάμενος πρὸς Ἀλέξανδρον τὸν τῶν Μακεδόνων βασιλέα, ὅμηρον ἔλαβε παρ᾽ αὐτοῦ τὸν ἀδελφὸν Φίλιππον, ὃν ἐξέπεμψεν εἰς Θήβας.

366年(包含该年)返回马其顿的。由于阿敏塔斯三世大概于公元前370年末去世[1],而亚历山大二世在次年遇刺身亡[2],那么腓力不可能在公元前367年前返回马其顿。紧接着,普鲁塔克的详细记述说明佩洛皮达斯在公元前369年和前368年分别对马其顿事务进行了两次干预,并声称腓力沦为人质发生在较早的一次干预之后,当时亚历山大二世还活着,迪奥多鲁斯(15.67.4)支持这一说法(assentiente)。既然如此,当伊菲克拉忒斯从泡萨尼亚斯手中解救欧律迪卡和她的儿子们时,怎么可能"阿敏塔斯刚刚去世,亚历山大是诸兄弟中的长子"呢?要么是普鲁塔克和迪奥多鲁斯记述有误,要么是埃斯奇内斯无耻地捏造了欧律迪卡如何将佩尔迪卡斯抱在伊菲克拉忒斯怀里、小男孩腓力向这位将军跪下祈求帮助的情景。[3]大多数学者都倾向于采信几乎同时代的埃斯奇内斯的记述,并批评普鲁塔克和迪奥多鲁斯混淆了佩洛皮达斯的两次干预。艾马尔建议将佩洛皮达斯的第一次干预和移交腓力的时间定于公元前369年,将欧律迪卡向伊菲克拉忒斯求援和佩洛皮达斯的第二次干预定在公元前368年,将腓力返回马其顿的时间定在公元前367年[4];他勇敢地为两位历史学家辩护,并指责埃斯奇内斯故意撒谎。随后,玛尔塔·索尔迪(Marta Sordi)[5]、约翰·巴克勒(J. Buckler)[6]以及哈蒙德(意见略有不同)[7]均

---

[1] Hammond, *History II* 179.

[2] Diod. 15.60.3.

[3] Aeschin. 2.26:μετεπέμψατο αὐτὸν (即 Ἰφικράτην) Εὐρυδίκη ἡ μήτηρ ἡ σή, καὶ ὥς γε δὴ λέγουσιν οἱ παρόντες πάντες, Περδίκκαν μὲν τὸν ἀδελφὸν τὸν σὸν καταστήσασα εἰς τὰς χεῖρας τὰς Ἰφικράτους, σὲ δὲ εἰς τὰ γόνατα τὰ ἐκείνου θεῖσα παιδίον ὄντα εἶπεν, κλπ.

[4] Aymard 1954, 26 (=*Etudes* 427)及32 (=*Etudes* 431—432)。

[5] Sordi 1975, 57—59.

[6] Buckler 1980, 245—249.

[7] Hammond in Hammond/Griffith 184注3。哈蒙德声称他"大体上同意艾马尔的观点",但在页181至185中,他把佩洛皮达斯的第一次干预定为公元前368年,将亚历山大二世遇刺定为"公元前368年或前367年初",将欧律狄卡向伊菲克拉忒斯求助定为"公元前367年初",把佩洛皮达斯的第二次干预定为"公元前367年春季"。

持该论。

无论是大多数现代史学家对普鲁塔克和迪奥多鲁斯记述的拒斥，还是艾马尔和观点相同或相近的人对埃斯奇内斯叙述的批评，抑或伊丽莎白·卡尼（Elizabeth Carney）对这一关键问题的详尽讨论，都没有提供令人满意的答案①。这些作者表面上看来（*prima facie*）均足以采信，排除这些详细的叙述似乎有些武断，此外还导致几个问题悬而未决，艾马尔自己也有所提及：为什么埃斯奇内斯和普鲁塔克的叙述之间毫无重合？为什么普鲁塔克没有提到伊菲克拉忒斯，而埃斯奇内斯没有提到佩洛皮达斯，尽管他们应在同一年活跃在马其顿？②人们甚至会感觉这些事件发生在不同的国家或不同的时期。为什么托勒密完全没有出现在埃斯奇内斯关于伊菲克拉忒斯事件的详细叙述中？他据说是欧律迪卡的情人乃至配偶，她儿子们的摄政和监护人。此外，什么情况让雅典人觉得形势有利于收复安菲波利斯，并促使伊菲克拉忒斯在公元前368年或前367年被派往马其顿？这一年里并没有关于此类事件的记载。更糟的是，在吕西斯特剌托斯（Lysistratos）担任雅典最高行政官期间（公元前369年或前368年），没有发现伊菲克拉忒斯被任命为军政官的记录。最后，埃斯奇内斯怎么敢在腓力的面前称赞伊菲克拉忒斯的干预，而事实上，干预之后获益最大的人无疑是托勒密，这个谋杀了腓力长兄并篡夺了王位，因而备受鄙视的野心家？显然，重新研究史料来源至关重要。

在三份提及伊菲克拉忒斯干预的记载中，科尔内利乌斯·内珀斯转引的忒欧姆庞普斯叙述和同源的《苏达辞书》均直接将其时间定为阿敏塔斯三世之死，而非亚历山大二世之死，这是巧合，疏忽抑或是故意遗漏？略作推敲，便会发现埃斯奇内斯的文本存在问题。没有人想

---

① Carney 2019, 38—41及64—67。

② 公元前368年（根据艾马尔的观点）或公元前367年（根据哈蒙德的观点）。

明确表述一个事件发生的日期,像埃斯奇内斯这样熟练的修辞大师更不会这样做,他会写道,"阿敏塔斯不久前去世,亚历山大二世是诸兄弟中的长子",并将副词"不久前"(νεωστί)与最近去世的阿敏塔斯搭配,而非与更早逝世的人搭配。一百多年前,一位杰出的德国语文学家格奥尔格·弗里德里希·翁格(G. F. Unger)发现了这个问题,并意识到在埃斯奇内斯提及亚历山大之后的文本存在缺漏,他提供了一些可供参考的补缺:"阿敏塔斯不久前去世,亚历山大是诸兄弟中的长子,〈此时正忙于应付伊利里亚人〉"(Ἀμύντα νεωστὶ τετελευτηκότος καὶ Ἀλεξάνδρου τοῦ πρεσβυτάτου τῶν ἀδελφῶν 〈περὶ τοὺς Ἰλλυριοὺς ἀσχολουμένου〉)[1]。不幸的是,他的贡献最终彻底湮没了。根据类似的思路,笔者独立地提出了同样的看法,并将原文补全为:"阿敏塔斯不久前去世,亚历山大是诸兄弟中的长子,〈此时正与伊利里亚人作战〉,佩尔迪卡斯与腓力还是孩子……"(Ἀμύντου νεωστὶ τετελευτηκότος καὶ Ἀλεξάνδρου 〈μὲν〉 τοῦ πρεσβυτάτου τῶν ἀδελφῶν 〈ἐπὶ τοὺς Ἰλλυριοὺς στρατεύοντος〉, Περδίκκου δὲ καὶ Φιλίππου παίδων ὄντων……),却发现翁格尔早有尝试(但略有差异)[2]。笔者以希腊文写的论文没有引起注意,或同样湮没了。幸运的是,20年后,罗宾·莱恩·福克斯发现了这篇文章,并提出了一个更为保守的修正:"阿敏塔斯不久前去世,亚历山大是诸兄弟中的长子,〈此时正统治着[马其顿]〉,佩尔迪卡斯与腓力还是孩子……"(Ἀμύντου νεωστὶ τετελευτηκότος καὶ Ἀλεξάνδρου 〈μὲν〉 τοῦ πρεσβυτάτου τῶν ἀδελφῶν 〈βασιλεύοντος〉, Περδίκκου δὲ καὶ Φιλίππου παίδων ὄντων……)[3]

　　至此,这些事件可以依照逻辑顺序而串联起来了。公元前372年或前371年,阿敏塔斯三世派马其顿代表参加了在斯巴达

---

①　Unger 1882, 159—161.

②　Hatzopoulos 1985—1986, 46—47.

③　Lane Fox 2011b, 259.

进行的泛希腊人大会,大会正式承认了雅典对安菲波利斯的主权。在这一有利形势下,雅典人于公元前370年或前369年派遣军政官伊菲克拉忒斯收复安菲波利斯。自此我们便可以采信埃斯奇内斯的叙述:在此期间,阿敏塔斯去世,他的继任者亚历山大二世可能卷入了西部边境对伊利里亚人的战争(Justin 7.5.1—3)或在帖萨利亚北部的战争(Diod. 61.4—5;15.67.4),从而给泡萨尼阿斯提供了从东方入侵马其顿夺取王位的机会。欧律迪卡寻求伊菲克拉忒斯的帮助,后者受到触动①,将篡位者赶出马其顿,为她的孩子们保住了王位。随后,埃斯奇内斯的叙述中出现了一段缺漏,可由普鲁塔克的记述进行补缺,包括亚历山大国王和托勒密(可能是他的妹夫)之间的争吵、佩洛皮达斯的首次干预、腓力作为人质被交给忒拜将军及马其顿国王遇刺等一系列事件。随后,无论是埃斯奇内斯所说,"[托勒密]已经被任命为摄政"(ὡς ἦν ἐπίτροπος καθεστηκὼς τῶν πραγμάτων),抑或普鲁塔克记载的"托勒密已经除掉了国王"(ὁ γὰρ Πτολεμαῖος ἀνῃρήκει τὸν βασιλέα),均以过去完成时态叙述托勒密已杀死亚历山大,并掌握了权力。②

4.1.3　腓力的摄政时期?

腓力二世的摄政经历是另一个困扰马其顿学者的世纪难题。尤斯丁提供了一份孤立的重要证词,其最终来源为忒欧姆庞普斯:"很长一段时间里,腓力并非以国王的身份,而是以监护人的身份进行统治。然而,随着更严重的战争威胁的迫近,马其顿人没有时间

---

① 根据 Aeschines, 2.28 的说法,阿敏塔斯三世收养了伊菲克拉忒斯。
② Carney 1919, 129 注 2 不加解释地拒斥了这一建议:"我不认为这些说法具备说服力。"

136 再等待婴儿长大,便迫使腓力继承了王位。"①大多数学者都接受了这一说法,并将语义含混的拉丁语副词"很长一段时间内"(diu)分别作出了从"几天"到"几年"不等的解释②。1896 年,乌尔里希·科勒(U. Köhler)出版了波厄提亚的特罗佛尼欧斯(Trophonios)圣所碑文的重辑本,似乎证实了贾斯汀的记载③。原碑文已经佚失,但理查德·波科克(R. Pocock)和威廉·马丁·里克(W. M. Leake)分别于 18 世纪初和 19 世纪初进行了抄录复写,从而科勒能够令人信服地将第七行至第八行重构为"阿敏塔斯之子佩尔迪卡斯,马其顿人的国王"($[Ἀμ]ύντα[ς] Π[εϱ]δί[κ]|κα [Μα]κεδόνων βασιλεύ[ς]$)。鉴于此处使用的国王名字与父称,这位佩尔迪卡斯必然是腓力二世的侄子,在被叔叔夺取王位前,他应当参拜过特罗佛尼欧斯圣所。然而,约翰·埃利斯于 1971 年发表了一篇重要文章,采用欧罗珀附近安菲阿劳斯(Amphiaraos)圣所的两份荣誉颁授法令(honorary decrees)和一份献辞④,令人信服地论证了特罗佛尼欧斯碑文铭刻于亚历山大大帝即位之初的动乱时期。⑤为增强其论证力度,埃利斯断言腓力从一开始就拥有国王的头衔,没有经过摄政阶段,因为埃斯奇内斯的后世注家(scholiast)⑥和迪奥多鲁斯在描述腓力开始掌权时均使用了动词"作为国王而统治"($βασιλεύω$)。⑦然而,这一论点并不令人信

① Just. 7.5.9—1:"*itaque Philippus diu non regem, sed tutorem pupilli egit. At ubi graviora bella inminebant serumque auxilium in expectatione infantis erat, conpulsus a populo regnum suscepit*".

② 参见 Ellis 1971, 16 注 14 中提供的几个例子。

③ Köhler 1889, 640—643.

④ Petrakos 1997,注 1、注 2、注 342。

⑤ Ellis 1971, 15—24.

⑥ *Schol. to Aesch.* 3.51:"在卡利梅得斯担任执政官的年份,即第一百零五届奥林匹亚赛会的第一年,腓力成为马其顿的国王"($ἐπὶ ἄϱχοντος Καλλιμήδους τῷ α' ἔτει τῆς ϱε' Ὀλυμπιάδος, ᾧ ἔτει Φίλιππος ἐβασίλευσε Μακεδονίας$);Diod. 16.1.3:"他[腓力二世]作为国王统治了 24 年"($οὗτος γὰϱ εἴκοσι μὲν καὶ τέτταϱα ἔτη ἐβασίλευσεν$)。

⑦ Ellis, "Amyntas" 15.

服,因为同一位迪奥多鲁斯毫不犹豫地使用了同一个动词来表示托勒密的执政时期①,而托勒密从未成为国王,仅仅作为佩尔迪卡斯三世的监护人进行统治。因此,笔者在1982年写道:"最可信的假设仍然是安德烈·艾马尔首次提出②,随后由安娜·玛丽亚·普雷斯蒂安尼·贾洛姆巴尔多(Anna Maria Prestianni Giallombardo)加以发展的假设③:佩尔迪卡斯三世之子阿敏塔斯四世在腓力生前从未登基称王。佩尔迪卡斯三世死后,马其顿国王之位空缺;腓力成为摄政直至公元前357年底或公元前356年初,这一日期与尤斯丁的叙述相符(7.5.10:"更严重的战争威胁"[*graviora bella*],即伊利里亚、派奥尼亚和色雷斯国王结盟,随后雅典加入联盟,一同攻击马其顿)④,也符合编年史(chronographic)传统中的四年'国王缺位'(anarchy)时期。"⑤

137

  显然,关于马其顿,尤其是关于腓力二世的研究汗牛充栋,而许多学者都不去读自己同行的作品,导致"许多人活着仿佛如同拥有自己的智慧一般"(ζώουσι οἱ πολλοὶ ὡς ἰδίην ἔχοντες φϱόνησιν)⑥。格里芬(1979年)在写作时没有考虑艾马尔的论述⑦,博尔扎(1990年)沿袭

---

  ① Diod. 15.71.1:"在此期间,阿洛罗斯人托勒密,阿敏塔斯三世之子,谋杀了他的兄弟亚历山大二世,并统治了马其顿三年"(ἐπὶ δὲ τούτων Πτολεμαῖος ὁ Ἀλωϱίτης ὁ Ἀμύντου υἱὸς ἐδολοφόνησεν Ἀλέξανδϱον τὸν ἀδελφόν, καὶ ἐβασίλευσε τῆς Μακεδονίας ἔτη τϱία);15.75.5:"托勒密在马其顿被他的兄弟佩尔迪卡斯三世谋杀,他的统治持续了三年"(κατὰ τὴν Μακεδονίαν Πτολεμαῖος μὲν ὁ Ἀλωϱίτης ἐδολοφονήϑη ὑπὸ τἀδελφοῦ Πεϱδίκκα, βασιλεύσας ἔτη τϱία)。

  ② Aymard 1952, 85—96(= *Etudes* 123—135).

  ③ Prestianni Giallombardo 1973—1974,见于多处;Prestianni Giallombardo 1975, 39—45。

  ④ Diod. 16.22.3; Tod, *GHI* 注157,页167至170。

  ⑤ Hatzopoulos 1982, 42,比较 Hatzopoulos 1986, 280—281。

  ⑥ Sextus Empiricus, *Adv. Math.* 7.133 所引 Heraclitus:"许多人活着仿佛如同拥有自己的智慧一般"。

  ⑦ Griffith in Hammond/Griffith 1979, 208—209; 702—704.

了格里菲斯的观点[1]，而哈蒙德(1994年)则提出了自己的观点[2]。他们几乎全部的门生后人(Epigoni)都没采信尤斯丁的记载。[3]最近一个值得注意的例外是布拉塞利斯，他重新分析了马其顿摄政制度($\dot{\varepsilon}\pi\iota\tau\varrho\sigma\pi\varepsilon\dot{\iota}\alpha$)的基础。他的结论是"我们没有理由拒绝尤斯丁的说法"[4]。安提戈诺斯·多松作为年轻的腓力五世的监护人，他的情况与此类似，但有所不同，表明这是马其顿"宪法"(无论这一概念是否贴切)规定的常规做法[5]。王位可以在一段时间内处于空缺状态。碑铭证据表明，王位继承人在达到一定年龄(十五岁左右，存疑)之前不能登基。[6]实际上，在德米特里亚斯发现的一份克里特雇佣兵献给"给予者"安提戈诺斯和腓力五世的献辞上，只有安提戈诺斯的头衔是"国王"[7]；然而，在稍晚一些的佩拉的一块瓦片上写有腓力五世和安提戈诺斯的名字，两人均被称呼为"国王"。[8]

4.1.4　腓力二世的妻子们

138　　　萨缇鲁斯为我们提供了唯一的相关记载，他声称腓力二世有七位妻子，并列举了每次婚姻所生后代的名字[9]："马其顿人腓力不像被亚历山大大帝推翻的大流士三世(Dareios)那样带着女人去打仗，后者虽然为自己的全部财产而战，却带着360名妻妾，迪凯阿尔库斯(Di-

---

① Borza 1992², 200—201.

② Hammond 1994a, 23—24.

③ S. Müller 216, 237及注6参考文献。

④ Buraselis 2017, 59—74特别是63—64。比较 Hatzopoulos 1986, 288—289。

⑤ Buraselis 2017, 64.

⑥ Hatzopoulos 2016b, 36；比较 Hammond/Walbank 1988, 166中 Hammond 撰写的段落；Livy 45.32.1。

⑦ Pouilloux/Verdélis 1950, 33—47.

⑧ Makaronas/Yuri 1989, 192.

⑨ *FHG* III p. 161, fr. 5 ＝Athen. *Deipn.* 13.557b—e。比较 Just. 9.8.2—3中的名单概要。

caearchus)在他的《希腊民族传》(Βίος Έλλάδος)第三卷中便有所提及；然而,腓力总是在战争期间结婚。'无论如何,在22岁登基时①,他娶了伊利里亚人奥达塔(Audata)为妻(根据萨缇鲁斯的《腓力二世生平》[Life]),并生下了女儿奇纳(Kynna);他还娶了德尔达斯和玛卡塔斯的妹妹菲拉为妻。他也想征服帖萨利亚人,因而与两个帖萨利亚女人育有孩子,其中一位是佩莱的尼刻斯波利斯(Nikesipolis of Pherai),她生下了帖萨洛尼刻(Thessalonike),另一个是拉里萨的菲林纳(Philinna of Larissa),她生下了阿尔瑞达约斯。腓力还娶了奥林匹亚斯(Olympias)为妻,从而获得摩洛西亚王国的拥有权,她生下了亚历山大三世和克勒欧帕特剌(Kleopatra)。当腓力征服色雷斯时,色雷斯国王科忒拉斯(Kothelas)带着他的女儿梅达(Meda)和许多礼物前来投奔他,腓力便在奥林皮亚斯之后又娶了她。除此之外,他还爱上并娶了希珀斯特剌托斯(Hippostratos)的妹妹,阿塔洛斯的侄女克勒欧帕特剌,并将其介绍给了自己的家庭成员,使自己的生活陷入混乱。'"

这份简短的文本引出了许多问题:这份名单是否按照时间顺序排列? 这七位女性是否都享有国王配偶的特权地位? 是否所有(男性)后代都同等享有马其顿王位继承人的地位?②

关于第一个问题:这份名单粗看似乎是按时间顺序排列的,但我们不应指望古希腊作家会严格地遵守这一顺序,旁逸斜出或追求风格等其他因素都可能随时干扰最初的叙述顺序。腓力的婚姻中仅有三次可以确定日期:与奥林匹亚斯的婚姻发生于公元前357年(10月,存疑)③,与

---

① 关于译文,参见本书页162。

② 关于萨缇鲁斯作品残篇的详尽历史研究(及完整的早期研究文献名录)参见 Prestianni Giallombardo 1976—1977, 81—110。埃利斯对萨缇鲁斯作品残篇的评注有许多已成学界共识(Ellis 1981, 111—115)。萨缇鲁斯作品的语文学路径评述参见 Tronson 1984, 116—126。关于腓力的"多妻"(polygamy)参见 Müller, S. 2016, 62—64,注320—240,以及相应参考文献。

③ Beloch 1922² (*Geschichte* III² 2) 68.

139　　梅达的婚姻为公元前341年,与克勒欧帕特剌的婚姻为公元前337年[①],
其他四次婚姻的日期均只能依靠猜测。萨缇鲁斯将腓力的第一次婚姻
(迎娶奥达塔)合理地定为公元前360年,当时佩尔迪卡斯三世遭遇惨
败,腓力需要为其争取时间(Diod. 16.2.4—5)[②],或是公元前359年,腓力
战胜伊利里亚国王巴尔迪利斯(Bardylis)后与之签订和约(Diod.
16.4.7)。根据阿里安《亚历山大远征记》中的一段话[③],有学者提出奥达
塔在进入马其顿王室后,采用了希腊"王室"的名字"欧律迪卡"(Eury-
dika/Eurydike),几十年后她的孙女哈得阿(Hadea)也采用了这个
名字。[④]

　　菲拉,即德尔达斯和玛卡塔斯的妹妹,其情况更为模糊。我们只
能确定她属于厄利梅亚王室。埃利斯声称公元前448年在奥林托斯
被腓力俘虏的一位名叫德尔达斯的马其顿人便是菲拉的一个哥
哥[⑤],并猜测腓力与她成婚的日期可能早于奥达塔,从而在厄利梅亚
的合法国王被驱逐和流放后做出安抚厄利梅亚人的姿态。[⑥]然而,
腓力与菲拉的婚姻或许属于马其顿王室收继婚制(levirate mar-
riages)习俗的另一个例证[⑦]。菲拉可能是佩尔迪卡斯三世的妻子和

---

① Cawkwell 1978, 178; Heckel 1981, 54.

② 比较 Green 1982, 139。

③ *FGrHist* 156 = Arr. *Succ.* 22:"而奇纳的父亲是腓力,即亚历山大的父亲,她的
母亲是欧律狄刻"(Ἡ δὲ Κυννάνη Φίλιππον μὲν εἶχε πατέρα, ὃν καὶ Ἀλέξανδρος, ἐκ δὲ μητρὸς
Εὐρυδίκης ἦν)。

④ *FGrHist* 156 = Arr. *Succ.* 23:"奇纳带着自己的女儿哈得阿,哈得阿后来改名
为欧律狄刻,嫁给了阿尔瑞达约斯"(Ἧγε δὲ ἡ Κυννάνη Ἀδέαν τὴν αὑτῆς θυγατέρα, ἥτις
ὕστερον Εὐρυδίκη μετωνομάσθη, τῷ Ἀρριδαίῳ εἰς γυναῖκα)。

⑤ *FGrHist* 115 F 143 = Ath. *Deipn.* 10.436c.

⑥ Ellis 1976, 38 and 46;比较 Ellis 1981, 112。第一个作出这种日期推断的是
Beloch 1922² (*Geschichte* III² 2) 68。

⑦ 根据柏拉图的说法(Plat. *Gorg.* 471 a—d),阿尔刻劳斯娶了其父佩尔迪卡斯二
世的最后一位妻子克勒欧帕特剌,而尤忒斯丁(引述欧姆庞普斯)声称阿洛罗斯人托勒
密娶了其兄亚历山大二世的遗孀(Just. 7.4.7)。另参见 Ogden 1999, XIX—XX;及 Og-
den 2011, 99—104。

阿敏塔斯四世的母亲,腓力会效仿阿尔刻劳斯和阿洛罗斯人托勒密,
他们分别与克勒欧帕特剌和欧律迪卡结婚,以巩固自己作为储君监
护人的地位。无论如何,再没有任何菲拉的记载流传下来,而腓力不
久后又缔结了另一桩婚姻。

　　萨缇鲁斯将腓力与菲林纳的婚姻及他与尼刻西波利斯的婚姻
一同叙述,可能是考虑到俩人均拥有帖萨利亚血统,但这打乱了预
想的时间顺序:不仅后一桩婚姻被推至腓力与摩洛西亚的奥林匹
亚斯结婚之前,并且腓力与帖萨利亚人联姻的时间顺序也被颠倒,
其意图或许是印证作者开头所宣称的战争与婚姻之间存在紧密联
系①。事实上,腓力与拉里萨的菲林纳的婚姻必定发生在公元前
358年,即在公元前359年或前358年迎娶菲拉与公元前357年迎娶
奥林匹亚斯之间,其动机应当是腓力试图获得著名的阿勒乌阿斯
家族(Aleuadai)的支持。另一方面,腓力与尼刻西波利斯的婚姻,
其背景应当是公元前352年腓力统治下的帖萨利亚同盟(Thes-
salian Koinon)战胜佩莱的僭主②,他们的女儿被命名为"帖萨洛尼
刻"("帖萨利亚的胜利")绝非偶然。特隆森(Tronson)试图通过时
间顺序阐释萨缇鲁斯的这段文本,并认为腓力与两位帖萨利亚女
人的婚姻早于他与奥林匹亚斯成婚,但缺乏说服力③。我们获悉,
尼刻西波利斯在生下帖萨洛尼刻二十天后便去世了④。如果这个

140

————————
① Ellis 1981, 112.
② 参见 Prestianni Giallombardo 1976—1977, 88 注 19 中更早先的参考文献。
③ Tronson 1984, 122.
④ Steph. Byz."Θεσσαλονίκη"词条:"塔剌人路奇乌斯写了一卷关于帖萨洛尼刻的
书,他说,腓力看到一个漂亮而高贵的女孩(雅宋的侄女)后,娶她为妻。她在分娩
后的第20天去世。腓力将这个孩子托付给名叫尼刻的人抚养,并命名为'帖萨洛尼
刻',因为这个孩子的母亲被称为'尼刻西波利斯'"(... Λούκιος δὲ ὁ Ταρραῖος περὶ
Θεσσαλονίκης βιβλίον ἔγραψεν, ὅς φησιν ὅτι Φίλιππος θεασάμενος κόρην εὐπρεπῆ καὶ εὐγενῆ
[Ἰάσονος γὰρ ἦν ἀδελφιδῆ] ἔγημε, καὶ τεκοῦσα τῇ εἰκοστῇ ἡμέρᾳ τῆς λοχείας τέθνηκεν.
ἀναλαβὼν δὲ ὁ Φίλιππος τὸ παιδίον ἔδωκε Νίκῃ τρέφειν καὶ ἐκάλεσε Θεσσαλονίκην ἡ γὰρ μήτηρ
τοῦ παιδίου Νικασίπολις ἐκέκλητο). 比较 Plut. Coniug. praec. 23, 141 b—c。

孩子是在公元前 356 年之前出生的,那么当她在公元前 315 年嫁给卡山德时,帖萨洛尼刻已经 40 多岁了,再诞下三个儿子该是何等困难!

腓力在与尼刻西波利斯短暂的婚姻之后没有再缔结新的婚姻,直至他在色雷斯的战役末期(公元前 342 年至公元前 339 年),他迎娶了梅达(可能发生于公元前 341 年[①]),因而巩固了他与革泰人(Getai)国王科忒拉斯的联盟[②]。过往大量的学术研究讨论了腓力的妻子和后代的地位。奥达塔、梅达或菲林纳等人,她们是蛮族还是所谓的下层妇女?她们属于正妻还是侧室?她们的孩子,如阿尔瑞达约斯,是婚生还是私生子女?萨缇鲁斯所使用的"生育孩童"($\pi\alpha\iota\delta o\pi o\iota\tilde{\omega}$ 或 $\tau\varepsilon\kappa\nu\tilde{\omega}$)等动词,是否与"婚娶"($\gamma\alpha\mu\tilde{\omega}$)具有相同的法律内涵?[③]路易·热尔内(L. Gernet)和让-皮埃尔·韦尔南(J.-P. Vernant)分别撰写了两篇重要文章,从其他案例出发,分别解决了这些问题[④]。僭主和国王并不像平民那样受到法律的限制:只要他们认为在政治上是明智的,便就会缔结新的婚姻,而不必破坏已结的婚姻。妻子及其子女的地位与其说取决于法律条文(正妻与侧室、婚生子与私生子),不如说取

141

---

① Hammond/Griffith 1979, 725。其他日期参见 Prestianni Giallombardo 1976—1977, 99—100 及注 60。

② 忒欧姆庞普斯的叙述有旁证支持,参见 Iordanes, *Getica* 10.65:"他娶了古迪拉(Gudila)国王的女儿梅多帕姆(Medopam)为妻,通过这种联姻来巩固马其顿王国"(*Medopam Gudilae regis filiam accepit uxorem ut tali affinitate roboratus Macedonum regna firmaret*);以及 Steph. Byz. "$\Gamma\varepsilon\tau\iota\alpha$"词条:"该词存在阴性形式[即 $\Gamma\acute{\varepsilon}\tau\iota\varsigma$]"($\check{\varepsilon}\sigma\tau\iota\ \varkappa\alpha\grave{\iota}\ \vartheta\eta\lambda\upsilon\varkappa\tilde{\omega}\varsigma$)及"$\Gamma\acute{\varepsilon}\tau\iota\varsigma$"词条:"这是阿敏塔斯之子腓力之妻的名字……根据革泰人的法律,当丈夫去世时,妻子会被杀死殉葬"($o\check{\upsilon}\tau\omega\ \gamma\grave{\alpha}\varrho\ \acute{\varepsilon}\varkappa\alpha\lambda\varepsilon\tilde{\iota}\tau o\ \acute{\eta}\ \gamma\upsilon\nu\grave{\eta}\ \tau o\tilde{\upsilon}\ \Phi\iota\lambda\acute{\iota}\pi\pi o\upsilon\ \tau o\tilde{\upsilon}\ A\mu\acute{\upsilon}\nu\tau o\upsilon\ ...\ \nu\acute{o}\mu o\iota\ \delta\grave{\varepsilon}\ \Gamma\varepsilon\tau\tilde{\omega}\nu\ \tau\grave{o}\ \acute{\varepsilon}\pi\iota\sigma\varphi\acute{\alpha}\zeta\varepsilon\iota\nu\ \tau\grave{\eta}\nu\ \gamma\upsilon\nu\alpha\tilde{\iota}\varkappa\alpha\ \tau\tilde{\omega}\ \acute{\alpha}\nu\delta\varrho\acute{\iota}$)。

③ 比较 Prestianni Giallombardo 1976—1977, 81—84 及相应参考文献。

④ Gernet 1954, 42—45(=*Anthropologie de la Grèce antique* (Paris 1968) 345—348); Vernant 1973, 58—74。比较 Ellis 1986, 212—213 及 302。腓力二世妻子与儿子们地位存在差异,少数仍坚持这一观点的学者参见 Green 1982, 129—151 特别是 138—145。

决于家主对他们的尊敬(τιμή)①。萨缇鲁斯使用某一特定动词纯粹出于风格变化(variatio),他列举的腓力的全部妻子及其各自的子女都应被视为具备完全的法律地位。

马其顿王室的一夫多妻制已成为妇女和性别研究框架内的热门话题。②学者们的想象有时天马行空,以耸人听闻的标题展开写作③,但如果我们冷静地研究一下腓力的妻子们,便会发现这位马其顿国王并非一位骄傲的后宫狮王,从一位配偶的床上欢快地跳上另一位配偶的床第。此外,希腊一夫多妻制僭主的例子近在眼前,人们却荒谬将马其顿王室一夫多妻制的起源追溯至截然不同的阿契美尼德模式④,即波斯国王与他众多的妻子和360个(或365个)侍妾⑤生活在一起,一年中的每一日都由一位陪伴。实际上,奥达塔在生下奇纳后便销声匿迹,菲拉也无声无息地消失了,而菲林纳生下一个智力低下的儿子后,我们也没有再读到关于她的记载⑥。腓力不愿再与她生育孩子也不难料想。第一位与他建立稳定关系的女人是奥林匹亚斯,她生下一个健康的儿子亚历山大,几年后又生下了一个同样正常的女儿克勒欧帕特剌。另一方面,腓力后来与尼刻西波利斯的婚姻也很短暂,因为她在生下一个孩子帖萨洛尼刻几天后便去世了。倘若普鲁塔克的说法足以采信,即奥林匹亚斯对尼刻西波利斯颇为宽仁,那么她短暂的存在并没有

142

---

① 根据 Müller, S. 2013, 31—32 的观点,一位王室女性的权力取决于她家庭的社会地位、她的家族声望、她为王室丈夫生育男孩的能力、她丈夫的声望以及她自身的能力。

② 例如,请参阅 Elizabeth Carney 就这一主题撰写的多篇文章。

③ 比较 Mortensen 1992, 156—171; Ogden 1999; Ogden 2007, 357—369; Ogden 2009, 203—217; Ogden 2011。

④ Müller, S. 2016, 62.

⑤ Briant 1996, 289—297.

⑥ 尽管奥林匹亚斯的政敌散布流言,声称奥林匹亚斯用药物毒害了一个原本正常的孩子的智力(Plut. *Alex.* 77.5)。

干扰腓力与亚历山大母亲的关系。国王与梅达的婚姻同样短暂，她在婚后就消失了，没有留下任何记载。人们不禁要问，上下文中提到的革泰人的葬礼习俗和仪式是否暗示着这位国王的配偶转瞬即逝。公元前337年腓力迎娶克勒欧帕特剌时，生于公元前375年左右[①]的奥林匹亚斯已年届四十，过了生育年龄。因此，如果需要一个"后备"继承人，腓力不得不另寻她人。然而，即使在源自忒欧姆庞普斯的《腓力史》(*Philippic Histories*)关于腓力婚礼会饮的丑闻叙述中，腓力与亚历山大之间产生裂痕的直接原因(见下文)也并非与克勒欧帕特剌的婚姻本身，而是阿塔洛斯侮辱性的祝酒词。[②]

4.2　父与子：腓力与亚历山大

4.2.1　腓力遇刺

　　讨论腓力二世与其儿子、继承人和继业者亚历山大三世之间关系的论文或篇章不胜枚举。这毫不令人意外。亚历山大的话题热度从未冷却，而韦尔吉纳王室陵墓的轰动性发现则将他的父亲提升到了几乎同等的地位。这个话题不仅是轶事，而且的确具有重大意义，因为它在很大程度上决定了我们对亚历山大生平和相关记述的解读。格外重要的是亚历山大在公元前336年10月那个关键日子里的立场，这一天腓力二世遇刺，亚历山大继承了他的马其顿王位。关于这一天的记述与解释，不仅有两种现代学术传统相碰撞，同样也有两

---

① Berve 1926注581。
② Howe 2015, 143—145.

种相对立的古代历史编纂学传统。关于腓力二世之死的现代讨论几乎全部集中在亚历山大是否参与了父亲谋杀的问题上。他是有罪还是无罪？似乎这个问题的答案决定了他未来的行为，或者是对他行为的阐释。事实上，在很多情况下，并非调查的结果揭示了他的性格和未来将施行的政策，而是历史学家对这位年轻王子的个性所持的先入为主且深信不疑的看法，决定了他们对亚历山大有罪或无罪的裁决。

尽管亚历山大清楚泡萨尼亚斯的意图，但他怂恿腓力的近卫杀死了他的父亲，至少是没有采取任何行动阻止他——这一传言在同时代的历史作品中便已出现①。经尤斯丁（9.7.1）流传下来的忒欧姆庞普斯的《腓力史》记载道："人们还认为这是由亚历山大之母奥林匹亚斯指使的，而且亚历山大本人也对父亲遇刺并非毫不知情"（*creditum est etiam immissum ab Olympiade matre Alexandri fuisse, nec ipsum Alexandrum ignarum paternae caedis existisse*），以及"人们认为在他们二人[奥林匹亚斯和亚历山大]的刺激下，泡萨尼亚斯对羞辱自己的人未能得到惩罚而充满愤怒，从而犯下了如此重大的罪行"（*his stimulis irarum utrique Pausaniam de impunitate stupri sui querentem ad tantum facinus impulisse creduntur*）。这一指控在普鲁塔克的《亚历山大传》（Plut. *Alex.* 10.6）中再次出现："有些诽谤甚至指向亚历山大。因为，据说当泡萨尼亚斯在遭受凌辱后向他求助，哀叹自己的不幸时，亚历山大引用了《美狄亚》（*Medeia*）中的短长格（iambic）诗行：'[伤害]新娘的父亲、新郎和新娘。'"②但是，如此严重的指控需要更多旁证以解释与确认。腓力和亚历山大的关

143

---

① 下文参见 Hatzopoulos 2018b。

② 希腊文原文为："Ἔθιγε δέ τις καὶ Ἀλεξάνδρου διαβολή. λέγεται γὰρ ἐντυχόντος αὐτῷ τοῦ Παυσανίου μετὰ τὴν ὕβριν ἐκείνην καὶ ἀποδυρομένου προενέγκασθαι τὸ τῆς Μηδείας ἰαμβεῖον· 'τὸν δόντα καὶ γήμαντα καὶ γαμουμένην'。"

系在公元前337年出现裂痕是不争的事实,同时代的史料,包括尤斯丁所引的忒欧姆庞普斯①与阿里安②(可能采用了托勒密的记述)③均有记载。同样毋庸置疑的是,裂痕产生的根本原因是腓力与克勒欧帕特剌·欧律迪刻的婚姻,亚历山大的母亲奥林匹亚斯因此"蒙羞",这意味着她不再是马其顿宫廷中最尊贵的女人。阿塔洛斯侮辱性的祝酒辞、亚历山大对克勒欧帕特剌的叔叔和自己父亲的精妙驳斥,再加上一些四处丢掷的餐具,一系列添油加醋轻易地使得这一事件变得更加"生动鲜活"。然而,这并非事情的全部,因为尤斯丁所引的忒欧姆庞普斯清楚地指出,尽管困难重重,但父子之间随后便冰释如初:"[亚历山大]几乎不理会父亲的召唤,直到愤怒稍稍平息,最终在亲属们的恳求下,他才勉强回去"(*vixque revocanti mitigatus est patri precibusque cognatorum aegre redire compulsus*)。人们还需要(乃至捏造)另一个事件,从而让父子的和解最终徒劳无功。

144　　　亚历山大的同伴被流放与腓力和克勒欧帕特剌的婚礼被分开叙

---

① Just. 9.7.3—5:"于是,亚历山大在宴会上先是与阿塔洛斯争吵,随后又与自己的父亲争吵,气得腓力拔剑追赶他,几乎将其杀害,幸亏朋友们的恳求才平息了这场危机。因此,亚历山大和他的母亲逃到他在伊庇鲁斯的舅舅那里,然后前往伊利里亚国王那里避难"(*eoque factum, ut in convivio antea primum cum Attalo, mox cum ipso patre iurgaret, adeo ut stricto gladio eum Philippus consecutus sit aegreque a filii caede amicorum praecibus exoratus. quamobrem Alexander ad avunculum se in Epiro cum matre, inde ad reges Illyriorum contulerat*)。

② Arr. An. 3.6.5:"哈尔帕洛斯是第一个逃亡者,因为腓力此时是国王,而他是忠诚于亚历山大的。拉戈斯的托勒密也因同样原因逃亡,还有安德罗提摩斯的内阿尔科斯、拉里科斯的厄里居约斯和他的兄弟拉欧梅冬,因为他们亲近亚历山大而被腓力怀疑。腓力娶了欧律迪刻,从而侮辱了亚历山大的母亲奥林匹亚斯(Ἅρπαλος γὰρ τὰ μὲν πρῶτα ἔφυγε, Φιλίππου ἔτι βασιλεύοντος, ὅτι πιστὸς ἦν, καὶ Πτολεμαῖος ὁ Λάγου ἐπὶ τῷ αὐτῷ ἔφυγε καὶ Νέαρχος ὁ Ἀνδροτίμου καὶ Ἐριγύιος ὁ Λαρίχου καὶ Λαομέδων ὁ τούτου ἀδελφός, ὅτι ὕποπτα ἦν Ἀλεξάνδρῳ πρὸς Φίλιππον, ἐπειδὴ Εὐρυδίκην γυναῖκα ἠγάγετο Φίλιππος, Ὀλυμπιάδα δὲ τὴν Ἀλεξάνδρου μητέρα ἠτίμασε)"。

③ Heckel 1978, 155.

述,是为了在这两件事之间插入一个新的决定性事件,据称这一事件
使父子之间的裂痕无法弥合,并促使亚历山大怂恿泡萨尼亚斯杀死
"[新娘的]父亲、新郎和新娘"①。这一新的决定性事件便是著名的
"皮克索达罗斯(Pixodaros)事件",仅见于普鲁塔克的《亚历山大
传》。根据该书的记载,卡里亚(Caria)与吕奇亚(Lycia)的赫卡托姆
诺斯②国主(Hekatomnid prince)兼总督(satrap)皮克索达罗斯向腓力
遣使,希望将其长女嫁给阿尔瑞达约斯,以宣示两位统治者之间的联
盟关系。亚历山大的母亲和朋友们听到这个消息后,认为腓力通过
这样一桩显赫的婚事为阿尔瑞达约斯登上王位铺平了道路。为了避
免这一危险的事态发展,亚历山大派自己的使者去向皮克索达罗斯
求婚,希望自己能成为他女儿的配偶。皮克索达罗斯很高兴,但腓力
却对亚历山大插手国政感到愤怒。他斥责亚历山大"卑鄙无耻,不配
享有特权地位",并将他的朋友流放。据说正是在这次新的争吵之
后,亚历山大因父亲的殴打而恼羞成怒,又急于重新得到父亲的宠
爱,于是煽动泡萨尼亚斯谋杀了腓力。

　　近两百年来的学术研究,从尼布尔(Niebuhr)开始③,许多学者都
经常采信这个故事,或加以润色,其中最狂热的信徒是恩斯特·巴迪
安,他决心证明亚历山大对腓力之死负有罪责,有时笔调强烈而富于
抒情④。自1961年以来,巴迪安为此在全球各地(从新西兰到加利福
尼亚)举办了多场讲座⑤,并发表了4篇文章。⑥鉴于巴迪安的声望,

---

　　① Carney 2006, 37并未注意到皮克索达罗斯事件对于构建对亚历山大的指控的
重要性。

　　② 公元前4世纪统治卡里亚地区数十年的家族,名义上隶属于波斯国王。

　　③ Niebuhr 1851, 418.

　　④ 比较Badian 1968b, 204:"以中世纪的术语来说,人们不禁将他[亚历山大]视
为一个将灵魂卖给魔鬼的人。"

　　⑤ Badian 1968a, 204注1。

　　⑥ Badian 1963, 244—250; Badian 1968a, 192—194; Badian 1975, 53—55; Ba-
dian 2000, 54—58.

一些同事追随他的观点也就不足为奇。[①]然而,杰西·鲁弗斯·费尔斯(J. R. Fears)和埃利斯分别进行的两项深入研究对这一结论提出了质疑。[②]采用该故事的学术研究不计其数,其主要问题在于,除埃利斯和最近的萨宾·缪勒之外[③],没有学者认真研究主要的史料来源(迪奥多鲁斯、尤斯丁、普鲁塔克、萨缇鲁斯及托名卡利斯忒内斯[Pseudo-Callisthenes]),他们在写作时仿佛可以将每一位古代作家的文本肆意糅合,创作出符合自己喜好的叙事作品,一部近作便是如此[④]。另一方面,深入研究现存史料后的结论如下:[⑤]

1.关于腓力国王统治的末期,我们有两种截然不同的叙述传统:

(a)以雅典为中心的、彻底浪漫化的、不可靠的传统,可能源自雅典历史学家迪于洛斯,并经由迪奥多鲁斯16卷作品中的最后几章(91—95)流传下来。

(b)另一种是由一位了解马其顿宫廷的作者(可能是忒欧姆庞普斯)的传统,经随后一系列作者的"丰富和美化":首先是萨摩斯人杜里斯(Duris of Samos),他是普鲁塔克在《亚历山大传》前几章中使用的萨缇鲁斯传记的来源;随后是《苏达辞书》的"Karanos"词条;最后是托名卡利斯忒内斯的所谓"史源"。最接近忒欧姆庞普斯原文的版本是庞培乌斯·特洛古斯的"序"(Pro-logues)和尤斯丁的《摘要》(Epitoma)。

---

① Hamilton 1965, 117—124; Hamilton 1969, 28; Hamilton 1973, 42—43; Green 1970, 68; Green 1991, 108—110; Milns 1968, 30—31.

② Fears 1975, 111—135; Ellis 1981, 99—137。费尔斯曾是巴迪安在哈佛大学的学生。另参见 Hammond/Griffith 1979, 673—691 中 Griffith 撰写的段落。

③ Müller, S. 2016, 271—76.

④ 比较 W. Heckel et al. 2016, 145—167。

⑤ 下文见 Hatzopoulos 2018b, 117—119。

2.这两种叙述传统有着本质的区别,彼此互不相容。

3.忒欧姆庞普斯是一位知识渊博却并不可靠的作者,因为他无法抵御将事实与谣言混为一谈的诱惑,以便向他的读者听众宣扬道德教诲。因此,我们不应接受其未经独立史料证实的叙述。

基于这些标准,下列事件可以认定为是符合历史事实的:

a.腓力与克勒欧帕特剌的婚姻。

b.腓力与亚历山大之间的争吵。

c.亚历山大的同伴被放逐。

d.公元前 336 年 10 月在埃盖的宗教节庆期间,摩洛西亚人亚历山大(Alexander the Molossian)和腓力与奥林匹亚斯之女克勒欧帕特剌成婚。

e.泡萨尼亚斯在剧院刺杀腓力及凶手的动机。

f.城门前准备了若干马匹。

g.泡萨尼亚斯(已死或仍活着)被钉上十字架。

尤斯丁、萨缇鲁斯、普鲁塔克、托名卡利斯忒内斯或纸草文献(P. Oxy. 15.1798 1+17)中的一些信息可能属实,也可能在流传过程中失真。①

除极少数例外②,所有古代史料和现代学者均一致认为,腓力在与克勒欧帕特剌结婚之前,一直宠爱和看重自己的儿子,并将他视为马其顿王位的继承人。普鲁塔克(*Alex*. 9.4.)极为明确地总结了这种

146

---

① 例如,腓力与皮克索达罗斯可能曾互遣使节,但这并不意味着亚历山大与此事有所关联。在韦尔吉纳由厄泽所发掘之墓中出土的一枚钱币由皮克索达罗斯铸造,可能属于卡里亚驻马其顿首都的一名使节。参见 Drougou 2003, 159。

② 比较 Green 1991, 93。

充满信任的关系："腓力非常喜欢自己的儿子，甚至当马其顿人称亚历山大为国王，称腓力为将军时，他也非常高兴。"①普鲁塔克提到了几个不可忽视的事迹，表明腓力对儿子的信任。在色雷斯的长期征战中，腓力将年仅16岁的亚历山大留在马其顿摄政（可能是在安提帕特的监督下）②，并保管国王印玺。在腓力围攻拜占庭城（Byzantion）期间，亚历山大镇压了色雷斯迈多斯部落（Maidoi）的叛乱，并建立了一座卫城（garrison city），他以自己的名字命名这座城市为亚历山大波利斯（Alexandropolis）。现存史料还记载了其他一些事例，说明腓力对儿子的信任③。在喀罗尼亚（Chaironeia）战役中，亚历山大年仅18岁，腓力便让他负责指挥整个骑兵队，肩负着击溃强大的忒拜圣军（Sacred Band）的重大使命④。在喀罗尼亚战役之后，亚历山大与安提帕特和阿尔奇玛科斯（Alkimachos）一同被委以与雅典谈判和约的重要外交使命⑤。还有一件事毫无疑问地说明，早在公元前346年，亚历山大年仅10岁时，腓力就已经在培养他作为自己的继承人：他向聚集在佩拉的外国使节们"展示"的是他而非他的哥哥阿尔瑞达约斯的音乐和修辞才能⑥，这充分说明阿尔瑞达约斯即使不是先天聋哑，也是从小就有这一疾病，与奥林匹亚斯的毒药并无关联。⑦

亚历山大对父亲之死的反应是证明他清白的最有力证据。很明显，泡萨尼亚斯的袭击让他措手不及。他显然还没有准备好驾驭局

① "因此看来，腓力很爱他的儿子，以至于马其顿人都高兴地称亚历山大为国王，腓力为将军"（Ἐκ μὲν τούτων, ὡς εἰκός, Φίλιππος ὑπερηγάπα τὸν υἱόν, ὥστε καὶ χαίρειν τῶν Μακεδόνων Ἀλέξανδρον μὲν βασιλέα, Φίλιππον δὲ στρατηγὸν καλούντων）。

② Köhler 1892, 498注2。

③ Köhler 1892, 497—499; Ellis 1981, 129—132.

④ Plut. *Alex.* 9.1—3.

⑤ Just. 9.4.4—6; Pol. 5.10.4—5;Harp. 词条"Alkimachos"。

⑥ Aeschin. 1.168.

⑦ 笔者未提及奥林匹亚的腓力圆殿，其中亚历山大的雕像与他的父母和祖父母的雕像摆在一起，有人将此作为腓力深爱他儿子的证据，但关于这座纪念碑（包括其完成日期）存在诸多争议。

势,制止剧场和城市中的骚动和混乱[1],将事情掌握在自己手中。相反,他通过林科斯人亚历山大(Alexander the Lynkestian)让自己从剧院"撤离"到了安全的宫中。[2]显然,亚历山大对自己的生命安全感到恐惧,他并不知道谁参与了刺杀,也不知道这阴谋是否包括杀死自己。他深感自己处境危险,不敢独自回到剧院,以父亲的继承人和继业者形象面示众人。相反,他让安提帕特亲自出马,护送自己到剧院,并向马其顿人介绍自己[3],直到此时亚历山大才站了出来,发表了迪奥多鲁斯(17.2.2)和尤斯丁(11.7—10)提到的演讲,惩罚了那些杀害他父亲的罪犯,并为他父亲举行了葬礼(Diod. 17.2.1—2; Justin 11.2.1—2; P.Oxy. 15.1798, 1 + 17)。[4]

4.2.2　腓力二世的长眠之地

很少有学术争论像韦尔吉纳的"腓力墓"墓主问题那般,受到研究者个人特质、家族历史、私人恩怨和别有用心的政治动机如此巨大的影响,这些因素均在不同程度上妨碍人们冷静地鉴赏 20 世纪最重要的古典考古发现。

1977 年 10 月,塞萨洛尼基大学古典考古学教授马诺利斯·安德　148

---

① Bergson 1965, 1.24:"于是,剧院里传出漫天谣言……在城里引起了极大的骚动"(Γίνεται οὖν θρύλλος μέγας ἐν τῷ θεάτρῳ ... μεγίστην ταραχὴν ἐν τῇ πόλει)。

② Arr. *Anab.* 1.25.1:"当腓力去世后,[林科斯人亚历山大]他是第一个来到亚历山大身边的朋友,并穿着盔甲跟随他进入王宫"(ὅτι ἐν πρώτοις ἀφίκετο τῶν φίλων παρ' αὐτὸν, ἐπειδὴ Φίλιππος ἐτελεύτησε καὶ τὸν θώρακα συνενδὺς συνακολούθησεν αὐτῷ εἰς τὰ βασίλεια)。

③ Bergson 1965, 1.26:"腓力去世后,安提帕特平息了骚乱,他是一个聪明、智慧且富有战略眼光的人。他穿着盔甲将亚历山大带到剧院,并进行了许多活动以赢得马其顿人的好感"(τὸν δὲ θόρυβον τὸν γενόμενον μετὰ τὸν τοῦ Φιλίππου θάνατον Ἀντίπατρος κατέπαυσεν, συνετὸς ἀνὴρ καὶ φρόνιμος καὶ στρατηγικός, προήγαγε γὰρ τὸν Ἀλέξανδρον ἐν θώρακι εἰς τὸ θέατρον καὶ πολλὰ διεξῆλθε τοὺς Μακεδόνας εἰς εὔνοιαν προσκαλούμενος)。

④ Hatzopoulos 1918b, 123—127.

罗尼科斯在韦尔吉纳圆形土冢遗址发掘了最初的两座王陵（"一号墓"与"二号墓"）以及一座英雄祠（ἡρῷον）的地基，随后又发掘出另一座未遭盗掘的青年之墓（"三号墓"或"国主之墓"）和另一座部分被盗毁的"马其顿人之墓"（"四号墓"）。①发掘者的突然辞世使得这些不同寻常的考古发现的最终出版被迫推迟，目前仍在等待完成②。另一方面，安德罗尼科斯过于匆忙地率先宣布二号墓的墓主为腓力二世，以并不确凿的证据加以论证③，而不是等待这些发现得到适当的修复和出版，这激起了同行的嫉妒，并引发了"赫罗斯特剌托斯式行径"的批评。④质疑安德罗尼科斯的论断的确比默许更易博得赞誉。因此，在真正的学者表达合理质疑的同时，追求声誉的投机分子也加入了这一行列，使本已困难重重的考古和历史问题的解决变得更加复杂。这些人持极端怀疑立场，甚至完全否认未被盗掘的墓室主人为王室成员，否认韦尔吉纳-帕拉蒂齐亚便是古代马其顿王国的埃盖遗址⑤。关于这个棘手的问题，笔者已经以一篇长文和专著中的几页篇幅进行了论述，在下面的概述中，笔者的讨论将仅扼要点，并对

---

① 关于圆形土冢遗址的发掘情况，参见 Drougou *et al.* 1994。

② 关于王家陵墓的考古发现至今只有三本出版作品：Andronicos 1994；Saatsoglou-Paliadeli 2004；Drougou 2005。关于墓中的武器、珠宝、床榻、金属器皿、黄金拉尔纳克斯小棺（λάρνακες）、陵墓的建筑结构以及关于巨型"圆形土冢"挖掘的完整报告，仍在等待出版。

③ 例如，人们广泛讨论二号墓中出土的"权杖"，进而推定墓主为王室成员，这一论证并不可靠；五个象牙微缩雕塑与奥林匹亚的腓力圆殿中勒欧卡列斯（Leochares）的一组雕塑作品（σύνταγμα）的关联，被随后发现的更多微缩雕塑所否定；一副不对称的护胫说明墓主为男性，但假设的前提是错误的，即腓力二世是被刺伤了小腿（而实际上是大腿）等。

④ 赫罗斯特剌托斯（Herostratos）之名因其故意焚烧以弗所（Ephesos）的阿尔忒弥斯神庙而被永远铭记，建造这座神庙的建筑师刻西弗隆（Chersiphron）的名字却鲜为人知。

⑤ 比较 Faklaris 1994, 609—616；比较 Touloumakos 2006。关于笔者的反驳参见 Hatzopoulos 1996d, 264—269 (= *Recueil* 171—176)，相应反驳参见 Saatsoglou-Paliadeli 1996, 225—235；Hammond 1997a, 177—179。

旧有观点予以更新。^①

二号墓于 1977 年 11 月 7 日面世,并于同月 24 日在新闻发布会上
正式公布。墓中出土了"一具成年男子的火化遗骸、一顶华丽的金
冠、一个金色的匣子、大量的成套武器、器皿和其他金属工艺品,其中
一些为青铜器,大部分是银器。此外,还有各种其他器物,包括一些
陶瓷制品,其中最引人注目的是一个镀银金冠和几个象牙人头与肢
体雕塑。在前室还发现了另一个金冠,连接前室和墓室的大理石门
靠着一对护胫和一个弓箭囊。前室的地板上还散落着一部镀金胸
甲、一顶金冠、几个香水瓶、首饰和其他较小的物件。墓室正面的雕
饰楣带(frieze)呈现了一幅狩猎绘画,描绘了许多猎人与各种猎
物"^②。发掘者认为,这座墓葬属于腓力二世和他最后一任妻子克勒
欧帕特刺,因为从墓葬的建筑、装饰和随葬品的规格来看,这毫无疑
问是一座王室墓葬,而墓室中的男尸和前室中的女尸所随葬的文物
属于公元前 4 世纪三四十年代。因此,这座墓葬的主人可能是腓力
二世,他于公元前 360 年至公元前 336 年间在位。

安德罗尼科斯的希腊同事们对这一论断打响了第一枪:迪米特
里奥斯·卡纳佐利斯(D. Kanatsoulis),同一所大学的保守派古代史
教授,与"进步派"的安德罗尼科斯政见不合^③;以及福蒂奥斯·佩特
萨斯,曾任约阿尼纳大学考古学教授,安德罗尼科斯的终生论敌^④,
他们均质疑韦尔吉纳并非古代埃盖、出土墓葬并不属于王室墓葬,
而墓主也绝非王室成员。这明显是一种地米斯托克利(Themis-
tokles)综合症的表现,这位希腊将军因米提亚德(Miltiades)在马拉
松的胜利而无法入睡^⑤。(部分或完全)支持与反对的意见不时出

---

① Hatzopoulos 2008, 91—118 (=*Recueil* 71—122); Hatzopoulos 2018b, 137—150.

② Hatzopoulos 2008c, 91—92 (=*Recueil 95—96*).

③ Kanatsoulis 1977.

④ Petsas 1997.

⑤ Plut. *Themis*. 3.4.

现①,然而,两位美国学者和两位意大利学者于 1980 年发表了三份研究报告,以各种论据证明二号墓的主人并非腓力二世和克勒欧帕特剌,而是他患有精神疾病的儿子腓力三世·阿尔瑞达约斯和他的妻子哈得阿·欧律迪刻(Hadea-Eurydike)②,再次引爆了争论。

150

在缺乏新的确凿证据的情况下,两位意大利历史学家只能或多或少地表达一些先入为主的观点:例如,女性墓葬一定属于像哈得阿·欧律迪刻这样的领军作战的王后,而非克勒欧帕特剌;墓葬不适合安放安德罗尼科斯所说的亚历山大大帝的象牙头雕;一号墓更可能安葬了腓力二世、他的妻子克勒欧帕特剌和他们的小女儿欧罗巴(Europe)③。另一方面,亚当斯对此的怀疑④可能源于他关于卡山德的博士论文⑤,其中提到公元前 317 年,卡山德将阿尔瑞代达约斯、哈得阿·欧律迪刻和她的母亲奇纳(可能是重新)葬于埃盖⑥。另一位美国学者菲利斯·威廉姆斯·莱曼的文章虽论据并不充分,但却产生了更为严重的影响⑦。这篇文章引发了墓主身份"腓力二世说"支持者和"阿尔瑞代达约斯说"支持者之间持续 40 多年的争论,从未间断。这场争论最初停留在学术层面,后来被双方极端狂热的拥趸所玷污,他们对现有证据——有时甚至是虚构的证据——提出无数质疑和谩骂,不等文物复原和报告出版便匆忙提出解释;或与之相反,

---

① Hatzopoulos 2008c, 93 注 8(= *Recueil* 97 注 8)。

② 有趣的是,第一个在讨论中提及阿尔瑞达约斯·腓力三世的是希腊人伊曼努埃尔·扎霍斯(Emm. Zachos),他也是第一个在 1978 年 2 月 13 日给雅典左翼日报《自由新闻》(Ελευθεροτυπία)致信提出墓主的身份可能是阿尔瑞达约斯·腓力三世的人。此外,他指责当时的右翼总理康斯坦丁·卡拉曼斯(Constantine Karamanlis)利用这一考古发现来实现他的政治野心。

③ Prestianni Giallombardo/Tipodi 1980, 989—1001.

④ Adams 1980, 67—72.

⑤ Adams 1975. 亚当斯是安森在弗吉尼亚州立大学时的学生。

⑥ Diyllus, *FGrHist* 73 F 1 = Athen. *Deipn.* 4.155a; Diod. 19.52.5.

⑦ Williams Lehmann 1980, 527—531. 关于这些严重的后果,参见本书页 88—90。

尽管未曾全面掌握事实,却斗胆提出危险的对立解释。双方都指责对方有不可告人的目的,乃至政治宣传,从而使辩论变得尖锐,典型例子便是安德罗尼科斯对莱曼质疑其观点的激烈反应,以及彼得·格林(P. Green)在《纽约书评》上发表文章,批评安德罗尼科斯及参加展览的希腊人①。最终,同样的论点被重复提及,正式出版考古报告的日期却遭到无故拖延,使人们的立场年复一年变得更为强硬。②

151

　　在此,我们再次陷入了同样的恶性循环,致使马其顿研究充满争议。韦尔吉纳考古发现的政治化利用,以及巴尔干半岛动荡的历史,引发了这样一种"巴甫洛夫条件反射"(Pavlovian reflex):既然希腊学者所说或所写的东西预先便有服务于民族主义议程的嫌疑,那么安德罗尼科斯所肯定的东西本质上一定是错误的,必须向完全相反的方向探求真理。不幸的是,这产生了自相矛盾的结果,即合理指出其希腊同行夸大其词的学者越来越难以对考古发现开展冷静的研究。

　　安德罗尼科斯在关于圆形土冢遗址发掘的专著中列举了断定二号墓墓主所依赖的最为详尽的论据③。第一个论据,同时也是最重要的论据,即考古证据表明,墓主火葬之后,其遗骨立即被埋葬,这与腓力二世被暗杀后很快便下葬的文学作品叙述完全吻合,而与阿尔瑞代达约斯·腓力三世被奥林匹亚斯处死数月后(可能是重新)安葬于埃盖的相关叙述不符。第二个论据基于所发现的英雄祠遗址,这对纪念腓力二世而言合乎情理,但并不适合他患有精神疾病的儿子。第三个论点与前一个论点类似,安提戈诺斯·戈纳塔斯不会为了像阿尔瑞代达约斯这样一个无足轻重的国王而耗费巨资建

---

① 参见本书页88。

② 参见本书页188。

③ Andronicos 1984, 226—233.

造圆形土冢,但若是保护腓力二世的安息之地则十分合理的。第四
个论据则是,拱顶的异常以及墓室和前室采用了不同的灰泥表明,
二号墓分为两期建造,这符合腓力二世和克勒欧帕特剌的情况,因
为他们被杀死的时间相隔数月,但对于阿尔瑞代达约斯和哈得阿·
欧律迪刻则不合道理,他们是在一起被杀死并(可能是重新)安葬
的。第五个论据是,阿尔瑞代达约斯和哈得阿·欧律迪刻(可能还有
她的母亲奇纳)的遗骸理应葬在同一个墓室里。安德罗尼科斯在这
五个他所认为的决定性论据之外,还提出了三个次要的论据:人类
学研究表明女性墓主的年龄估计在23至27岁之间,因此不可能是
哈得阿·欧律迪刻,她出生日期不早于公元前335年,去世时至多只
有19岁;精良的武器与存在精神问题的阿尔瑞代达约斯并不搭配;
墓画描绘的狩猎主题也与阿尔瑞代达约斯可能进行的活动缺乏
联系。

152

安德罗尼科斯最初用以确定二号墓主人身份的一些论据已不再
成立。墓中出土的陶器不再能确定为公元前4世纪中后期,而仅仅
能反驳苏珊·罗特罗夫(Susan Rotroff)所定的更晚年代[1];腓力二世
众所周知的跛足与一对不对称的护胫之间曾被认为存在紧密联系,
如今仅仅是诸多假设中的一种。[2]曾被断定属于腓力二世家族成员
的象牙微缩头雕,现已失去与奥林匹亚的腓力圆殿(Philippeion at
Olympia)中勒欧卡列斯雕塑群之间的关联,也不再被引为证据,而是
被重新定为餐榻上的装饰,"应该在腓力二世墓中,而非在阿尔瑞代
达约斯墓中发现"。

安德罗尼科斯提出的各种论据不一。"英雄祠"并不一定是用于
纪念腓力,因为它部分竖立在圆形土冢遗址的外围地表[3],可能并不

---

[1] Andronicos 1984, 222。关于罗特罗夫的晚近断代,参见下文。

[2] Andronicos 1984, 186—187 及 231。

[3] Andronicos 1984, 65.

完全属于二号墓。安提戈诺斯·戈纳塔斯建造圆形土冢遗址的说法也并不恰当，因为圆形土冢并非专门用于保护二号墓，而是保护其所覆盖的全部四座墓葬的。桑帕斯（K. Zampas）质疑了安德罗尼科斯的另一个依据，他认为拱顶的异常与墓室及前室材质的差异，并不能说明二号墓先后在两个相距甚远的时期建造完成[①]。至于阿尔瑞代达约斯和哈得阿·欧律迪刻的遗骸为何没有（重新）埋葬在同一个墓室里，我们同样可以提出各种解释。关于安德罗尼科斯的三个补充论点，其中二号墓主的年龄过于依赖人类学数据的可靠性[②]，尽管英国专家小组坚持认为二号墓中的男性尸骸已被火化，因此属于腓力二世，但希腊体质人类学教授安东尼斯·瓦西奥卡斯（A. Bartsiokas）则持相反的观点，认为其属于阿尔瑞代达约斯，目前这一争论似乎以后者的失败而告一段落[③]。至于其他两个论据，即战争盔

153

[①] Zampas 2001, 561—563.

[②] 关于尸骨遗骸的检验和复检产生的不同结果，参见 Xirotiris/Langenscheidt 1981, 142—160; Prag/Musgrave/Neave 1984, 60—78; Prag/ Musgrave/Neave 1985, 226—231; Musgrave 1985, 1—16; Prag 1990, 35—36; Prag 1990, 237—247; Musgrave 1990, 271—299; Musgrave 1991, 3—9; Bartsiokas 2000, 511—514; Bartsiokas/Carney 2007, 15—19; Musgrave *et al.* 2010, 1—23; Paliadeli *et al.* 2014, 105—112; Musgrave/Prag 2011, 127—131; Bartsiokas *et al.* 2015, 9844—9848。

[③] 在其第一篇文章中，瓦西奥卡斯声称这位男性骸骨是在经过脂肪和肌肉脱离处理后才放上火葬堆的，因此它不可能属于被谋杀后立即埋葬的腓力二世。然而，英国专家们证伪了这一观点。瓦西奥卡斯并未试图反驳，但他声称在一号墓中找到了腓力二世左腿的骨头，并声称膝关节的异常状态对应于文学作品所记录的腓力腿脚有伤。这一发现得到了广泛的宣传（参见 Hatzopoulos 2018b, 147 注 555）。然而，不但文学作品所记录腓力的伤口不在左膝，而在右大腿，而且后来发现这块异常的腿骨并非来自一号墓，甚至不是来自韦尔吉纳。此外，瓦西奥卡斯的文章（至少）同样依赖于他片面的历史和考古学解读（他引用的1977年后的文献除了必要地提及安德罗尼科斯之外，只引用了博尔扎、亚当斯、伊丽莎白·卡尼、奥尔加·帕拉吉亚（Olga Palagia）及图拉佐格鲁（Touratsoglou）和塞梅利斯（Themelis）等人的论文及他自己的人类学观点。比较 Hatzopoulos 2008c, 110—111（= *Recueil* 114—115）及 Hatzopoulos, 2018b, 145—149。Antikas and Wynn-Antikas 2016, 682—692 的新鉴定证实了 Musgrave 等人关于男性和女性尸体火化时仍有肌肉的观点，尽管两位作者提出了女性死者年龄大于男性的说法（参见下文）。

甲和壁画主题与无法进行军事活动的阿尔瑞代达约斯身份不符,很容易受到质疑,因为它们所蕴含的象征价值与特定国王的真实人格并无关联。

然而,"反对派"的论据甚至更缺乏说服力。他们声称拱顶是亚历山大大帝远征亚细亚后才传入希腊[①],但这完全是先入为主,缺乏说服力,它否认了在这之前近东和希腊之间技术交流传播的可能性,显然不符合历史事实;它还忽视了希腊最早发现的是石拱顶而非砖拱顶这一事实;它还武断地拒绝了威廉·马斯格雷夫·卡尔德三世(W. M. Calder III)、恩斯特·阿道夫·弗里德里克斯迈耶(E. A. Fredicksmayer)、理查德·艾伦·汤姆林森(R. A. Tomlinson)以及安德罗尼科斯本人曾援引的文学作品,说明希腊化时期之前希腊便已使用拱顶。[②]此外,所谓的"欧律迪刻之墓"的拱顶被包裹在一个长方体的保护块中,这表明从石棺墓向拱顶墓的过渡是源自希腊本土的发展。

154　　　认定墓主并非腓力二世而是阿尔瑞代达约斯的学者,其依据包括在墓室中发现的管状圆头护具,该护具被各种解释为头饰或王冠($\sigma\tau\acute{\epsilon}\phi\alpha\nu\sigma\varsigma$)[③],但考尔德、弗雷德里克斯迈耶和安德罗尼科斯本人都彻底驳斥了这一观点。[④]安娜·玛丽亚·普雷斯蒂安尼·贾洛姆巴尔多试图重新为"承载头饰之考西亚帽"(*kausia diadematophoros*)的假说辩护[⑤],但遭到了克里苏拉·萨特格鲁·帕利亚德利(Chrysoula Saatso-

---

① Williams Lehmann 1980, 527—531; Williams Lehmann 1981, 134—144; Williams Lehmann 1982, 43—442.

② Calder 1981, 334—335; Fredricksmeyer 1981, 330—334; Fredricksmeyer 1983, 99—102. Tomlinson 1987, 305—312; Andronicos 1987, 1—16.

③ Williams Lehmann 1980, 527—531; Williams Lehmann 1981 134—144; Prestianni Giallombardo 1986, 497—509; Prestianni Giallombardo 1985, 237—242.

④ Calder 1983, 102—103; Fredricksmayer 1983 99—102; Andronicos 1980, 178.

⑤ Prestianni Giallombardo 1991, 257—304; 比较 Prestianni Giallombardo 1990, 107—126; Prestianni Giallombardo 1991, 165—187。

glou Paliadeli)令人信服的驳斥。[①]同时,反对者声称在亚历山大大帝远征之前,马其顿并没有猎狮活动,因此在腓力之墓的雕饰楣带上描绘狩猎狮子不合现实,布里安对此进行了驳斥[②]。1999年,博尔扎作为自1987年"皈依""修正派"以来最著名的人物[③],保留了三个决定性的论据,以说明二号墓的墓主并非腓力二世,而是阿尔瑞代达约斯[④]:(1)帕拉吉亚"论证"了二号墓的彩绘雕饰楣带可以追溯到卡山德统治时期[⑤];(2)约阿尼斯·图拉佐格鲁(J. Touratsoglou)和佩特罗斯·塞梅利斯(P. Themelis)将德尔维尼(Derveni)墓的年代定为更晚的公元前4世纪末期,而韦尔吉纳二号墓中出土了与该墓中酒具相似的器物[⑥];(3)罗特罗夫将雅典市场(Agora)和韦尔吉纳均有出土的线轴状盐罐(spool salt-cellars)的年代定于公元前4世纪晚期[⑦]。帕拉吉亚的"论证"给博尔扎留下了深刻印象,他们一起撰写了一篇长达45页的综合文章,阐述其论证"非正统"观点的所有依据[⑧]。

155

---

① Saatsoglou-Paliadeli 1993, 122—147。作者将论文在1989年慷慨地寄给了她的意大利同事。Fredricksmayer 1986, 215—227已证实考西亚帽(*χαυσία*)起源于马其顿本土,而非Bonnie M. Kingsley所首先质疑的,该帽式源自克什米尔地区的奇特拉里帽(*chitrali*)。参见Kingsley 1981, 39—46,及其遗作Kingsley 1991, 52—76。

② Briant 1991, 211—255.

③ Borza 1987, 105—121。在这篇文章中,作者放弃了他先前认为墓主为腓力二世和克勒欧帕特剌的观点,转而提出一个新颖且复杂的假设:二号墓最初是为亚历山大大帝准备的,但最终埋葬了阿尔瑞代达约斯和哈得阿·欧律迪刻,因为亚历山大的遗体被托勒密劫走并葬于埃及。然而,他的一些国王徽章不知何故被带回了马其顿,并存放在了二号墓中。比较 Borza 1991, 35—40; Borza 1992², 263—264; Borza 1999a, 68—70(奥尔加·帕拉吉亚在其文章发表前曾与博尔扎分享过论文稿),比较 Palagia 1998, 511—514。

④ Borza 1999a, 69—70.

⑤ Palagia 2000, 161—206.

⑥ Themelis/Touratsoglou 1997.

⑦ Rotroff 1982, 83(摘要),Rotroff(1984, 343—354; Rotroff, 1997, 166 及注71。罗特罗夫断定年代的依据是一个类似的盐罐,出土于一层封闭堆积中,该堆积中还包括一枚由 J. Kroll 1983, 241—282(摘要)确定年代为公元前307年至前300年的铜币。

⑧ Borza/Palagia 2008, 81—125.

笔者 2008 年发表于《论据》(*Τεκμήρια*)[①]的论文全面讨论了博尔扎提出的三个论据,以及瓦西奥卡斯在《科学》(*Science*)杂志上所刊文章的首个论据。在此,笔者仅需指出,帕拉吉亚关于古代马其顿没有猎狮活动的观点归咎于对希罗多德(7.125—126)的粗心阅读,且她断定墓室壁画上的蓄胡骑者为阿尔瑞代达约斯,同样基于一个存在问题的假设,即由于国王的精神残疾,他不被允许使用剃须刀——然而却可以使用长矛?罗特罗夫提到的雅典市场中出土的盐罐,其年代可追溯至公元前 4 世纪末期,但并不能证明二号墓属于同一时期,因为它们"并不一定,甚至可能并非最早出现在雅典的盐罐类型,更不用说马其顿"[②]。此外,类似的线轴状盐罐已出土于希腊北部的科扎尼和'斯特吕梅'(Stryme,多数学者认为即莫利沃蒂[Molyvoti]遗址),权威学者将其年代定为公元前 4 世纪乃至末期。[③]至于德尔维尼墓中,以及 A 墓和 B 墓中发现的线轴状盐罐,其形状与韦尔吉纳二号墓中所出土的存在差异,且三号墓中也出土有类似的盐罐,该墓被定为公元前 309 年被谋杀的亚历山大四世之墓。[④]此外,两位作者断言,只有在亚历山大的老兵归国后,公元前 4 世纪的马其顿墓葬中才可能出现贵金属制造的随葬品,但这一说法屡次受到研究随葬品的知名国际专家的质疑。[⑤]最后,正如斯特拉·德鲁古(Stella Drou-gou)所指出,德尔维尼墓断代的整套理论基于 B 墓和 Δ 墓中发现的两枚金币,但金币的年代并不能清楚断定。尽管乔治·勒·里德(G. Le Rider)将金币的年代定为公元前 340 年(或公元前 336 年)至前

[①] [译注]国立希腊研究基金会下属希腊罗马研究部学术期刊。

[②] Hammond 1989, 224 注 30(=*Collected Studies* III 190 注 30)。

[③] Petsas 1961, 782 注 7,图例 16;Bakalakis 1967, 105 注 45 及图例 61, 62。最近美国在莫利沃蒂的挖掘至今没有推翻瓦西奥卡斯的年代断定。比较 Arrington *et al.* 2016, 18 注 43。

[④] Themelis/Touratsoglou 1997, 38; 67—68。

[⑤] Barr‐Sharrar 1999, 97—112; Barr‐Sharrar 2007, 485; Barr‐Sharra 2008, 44—45。

328年之间,而马丁·杰索普·普赖斯(M. J. Price)将其年代定为不晚
于公元前323年,但塞梅利斯和图拉佐格鲁并不能因此将公元前323
年视为这些墓葬的年代上限(*terminus post quem*)。[1]

　　在笔者对"二号墓墓主身份的无尽争论"作出评估后的十年间,
这个棘手的问题仍未取得任何实质性进展。博尔扎和帕拉吉亚关于
二号墓年代的"反腓力总论"(Summa Philippica)[2]经常暴露出一个问
题,即两位作者想当然地将阿尔瑞达约斯视作讨论的对象。例如,他
们断言"公元前336年,马其顿人还未发展出建造大型墓室的技
术"[3],其前提假设即二号墓并非为腓力二世建造,而是为公元前316
年去世的阿尔瑞达约斯建造的,这正是关键的问题。他们还声称"文
学记载和考古遗迹清楚地表明"[4]阿尔瑞达约斯与其妻子于公元前
316年被埋葬在埃盖,其前提假设亦是二号墓是为他们而建造的,还
是同样的问题。"大规模游乐性狩猎于公元前324年首次出现在马其
顿艺术中,当时亚历山大下令在巴比伦为赫斐斯提翁(Hephaistion)
举行了火葬仪式",这又是预先排除了二号墓主为腓力二世等人的可
能性。[5]两位学者均忽视了利德尔-斯科特辞典中"$\psi\alpha\lambda\iota\varsigma$"词条的解
释[6],该词在希腊语中的意思为"桶状拱顶",他们写道,"我们已经证
明,在公元前4世纪及早先时期,马其顿缺乏记载猎狮活动的证
据"[7],而古代作家的记述否定了这一说法[8]。他们得出结论:"墓葬
本身的建筑风格及其正面的雕饰楣带,陶器和银器上铭文的确切年
代,以及主墓室中男性墓葬遗骸的法医学分析,均是表明该墓葬属于

[1] Drougou 2005, 158—159.

[2] [译注]即以各种材料证据来证明墓主并非腓力二世的做法。

[3] Borza/Palagia, 2007, 83.

[4] Borza/Palagia 2007, 85.

[5] Borza/Palagia 2007, 90.

[6] Borza/Palagia 2007, 86注23。

[7] Borza/Palagia 2007, 101.

[8] Herod. 7.125—126. Xen. *Cyn.* 11.

156

更晚时期的证据"[①],但他们没有提供任何基于学术论述的证据。事实上,自发现"欧律迪刻之墓"以来,马其顿的拱顶墓便被证实发源于本土[②]。格林在近40年前便正确地强调,墓中器皿是极为重要的证据:"从腓力二世遇刺的公元前336年,到卡山德将阿尔瑞达约斯和欧律迪刻安葬在埃该的公元前317年或前316年之间,仅过了短短的20年,如此短的间隔使得墓中出土的少量陶器或银器的样式并不足以作为决定性的论据。"[③]大卫·威廉·吉尔(D. W. Gill)草率地根据银器上的铭文进行论证,错误地认为腓力二世在铸造钱币时没有使用阿提卡重量标准。[④]至于男性墓主遗骸,随后的专家报告否定了瓦西奥卡斯断言死者火化时已脱离脂肪与肌肉的观点,而前室女性遗骸如今被认为是一位约30岁的跛足阿玛宗(Amazon)妇女,曾从马上跌落,符合斯基泰(Scythian)国王阿忒阿斯(Ateas)一位未见记载的女儿的情况——上述论证并不能使得历史学家对体质古人类学(physical palaeoanthropology)更为信任。[⑤]在陶器类型学(ceramic typology)和钱币学出现类似的问题之后,体质古人类学未能给出确凿的结论,而且在解释墓主腿部的侵入性骨折时也犯了错误[⑥],这使得普通读者乃至训练有素的历史学家开始灰心丧气,认为通过所谓的"精密科学"解开韦尔吉纳二号墓之谜并不现实。

那么,我们是否应该以"尚无定论"(*non liquet*)作为结论呢?我

---

① Borza/Palagia 2007, 117—118.

② Hatzopoulos 2008c, 107—108 (=*Recueil* 111—112)及参考文献。

③ Green 1981, 41;比较 Drougou 2005, 28—61;Hatzopoulos 2008c, 111—112 (=*Recueil* 115—116)。

④ Gill 2008, 335—358 及笔者于 *BE* 2009, 314 的反驳;Hatzopoulos 2008c, 117 (=*Recueil* 121)。

⑤ Musgrave *et al.* 2010, 1—23; Saatsoglou-]Paliadeli *et al.* 2014, 105—112; Antikas/Antikas Wynn 2016, 682—692;比较 Lane Fox 2011, 1—34。

⑥ 这部分"游离肢体"(vagrant limb)的令人难以置信的故事,详见 Hatzopoulos 2018b, 146—150 及 Grant, 2019, 123—142. 比较 Grant 2017,第九章。

更愿意按照彼得·格林的建议,给出一个"基于可能性"的意见[1],因为这些认定或排除"腓力"(腓力二世或阿尔瑞达约斯)墓主身份的"科学论据"捉摸不定,但除此之外,还有两个基于简单的历史常识的论证需要研究。[2]

第一个论证源自帕利亚德利对雕饰楣带绘画的详尽讨论。[3]她对画中场景特征所作的主要结论为:狩猎情景发生在欧罗巴,从所描绘的游戏来看,具体发生于马其顿;狩猎代表了历史上真实的或理想的狩猎场景,因为参与者(或至少主要人物)都是历史上真实存在过的人物(historical persons)。[4]根据这一思路,帕利亚德利采用了阿涅斯·鲁韦雷(Agnès Rouveret)的合理主张,即可以通过辨认两个骑马的主人公来推断这幅绘画和墓葬本身的年代:一位是在场景中央冲锋的无须青年骑手,另一个是实际刺杀狮子的蓄胡骑手。[5]这两位显赫人物无疑分别表现了亚历山大大帝和腓力二世,研究者对此不可能视而不见[6]。狩猎场景意在宣扬和展示英勇的国王和他的继承人之间的互相爱护与和谐合作,后者勇敢地赶来解救他的父亲。两位主角的姿态和位置都经过了精心设计,相得益彰。狩猎战利品将归杀死狮子的现任国王所有,但场景的中心却被匆忙赶来救父的

158

---

[1] Green 1982, 151.

[2] 下文参见 Hatzopoulos 2008c, 114—116 (=*Recueil* 118—120)。

[3] Saatsoglou-Paliadeli 2004.

[4] Saatsoglou-Paliadeli 2004, 150—152.

[5] Rouveret 1989, 242—243; Saatsoglou-Paliadeli 2004, 153—156.

[6] Tripodi, 1991, 143—209 声称这幅雕饰楣带可能代表了亚历山大四世和他的叔叔阿尔瑞达约斯·腓力三世一同狩猎的场景,但当时的亚历山大四世只有六岁,而骑马的无须青年年龄为十几岁或二十岁出头

Palagia 2000, 195—196;比较 Borza/Palagia 2007, 100—103,他们认为那位蓄胡男子为阿尔瑞达约斯·腓力三世,然而无须的亚历山大只比他小一两岁。帕拉吉亚早先曾将这位成熟骑者不合时宜的胡须(男子蓄胡之风在亚历山大登基后已经过时)解释为对往情形的一种反映,或是因其精神残疾而被禁止使用剃刀,但这一点在她与博尔扎合写的文章中没有提及。

继承人占据。父子俩近期的争执,以及亚历山大卷入暗杀事件有关的流言,充分表明了这种公开宣示家族凝聚力的做法不过一时权宜。亚历山大是最有意愿同时也是最有能力发表这一声明的人,其父亲的葬礼则是最合适的场合。

最后一个论证则是关于墓葬本身与其历史背景的契合程度,安德罗尼科斯曾多次提出这一问题,但从未得到充分的讨论与阐明。二号墓及其周围的考古发现,与我们从文学作品中了解到的腓力与其最后一任妻子克勒欧帕特剌的墓葬完全吻合①。亚历山大在父亲遇刺后立即将其火化并安葬,而克勒欧帕特剌则在几周或数月后被奥林匹亚斯杀死。事实上,二号墓墓主在死后不久便在一个形似炉子的火葬堆上火化了,遗骸安置在墓室中。特别是,在拉尔纳克斯小棺中发现的金色王冠有暴露在极高温环境中焚烧的痕迹,墓室外的火葬堆残骸中发现了王冠的部分碎片。墓室的门在灰泥干透之前便被匆忙封上,可能是因为亚历山大必须立即赶赴南方,以平息蠢蠢欲动的马其顿同盟。前室中单独的女性墓葬的灰泥封工则非常完善,完全符合克勒欧帕特剌下葬更晚且无需赶工的客观现实。

若我们现在对阿尔瑞代达约斯·腓力三世和哈得阿·欧律迪刻的死亡和(重新)埋葬的假设进行同样的检验,二号墓的状况便不符合当时的历史情景。阿尔瑞代达约斯和哈得阿·欧律迪刻于公元前317年秋在奥林匹亚斯的唆使下被处决。两人的尸体下落不明,没有下葬、土葬、火化,此外没有第四种可能。倘若是第一种情况,其尸骸就会成为鸢鹰和野狗的猎物,没有任何遗骨可以用来举行隆重的葬礼,二号墓便仅仅是一座没有墓主的纪念碑②,而从男性死者完整

① 这些史料来源汇总于 Hatzopoulos 2018b, 121—135。

② 比较"爱母者"托勒密四世(Ptolemy IV Philopator)与阿尔西诺伊三世(Arsinoe III)的葬礼,据称在停灵瞻仰仪式中,银质骨灰坛内装的并非王后的骨灰,而是香料(Pol. 15.25.7)。

的遗骨来看,情况显然并非如此。在第二种情况下,我们应当设想在公元前316年春天,也就是阿尔瑞代达约斯夫妇死后几个月,卡山德会挖出两具部分腐烂的尸体,将他们转移到埃盖,在停灵瞻仰(πρόθεσις)仪式中将他们连同其王室器具(regalia)暴露在马其顿人面前,放置于火葬堆上,甚至给男尸腐烂的头部戴上金冠。对于熟悉希腊人对待尸体态度的人而言,这种可怕的场景几近无法想象。接触尸体会产生污染和秽毒(μίασμα),只有尽快土葬或火化尸体,同时进行洁净仪式(lustrations),方能消除这种污染和秽毒。①因此,只剩一种可能性:阿尔瑞代达约斯夫妇的遗体在他们死后立即被火化,未能举行葬礼,数月后卡山德再将他们的遗体隆重地重新安葬在埃盖。②然而,这种设想与二号墓的情况完全不符,因为焚烧过的金冠毫无疑问地表明,墓主在死后不久即在墓室附近火化。③

此外,文学作品中曾提及腓力二世遗体被火化④并佩戴王冠下葬⑤、亚历山大为其建立神庙⑥、泡萨尼阿斯的帮凶赫罗梅内斯(Heromenes)和阿尔哈巴尤斯(Arrhabaios)在腓力墓前被处决⑦,而火化的男性遗骨、金冠、"英雄祠"和圆形土冢中两具没有举行葬礼的尸体等考古发现,形成了一系列对应关系,绝非巧合⑧;出于一位严

160

---

① 很难理解为何如此多的著名学者默认了这种可能性,甚至描述了其实际情景(比较 Adams 1991, 30)。比较索福克勒斯的《安提戈涅》(Antigone),特别是诗行998至1047,及 Vernant 1989, 103—115。死者的遗体在某些情况下可以被生者接触,通常是入土多年而尸身已分解后,或通过火化省去上述过程。

② 没有人设想过在埃盖进行第二次遗骸火化的荒诞情景。

③ 近期研究表明,比较在二号墓和三号墓中分别发现的纸草碎片上的字母形态,两者之间似乎在时间上间隔数十年,因此也反映了这两座墓的年代差异。如果三号墓的年代确为普遍认定的公元前310年左右,那么二号墓的年代更可能是公元前335年左右,而非公元前310年至前314年。参见 Janko 1918, 195—206。

④ Just. 11.1.4.

⑤ Wolohojian 1969, 69.

⑥ W. Kroll, 1958 1.24.

⑦ Iust. 11.2.1.

⑧ Hatzopoulos 2018b, 151—156.

谨的历史学者的良心,笔者在深思熟虑之后,斗胆就这一"无休止的争论"发表一些看法。

　　一些观察者或许认为,二号墓断代问题所涉及的篇幅和论证细节过多。然而恰恰相反,论争的关键既不在于政治主张[1],也不在于荒诞的经济考量[2],而首先是学术公理。倘若笔者浅见不假,二号墓、埃盖宫殿和剧院反映了腓力二世时期马其顿的艺术和文化生活,则希腊化世界的发展并非始于亚历山大大帝统治时期,通过形形色色的希腊人在东方传播希腊文化而兴盛。在亚历山大远征亚细亚之前,数代忒梅尼德国王治下的马其顿王国,自亚历山大一世与阿尔刻劳斯,至腓力二世,已铸成一座大熔炉,希腊文化的各种组成部分在其中交融汇聚。亚历山大的军队向东方输出的正是这种已完成于马其顿的融汇文化(synthesis)。对于历史学家而言,马其顿在政治体制和通用语言上将这一文化体现得淋漓尽致:马其顿在东方以本土的拓殖地母城为模板建立一座座城市,依例设置首席执政官和元老,而所谓的"阿提卡通用语"则是马其顿王室的行政语言,它以雅典方言为基础,但又有所差异。事实上,在东方传播并最终与当地传统相融合的文化和艺术,同样风行于腓力

161

---

　　[1] Green 1981, 41:"安德罗尼科斯的论点作为新马其顿宣传的支持是显而易见的。"但是,我们不应试图将每个坚称腓力二世遗骸葬于二号墓室的希腊学者均视为希腊民族主义宣传的代理人。毕竟,首先挑战安德罗尼科斯立场的是两位希腊学者卡纳佐利斯和佩特萨斯,第一位提出死者实为阿尔瑞达约斯三世的也是一位希腊人(伊曼努埃尔·扎霍斯,见1978年2月13日《雅典日报》[Ελευθεροτυπία])。唯一仍然拒绝认定古代埃盖即现代韦尔吉纳的学者也是希腊人帕纳约蒂斯·法克拉里斯(P. Faklaris)和约尼斯·图卢马科斯(I. Touloumakos)。安东尼斯·瓦西奥卡斯和奥尔加·帕拉吉亚也是希腊人。研究希腊学术界微观层面的竞争,似乎胜过空泛的政治阴谋论,更能帮助我们理解关于墓主身份不同主张的学者之间的分歧。

　　[2] Romm 2011, 27—28:"一些因素使得他们[韦尔吉纳的希腊考古学家]很难收回[安德罗尼科斯关于二号墓墓主为腓力二世的观点],其中之一就是该遗址丰厚的旅游收入。"仿佛考古学家从希腊博物馆入口处出售的门票中抽取了一部分收入一样!

二世时期的马其顿宫廷与城市。

4.2.3　腓力的遗产与亚历山大的宏图

　　引人注目的是,自公元前5世纪初开始,马其顿的扩张方向基本并非向北、向南或向西,而是向东。亚历山大一世统治时期,忒梅尼德人的势力已短暂地扩展了潘伽翁山和(日后的)腓力比平原,他的继任者们主要致力于保护或收复这些地区。腓力二世的早期政策也不例外。公元前359至前358年,他将上马其顿诸邦国(principalities)并入忒梅尼德王国,从而稳定了马其顿的西半部边境,但他实际上并没有试图向吕克尼提斯湖岸以东的地区扩张,而是采取了对伊利里亚人的防御战略。随后,他消灭了雅典人在皮德纳(公元前356年)和梅托内(公元前354年)的前哨,巩固了王国的中心地带,并通过攻占安菲波利斯(公元前357年)和克列尼得斯,完成对马其顿远东地区的"再征服"(reconquista)①,随后建立腓力比(公元前356年)。卡珥奇迪刻联盟是北爱琴海地区仅存的具一定规模的希腊势力。公元前348年奥林索斯陷落,腓力吞并了卡珥奇迪刻联盟的领土,标志着马其顿势力直接扩张的结束。②

　　《菲洛克剌忒斯和约》(Peace of Philokrates)于公元前346年签订,腓力再一次面临着下一步行动的问题。阿尔塔巴索斯(Artabazos)是波斯的赫勒斯滂弗里吉亚(Hellespontine Phrygia)总督,他与家人及妹夫罗得岛人梅姆农(Memnon)反叛波斯大王阿尔塔克塞尔克塞斯·欧科斯(Artaxerxes Ochos)失败后,逃往马其顿避难。③在

---

　　①[译注]原特指伊比利亚北部诸天主教国家逐步征服南部摩尔人政权的运动。
　　②腓力此前(公元前352年)已经获得了佩尔莱比亚和玛格内西亚的部分地区。
　　③ Diod. 16.34.1; 52.1—4;比较 Ellis 1976, 91—92。

阿尔塔巴索斯客居王宫的三四年间（公元前352年至公元前349年或前348年，存疑），腓力必定会通过其获得有关波斯帝国的优势与（格外重要）弱点，这或许便解释了伊索克拉底的困惑，他并不确定是自己的鼓动，抑或是腓力早有计划，促使他联合希腊人对波斯帝国发动战争[1]。正如伊索克拉底所描述的，这个计划包括在希腊各大势力之间建立普遍和平：雅典、斯巴达、忒拜（甚至包括阿尔戈斯）[2]，以及其他希腊城邦，并一同在腓力的领导下入侵"亚细亚"（波斯帝国）。[3]伊索克拉底同样认为，入侵是为了尽可能征服整个帝国，或者吞并从奇里乞亚（Cilicia）到锡诺普（Sinope）的亚细亚（小亚细亚），并在那里为没有土地的希腊穷人建立城市，这些穷人对其他希腊人来说是一种威胁。即使这些都难以实现，腓力至少可以轻易地解放小亚细亚的希腊城市。[4]

马其顿国王并没有像他希望的那样做，而是在9年后于喀罗尼亚击败了雅典、忒拜及一些希腊小国组成的联盟，并于科林斯召开泛希腊大会（Panhellenic Congres），以暴力的方式间接地实现了计划的第一部分。[5]直至遇刺前几个月，腓力甚至还在准备启动计划第二部分的启动工作：次年（公元前336年）春天，一支由一万人组成的先遣部队在亚细亚登陆，解放了从北部的阿比多斯（Abydos）和屈奇科斯（Kyzikos）到南部的以弗所的一系列希腊城市，以及爱琴海东部的大部分希腊岛屿。[6]马其顿公开的说法是，军事行动旨在惩罚波斯人亵渎

162

---

① Isocr. *Ep.* 3.2—3.

② 阿尔戈斯彼时并不算一个重要的希腊势力，它被纳入其中可能是因为伊索克拉底试图献媚腓力二世，而腓力据说拥有阿尔戈斯血统。

③ Isocr. *Ep.* 3.2.

④ Isocr. *Phil.* 120—121.

⑤ 这些事件参见 Ellis 1976, 186—222 及 Hammond/Griffith 1979, 459—468; 484—495; 518—522; 586—646。

⑥ Diod. 16.91.2; Just. 9.5.8; 比较 Arr. *Anab.* 1.2.6; 17.11; Polyaen. *Strat.* 5.44.4; Arr. *Anab.* 2.2.2; Tod, *GHI* II 191—192。

希腊神庙的克塞尔克塞斯[①]，并解放小亚细亚的希腊城市。[②]无疑，腓力也考量过自己和马其顿人的利益。[③]

另一方面，亚历山大大帝远征的目标却模糊在神话故事的层层累积之中，其真实人格无法再得以复原[④]。关于亚历山大的目标大致有两派解释："非理性"的亚历山大和"理性"的亚历山大。第一种观点认为，腓力的儿子是一个远超众人的英雄，是一个可以与诸神和英雄、其祖先相媲美的提坦巨人（Titan）[⑤][⑥]，追随着自己无限强烈的向往与冲动（πόθος）。此外，"理性"的亚历山大又分为两种形象：一个是"开明"的仁善统治者，希腊文化和博爱的捍卫者[⑦]；另一个则是邪恶的暴君原型。[⑧]

---

① Diod. 16.89.2："为了希腊人发动战争，并为他们的神庙所遭受的不法恶行讨回公道"（ὑπὲρ τῶν Ἑλλήνων πόλεμον ἄρασθαι καὶ λαβεῖν παρ' αὐτῶν δίκας ὑπὲρ τῆς εἰς τὰ ἱερὰ γενομένης παρανομίας）。比较 Diod. 17.71.3—4; Arr. *Anab.* 3.18.12; Strab. 15.3.6; Plut. *Alex.* 38.4; Curt. 5.7.4; 比较 5.6.1。

② Diod. 17.22.1："［亚历山大］还补充说，他为了希腊人的解放而对波斯发动战争"［(ὁ Ἀλέξανδρος) προσεπιλέγων ὅτι τῆς τῶν Ἑλλήνων ἐλευθερώσεως ἕνεκα τὸν πρὸς Πέρσας πόλεμον ἐπανῄρεται]。

③ Pol. 3.6.8—14："腓力深知并考虑过波斯人的懦弱和怠惰，自己和马其顿人在军事方面的优秀素养，同时他也看见了战争将赢得的伟大和美好的成就，以及赢得希腊人普遍好感的前景，他立刻以惩罚波斯人对希腊人的不法恶行为借口，决心开启战争，并为此做了一切准备"（Φίλιππος κατανοήσας καὶ συλλογισάμενος τὴν Περσῶν ἀνανδρίαν καὶ ῥᾳθυμίαν καὶ τὴν αὑτοῦ καὶ τῶν Μακεδόνων εὐεξίαν ἐν τοῖς πολεμικοῖς, ἔτι δὲ καὶ τὸ μέγεθος καὶ τὸ κάλλος τῶν ἐσομένων ἄθλων ἐκ τοῦ πολέμου πρὸ ὀφθαλμῶν θέμενος, ἅμα τῷ περιποιήσασθαι τὴν ἐκ τῶν Ἑλλήνων εὔνοιαν ὁμολογουμένην, εὐθέως προφάσει χρώμενος ὅτι σπεύδει μετελθεῖν τὴν Περσῶν παρανομίαν εἰς τοὺς Ἕλληνας, ὁρμὴν ἔσχε καὶ προέθετο πολεμεῖν, καὶ πάντα πρὸς τοῦτο τὸ μέρος ἡτοίμαζε）。比较 Briant 2012, 28—31。

④ 比较 Goukowsky, 1978, 5："亚历山大的深层人格对我们来说依然是个谜，原因很简单，因为古人没有留下任何客观的记载"（La personnalité profonde d'Alexandre nous échappe, pour la simple raison que les Anciens n'ont rien laissé d'objectif）。下文参见 Hatzopoulos 1997a, 41—52（＝*Recueil* 39—50）; Briant 2012, 24—36。

⑤ ［译注］希腊神话中的古老神族，以强大而暴力著称。

⑥ 比较 Schachermeyr 1949。

⑦ 比较 Tarn 1948; Kraft 1971。

⑧ 巴迪安与博斯沃思将亚历山大描绘成一个天才。参见 Briant 2016, 398—414。

　　主张"非理性"的亚历山大的学者认为,没有什么比征服世界更能餍足他的提坦巨人本性了。毋庸置疑,古代作家为该观点提供了大量证据,因为"亚历山大神话"早在这位征服者生前就已被编撰出来。①毕竟,征服整个波斯帝国同样是伊索克拉底向腓力提出的可行目标之一。②根据迪奥多鲁斯(源自克勒伊塔尔库斯[Cleit-archus])的记载,公元前334年,在踏上小亚细亚之前,亚历山大将其长矛从船上扔下,并将其扎入土地,表示他将亚细亚视为"用长矛赢得的财产"。③迪奥多鲁斯又称,公元前331年,亚历山大在阿蒙神庙询问神灵是否愿意将"整个地球的统治权"(τὴν ἁπάσης τῆς γῆς ἀρχήν)赐予他,神灵予以准允。④阿里安(源自阿里斯托布鲁斯[Aristobulus])记载道,亚历山大解开戈尔迪绳结,从而实现了一个预言,即谁能解开绳结,谁就能统治亚细亚。⑤阿里安还提到,公元前332年,在伊索斯(Issos)之战几个月后,亚历山大在给大流士三世的回信中要求战败的波斯大王今后应称呼他为"亚细亚之王"。最后,我们还应注意到,根据普鲁塔克的说法,亚历山大在高加米拉(Gaugamela)战役取胜后被宣布为"亚细亚之王"⑥,他向林多斯的雅典娜圣所(Athena at Lindos)敬献的祭品上便自称"亚细亚的主人"。⑦

　　在关于亚历山大的诸类观点中,法国著名的亚历山大研究专家布里安是一个特例。虽然他是一位"理性派",但他与"非理性派"一样坚信,"早在登陆亚细亚之前,亚历山大的野心就远远超出了伊索

---

①　比较 Plut. *Alex.* 46,以及 Goukowsky 1978, 17—71 的广泛研究。

②　Isoc. *Phil.* 5.120;比较 *Panyg.* 131; 166 及 186。

③　Diod. 17.17.2;比较 Just. 11.5.10。

④　Diod. 17.51.2; Just. 11.11.10。比较 Brunt 1965, 205—215。

⑤　Arr. *Anab.* 2.3.6—8.

⑥　Plut. *Al.* 34.1.

⑦　*FGrHist* 532 l. 38:"亚细亚的主人"(κύριος τῆς Ἀσίας)。

克拉底设定的目标"。①但正如我们所看到的,伊索克拉底向腓力提出的首个目标,同时也是最宏大的目标,正是"征服整个波斯帝国"(καὶ μάλιστα μὲν πειραθῆς ὅλην τὴν βασιλείαν ἑλεῖν)。事实上,并非伊索克拉底,而是希腊同盟的公开陈述阐明了这场战争对外宣称的目标:为亵渎希腊圣城的行为复仇,将亚细亚的希腊城市从波斯的奴役中解放,这意味着远征"在时间和空间上"均受限制。尽管如此,布里安对亚历山大目标的诠释,似乎并非基于古代作者的记载,而是基于亚历山大在其征服的领土上施行的实际政策,例如任命总督,重新向非希腊人征收以前向波斯大王缴纳的贡金等措施。②然而,治理被征服的行省以补充战争资金的实际需求,是否必然意味着亚历山大追求对整个波斯帝国的征服呢?

塔恩和巴迪安等"理性派"学者虽然在其他问题上持不同意见,但均认同亚历山大继承了腓力的战争目标,并没有超出其父亲预设的计划或想法。③23年前,笔者重新出版了一份文件,并断定其内容更支持"理性派"的主张。④布里安虽不同意拙论,但对这份特殊的文件从未被认真研究过,他表示了合乎情理的惊异,列举了从这篇论文出版到2009年这12年间出版的11部研究合著,均对此问题不置一词;⑤10年后的今天,情况依然如此。

该文件写于1936年法国考古队在腓力比发现的9份碑铭残篇,

① Briant 2012, 32及次页:"尽管人们经常这样设想,即亚历山大的主要目标可能是'报复性战争',即在时间和空间上受限的战争,但这一观点并不可信。"

② Briant 2012, 32—33.

③ Tarn 1948, 9:"亚历山大跨越达达尼尔海峡时,并没有明确的计划要征服整个波斯帝国。据说亚里士多德曾问他的学生们在某种情况下会怎么处理问题,亚历山大回答说他在情况发生前无法回答;从现有的情况看,他一开始打算根据事态的发展做出决策,并自然地发现每一步前进都似乎不可避免地导致下一步的行动。"Badian 1965, 166:"当亚历山大入侵亚细亚时,他几乎肯定不知道自己会走多远,或结局如何。"

④ Hatzopoulos 1997a, 41—52 (= *Recueil* 39—50).

⑤ Briant 2012, 209及图表2,页158至159。

并于1984年首次出版,此后又有多位学者将其重新出版。^①其文本复写了亚历山大的一些指示,主要涉及腓力比城领土划界问题,这些指示被交给该城的使节,他们则通过信件将这些指示传达给市政当局。其中10行相当关键:第1行的结尾是一个包含"$P\Sigma I\Delta$"字母序列的希腊文单词,仅可能是波斯波利斯(Persepolis)的希腊语地名"佩尔塞斯"(Persis)的斜格形式(oblique case)。^②这一标记从地理与时间的双重层面上确定了该文件的位置,因为亚历山大只在公元前330年1月至5月间去过波斯波利斯一次。第6行至第14行记载了菲洛塔斯与勒翁纳托斯(Leonnatos)^③被派去为腓力比人划定休耕地的范围,并核实占据腓立比早先领土的色雷斯人是在腓力的军事通谕发表之前还是之后占据该领土的;若是之后,则他们必须撤离这片土地($\acute{o}\varrho\acute{\iota}\sigma\alpha\iota$ $\delta\grave{\epsilon}$ $\tau\grave{\eta}\nu$ $[\acute{\alpha}\varrho|\gamma\grave{o}\nu$ $\chi\acute{\omega}\varrho\alpha\nu$ $\alpha\grave{\upsilon}\tau o\tilde{\iota}]\varsigma$ $\Phi\iota\lambda\acute{\omega}\tau\alpha\nu$ $\varkappa\alpha\grave{\iota}$ $\Lambda\epsilon o\nu\nu[\tilde{\alpha}\tau o\nu$ $\check{o}\sigma o\iota$ $|$ $\delta\grave{\epsilon}$ $\Theta\varrho\alpha\iota\varkappa\tilde{\omega}\nu$ $\acute{\epsilon}\pi\epsilon\iota\sigma\beta\epsilon]\beta\acute{\eta}\varkappa\alpha\sigma\iota\nu$ $\tau\tilde{\eta}\varsigma$ $\chi\acute{\omega}[\varrho\alpha\varsigma$ $\tau\tilde{\eta}\varsigma$ $\acute{\alpha}\varrho|\chi\alpha\acute{\iota}\alpha\varsigma$ $\mathring{\eta}\nu$ $\tauo\tilde{\iota}\varsigma$ $\Phi\iota\lambda\acute{\iota}\pi]\pio\iota\varsigma$ $\check{\epsilon}\delta\omega\varkappa\epsilon\nu$ $\Phi\acute{\iota}$ $[\lambda\iota\pi\pi o\varsigma,$ $\Phi\iota\lambda\acute{\omega}|\tau\alpha\nu$ $\varkappa\alpha\grave{\iota}$ $\Lambda\epsilon o\nu\nu\tilde{\alpha}\tau o\nu]$ $\acute{\epsilon}\pi\iota\sigma\varkappa\acute{\epsilon}\psi\alpha[\sigma\vartheta\alpha\iota$ $\epsilon\grave{\iota}$ $\pi\varrho\acuteο\tau\epsilon|\varrho o\nu$ $\acute{\epsilon}\pi\epsilon\iota\sigma\beta\epsilon\beta\acute{\eta}\varkappa]\alpha\sigma\iota\nu$ $\tauo\tilde{\upsilon}$ $[\delta\iota\alpha\gamma\varrho\acute{\alpha}\mu\mu\alpha\tauo\varsigma$ $\tauo\tilde{\upsilon}$ $\Phi\iota\lambda\acute{\iota}|\pi o\upsilon$ $\mathring{\eta}$ $\check{\upsilon}\sigma\tau\epsilon\varrho o\nu$ $\acute{\epsilon}]\pi\epsilon\iota\sigma\beta\epsilon\beta\acute{\eta}\varkappa[\alpha\sigma\iota\nu$ $\epsilon\grave{\iota}$ $\delta\grave{\epsilon}$ $\check{\upsilon}\sigma\tau\epsilon\varrho o\nu$ $\acute{\epsilon}\varkappa|\chi\omega\varrho\epsilon\tilde{\iota}\nu$ $\alpha\grave{\upsilon}\tauo\acute{\upsilon}\varsigma]\cdot$ $\acute{\epsilon}\xi\epsilon\lambda\epsilon\tilde{\iota}\nu$);菲洛塔斯和勒翁纳托斯还奉命保留两千希腊顷的休耕地($\delta[\grave{\epsilon}$ $\Phi\iota\lambda\acute{\omega}\tau\alpha\nu$ $\varkappa\alpha\grave{\iota}$ $\Lambda\epsilon o\nu\nu\tilde{\alpha}|\tau o\nu$ $\acute{\epsilon}\varkappa$ $\tau\tilde{\eta}\varsigma$ $\acute{\alpha}\varrho\gamma o\tilde{\upsilon}]$ $\pi\lambda\acute{\epsilon}\vartheta\varrho\alpha$ $\delta\iota\sigma\chi[\acute{\iota}\lambda\iota\alpha$ ……]),但进一步予以说明的后文从未重构成功。

使节们的报告文本复件引发了几个问题:为什么要公布这份报

---

①参见 Hatzopoulos 1997a, 48—49 (=*Recueil* 46—47)及 Errington 1998, 77—90 及 *BE* 1998, 281 的拙评。

② 例如:"使节们从佩尔西斯发出信息"($[\Omega\varsigma$ $\acute{\epsilon}\pi\acute{\epsilon}\sigma\tau\epsilon\iota\lambda\alpha\nu$ $o\acute{\iota}$ $\pi\varrho\epsilon\sigma\beta\epsilon\upsilon\tau\alpha\grave{\iota}$ $\acute{\epsilon}\varkappa$ $\Pi\epsilon]\varrho\sigma\grave{\iota}\delta$ $[o\varsigma]$)。事实上,此外不存在其他严肃的重构可能。巴迪安讽刺性地重构了几个荒谬的人名,参见 1993b, 131;比较 Hammond 1994b, 386—387 (=*Collected Studies* IV [Amsterdam 1997] 190191),同样包含一个不太可信的重构"在四个"($[\tau\acute{\epsilon}\sigma\sigma\alpha]\varrho\sigma\iota$)。

③ 他们的名字没有冠以父称,必然是亚历山大身边人尽皆知的伙友。哈蒙德认为,铭文所指的正是仅见于阿里安《亚历山大远征记》中的菲洛塔斯(*Anabasis* 1.2.1),以及帕尔梅尼翁(Parmenion)之子菲洛塔斯同名(Hammond 1990, 172—173),但不足采信。

告？本应公布的是菲洛塔斯和勒翁纳托斯作出的实际决定和最终解决方案的文本。此外，还有一个悬而未决的问题：第2栏第10行至 166
12行指出，"在向亚历山大大帝派出的使团返回之前，任何人都不得售卖狄索隆山上的木材"（τὴν δὲ ὕλ[η]ν τὴν ἐν Δυ[σώρ]ωιμηιϑένα πωλεῖν τέω[ς] ἡ πρεσβεία ἡ πα[ρὰ Ἀλε]|ξάνδρου ἐπανέλϑηι）。公布这些段落而非亚历山大的实际决定有什么用呢？关于这两个问题，人们不禁会设想，菲洛塔斯和勒翁纳托斯或许从未前往腓立比执行他们的使命，而且向亚历山大派出的使团也从未获得国王的最终答复，可能也从未回国。

然而，这一回答提出了一个更为棘手的问题：菲洛塔斯和勒翁纳托斯返回欧罗巴是怎样的情景，亚历山大在何时设想这一情景，又为何设想？这个问题的答案不难在现存的文学作品中发现。对波斯帝国的复仇战争以波斯波利斯的王宫被毁而告终。根据阿里安的记载，亚历山大本人曾宣称，"他希望惩罚波斯人入侵希腊时洗劫雅典和焚烧神庙的行径，并对他们对希腊造成的其他一切伤害进行报复"。①我们同样知晓马其顿人对焚毁波斯王宫的反应。普鲁塔克记述道："其余的马其顿人得知此事（焚毁王宫）后，举着火把满心欢喜地跑向那里。因为他们希望，焚毁王宫表明了亚历山大大帝心系故土，而没有居住在蛮族之中的打算。"②亚历山大身边的高级军官帕尔梅翁也有同感，尽管他对国王的决定感到遗憾："他放火焚烧了波斯王宫，尽管帕尔梅翁劝他予以保留，理由之一便是毁坏现在属于自己的财产是不可取的，亚细亚人同样不会因此畏服，而是认为他甚至没有决定保留亚细亚帝国，只是追求征服和继续前进。"③此

---

① Arr. *Anab.* 3.18.12（P. A. Brunt 译，载于洛布古典丛书[1976年]），比较 Strab. 15.3.6; Diod. 17.72.3; Plut. *Alex.* 38.4; Curt. 5.7.4;比较 5.6.1。

② Plut. *Alex.* 38.4。

③ Arr. *Anab.* 3.18.11（P. A. Brunt 译，载于洛布古典丛书[1976年]，笔者略作修改）。

外，公元前330年初夏，大部分远征军都聚集在埃克巴塔纳（Ek-batana），波斯御道（King's road）通往大海与欧罗巴那边的一处要地。因为焚烧波斯波利斯是泛希腊复仇战争的最后一场行动，亚历山大便解散了希腊联盟的军队，慷慨地全额支付了约定的军饷，并额外赠送了2,000塔兰特的礼物。站在一旁的马其顿士兵羡慕地看着大多数战友踏上归家的漫漫长途，回到大海那边，而他们则留下来处理一些遗留问题，尤其是擒获大流士三世的问题。然而，当驻扎在赫卡托皮洛斯（Hekatompylos）的马其顿军队主力穿越高加索之门（Caspian Gates）[①]，不顾一切地追击逃亡的众王之王（King of Kings）时，他们听说大流士三世已经死了，便不约而同地认为自己很快也能回家了[②]。库尔提乌斯生动地描述了这件事对军队的影响："流言蜚语，闲散士兵的恶习，未经授权就传开了，说国王满足于他所取得的成就，决定立即返回马其顿。他们像疯了一样跑向自己的帐篷，准备好上路的行囊；整个营地仿佛都发出了出征的信号，寻找同帐战友的喧闹声，装载马车的喧闹声，此起彼伏，全部传入了国王的耳朵里。"[③]从库尔提乌斯的这段记载和迪奥多鲁斯的类似记述（两者无疑都源自克勒伊塔尔库斯）[④]中可以看出，在公元前330年上半年的某个时间点，马其顿人普遍认为，波斯帝国的王宫被摧毁，至少波斯大王被俘或被杀，远征军的主力部队（除了在被征服的领土上执行守备任务所需的部队）便可能会返乡。马其顿人如此广泛而坚定的信念，至少是有一定根据的。亚历山大无疑曾认真地考虑过，他可以满足于迄今所取得的征服功绩；而且，无论他是亲自返回马其顿，还是留下来建立他的亚细亚

---

　　①［译注］位于安纳托利亚东部、高加索与波斯交界处的一座山口，又称"亚历山大之门"，常被视为希腊世界与波斯世界的自然分界。

　　② 关于这些事件的概述，参见 Wilcken 1967, 147—150。

　　③ Curt. 6.2.15—17（J. C. Rolfe译，载于洛布古典丛书［1962年］），。

　　④ Diod. 17.74.3—4.

帝国①,至少可以暂时不需要菲洛塔斯和勒翁纳托斯陪侍身边。在这种情况下,他的这两位伙友便很可能前往腓立比,做出必要的裁决。

实际情况并未遂亚历山大所愿。菲洛塔斯被指控叛国,于公元前330年10月被处决。勒翁纳托斯的确回到了欧罗巴,却是在多年之后,即亚历山大于公元前323年去世后,当时腓力比的事务早被遗忘,他在公元前322年围攻拉米亚时被杀。在焚毁波斯波利斯的王宫和追杀大流士三世之间的某个时刻,亚历山大重新考虑了他的选择,并改变了主意:他将继续追击杀害大流士三世的波斯叛贼,并最终成为阿契美尼德国王的合法继承人。这一决定究竟是何时做出的尚不清楚,甚至波斯波利斯宫殿被毁的日期也存在争议。②若亚历山大在亚历山大攻占波斯首都后不久便作出了这一决定,并且尚不知晓马其顿在梅伽洛波利斯(Megalopolis)战胜阿吉斯(Agis)③的消息,那么我们可以更好地解释王宫被焚毁的原因,以及亚历山大的愿望——即使不是亲自返回欧罗巴,至少也要向安提帕特派遣援军。另一方面,希腊前线传来的好消息使亚历山大不必急于返回欧罗巴,而正统的波斯国王之死则为亚历山大提供了一个新的机遇与挑战:继承大流士的阿契美尼德王位。然而,另一个决定性的原因可能也影响了亚历山大,正如库尔提乌斯所记载或想象的那般,亚历山大在赫卡托皮洛斯对哗变的马其顿人发表了演说,清楚地表明他对其亚细亚属地的安全充满担忧。简单地说,亚历山大陷入了两难困境,要么是放弃(至少一部分)他和他的马其顿人已经赢得的东西,要么是

168

---

① Hatzopoulos 1997a, 51 (= *Recueil* 49).

② 比较 Hammond 1992, 358—364; Sancisi-Weerdenburg 1993, 177—188; Badian 1994, 258—292。

③ [译注]即斯巴达国王阿吉斯三世,在亚历山大远征期间发动希腊人起义,最终被安提帕特镇压。

夺取他们尚未拥有的东西。①亚历山大必然意识到,除非他控制了
扎格罗斯山(Mount Zagros)以外的东部诸行省(Upper Satrapies),否
则他就无法有效控制美索不达米亚。数个世纪后,罗马人也陷入了
同样的困境,他们选择了撤至幼发拉底河(Euphrates)边界后方。然
而,亚历山大作出了自己的选择,并很快表现于他的行为举止。库尔
提乌斯提到,在赫卡托皮洛斯兵变前,亚历山大便开始养成异国习
气,这是他内心信念的外在表现,并对此予以道德层面的抨击。②亚
历山大完成了复仇,选择了建立帝国,并非因为命运或父辈的安排,
而是因为他面临着各种问题,他将在前进的过程中对这些问题作出
决定。正如塔恩所写的那样,"他起初打算遵从事态的发展,自然地
发现,每前进一步似乎都不可避免地会引发新的问题"③。亚历山大
是自愿如此,还是受环境所左右?无论如何回答这个问题,有一点是
毋庸置疑的:亚历山大为这条道路付出了高昂的代价:他疏远了一些
最亲密的合作者,并且为了铲除他们,采取了极端的手段;他的军队
频繁发生兵变;他从未如愿以偿地实现自己对士兵演讲时所说的"回
到家乡,回到自己的母亲和姐妹身边,回到那些不幸的同胞身边,待

---

① Curt. 6.3.10:"因此,我们要么不得不放弃已夺取的成果,要么攫取我们尚未获
得的东西"(*proinde aut quae cepimus omittenda sunt, aut quae non habemus occu-
panda*)。

② Curt. 6.2.2:"一切都沦为异国的风俗。他热衷于模仿,仿佛那些风尚比他更为
高贵,从而激怒了同胞们的心灵与眼睛,以至于许多朋友把他当成敌人"(*omnia in ex-
ternum lapsa morem. quem ille aemulatus, quasi potiorem suo, ita popularium animos
oculosque pariter offendit, ut a plerisque amicorum pro hoste haberetur*)。

③ Tarn. *Alexander I* 9. 比较 Müller, C. 1840 *Pseudo-Callisthenes* 1.16.6—7:"[亚
里士多德]还对亚历山大说:'亚历山大,你这孩子啊,如果你从你父亲腓力那里继承
了王位,你将如何对待你的老师呢?'亚历山大回答道:'你现在就问我未来的事情。
我现在无法为你担保明天的事情,但到时候我会根据那时的情况和机会来给予你应
得的一切"(*Εἶπε δὲ καὶ πρὸς Ἀλέξανδρον «Εἰ δὲ σύ, τέννον Ἀλέξανδρε, παραλάβῃς τὸ βασίλειον
ἐκ τοῦ πατρός σου Φιλίππου, πῶς μοι χρήσῃ τῷ καθηγητῇ σου;» ὁ δὲ Ἀλέξανδρος εἶπε·
«Μελλόντων πραγμάτων πέρι ἄρτι πυνθάνῃ. Τῆς αὔριον ἐνέχυρον μὴ ἔχων τότε δώσω σοι τοῦ
καιροῦ καὶ τῆς ὥρας ἐλευσομένης»*)。

在家里而非异乡,与战友们一起享受他们赢得的赞誉和荣耀,那里有
极为丰厚的胜利奖赏在等着他们,他们的妻儿和同胞们幸福美满,和
平安宁,无忧无虑地享受着他们英勇夺取的果实"(来自库尔提乌斯
的记述,也可能是杜撰)。①他也没有完成自己主动选择或被迫承担
的任务:建立一个多民族的阿契美尼德帝国的稳定继承者。他的遗
产在昔日并肩作战的同伴们兵戎相见中支离破碎。尽管如此,亚历
山大难道不能以卡瓦菲斯(Cavafy)的诗句来反驳自己的批评者吗?
卡瓦菲斯在任何意义上都是一位身处现代的亚历山大的子民②,他
称赞道:"从那支奇迹般的泛希腊远征队伍中,胜利、辉煌、威震四荒、
沐浴在前所未有的荣耀之中,无与伦比……一个新的希腊世界,一个
伟大的世界,诞生了……疆域不断扩张,各种明智的融合尝试。我们
将希腊通用语散播至克特里亚(Bactria)边疆,直至印度各族人民。"③

169

---

① Curt. 6.3.5(J. C. Rolfe译,载于洛布古典丛书[1962年],笔者略作修改)。

② [译注]一语双关:卡瓦菲斯一生大部分时间均于亚历山大里亚度过。

③ 引自康斯坦蒂诺斯·卡瓦菲斯(C. Cavafy)的诗作"公元前200年"(In the Year 200 B.C.),E. Sachperoglou英译,笔者略作修改。

5 终章:马其顿人曾被天赐的狂热所眷顾?

波利比乌斯在其《历史》(36.17.12—13)中有一段著名的评述:"但当人们无法或很难找到原因的情况下,他们别无选择,只能始终困惑着。马其顿人便是这样一个例子。他们从罗马人那里得到了许多明显的恩惠;全体人民摆脱了专制者的专断统治和横征暴敛,所有人都同意,他们现在享有自由,而非奴役;得益于罗马人的善举,各个城市摆脱了严重的内部动乱和自相残杀……但现在短短的时间内,他们目睹了这个'假腓力'①所流放、折磨和谋杀的公民人数超过了他们以前任何一个真正的国王……虽然他们在为德米特里欧斯之子(腓力五世)和佩尔塞乌斯而战的时候被罗马人打败了,但现在他们却在为一个惹人憎恶的人而战,并且在捍卫他的王位时表现出了极大的勇气,他们打败了罗马人。这样的事件怎能不让人感到困惑呢?因此,面对类似的现象,人们可以说这是天赐的狂热,所有马其顿人都罹受了天神的愤怒。"②

①[译注]即自称为马其顿珀尔修斯之子的安德里斯科斯(Ανδρίσκος),他发动了一场马其顿人反抗罗马人的起义,并最终引发第四次"罗马-马其顿战争",波利比乌斯所论正是此事。

②希腊文原文为: Αλλ' ἐπ' ἐκείνων ἐφ' ὧν ἀλήπτους ἢ δυσλήπτους εἶναι τὰς αἰτίας συμβαίνει, διαπορητέον ὧν ἓν ἦν καὶ τὸ περὶ τοὺς Μακεδόνας γεγενημένον. Μακεδόνες μὲν γὰρ ὑπὸ τῶν Ῥωμαίων πολλῶν καὶ μεγάλων ἐτετεύχεισαν φιλανθρωπιῶν. κοινῇ μὲν πάντες ἀπολυθέντες μοναρχικῶν ἐπιταγμάτων καὶ φόρων καὶ μεταλαβόντες ἀπὸ δουλείας ὁμολογουμένως (转下页注)

所以马其顿人被天赐的狂热所眷顾，起兵反抗本应是他们恩主的罗马人？在此，不论客观与否，波里比乌斯至少并不诚实。首先，马其顿人在其合法国王的统治下并非总是出师不利。例如，在第三次马其顿战争期间，在公元前171年5月的卡利尼科斯（Kallinikos）战役中，18000名马其顿骑兵和轻步兵战胜了20500名罗马骑兵和步兵。罗马人之所以没有被彻底击溃，仅仅因为佩尔塞乌斯不愿放弃通过外交手段解决冲突的机会，直至此时他依然认为和平结束战争是可能的。[①]不幸的是，对马其顿人来说，双方力量的不平衡决定了战争结局。罗马人拥有强大的人力储备，他们可以在多次失败后仍然赢得战争，而对马其顿人来说，一次失败便足以致命。第二次和第三次马其顿战争正是如此，因为马其顿无法从屈诺斯刻法莱战役（Kynoskephalai）和皮德纳战役的失败中恢复元气，不得不向罗马人求和乃至投降。至于"严重的内乱和自相残杀"，根据现存史料的记载，这些恶行并非发生在罗马人废除国王制之前，而是之后。[②]最重要的是，所谓罗马人"解放"了马其顿人，仿佛他们从前一直过着奴隶般的生活，这与一系列古代作家的记述截然相反，甚至包括波里比乌斯本人，他曾把国王统治下的马其顿人描绘成一个自由的民族，通过

171

（转下页注）ἐλευθερίας, ἰδίᾳ δὲ πάλιν κατὰ πόλεις ἐκλυθέντες ἐκ μεγάλων στάσεων καὶ φόνων ἐμφυλίων διὰ τῆς Ῥωμαίων … πλείστους ἐπεῖδον αὐτῶν ἐν πάνυ βραχεῖ χρόνῳ φυγαδευθέντας καὶ στρεβλωθέντας καὶ φονευθέντας ἢ τῶν ἐν τοῖς προτέροις καιροῖς ἀπὸ τῶν κατ᾽ ἀλήθειαν βασι … οἱ δὲ μετὰ τοῦ Δημητρίου καὶ πάλιν μετὰ Περσέως μαχόμενοι πρὸς Ῥωμαίους ἡττήθησαν, ἀνδρὶ στυγνῷ συναγωνιζόμενοι καὶ περὶ τῆς τούτου βασιλείας ἀνδραγαθήσαντες ἐνίκησαν τοὺς Ῥωμαίους. ἐξ ὧν τίς οὐκ ἂν ἐπαπορήσειεν ἐπὶ τῷ συμβάντι· τὴν γὰρ αἰτίαν εὑρεῖν τούτων δυσχερές. διόπερ ἄν τις ἐπὶ τῶν τοιούτων διαθέσεων δαιμονοβλάβειαν ἂν εἴποι τὸ γεγονὸς καὶ μῆνιν ἐκ θεῶν ἅπασι Μακεδόσιν ἀπαντῆσθαι(W. R. Paton英译，Loeb Classical Library［2012］，笔者略作修改)。

① P. Meloni 1953, 230—236.

② Hatzopoulos 1996b, 221—222 及参考文献。Polybius 31.2, 12中将这些令人遗憾的事件发生归因于马其顿人不熟悉民主体制(συνέβαινε γὰρ τοὺς Μακεδόνας ἀήθεις ὄντας δημοκρατικῆς καὶ συνεδριακῆς πολιτείας στασιάζειν πρὸς ἀλλήλους)。他对斯巴达内乱的解释同样如此(Pol. 4.22.3—4)。

他们与国王对话时享有的"平等言论权"来解释他们的行为。^①在波里比乌斯看来,马其顿的"平等言论权"和"言论自由权"是实质民主的两个构成要素。^②

　　事实上,所谓罗马人对马其顿人的恩惠,不过是政治宣传而已。^③马其顿在皮德纳战役中的失败引发了一连串灾难性的后果。不仅马其顿的青年精英被摧残殆尽(20,000 至 25,000 人被杀,5,000人被俘),^④大批马其顿的贵族也被永久驱逐至意大利,再也未能回国。^⑤马其顿积蓄日久的财富被有计划地掠夺一空。战利品的价值高达 210,000,000 塞斯特塞(sesterces)银币。^⑥中央政府收缴税款较从前减少了一半,减至 100 塔兰特,^⑦但先前的税金大部分来自王室土地、森林和矿山的耕作产出,而罗马人禁止马其顿政府开采这些土地和矿山。^⑧此外,这 100 两银子的税收从此不再用于内政,而是作为贡金运往罗马。雪上加霜的是,王国的四个行政分区被拆解为众多"共和国"(由一个共同的议会[συνέδριον]松散地联合起来),其公民被剥夺了在其"共和国"之外通婚或拥有土地财产的权利。^⑨事实

---

　　① Pol. 5.27.6:"他们在国王面前总是享有这种平等言论权"(εἶχον γὰρ ἀεὶ τὴν τοιαύτην ἰσηγορίαν Μακεδόνες πρὸς τοὺς βασιλεῖς)。

　　② Pol. 2.38.6:"平等言论权,言论自由权,以及总体性的真正民主"(ἰσηγορίας καὶ παρρησίας καὶ καθόλου δημοκρατίας ἀληθινῆς σύστημα)。

　　③ 比较 Livy 45.30.1—2; Diod. 31.8.2 及 4。

　　④ Meloni 1953, 395.

　　⑤ Livy 45.32.3—6:"国王之友、着紫袍者[高贵者]、军队指挥官、海军长官或王室近卫队长……因此,所有曾在某个职位上服务过国王中的人,包括使节[均被放逐]"(regis amici, purpuratique, duces exercituum, praefecti navium, aut praesidiorum ... omnes igitur qui in aliquis ministeriis regiis etiam in legationibus fuerant)。比较 45.32.1:"以及 15 岁以上的青少年"(cum liberis maioribus quam quindecim annos natis)。

　　⑥ Velleius Paterculus 1.9.6.

　　⑦ Livy 45.29.4; Plut. Aem. 28.3.

　　⑧ Livy 45.18.3.

　　⑨ 参见 Hatzopoulos 1996b, 350—359 及引证史料。

上,这个昔日傲然世间的王国沦为一个"残缺、贫穷和支离破碎的"①罗马附庸国。马其顿人若是格外感激罗马人对他们的"解放",那才是咄咄怪事。

沃尔班克几十年来一直致力于波里比乌斯研究,他自然极为清楚波里比乌斯"对马其顿视角的视而不见",并将其归咎于这位梅伽洛波利斯历史学家的阿凯亚沙文主义。②在几年前撰写的一篇论文中,笔者试图说明波里比乌斯对马其顿王国制度的运作知之甚少,使得他对马其顿的视角更为陌生。③波里比乌斯无法理解或不愿理解的是,马其顿既是君主制国家,又是联邦制国家。它是一个"联邦制国家"④,而不是一个单一制国家;它有一个君主制政府,而不是一个共和制政府。更确切地说,马其顿是一个古老的"联邦"国家,就像公元前197年之前的帖萨利亚和公元前235年或公元前234年之前的伊庇鲁斯一样(与希腊南部的"联邦"国家相反),它并没有容纳各联邦政治单位的代表的"联邦议事会"。雅各布·奥尔·奥特森·拉尔森(J. A. O. Larsen)曾有所保留地推测马其顿、帖萨利亚和伊庇鲁斯之间在政治体制上存在亲缘关系,尽管他不理解前共和制时代的马其顿和帖萨利亚具有"联邦"性质:"这个奇特的国家[伊庇鲁斯]集君主制、联邦制和部落组织于一体,值得在任何有关希腊联邦制的一般性

---

① Hammond/Walbank 1988, 567中Hammond撰写的部分。

② Walbank 1979, 681—682。比较 Walbank 1970, 305—306;Walbank 1972, 176—177;Walbank 1974, 16—17。

③ Hatzopoulos 2015c, 77—87.

④ 正如Giovannini 1971所充分论证的,在某种程度上,古希腊所谓的"联邦国家"是现代意义上真正的联邦制国家,而绝非实际意义上的单一制国家,正如沃尔班克所总结的"联邦共同体的中央机关施行权力,就像它拥有完全的主权一样,仿佛成员自治市享有的自治权不过是中央权力所授予并可随时撤销的市政自治权"。"联邦制共同体"(Federative sympolity)可能更为合适,但不便于使用。另参沃尔班克对乔瓦尼尼主要论点的并不有效的反驳:Walbank 1977—1978, 27—51(= *Selected Papers. Studies in Greek and Roman History and Historiography* [Cambridge 1985] 2037),以及Hatzopoulos 1996b, 486注4中笔者的讨论。

173　论述中加以探讨……[伊庇鲁斯]保存下来的记录使用的是希腊方言,政治体制似乎是正常的希腊体制,但与马其顿人和帖萨利亚人的体制一样,保留了许多古老的部落君主制痕迹。"[1] 1992 年 10 月 22 日,弗里茨·格施尼策尔(F. Gschnitzer)在塞萨洛尼基大学的一次未发表讲座中对这一图景予以完善:[2]

> 明确这种二元基本结构在我们的讨论中至关重要,因为它表明,马其顿城市与作为主题的马其顿国家之间的联系,不仅源自它们对国王意志的服从,而且很大程度上来自它们对"马其顿人"共同体的积极参与。这种关系本质上与例如埃盖、阿尔戈斯或梅伽洛波利斯与阿凯亚联邦的关系没有区别,只不过在亚该亚联邦中,中央权威表现于联邦的官员、联邦议事会和联邦大会,而在马其顿则主要体现于国王一职。在马其顿,中央和地方权力之间的权力分配原则上必然类似于共和制联邦国家中的权力分配情形。[3]

---

① Larsen 1968, 273.

② 数年后,在笔者写作《国王治下的马其顿政治体制》之后,方才得到一份该文本的副本,这应归功于赫里苏拉·韦利伊尼-泰尔齐(Chryssoula Veligianni-Terzi)教授,她曾邀请弗里茨·格施尼策尔参加在塞萨洛尼基大学举行的会议。

③ 德语原文为"Die Feststellung dieser dualistischen Grundstruktur ist in unserem Zusammenhang deshalb wichtig, weil sie aus ihr ergibt, dass die Bindung der makedonischen Städte an den makedonischen Gesammtstaat nicht nur durch die Unterordnung unter den Willen des Königs, sondern vor allem auch durch die rechtliche Zugehörigkeit zum Gemeinwesen der 'Makedonen' gegeben war; das grundsätzliche Verhältnis war also kein anderes als etwa das Verhältnis von Aigion, Argos oder Megalopolis zum achäischen Bundesstaat, nur dass die Zentralgewalt bei den Achaiern durch die Magistrate des Bundes, durch Bundesrat und Bundesversammlung repräsentiert war, in Makedonien aber vor allem durch den König. - Auch die Verteilung der Zuständigkeiten zwischen Zentral- und Lokalgewalt war in Makedonien im Prinzip gewiss ähnlich der Kompetenzverteilung in den republikanischen Bundesstaaten geregelt".

不幸的是,波里比乌斯无法理解一个简单的事实,即马其顿人对其不成文的祖先之法极为依赖,以及由于历史原因,他们根本而言属于"保王派"(φιλοβασίλειοι)这一简单事实。[①] 他假装不在意马其顿应征军队的大规模阵亡(20,000 至 25000 人死亡)或被俘(5000 人)所造成的影响,对马其顿城市在皮德纳战役后两天内投降幸灾乐祸。[②] 然而,马其顿人用行动一次又一次地证明了他们对君主制的依恋。让波里比乌斯深感意外的叛乱者,自称腓力五世之子的安德里斯科斯,并非唯一的揭竿而起的王位冒称者。在他之前的公元前 163 年或公元前 162 年,即皮德纳战役后短短五年,达玛西珀斯(Damasippos)和他的保王党同伴杀死了代表新共和政体的"议员"(σύνεδροι),这些"议员"在法科斯(即佩拉坚固的地牢)举行了会议,[③] 这一点意味深长。安德里斯科斯战败后不久,一个叫亚历山大的马其顿王位冒称者,自称佩尔塞乌斯的另一个儿子,组建了一支军队,占领了东马其顿的一部分地区。[④] 不到五年后,即公元前 143 年,又出现了另一个冒称腓力五世之子的人[⑤]与冒称佩尔塞乌斯之子的

174

---

① Plut. *Aem.* 24.1:"马其顿人始终被视为'保王派'"(ἀεὶ μὲν οὖν λέγονται φιλοβασίλειοι Μακεδόνες)。比较 Kalléris 1967, 576—589。

② Plut. *Aem.* 24 中 Pol.:"那时,他们仿佛大厦崩塌一般,全体人民一同投降了埃米利乌斯,两天时间内让他成为整个马其顿的主宰"(τότε δὲ ὡς ἐρείσματι κεκλασμένῳ πάντων ἅμα συμπεσόντων ἐγχειρίζοντες αὑτοὺς τῷ Αἰμιλίῳ δύο ἡμέραις ὅλης κύριον αὐτὸν κατέστησαν Μακεδονίας)。

③ Pol. 31.172:"还包括马其顿人达玛西珀斯,他在法科斯屠杀了议员们,随后带着妻儿逃离了马其顿"(ἐν οἷς προσελάβετο καὶ τὸν Μακεδόνα Δαμάσιππον, ὃς κατασφάξας ἐν τῷ Φάκῳ τοὺς συνέδρους ἔφυγε μετὰ γυναικὸς καὶ τέκνων ἐκ τῆς Μακεδονίας)。

④ Zonar. 9.29:"还有一位自称佩尔西乌斯之子的亚历山大,他集结了一支军队,占领了梅斯托斯河附近的地区;梅忒路斯追击着他,直到达尔达尼亚"(καὶ Ἀλέξανδρος δέ τις Περσέως καὶ αὐτὸς λέγων εἶναι υἱὸς καὶ χεῖρα συναγαγὼν κατέλαβε τὴν περὶ τὸν Μέστον καλούμενον ποταμὸν χώραν ὃν ὁ Μέτελλος ἐπεδίωξεν ὑποφυγόντα μέχρι τῆς Δαρδανίας)。

⑤ Livy, *Summaries* 53:"另一位假冒的腓力之子在马其顿被财政官路奇乌斯·特列梅利乌斯率军击败"(*alter Pseudophilippus in Macedonia a L. Tremellio quaestore cum exercitu caesus est*)。

人,事实证明他有能力征召 16000 名士兵,但最终为罗马军队击败。①最后,在公元 1 世纪初,大约公元 90 年,一位年轻的马其顿贵族,厄克塞斯托斯之子欧菲内斯(Euphenes),也许是受到了米特里达梯六世(Mithridates VI)一系列军事胜利的鼓舞,"鼓动民众起来反抗罗马,恢复马其顿人曾经拥有的传统王国"。②26这类起义一直持续到罗马共和国的末期。公元前 39 年,我们听说马克·安东尼在希腊的执政官代理(*legatus pro consule*)肯索里努斯(Censorinus)因作战于马其顿(*ex Macedonia*)获得了凯旋。我们不禁感到困惑,究竟是哪些马其顿的敌人导致了罗马调兵遣将。在安忒穆斯(今加拉

175

---

① Eutrop. 4.15:"还是在马其顿,自称佩尔西乌斯之子的冒名者集结了奴隶起义,他拥有一万六千名武装人员,但被财政官特列梅利乌斯击败"(*iterum in Macedonia Pseudoperses, qui se Persei filium esse dicebat, collectis servitiis rebellavit et, cum sedecim milia armatortum haberet, a Tremellio quaestore superatus est*)。

② Diod. 37.5a:"那个年轻人[欧菲内斯]拥有非凡的勇敢和冒险精神,他戴上头饰,自称马其顿的国王,鼓励众人脱离罗马的统治,恢复马其顿先前的王国。许多人聚集在一起,认为这将是一个陷阱。厄克塞刻斯托斯焦虑地派人向[罗马]将军森提乌斯详细说明儿子的疯狂计划,并派使者去见色雷斯国王科图斯,要求他召回年轻人,劝他放弃阴谋。科图斯出于对欧菲内斯的友爱,召回了年轻人,将他关押了几天后交还其父,从而摆脱了流言蜚语"(ὁ γὰρ νεανίσκος τόλμῃ καὶ περιπετείᾳ διαφέρων, περιϑέμενος διάδημα καὶ βασιλέα Μακεδόνων αὑτὸν ἀναδείξας παρεκάλει τοὺς πολλοὺς ἀφίστασϑαι Ῥωμαίων καὶ τὴν προγεγενημένην Μακεδόσιν πάτριον βασιλείαν ἀνακτᾶσϑαι. πολλῶν δὲ συντρεχόντων, ὡς ἁρπαγῆς ἐσομένης, ὁ δὴ Ἐξήκεστος ἀγωνιάσας ἐξέπεμψέ τινα τὸν διασαφήσοντα Σεντίῳ τῷ στρατηγῷ τὴν περὶ τὸν υἱὸν ἀπόνοιαν. διεπέμψατο δὲ καὶ πρὸς Κότυν τὸν βασιλέα τῶν Θρᾳκῶν, ἀξιῶν μεταπέμψασϑαι τὸν νεανίσκον καὶ πεῖσαι τῆς ἐπιβολῆς ἀποστῆναι. ὁ δὲ ἔχων φιλίαν πρὸς Εὐφήνην μετεπέμψατο αὐτόν, καὶ παρακατασχὼν ἡμέρας τινὰς παρέδωκε τῷ πατρί καὶ ἀπελύϑη τῶν διαβολῶν, F. R. Walton英译,洛布古典丛书[1967])。因为希腊语中并不存在"欧菲内斯"(Εὐφήνης)这一名字,因此很可能是抄工将"欧厄菲内斯"(Ευηφένης)抄错,正确的姓名形式可通过腓利比出土的厄克塞刻斯托斯(Exekestos)之子欧厄菲内斯的墓碑加以印证(*SEG* 24 [1969] 621;关于这名字的形成,参见 O. Masson, "Anthroponymie grecque et dialectologie", *Rev. Phil* 39 [1965] 237 [=*OGS* I 57])。此外,通过其个人姓名和父名的,以及墓葬位置(东马其顿)推断墓主身份,在腓利比出土的墓葬无疑属于试图叛乱的青年欧厄菲内斯。关于罗马共和国晚期马其顿的动荡局势,参见 Papazoglou 1979, 301—307 及早先的研究文献;Papazoglou 1983, 192—193。

蒂斯塔［Galatista］）的残存碑文中，我们可以发现这一时期马其顿动荡不安的痕迹。[1]

一切尝试显然都徒劳无果，马其顿人没有成功摆脱外国统治，马其顿仍然是罗马治下的一个行省。然而，马其顿步兵方阵在皮德纳的英勇牺牲，以及随后的多次起义，时刻唤起马其顿人保持着对辉煌过往与集体美德的眷恋，他们在多民族的罗马马其顿行省（*provincia Macedonia*）内重新建立了一个适当的组织，即马其顿联盟（Κοινόν Μακεδόνων），作为共和制时代马其顿"联邦"的后继。尽管在公元前212年或前213年之后，他们一直属于罗马公民，但他们始终自我认同为"马其顿人"，直至公元4世纪初期。马其顿人对往昔国王的忠诚在对亚历山大及其家族的官方崇拜中体现得淋漓尽致，[2]这一崇拜在公元2世纪末和3世纪初被进一步结合，包括罗马人对模仿亚历山大的热衷，以及当地统治阶级以简陋的崇拜图像[3]和涂鸦[4]来彰显自己的本土身份[5]，特别是马其顿的父母喜欢给孩子取曾经的国王的名字，例如"亚历山大/亚历山德剌、安提戈内斯/安提戈纳、卡山德/卡山德剌、腓力等"。[6]在这种氛围中，各种版本的亚历山大传奇广为流传，流传于民间传说中，例如关于亚历山大的美人鱼妹妹戈尔

---

① Hatzopoulos/Loukopoulou 1992, 44—48条目A2。

② 特别见于马其顿联盟的首府贝罗亚（*EKM*I 68—69）与罗马行省总督的治所塞萨洛尼基（*IG* X 2, 1, 275—277; *IG* X 2, 1 *S*. 1073）。比较 Touratsoglou 1999, 121—133。

③ *EAM* 148："吕西马库斯之子奥列利乌斯·尤利安努斯向神灵亚历山大敬献祭品"（Αὐρήλιος Ἰουλιανὸς τὸν υἱὸν | Λυσίμαχον ἀνέθηκεν | ἱς θεὸν Ἀλέξανδρον）。敬献碑的浮雕描绘了亚历山大与腓力、奥林匹亚斯及亚历山大的亲妹妹克勒欧帕特剌(存疑)；*EAM* 157则是一份残缺的敬献碑，上面刻有亚历山大的名字。

④ P. Chrysostomou 2019b, 295—317："献给英雄亚历山大［······］高贵者，以及赫拉克［勒］斯"（Ἀλεξάνδρῳ ἥρωϊ ［······］ ἐπ' ἀγαθῷ καὶ Ἡρακ［λεῖ］）。比较可信度存疑的碑铭 *SEG* 49 (1999) 790："向国王亚历山大致意"（Χαῖρε βασιλεῦ Ἀλέξ［ανδρε］）。

⑤ 参见 Spawforth 2006, 19—25及参考文献。

⑥ Touloumakos 1997, 211—226; Rizakis/Touratsoglou 1999, 949—965; Sverkos 2000, 115—133; Rizakis/Touratsoglou 2000, 237—281; Chatzinikolaou 2011.

戈纳(Gorgona)①的传说,并在马其顿地区的希腊民族意识觉醒时期再次复兴,丝毫不令人意外。②

176　　我们有理由怀疑,倘若公元前171年的春天,在佩拉的王室议会中,马其顿人决定不战而降,屈从于罗马人的最后通牒,这种对祖辈荣耀的眷恋还会延绵不绝吗?如果佩尔塞乌斯没有在会议结束时向众人慷慨陈词,"那么,既然决意如此,就让我们在众神的仁慈佑护中开始作战吧"③,并鼓舞众人,"[让我们]肩负着荣誉和信念出

---

①[译注]一个流行于希腊的传说,即亚历山大在亚细亚寻找到"永生泉",并取泉水为自己的同父异母的妹妹戈尔戈纳清洗头发,使其永生不死,但亚历山大自己并未喝下泉水。随后,亚历山大大逝世于巴比伦,戈尔戈纳悲痛欲绝,跳入爱琴海中,化为一条美人鱼;每当有船只经过,她便询问水手亚历山大是否还活着,若水手们回答亚历山大已死,她便愤怒地使船沉没;若他们回答亚历山大仍活着,戈尔戈纳便放船只离去。

②比较《亚历山大大大帝的预言》("The Prophecies of Alexander the Great"),以希腊语写成,但斯洛文尼亚语译本曾于20世纪初在马其顿广为流传(参见 Dakin 1966?,206。注22)。

③ Livy 42.50.1—51.1:"几天前,佩尔西乌斯在罗马使节返回并断绝了和平的希望之后,召开了一次会议。在会上,意见的分歧已持续了一段时间。有些人认为,如果被强加了赋税,应该支付;如果被罚了土地,也应当割让;无论和平的条件有多苛刻,都不应拒绝,不可冒险将自己和王国置于如此巨大的危险之中。如果[佩尔西乌斯]能保持对王国的模糊拥有权,那么时间和命运将会带来许多机遇,不仅能恢复失去的东西,还能让那些佩尔西乌斯现在害怕的人反过来害怕他。然而,更多的人持有更激进的观点。他们认为,放弃任何权力,都相当于立即放弃整个王国。他们认为,罗马人并不觊觎财产或土地,而是洞悉所有人类的事务,尤其是王国和帝国,都处于无数风险之中。[因此]他们摧毁了迦太基的财富,设置了一个强大的邻国君主以扼其脖颈;他们将安条克国王与其后裔驱逐出陶罗斯山区;马其顿只有一个王国及邻土,如果命运并未垂青罗马人,那么马其顿的国王似乎有可能恢复往日的雄心壮志。在作出决定之前,佩尔西乌斯的内心必须抉择,是情愿一次次妥协,最终被剥夺所有财富,驱逐出王国,流落至萨摩色雷斯或其他岛屿,在他人的蔑视和贫困中苟且偷生,还是拿起武器,捍卫自己的命运和尊严,像一个有勇气的男人一样,承受战争带来的任何结果,乃至成为将世界从罗马统治中解放的胜利者。罗马人被赶出希腊并不比汉尼拔被赶出意大利更有颜面。而且,佩尔西乌斯也无法理解,既然他曾全力反对企图不公正地篡夺王位的兄弟,现在为什么要将合法获得的王位献给外人。最后,他们这样讨论了是选择战斗还是投降:所有人都同意,没有比不战而降,交出王国更可耻的劣迹,也没有比为尊严和伟大而竭尽全力更为光荣的德行。这次会议是(转下页注)

发”①，历史又会是何种走向呢？

(接上页注)是位于佩拉的马其顿古老的王宫里举行的。佩尔西乌斯说，'既然决意如此，就让我们在众神的仁慈佑护中开始作战吧'"（*paucos ante dies Perseus, postquam legati ab Roma regressi praeciderant spem pacis, consilium habuit. ibi aliquam ⟨diu⟩ diversis sententiis certatum est. erant, quibus vel stipendium ⟨pendendum⟩, si iniungeretur, vel agri parte cedendum, si multarent, quidquid denique aliud pacis causa patiendum esset, non recusandum videretur, nec committendum, ut in aleam tanti casus se regnumque daret. si possessio haud ambigua regni maneret, multa diem tempusque adferre posse, quibus non amissa modo reciperare, sed timendus ultro iis esse, quos nunc timeret, posset. ceterum multo maior pars ferocioris sententiae erat. quidquid cessisset, cum eo simul regno protinus cedendum esse adfirmabant. neque enim Romanos pecunia aut agro egere, sed hoc scire, cum omnia humana, tum maxima quaeque et regna et imperia sub casibus multis esse. Carthaginiensium opes fregisse sese, et cervicibus eorum praepotentem finitimum regem inposuisse; Antiochum progeniemque eius ultra iuga Tauri emotum; unum esse Macedoniae regnum, et regione propinquum, et quod, sicubi populo Romano sua fortuna labet, antiquos animos regibus suis videatur posse facere. dum integrae ⟨res sint, statuere⟩ apud animum suum Persea debere, utrum singula concedendo nudatus ad extremum opibus extorrisque regno Samothraciam aliamve quam insulam petere ab Romanis, ubi privatus superstes regno suo in contemptu atque inopia consenescat, malit, an armatus vindex fortunae dignitatisque suae, aut, ⟨ut⟩ viro forti dignum sit, patiatur, quodcumque casus belli tulerit, aut victor liberet orbem terrarum ab imperio Romano. non esse admirabilius Romanos Graecia pelli, quam Hannibalem Italia pulsum esse. neque hercule videre, qui conveniat, fratri adfectanti per iniuriam regnum summa vi restitisse, alienigenis bene parto eo cedere. postremo ita ⟨de⟩ bello et pace quaeri, ut inter omnes conveniat, nec turpius quicquam esse quam sine certamine cessisse regno nec praeclarius quam pro dignitate ac maiestate omnem fortunam expertum esse. Pellae, in vetere regia Macedonum, hoc consilium erat. "geramus ergo" inquit, "dis bene iuvantibus, quando ita videtur, bellum"*）。

① 参见卡瓦菲斯诗作《那个人……他做出了巨大的拒绝》（Che fece ... il gran rifiuto）："他走向荣誉与信念"（πηγαίνει στην τιμή και στην πεποίθησί του）。[译注]引自但丁神曲《地狱篇》第三章。

6 结　语

马其顿的大规模系统发掘已逾70余载,希腊考古学家与外国同行辛勤创下的壮举,全世界研究者倾注日久的心血,揭开了这个尘封千年的未知世界的面纱,而亚历山大所统领至已知世界尽头的人民也得以归来。古代马其顿人勒铭金石、绘于陶身的文字,重见天日的宫殿、屋宅与陵寝遗址,唤醒了希腊民族($τὸ\ ἑλληνικόν$)的一个分支族群,他们促成了"通用"希腊语的形成及传播,乃至贡献于整个希腊文明,其重要意义超乎过往的想象与质疑。[①]多年以来,古代马其顿的领土及其居民范围不断扩大,自然演变成为一个新问题,获得了各种解答,本书的不同章节即试图批判性地评估这些观点。

"土地"一章讲述了历史地理学的进展,以及围绕着古代马其顿人领土与城市中心定位的争议,它们逐渐被纳入马其顿统治范围;马其顿国王的两处居所——佩拉和埃盖,文学、碑铭和钱币材料中提及的诸多城市,其遗址所在经由漫长的学术纠纷方才确定,个中缘由错综复杂;然而,新面世的碑铭证据,以马其顿专名、马其顿历法纪年的文档为代表,首次赋予了我们希望,对古代作者所述马其顿军事与政治扩张诸阶段及时间顺序加以考察,甚至足以在马其顿国王征服和统治的广阔领土内界定马其顿公民居住的"马其顿本土"($ἡ\ χώρα\ ἡ$

---

① 比较 Spawforth 2006, 1—26。

Μακεδόνων)的边界。时至今日,没有人能再宣称(古代)马其顿是一个"地理意义上无关紧要的术语"。[①]

在"族群"一章中,笔者试图说明,证据的匮乏致使"马其顿人是希腊人吗?"这一时代错乱的问题几十年来聚诉不休,并不存在明确统一的答案;此外,近年来,人们极大地深化了对马其顿人的语言、崇拜和信仰、习俗、政制的理解,这些因素从古至今均被视为族群身份的重要组成部分。我们只能确信,马其顿语是一种希腊语方言,马其顿人与其他希腊人崇敬同样的神祇,秉持相似的信仰,其政治制度糅合了古老的"族群国家"与新诞生的"城邦国家"要素。一位普通的马其顿人认同自己是希腊人吗?除非对逝者进行民意测验,我们才能回答这个问题。

在"雄主"一章,我们并未与形象扑朔迷离的"普通马其顿人"对话,而是力图说明,关于这两位最光彩耀眼的古代马其顿人物,即使我们掌握资料(文学作品、碑铭文献、钱币及一般考古物证)之丰富无可比拟,依然难以理解作为真实人物的他们;因此,试图"询问"两位国王的学者得出了林林总总的答案,也便不足为奇。

笔者情不自禁,以论争性的标题"马其顿人曾被天赐的狂热所眷顾?",添续了最后一小节。依笔者陋见,"普通的马其顿人"遭受其政敌如此之诽谤,更值得我们反思:即使是波里比乌斯,一位不遗余力地标榜客观的史家,当其祖国阿凯亚联邦或罗马恩主的利益受到威胁时,也会毫不犹豫地裁剪事实,以服膺现实需要。

---

① 参见本书页5。

缩略用语及参考文献

Abel, O. (1874). *Makedonien vor König Philipp*. Leipzig.

Adams, W. L. (1975). *Cassander, Macedonia and the Policy of Coalition*. Charlottesville.

Adams, W. L. (1980). 'The Royal Macedonian Tombs at Vergina: An Historical Interpretation', in: *AncWorld* 3, 67–72.

Adams, W. L. (1991). 'Cassander, Alexander IV and the Tombs at Vergina', in: *AncWorld* 22, 27–33.

AEMTh = Τὸ ἀρχαιολογικὸ ἔργο στὴ Μακεδονία καὶ Θράκη 1–, 1987– (Thessalonike 1989–).

Ancient Macedonia = Ancient Macedonian International Symposia I (Thessalonike 1970–).

Andonovski, Hr. (1979). 'Rich Archaeological Discoveries in Vergina', in: *Macedonian Review. History, Culture, Literature, Arts* 1, 109–112.

Andrianou, D. and Hatzopoulos, M. B. (2011). 'Macedonia', in: *Oxford Bibliographies Online* available at https://www.oxfordbibliographies.com/view/document/obo-780195389661/obo-9780195389661-0140.xml.

Andronicos, M. (1980). 'The Royal Tomb at Vergina and the Problem of the Dead', in: *AAA* 13, 168–178.

Andronicos, M. (1984). *Vergina. The Royal Tombs*. Athens.

Andronicos, M. (1987). 'Some Reflections on the Macedonian Tombs', in: *BSA* 82, 1987, 1–16.

Andronicos, M. (1991). 'Βεργίνα 1988. Ἀνασκαφὴ στὸ νεκροταφεῖο', in: *AEMTh* 2, 1988, 1–3.

Andronicos, M. (1993). 'The Tomb of Eurydice', in: R. Ginouvès and M. B. Hatzopoulos (eds.), *Macedonia from Philip II to the Roman Conquest*. Athens, 154–161.

Andronicos, M. (1994). *Βεργίνα II. Ὁ τάφος τῆς Περσεφόνης*. Athens.

Anson, E. M. (1984). 'The Meaning of the Term *Macedones*', in: *AncWorld* 10, 67–68.

Anson, E. M. (1985). 'Macedonia's Alleged Constitutionalism', in: *CJ* 80, 303–316.

Anson, E. M. (1991). 'The Evolution of the Macedonian Army Assembly (330–315 B.C.)', in: *Historia* 40, 230–247.

Anson, E. M. (2008). 'Macedonian Judicial Assemblies', in: *CP* 103, 135–149.

Anson, E. M. (2008) 'Philip II and the Transformation of Macedonia: a Reappraisal', in: T. Howe and J. Reames (eds.), *Macedonian Legacies. Studies in Ancient Macedonian History and Culture in Honor of Eugene N. Borza*. Claremont, CA, 17–30.

Antikas, T. G. and Wynn-Antikas, L. K. (2016). 'New Finds from the Cremains in Tomb II at Aegae Point to Philip II and a Scythian Princess', in: *International Journal of Osteoarchaeology* 26, 682–692.

Apostolou, M. (2016). Ἀφροδίτη Κλεαρίστη', in: M. Giannopoulou and Ch. Kallini (eds.), Ἠχάδιν. Τιμητικὸς τόμος γιὰ τὴ Στέλλα Δρούγου. Athens, 134–152.

Arrington, N. T. *et al.* (2016). 'The Molyvoti, Thrace Archaeological Project 2013', in: *Hesperia* 85, 1–64.

ATL = B. D. Merit, H. T. Wade-Gery, M. F. Mc Gregor, *Athenian Tribute Lists. Vol. I* (Cambridge, MA 1939).

Aymard, A. (1948). 'Le protocole royal grec et son évolution', in: *REA* 50, 232–263 (= *Etudes* 73–99).

Aymard, A. (1949). 'L'usage du titre royal dans la Grèce classique et hellénistique', in: *Revue de droit français et étranger* 27, 579–590.

Aymard, A. (1950). 'ΒΑΣΙΛΕΥΣ ΜΑΚΕΔΟΝΩΝ', in: *RIDA* 4, 61–97 (= *Etudes* 100–122).

Aymard, "Assemblée" = A. Aymard, 'Sur l'Assemblée macédonienne', in: *REA* 52 (1950) 115–137 (= *Etudes* 143–163).

Aymard, A. (1952). 'Tutelle et usurpation dans les monarchies hellénistiques', in: *Aegyptus* 32, 85–96 (= *Etudes* 230–239).

Aymard. A. (1954). 'Philippe de Macédoine otage à Thèbes', in: *REA* 56, 15–36 (= *Etudes* 418–435).

Aymard, A. (1955). 'L'institution monarchique", in: *Relazioni del Congresso Internazionale di scienze storiche (Roma 4–11 settembre 1955), vol. II. Storia dell'antichità*. Florence, 215–234 (= *Etudes* 123–135).

Aymard, A. (1967). *Etudes d'histoire ancienne*. Paris.

Badian, E. (1963). 'The Death of Philip II, in: *Phoenix* 17, 244–250.

Badian, E. (1965). 'The Administration of the Empire', in: *Greece and Rome* 12, 166–182.

Badian, E. (1968). 'A King's Notebooks', in: *HSCP* 72, 183–204.

Badian, E. (1968). 'Alexander the Great and the Loneliness of Power', in: *Studies in Greek and Roman History*. Oxford, 80–91.

Badian, E. (1971). 'Alexander the Great, 1948–1967', in: *CW* 65, 37–56; 77–83.

Badian, E. (1975). 'Review of Konrad Kraft, *Der 'rationale' Alexander*", in: *Gnomon* 47, 48–58.

Badian, E. (1982). 'Greeks and Macedonians, in: B. Barr-Sharrar, E. N. Borza (eds.), *Macedonia and Greece in Late Classical and Early Hellenistic Times* ('Studies in the History of Art' 10). Washington D.C., 33–49.

Badian, E. (1993). *From Plataea to Potidaea. Studies in the History and Historiography of the Pentecontaetia*. Baltimore and London.

Badian, E. (1993). 'Alexander and Philippi', in: *ZPE* 95, 131–139.

Badian, E. (1994). 'Agis III: Revisions and Reflections', in: *Ventures into Greek History*. Oxford, 258–292.

Badian, E. (2000). 'Conspiracies', in: A. B. Bosworth (eds.), *Alexander the Great in Fact and Fiction*. Oxford and New York, 50–95.

Baege, W. (1913). *De Macedonum sacris*. Halle.

Bakalakis, G. (1967). *Ή ἀνασκαφὴ τῆς Στρύμης*. Athens.

Barr-Sharrar, B. (1999). 'Macedonian Metal Ware: an Update', in: *International Congress Alexander the Great: From Macedonia to Oikoumene. Veria 27–31/5/1998*. Beroia, 97–112.

Barr-Sharrar, B. (2007). 'Metalwork in Macedonia before and during the Reign of Philip II', in: *Ancient Macedonia VII. Papers Read at the International Symposium Held in Thessaloniki, October 14–18, 2002*. Thessalonike, 485–498.

Barr-Sharrar, B. (2008). *The Derveni Krater*. Princeton N. J.

Bartsiokas, A. (2000). 'The Eye Injury of King Philip II and the Skeletal Evidence from the Royal Tomb II at Vergina', in: *Science* 288 (21 April 2000) 511–514.

Bartsiokas, A. and Carney, E. (2007). 'The Royal Skeletal Remains from Tomb I in Vergina', in: *Journal of the History of Hellenic Medicine* 34–36, 15–19.

Bartsiokas. A. *et al.* (2015). 'The Lameness of King Philip and Royal Tomb I at Vergina Macedonia', in: *Proceedings of the National Academy of Sciences* 112, 32, 9844–9848.

Batziou-Efstathiou, A. and Pikoulas, Y. (2006). 'A *Senatus Consultum* from Demetrias', in: Y. Pikoulas (ed.), *Inscriptions and History of Thessaly. Proceedings of the International Symposium in Honor of Professor Christian Habicht*. Volos, 79–89.

BE = *Bulletin Epigraphique*.

Beck, H. and Funke, P. (2015). 'An introduction to Fedralism in Greek Antiquity', in: H. Beck, P. Funke (eds.), *Federalism in Greek Antiquity*. Cambridge, 1–29.

Beloch, K. J. (1897). 'Zur griechischen Vorgeschichte', in: *Historische Zeitschrift* 79. 2, 193–223.

Beloch, K. J. (1912–1927²). *Griechische Geschichte I-IV*. Strasburg-Berlin.

Bengtson, H. (1937–1952). *Die Strategie in der Hellenistischen Zeit I-III*. Munich.

Bengtson, H. (1954–1955). 'Randbemerkungen zu den koischen Asylieurkunden', in: *Historia* 3, 456–463.

Bengtson, H. (1985). *Philipp und Alexander der Grosse*. Munich.

Bergson, L. (1965). *Der griechische Alexanderroman, Rezension β*. ('Studia graeca Stockholmiensia' III). Stockholm.

Berve, H. (1926). *Das Alexanderreich auf prosopographischer Grundlage II*. Munich.

Bikerman, E. (1938). *Les institutions des Séleucides*. Paris 1938.

Biliouka, A. and Graikos, I. (2005). 'Νέα Καλλικράτεια 2003: ἡ σωστικὴ ἀνασκαφὴ στὸν ἀρχαῖο οἰκισμό', in: *AEMTh 17, 2003*. Thessalonike, 381–389.

Billows, R. A. (1990). *Antigonos the One-Eyed and the Creation of the Hellenistic State*. Berkeley.

Billows, R. A. (1995). *Kings and Colonists. Aspects of Macedonian Imperialism*. Leiden, New York and Cologne.

Bonfante, G. (1987). 'Il macedone', in: *RAL* 42, 83–85.

Borza, E. N. (1982). 'Athenians, Macedonians, and the Origins of the Macedonian Royal House', in: *Hesperia Supplement* 19, 7–13 (= *Makedonika* 113–123).

Borza, E. N. (1982). 'The History and Archaeology of Macedonia: Retrospect and Prospect', in: Beryl Barr-Sharrar and E. N. Borza (eds.), *Macedonia and Greece in Late Classical and Early Hellenistic Times* ('Studies in the History of Art'). Washington D.C., 17–30 (= *Makedonika* 9–36).

Borza, E. N. (1987). 'The Royal Macedonian Tombs and the Paraphernalia of Alexander the Great', in: *Phoenix* 41, 105–121 (= *Makedonika* 239–261).

Borza, E. N. (1989). 'Some Toponym Problems in Eastern Macedonia', in: *AHB* 3, 60–67.

Borza, E. N. (1991). 'Commentary', in: *AncWorld* 22, 35–40.

Borza, E. N. (1992²). *In the Shadow of Olympus. The Emergence of Macedon*. Princeton.

Borza, E. N. (1995). 'The Ancient Macedonians: a Methodological Model', in: *Ancient Macedonia. An Australian Symposium. Papers of the Second International Congress of Macedonian Studies. The University of Melbourne, 8–13 July 1991* (offprint *Mediterranean Archeology* 7 [1994]). Sydney, 17–24.

Borza, E. N. (1995). *Makedonika, Essays by Eugene, N. Borza. Edited by Carol G. Thomas for the Association of Ancient Historians*. Claremont, Cal.

Borza, E. N. (1999). *Before Alexander: Constructing Early Macedonia* ('Publications of the Association of Ancient Historians' 6). Claremont, Cal.

Borza, E. N. (1999). 'Macedonia Redux', in: Frances B. Tichener and R. F. Moorton Jr. (eds.), *The Eye Expanded. Life and Arts in Greco-Roman Antiquity*. Berkeley, Los Angeles and Rome, 249–266.

Borza, E. N. and Palagia, O. (2007). 'The Chronology of the Macedonian Royal Tombs at Vergina', in: *JDAI* 122, 81–126.

Bosnakis, D. and Hallof, Kl. (2020). "Alte und neue Inschriften aus Kos VI", in: *Chiron* 50, forthcoming.

Bosworth, A. B. (1981). 'The Location of 'Pellion' (Arrian, *Anab.* 1.5.5)', in: *Ancient Macedonian Studies in Honor of Charles F. Edson*. Thessalonike, 87–97.

Bousquet, J. (1988). 'La stèle des Kyténiens au Létôon de Xanthos', in: *REG* 101, 12–53.

Brekoulaki, Ch., see under Kottaridi, A. and Brekoulaki, Ch.

Brelich, A. (1969). *Paides e parthenoi*. Rome.

Briant, P. (1973). *Antigone le Borgne. Les débuts de sa carrière et les problèmes de l'Assemblée macédonienne*. Paris.

Briant, P. (1991). 'Chasses royales macédoniennes et chasses royales perses : le thème de la chasse au lion sur la *chasse de Vergina*, in: *DHA* 17, 211–255.

Briant, P. (1996). *Histoire de l'empire perse de Cyrus à Alexandre*. Paris

Briant, P. (2010). *Alexander the Great and his Empire*. Princeton N.J.

Briant, P. (2016). *Alexandre le Grand. Exégèse des lieux communs*. Paris.

Bricault, L. (2005). *Recueil des inscriptions concernant les cultes isiaques*. I–III. Paris.

Brixhe, Cl. (1999). 'Un nouveau champ de la dialectologie grecque: le macédonien', in: A. E. Cassio (ed.), *KATA DIALEKTON. Atti del III Colloquio Internazionale di Dialettologia Greca* (Napoli-Fiaiano d'Ischia, 25–28. 9. 1996) (A.I.O.N. XIX). Naples, 41–71.

Brixhe, Cl. (2018). 'Représentation de soi et comportement linguistique: le cas de la Macédoine', in: Myrina Kalaitzi *et al. Βορειοελλαδικά. Tales from the Lands of the* Ethne. *Essays in Honour of Miltiades B. Hatzopoulos* ('ΜΕΛΕΤΗΜΑΤΑ' 78). Athens, 17–31.

Brixhe, Cl. (2017–2018). 'Le dialecte grec de Macédoine', in: M. Fritz and J. S. Klein (eds.), *Handbook of Comparative and Historical Indo-European Linguistics I-III*. Berlin and Boston, 1862–1867.

Brixhe, Cl. and Panayotou, A. (1988). 'L'atticisation de la Macédoine: l'une des sources de la koine', in: *Verbum* 11, 245–260.

Brixhe, Cl. and Panayotou, A. (1994). 'Le macédonien', in: F. Bader (ed.), *Langues indo-européennes*. Paris, 206–222.

Brunt, P. A. (1965). "The Aims of Alexander", in: *Greece and Rome* 12, 205–215.

Buck, C. D. (1910). *Introduction to the Study of the Greek Dialects*. New York.

Buckler, J. (1980). *The Theban Hegemony 371–362 B.C.* Cambridge Mass. and London.

Buraselis, K. (2017). 'Royal *epitropeia*. Remarks on Kingship and Guardianship in Macedonia and the Hellenistic Kingdoms', in: *Legal Documents in Ancient Societies VI. Ancient Guardianship: Legal Incapacities in the Ancient World* (Università di Trieste), 59–74.

Cabanes, P. (1976). *L'Epire de la mort de Pyrrhos à la conquête romaine (272–167)*. Paris.

Cabanes, P. (1979). 'Frontière et rencontre de civilisations dans la Grèce du Nord-Ouest', in: *KTEMA* 4, 183–199.

Cabanes, P. (1980). 'Société et institutions dans les monarchies de Grèce septentrionale au IVe siècle', in: *REG* 93, 323–351.

Cabanes, P. (1986). 'Modifications territoriales et politiques en Illyrie méridionale et en Epire au IIIe et dans la première moitié du IIe siècle av. n. ère', in: *Iliria* 1986-1, 75–100.

Calder III, W. M. (1981). 'Diadem and the Barrel Vault: a Note', in: *AJA* 85, 334–335.

Calder III, W. M. (1983). ''Golden Diadems' again', in: *AJA* 87, 102–103.

Carney, E. (2006). *Olympias*. New York.

Carney, E. Donelly. (2019). *Eurydice and the Birth of Macedonian Power*. Oxford.

See also under Bartsiokas, A. and Carney, E.

Casson, S. (1926). *Macedonia, Thrace and Illyria*. Oxford.

Ceka, N. (1987). 'Le koinon des Byllliones', in: P. Cabanes (ed.), *L'Illyrie méridionale et l'Epire dans l'Antiquité*. Clermont-Ferrand, 135–149.

Chatzinikolaou, K. (2011). *Οἱ λατρεῖες τῶν θεῶν καὶ τῶν ἡρώων στὴν Ἄνω Μακεδονία κατὰ τὴν ἀρχαιότητα (Ἐλίμεια, Ἐορδαία, Ὀρεστίδα, Λυγκιστίδα)*. Thessalonike.

Chemsseddoha, A.-Z. (2019). *Les pratiques funéraires de l'âge du Fer en Grèce du Nord : étude d'histoires régionales*. Bordeaux.

Chrysostomou, P. (1998). 'Δύο ἀνάγλυφες ἐπιτύμβιες στῆλες τῶν πρώιμων ἑλληνιστικῶν χρόνων ἀπὸ τὴν Κεντρικὴ Μακεδονία', in: Deltion 53. Meletai, 301–333, pl. 93–96.

Chrysostomou, P. (2017). 'Ἀρχοντικό. Ἱστορικοὶ χρόνοι', in: A. G. Vlachopoulos and D. Tsiafaki (eds.), Ἀρχαιολογία: Μακεδονία καὶ Θράκη. Athens, 267–269.

Chysostomou, P. (2018). 'Οἱ Μακεδόνες τοῦ Ἀρχοντικοῦ Πέλλας', in: Πρὶν ἀπὸ τὴ μεγάλη πρωτεύουσα. Πρακτικὰ ἡμερίδας στὸ Ἀρχαιολογικὸ Μουσεῖο Πέλλας 12 Ἀπριλίου 2016. Pella, 82–110.

Chrysostomou, P. (2019). 'Ἡ Δέσποινα τῶν Αἰγῶν' μὲ τὴ χρυσῆ μάσκα: Μακεδόνισσα καὶ ὄχι Λυδὴ πριγκίπισσα', in: N. Akamatis et al., Τῷ διδασκάλῳ. Τιμητικὸς τόμος γιὰ τὸν καθηγητὴ Ἰωάννη Ἀκαμάτη. Thessalonike, 387–396.

Chrysostomou, P. (2019). Οἱ μακεδονικοὶ τάφοι τοῦ Ἀρχοντικοῦ καὶ τῆς Πέλλας II. Thessalonike. See also under Panayotou A. and Chrysostomou P.

Chrysostomou, A. and Chrysostomou, P. (2009). 'Τὰ νεκροταφεῖα τοῦ ἀρχαίου οἰκισμοῦ στὸ Ἀρχοντικὸ Πέλλας', in: AEMTh 20 Χρόνια. Thessalonike, 477–489.

Cloché, P. (1960). Histoire de la Macédoine jusqu'à l'avènement d'Alexandre le Grand (336 avant J.-C.). Paris.

Colocotronis, C. (1919). La Macédoine et l'Hellénisme. Paris.

Cawkwell, G. (1978). Philip II.London and Boston.

Crespo, E. (2018). 'The Softening of Obstruent Consonants in the Macedonian Dialect', in: G. K. Giannakis, E. Crespo and P. Filos (eds.), Studies in Ancient Greek Dialects. From Central Greece to the Black Sea. Berlin and Boston, 329–348.

Crossland, R. A. (1982). 'The Language of the Macedonians', in: CAH III. Cambridge, 843–847.

Curbera, J. and Jordan, D. (2002–2003). 'Curse Tablets from Pydna', in: GRBS 43, 109–127.

D'Agostini, M. (2019). The Rise of Philip V. Kingship and Rule in the Hellenistic World. Alessandria.

Dakin, D. (1966? no date). The Greek Struggle in Macedonia 1897–1913. Thessalonike.

Dana, D. (2014). Onomasticon Thracicum ('ΜΕΛΕΤΗΜΑΤΑ' 70). Athens.

Daskalakis, A. B. (1960). Ὁ Ἑλληνισμὸς τῆς Μακεδονίας. Athens.

Daubner, F. (2018). 'Peer Polity Interaction in Hellenistic Northtern Greece. Theoroi Going to Epirus and Macedonia', in: H. Börm, Nino Luraghi (eds.), The Polis in the Hellenistic World. Stuttgart, 131–157.

Debrunner, A. (1926). 'Griechen', in: Ebert's Reallexikon II 2. Berlin, 516 § 20–21.

de Francisci, P. (1947). Arcana imperii II. Rome.

Demandt, A. (1972). 'Politische Aspekte im Alexanderbild der Neuzeit, Ein Beitrag zur historischen Methodenkritik', in: Archiv für Kultugeschichte 54, 325–363.

Derks, T. and Roymans, N. (2009) 'Introduction', in: T. Derks and N. Roymans (eds.), Ethnic Constructs in Antiquity: the Role of Power and Tradition. Amsterdam, 1–10.

Despoini, Ai. (1985). Σίνδος: κατάλογος τῆς ἔκθεσης. Athens.

Despoini, Ai. (1993). 'The tombs of Sindos', in: R. Ginouvès, M. B. Hatzopoulos, Macedonia from Philip II to the Roman conquest. Athens, 33–35.

Despoini, Ai. (2009). 'Gold Funerary Masks', in: Antike Kunst 52, 20–65 and plates 4–6.

Despoini, Ai. (2016). Σίνδος I-III, Ἀνασκαφικὲς Ἔρευνες 1980–1982. Athens.

Drougou St. et al. (1994). Vergina, the Great Tumulus. Thessalonike.

Drougou, St. (2003). "Βεργίνα, ἡ πόλη τῶν Αἰγῶν. Συμβολὴ στὴν ἑρμηνεία τῶν ἀρχαιολογκῶν εὑρημάτων", in: Ἐγνατία 7, 129–163.

Drougou, St. (2005). Βεργίνα. Τὰ πήλινα ἀγγεῖα τῆς Μεγάλης Τούμπας. Athens.

Drougou, St. (2017). 'Βεργίνα/Αἰγές. Θέατρο-Μητρῶο', in: A. G. Vlachopoulos, Despoina Tsiafaki (eds.), Ἀρχαιολογία: Μακεδονία καὶ Θράκη. Ἀθήνα, 200–203.

Dürrbach, F. (1886). 'Décrets trouvés à Délos', in: *BCH* 10, 124–133.

EAM = Th. Rizakis and G. Touratsoglou, Ἐπιγραφὲς Ἄνω Μακεδονίας (Athens 1985).

Edson, Ch. F. (1934). 'The Antigonids, Heracles and Beroia', in: *HSCP* 45 213–246.

Edson, Ch. F. (1947). 'Notes on the Thracian 'Phoros'', in: *CP* 42, 88–105.

Edson, Ch. F. (1955). 'Strepsa (Thucydides 1.61.4)', in: *CP* 50, 169–190.

Edson, Ch. F. (1970). 'Early Macedonia', in: B. Laourdas, Ch. Makaronas (eds.), *Ancient Macedonia I. Papers Read at the First International Symposium Held in Thessaloniki, 26–29 August 1968*. Thessalonike, 17–44.

EKM I = Loukritia Gounaropoulou, M. B. Hatzopoulos, Ἐπιγραφὲς Κάτω Μακεδονίας. Τεῦχος Α΄. Ἐπιγραφὲς Βεροίας (Athens 1998).

EKM II = Loukritia Gounaropoulou, P. Paschidis and M. B. Hatzopoulos, Ἐπιγραφὲς Κάτω Μακεδονίας. Τεῦχος Β΄. Μέρος Α΄. Ἐπιγραφὲς Ἀλώρου, Αἰγεῶν, Μίεζας, Μαρινίας, Σκύδρας, Νεαπόλεως, Ἔδεσσας. Μέρος Β΄. Ἐπιγραφὲς Κύρρου, Γυρβέας, Τύρισσας, Πέλλας, Ἀλλάντης, Ἰχνῶν, Εὐρωποῦ, Βόρειας Βοττίας, Ἀλμωπίας (Athens 2015).

Ellis, J. R. (1969). 'Population Transplants by Philip II', in: Μακεδονικά 9 (1969) 9–17.

Ellis, J. R. (1971). 'Amyntas Perdikka, Philip II and Alexander the Great', in: *JHS* 91, 15–24.

Ellis, J. R. (1976). *Philip II and Macedonian Imperialism*. London.

Ellis, J. R. (1977). 'The Dynamics of Fourth Century Macedonian Imperialism', in: *Ancient Macedonia II.Papers Read at the Second International Symposium Held in Thessaloniki, 19–24 August 1973*. Thessalonike, 103–111.

Ellis, J. R. (1980). 'The Unification of Macedonia', in: M. B. Hatzopoulos, L. D. Loukopoulos (eds.), *Philip of Macedon*. Athens, 36–46.

Ellis, J. R. (1981). 'The Assassination of Philip II', in: *Ancient Macedonian Studies in Honor of Charles F. Edson*. Thessalonike, 99–137.

Ellisen, A. (1860). *Analekten der mittel- und neugriechischen Litteratur IV*. Leipzig.

Ehrhardt, C. (1975). *Studies in the Reigns of Demetrius II and Antigonus Doson I-II*. Diss. SUNY, Buffalo.

Ehrhardt, C. (1978). 'Demetrios Ho Aitolikos and Antigonid Nicknames,' in: *Hermes* 106, 251–253.

Errington, R. M. (1974). 'Macedonian 'Royal Style' and its historical significance', in: *JHS* 94, 20–37.

Errington, R. M. (1978). 'The Nature of the Macedonian State under the Monarchy', in: *Chiron* 8, 77–133.

Errington, R. M. (1980). 'Review of N. G. L. Hammond, G. T. Griffith, *History of Macedonia II*', in: *CR* 30, 78–80.

Errington, R. M. (1983). 'The Historiographical Origins of Macedonian 'Staatsrecht'', in: *Ancient Macedonia III. Papers Read at the Third International Symposium Held in Thessaloniki, September 21–25, 1977*. Thessalonike, 89–101.

Errington, (R.) M. (1986). *Geschichte Makedoniens*. Munich.

Errington, R. M. (1989). 'Review of N. G. L. Hammond, F. W. Walbank, *History of Macedonia III*', in: *CR* 39, 288–300.

Errington, R. M. (1990). *A History of Macedonia*. Berkeley, Los Angeles and Oxford.

Errington, R. M. (1998). 'Neue epigraphische Beilege für Makedonien zur Zeit Alexandrs des Grossen', in: W. Will (ed.), *Alexander der Grosse, eine Welteroberung und ihr Hintergrund. Vorträge des Internationalen Bonner Alexanderkolloquiums, 19.–21.12.1996*. Bonn, 77–90.

Errington, R. M. (2002). 'König und Stadt im hellenistischen Makedonien: die Rolle des Epistates', in: *Chiron* 32, 51–63.

Errington, R. M. (2007). 'The Importance of the Capture of Amphipolis for the Development of the Macedonian City', in: *Ancient Macedonia VII. Papers Read at the Seventh International Symposium Held in Thessaloniki, October 14–18, 2002*.Thessalonike, 275–282.

Faklaris, P. B. (1994). 'Aegae. Determining the Site of the First Capital of the Macedonians', in: *AJA* 98, 609–616.

Faraguna, M. (1998). 'Aspetti amministrativi e finanzari della monarchia macedone tra IV et III secolo *a.C.*', in: *Athenaeum* 86, 349–395.

Faraguna, M. (2019). 'Le economie degli stati ellenistici', in: M. Mari (ed.), *L'età ellenistica. Società, politica; cultura*. Rome, 47–79.

Fears, J. R. (1975). 'Pausanias, the Assassin of Philip II', in: *Athenaeum* 53, 111–135.

Ferguson, W. S. (1935). 'Review of Fr. Granier, *Die makedonische Heeresversammlung*', in: *Gnomon* 11, 518.

FGrHist = F. Jacoby, *Die Fragmente der griechischen Historiker.*

Fick, A. (1864). 'Über die Sprache der Makedonen', in: *Orient und Occident* 2, 718–729.

Flensted-Jensen, P. (2004). 'Thrace from Axios to Strymon', in: M. H. Hansen, Th. H. Nielsen (eds.) *An Inventory of Archaic and Classical Poleis*. Oxford.

Fortina, F. (1965). *Cassandro, re di Macedonia*. Turin.

Franco, (1993). C. *Il regno di Lisimaco. Strutture amministrative e rapporti con le città* ('Studi ellenistici' 6). Pisa.

Fredricksmeyer, E. A. (1981). 'Again the So-Called Tomb of Philip II', in: *AJA* 85, 330–334.

Fredicksmeyer, E. A. (1983). 'Once More the Diadem and the Barrel-Vault at Vergina', in: *AJA* 87, 99–102.

Fredricksmayer, E. A. (1986). 'Alexander the Great and the Macedonian *kausia*', in: *TAPHA* 116, 215–227.

Funke, P., see under Beck. H. and Funke P.

Gaebler, H. (1897). 'Zur Münzkunde Makedoniens I.', in: *Zeitschrift für Numismatik* 20, 169–192.

Gaebler, H. (1926). 'Zur Münzkunde Makedoniens II.', in: *Zeitschrift für Numismatik* 36, 111–116.

Gaebler, H. (1926). 'Zur Münzkunde Makedoniens III.', in: *Zeitschrift für Numismatik* 36, 183–198.

Gauthier, Ph. and Hatzopoulos, M. B. (1993). *La loi gymnasiarchique de Béroia* ('ΜΕΛΕΤΗΜΑΤΑ' 16). Athens.

Gernet, L. (1954). 'Mariages de tyrans', in: *Hommage à L. Fèbvre*. Paris, 42–45 (= *Anthropologie de la Grèce antique* [Paris 1968] 345–348).

Geyer, F. (1930). *Makedonien bis zur Thronbesteigung Philipp's II*. Munich and Berlin.

Giannopoulou, M. (2016). '«ἱεροὶ» πῖθοι: παρουσία καὶ χρήση σὲ ἱερὰ διαχρονικὰ καὶ ἰδιαίτερα σὲ Μητρῷα τῆς Μακεδονίας', in: M. Giannopoulou, Ch. Kallini (eds.), *Ἠχάδιν. Τιμητικὸς τόμος γιὰ τὴ Στέλλα Δρούγου*. Athens, 286–308.

Gill, D. W. (2008). 'Inscribed Silver Plate from Tomb II at Vergina', in: *Hesperia* 77, 335–358.

Gimatzidis, St. (2010). *Die Stadt Sindos. Eine Siedlung von der späten Bronze- bis zur Klassischen Zeit am Thermaischen Golf in Makedonien*. ('Prähistorsches Archiv Südosteuropa 26'). Rahden, Westfal.

Gimatzidis, St. (2017). 'Σίνδος', in: A. G. Vlachopoulos, D. Tsiafaki (eds.), *Ἀρχαιολογία: Μακεδονία καὶ Θράκη*. Athens, 313–315.

Ginouvès, R. and Hatzopoulos, M. B. (eds.) (1993), *Ἡ Μακεδονία ἀπὸ τὸν Φίλιππο Β' ἕως τὴ ρωμαϊκὴ κατάκτηση*. Athens.

Ginouvès, R. and Hatzopoulos, M. B. (eds.) (1993). *Macedonia from Philip II to the Roman Conquest.* Athens.

Giovannini, A. (1971). *Untersuchungen über die Natur und die Anfänge der bundesstaatlichen Sympolitie in Griechenland* ('Hypomnemata' 33). Göttingen.

Giovannini, A. (1977). 'Le statut des cités de Macédoine sous les Antigonides', in: *Ancient Macedonia II. Papers Read at the Second International Symposium Held in Thessaloniki, 19–24 August 1973.* Thessalonike, 465–472.

Giovannini, A. (2003). 'Genèse et accomplissement de l'Etat fédéral dans la Grèce antique à la constitution américaine de 1787–1789', in: K. Buraselis and K. Zoumboulakis (eds.), *The Idea of European Community in History. Conference Proceedings II. Aspects of Connecting* poleis *end* ethne *in Ancient Greece.* Athens, 143–176.

Giovannini, A. (2004). 'L'éducation physique des citoyens macédoniens selon la loi gymnasiarchique de Béroia', in: S. Cataldi (ed.), *Poleis e politeiai. Esperienze politiche, tradizioni letterarie, progetti costituzionali. Atti del Convegno Internazionale di Storia Greca. Torino, 29 maggio-31 maggio 2002.* Alessandria, 473–490.

Goukowsky, P. (1975). 'Antigone, Alexandre et l'assemblée macédonienne', in: *RevPhil* 49, 263–277.

Goukowsky, P. (1978). *Essai sur les origines du mythe d'Alexandre I.* Nancy.

Gounaropoulou, L. and Hatzopoulos, M. B. (1985). *Les milliaires de la Voie Egnatienne entre Héraclée des Lyncestes et Thessalonique* ('ΜΕΛΕΤΗΜΑΤΑ' 1). Athens.

Graikos, I. see under Biliouka, A. and Graikos, I.

Grant, D. (2017). *In Search of the Lost Testament of Alexander the Great.* Kibworth Beauchamp.

Grant, D. (2019). *Unearthing the Family of Alexander the Great. The Remarkable Discovery of the Royal Tombs of Macedon.* Yorkshire Phil.

Green, P. (1970). *Alexander the Great.* London.

Green, P. (1981). 'The Macedonian Connection', in: *New York Review of Books* 22/1/1981, 37–42.

Green, P. (1982). 'The Royal Tombs at Vergina: A Historical Analysis", in: W. Lindsay Adams and E. N. Borza, (eds.), *Philip II, Alexander the Great and the Macedonian Heritage.* Washington D.C., 129–151.

Green, P. (1991). *Alexander of Macedon (356–323): A Historical Biography.* Berkely, Los Angeles and Oxford.

Green, P. (1993). (ed.). *Hellenistic History and Culture.* Brekeley, Los Angeles and Oxford.

Griffith, G. T., see under Hammond. N. G. L. and Griffith, G. T.

Guimier-Sorbets, A.-M. and Morizot. Y. (2006). 'Construire l'identité du mort : l'architecture funéraire en Macédoine', in: A.-M. Guimier-Sorbets *et al.* (eds.), *Rois, cités, nécropoles : institutions, rites et monuments en Macédoine. Actes des colloques de Nanterre (décembre 2002) et d'Athènes (janvier 2004)* ('ΜΕΛΕΤΗΜΑΤΑ' 45). Athens, 117–130.

Hall, J. M. (2015). 'Federalism and Ethnicity', in: H. Beck, P. Funke (eds.), *Federalism in Greek Antiquity.* Cambridge, 30–48.

Hall, J. M. (2015). 'Ancient Greek Ethnicities: Towards a Reassessment', in: *BICS* 58, 2, 15–29.

Hallof, Kl., see under Bosnakis, D.

Hamilton, J. R. (1965). 'Alexander's Early Life', in: *Greece and Rome* 12, 117–124.

Hamilton, J. R. (1969). *Plutarch: Alexander. A Commentary.* Oxford.

Hammond, N. G. L. (1937). 'The Sources of Diodorus Siculus. I. The Macedonian, Greek and Persian Narrative', in: *CQ* 31, 79–91 (= *Collected Studies* I 1–13).

Hammond, N. G. L. (1966). 'The Opening Campaigns and the Battle of Aoi Stena in the Second Macedonian War', in: *JRS* 56, 39–54. (= *Collected Studies* III 261–280).

Hammond, N. G. L. (1967). *Epirus. The Geography, The Ancient Remains, the History, and the Topography of Epirus and Adjacent Areas*. Oxford.

Hammond, N. G. L. (1968). 'Illyris, Rome and Macedonia in 229–205 B.C.', in: *JRS* 58, 1–21. (= *Collected Studies* III 281–301).

Hammond, N. G. L. (1970). 'The Archaeological Background to the Macedonian Kingdom', in: B. Laourdas, Chr. Makaronas (eds.), *Ancient Macedonia I. Papers Read at the First International Symposium Held in Thessaloniki*. Thessalonike, 53–67.

Hammond, N. G. L. (1972). *A History of Macedonia I. Historical Geography and Prehistory*. Oxford.

Hammond, N. G. L. (1980). 'Some Passages in Arrian Concerning Alexander', in: *CQ* 30, 455–476.

Hammond, N. G. L. (1980). 'The March of Alexander the Great on Thebes in 335 B.C.', in: *Μέγας Ἀλέξανδρος: 2000 χρόνια ἀπὸ τὸν θάνατόν του*. Thessalonike, 171–181. (= *Collected Studies* III 45–57).

Hammond, N. G. L. (1988). 'The King and the Land in the Macedonian Kingdom', in: *CQ* 38, 382–391. (= *Collected Studies* III 211–220).

Hammond, N. G. L. (1989). 'The Illyrian Atintani, the Epirotic Atintanes and the Roman Protectorate', in: *JRS* 79, 11–25. (= *Collected Studies* III 245–259).

Hammond, N. G. L. (1989). *The Macedonian State. The Origins, Institutions and History*. Oxford.

Hammond, N. G. L. (1989). 'Arms and the King: the Insignia of Alexander the Great', in: *Phoenix* 43, 217–224 (=*Collected Studies* III 183–190).

Hammond, N. G. L. (1990). 'Inscriptions Concerning Philippi and Calindoea in the Reign of Alexander the Great', in: *ZPE* 82, 167–175. (= *Collected Studies* III 221–229).

Hammond, N. G. L. (1992). 'The Archaeological and Literary Evidence for the Burning of the Persepolis Palace', in: *CQ* 42, 358–364. (= *Collected Studies* IV 233–239).

Hammond, N. G. L. (1993). 'The Macedonian Imprint on the Hellenistic World, in: E. Gruen (ed.), *Hellenistic History and Culture*. Berkeley, Los Angeles and Oxford, 12–23. (= *Collected Studies* III 191–201).

Hammond, N. G. L. (1994). *Philip of Macedon*. London.

Hammond, N. G. L. (1994). 'A Note on E. Badian, 'Alexander and Philippi', *ZPE* 95 (1993) 131–9', in: *ZPE* 100, 385–87 (= *Collected Studies* IV 189–191).

Hammond, N. G. L. (1997). 'The Location of Aegae', in: *JHS* 117, 177–179.

Hammond, N. G. L. (1997). 'The Lakes on the Lower Strymon and Mt. Dionysus', in: *AncWorld* 28, 41–45.

Hammond, N. G. L. (1997). *The Genius of Alexander the Great*. London.

Hammond, N. G. L. (1999). 'The Speeches in Arrian's *Indica* and *Anabasis*', in: *CQ* 49, 238–253.

Hammond, N. G. L. (1999). 'The Roles of the Epistates in Macedonian Contexts', in: *BSA* 94, 369–375.

Hammond, N. G. L. (2000). 'The Continuity of Macedonian Institutions and the Macedonian Kingdoms of the Hellenistic Era', in: *Historia* 49, 141–160.

Hammond, N. G. L. and Griffith, G. T. (1979). *A History of Macedonia II. 550–336 B.C.* Oxford.

Hammond, N. G. L. and Hatzopoulos, M. B. (1982). 'The Routes through Lyncos and Eordaea in Western Macedonia', in: *AJAH* 7, 128–149. (= *Collected Studies* III 303–328)

Hammond, N. L. G. and Walbank, F. W. (1988). *A History of Macedonia III. 336–167 B.C.* Oxford.

Hampl, F. (1934). *Der König der Makedonen*. Weida.

Hansen, M. H. and Nielsen, A. H. (eds.), (2004). *An Inventory of Archaic and Classical* Poleis. Oxford.

Hansen, M. H. (2004). 'Introduction', in: M. H. Hansen, A. H. Nielsen (eds.), *An inventory of Archaic and Classical* Poleis. Oxford, 1–153.

Hatzidakis, G. (1987). *Zur Abstammung der alten Makedonier.* Athens.

Hatzidakis, G. (1899). 'Ὑπὲρ τοῦ Ἑλληνισμοῦ τῶν Μακεδόνων, in: *Ἀθηνᾶ* 16, 131–157.

Hatzidakis, G. (1900). 'Zur Ethnologie der alten Makedonier', in: *Indogermanische Forschungen* 11, 313–320.

Hatzidakis, G. (1900). 'Zur Chronologie der griechischen Lautgesetze und zur Sprachfrage der alten Makedonier', in: *Zeitschrift für vergleichende Sprachforschung* 37, 15–154.

Hatzidakis, G. (1901). *Γλωσσολογικαὶ Μελέται Ι.* Athens 1901.

Hatzidakis, G. (1910–1911). 'Καὶ πάλιν περὶ τοῦ Ἑλληνισμοῦ τῶν ἀρχαίων Μακεδόνων', in: *Ἐπιστημονικὴ Ἐπετηρὶς Πανεπιστημίου Ἀθηνῶν* 7, 87–109.

Hatzidakis, G. (1928). 'L'hellénisme de la Macédoine', in: *REG* 41, 390–415.

Hatzopoulos, M. B. (1981). 'A Century and a Lustrum of Macedonian Studies', in: *AncWorld* 4, 91–108.

Hatzopoulos, M. B. (1982). 'The Oleveni Inscription and the Dates of Philip II's Reign', in: W. Lindsay Adams and E. N. Borza (eds.), *Philip II, Alexander the Great and the Macedonian Heritage.* Wasington D.C. 21–42.

Hatzopoulos, M. B. (1985). 'La Béotie et la Macédoine à l'époque de l'hégémonie thébaine : le point de vue macédonien', in: *La Béotie antique, Lyon-Saint-Etienne 16–20 mai 1983.* Paris, 247–257.

Hatzopoulos, M. B. (1985–1986). 'Ἡ ὁμηρεία τοῦ Φιλίππου τοῦ Ἀμύντα στὶς Θῆβες', in: *Ἀρχαιογνωσία* 4, 37–58.

Hatzopoulos, M. B. (1986). 'Succession and Regency in Classical Macedonia', in: *Ἀρχαία Μακεδονία IV. Papers Read at the Fourth International Symposium Held in Thessaloniki, September 21–25, 1983.* Thessalonike, 279–292.

Hatzopoulos, M. B. (1987). 'Strepsa: A Reconsideration or New Evidence on the Road System of Lower Macedonia', in: M. B. Hatzopoulos and L. D. Loukopoulou, *Two Studies in Ancient Macedonian Topography* ('ΜΕΛΕΤΗΜΑΤΑ' 3). Athens, 17–60.

Hatzopoulos, M. B. (1987). 'Artémis Digaia, Blaganitis en Macédoine', in: *BCH* 111, 397–412.

Hatzopoulos, M. B. (1988). *Une donation du roi Lysimaque* ('ΜΕΛΕΤΗΜΑΤΑ' 5). Athens.

Hatzopoulos, M. B. (1988). *Actes de vente de la Chalcidique centrale* ('ΜΕΛΕΤΗΜΑΤΑ' 6). Athens.

Hatzopoulos, M. B. (1990). 'Greek and International Scholarship on Ancient Macedonia. Some Recent Developments', in: A. M. Tamis (ed.), *Macedonian Hellenism.* Melbourne, 109–123.

Hatzopoulos, M. B. (1991). *Actes de vente d'Amphipolis* ('ΜΕΛΕΤΗΜΑΤΑ' 14). Athens.

Hatzopoulos, M. B. (1993). 'Τὰ φυσικὰ καὶ ἀνθρώπινα στοιχεῖα', in: R. Ginouvès and M. B. Hatzopoulos, (eds.), *Ἡ Μακεδονία ἀπὸ τὸν Φίλιππο Β΄ ἕως τὴ ρωμαϊκὴ κατάκτηση.* Athens.

Hatzopoulos, M. B. (1993). 'Le statut de Cassandrée à l'époque hellénistique', in: *Ancient Macedonia V. Papers Read at the Fifth International Symposium Held in Thessaloniki, October 10–15, 1989.* Thessalonike, 575–584.

Hatzopoulos, M. B. (1993). 'Le problème des Atintanes et le peuplement de la vallée de l'Aoos', in: P. Cabanes, (ed.), *L'Illyrie méridionale et l'Epire dans l'Antiquité. Actes du IIe colloque international de Clermont-Ferrand, 25–27 octobre 1990.* Paris, 183–190 (= *Recueil* 525–532).

Hatzopoulos, M. B. (1994). 'Thessalie et Macédoine: affinités et convergences', in: J.-C. Décourt, B. Helly, K. Gallis (eds.), *La Thessalie II: 15 ans de recherches archéologiques (1975–1990): bilans et perspectives*. Athens, 249–254.

Hatzopoulos, M. B. (1994). 'State and Government in Classical and Hellenistic Greece', in: K. Buraselis (ed.), *Unity and Units in Antiquity. Papers from a Colloquium at Delphi, 5–8.4.1992*. Athens, 182–188.

Hatzopoulos, M. B. (1994). *Cultes et rites de passage en Macédoine. Préface P. Vidal-Naquet* ('ΜΕΛΕΤΗΜΑΤΑ' 19). Athens.

Hatzopoulos, M. B. (1995). 'Ἡ λατρεία τῆς θεᾶς Μᾶς στὴν Ἔδεσσα', in: *Πρακτικὰ τοῦ Α' Πανελληνίου Συμποσίου: ἡ Ἔδεσσα καὶ ἡ περιοχή της*. Edessa, 130–132.

Hatzopoulos, M. B. (1995). 'La lettre royale d'Olévéni', in: *Chiron* 25, 163–185 (= *Recueil* 461–483).

Hatzopoulos, M. B. (1996). 'Royaume de Macédoine et colonies grecques : langue et institutions', in: *Cahiers du Centre Glotz-Revue d'Histoire Ancienne* 109, 264–269.

Hatzopoulos, M. B. (1996). *Macedonian Institutions under the Kings. I. A Historical and Epigraphic Study* ('ΜΕΛΕΤΗΜΑΤΑ' 22). Athens.

Hatzopoulos, M. B. (1996). *Macedonian Institutions under the Kings. II. Epigraphic Appendix* ('ΜΕΛΕΤΗΜΑΤΑ' 22). Athens.

Hatzopoulos, M. B. (1996). 'Aigéai : la localisation de la première capitale macédonienne', in: *REG* 109, 264–269 (= *Recueil* 171–176).

Hatzopoulos, M. B. (1997). 'Alexandre en Perse: la revanche et l'empire'; in: *ZPE* 116, 41–52 (= *Recueil* 39–50).

Hatzopoulos, M. B. (1997). 'The Boundaries of Hellenism in Epirus during Antiquity', in: M. B. Sakellariou (ed.), *Epirus: 4,000 Years of Greek History and Civilization*. Athens, 140–145 (= *Recueil* 533–540).

Hatzopoulos, M. B. (1998). 'Récentes découvertes épigraphiques et gloses macédoniennes d'Hésychius', in: *CRAI* 142, 1998, 1189–1218 (= *Recueil* 261–279).

Hatzopoulos, M. B. (1999). 'Le macédonien: nouvelles données et théories nouvelles', in: *Ancient Macedonia VI. Papers Read at the Sixth International Symposium Held in Thessaloniki, October 15–19, 1996*. Thessalonike, 226–239.

Hatzopoulos, M. B. (1999). 'Formes d'Etat et régimes politiques en Grèce du Nord', in: P. Cabanes (ed.), *L'Illyrie méridionale et l'Epire dans l'Antiquité III*. Paris, 383–387.

Hatzopoulos, M. B. (2000). 'Nouveaux fragments du règlement militaire macédonien', in: *CRAI* 2000, 99–117.

Hatzopoulos, M. B. (2000). '"L'histoire par les noms" in Macedonia', in: S. Hornblower and E. Matthews (eds), *Greek Personal Names* ('Proceedings of the British Academy' 104). Oxford, 99–117 (= *Recueil* 51–69).

Hatzopoulos, M. B. (2000). 'Une famille bien macédonienne', in: L. Dubois, E. Masson (eds.), *Philokypros. Mélanges de philologie et d'antiquités grecques et proche-orientales dédiés à la mémoire d'Olivier Masson* ('Suplementos a Minos', 16). Salamanca, 177–182.

Hatzopoulos, M. B. (2001). *L'organisation de l'Armée macédonienne sous les Antigonides : Problèmes anciens et documents nouveaux* ('ΜΕΛΕΤΗΜΑΤΑ' 30). Athens 2001.

Hatzopoulos, M. B. (2001). 'La lettre d'Antigone Doson à Béroia et le recrutement de l'armée macédonienne sous les derniers Antigonides', in: R. Frei-Stolba and K. Gex (eds.), *Recherches récentes sur le monde hellénistique. Actes du colloque organisé à l'occasion du 60e anniversaire de Pierre Ducrey*. Bern, 45–52.

Hatzopoulos, M. B. (2001). 'Macedonian Palaces: where King and City Meets', in: I. Nielsen (ed.), *The Royal Palace Institution in the First Millennium B.C.* Copenhagen, 189–199 (= *Recueil* 325–335).

Hatzopoulos, M. B. (2003). 'Herodotos (8.137–8), the Manumissions from Leukopetra, and the Topography of the Middle Haliakmon Valley', in: P. Derow, R. Parker, *Herodotus and his World. Essays from a Conference in Memory of George Forrest.* Oxford, 201–218 (= *Recueil* 193–218).

Hatzopoulos, M. B. (2003). 'Cités en Macédoine', in: M. Reddé *et al.* (eds.), *La naissance de la ville dans l'Antiquité.* Paris, 127–140 (= *Recueil* 337–350).

Hatzopoulos, M. B. (2003). 'Polis, *Ethnos* and Kingship in Northern Greece', in: K. Buraselis and K. Zoumboulakis (eds.), *The Idea of European Community in History. Conference Proceedings II. Aspects of Connecting* Poleis *and* Ethne *in Ancient Greece.* Athens, 51–64 (= *Recueil* 351–364).

Hatzopoulos, M. B. (2003–2004). 'Quaestiones macedonicae : lois, décrets, épistates dans les cités macédoniennes', in: *Τεκμήρια* 8, 27–60 (= *Recueil* 365–398).

Hatzopoulos, M. B. (2004). 'La formation militaire dans les gymnases hellénistiques', in: D. Kah, P. Scholz (eds.), *Das hellenistische Gymnasion.* Berlin, 91–96.

Hatzopoulos, M. B. (2005). 'Le nom antique du lac Koroneia (ou d'Hagios Basileios ou de Langadas) en Macédoine', in: *CRAI* 2005, 201–212 (= *Recueil* 239–250).

Hatzopoulos, M. B. (2006). *La Macédoine. Géographie historique, langue, cultes et croyances, institutions.* Paris.

Hatzopoulos, M. B. (2006). 'De vie à trépas : rites de passage, lamelles dionysiaques et tombes macédoniennes', in: A.-M. Guimier-Sorbets *et al.* (eds.), *Rois, cités, nécropoles : institutions, rites et monuments en Macédoine. Actes des colloques de Nanterre (décembre 2002) et d'Athènes (janvier 2004)* ('ΜΕΛΕΤΗΜΑΤΑ' 45). Athens, 131–141.

Hatzopoulos, M. B. (2007). 'Perception of Self and the Other: The Case of Macedonia', in: Ancient *Macedonia VII.* Thessalonike, 51–66 (= *Recueil* 401–415).

Hatzopoulos, M. B. (2007). 'Μακεδονικὰ παραλειπόμενα: le cheval, le loup et la source', in: M. B. Hatzopoulos (ed.), *Φωνῆς χαρακτὴρ ἐθνικός. Actes du Ve Congrès International de Dialectologie Grecque* (Athènes 28–30 septembre 2006) ('ΜΕΛΕΤΗΜΑΤΑ' 52). Athens, 227–235.

Hatzopoulos, M. B. (2007). 'La position dialectale du Macédonien', in: I. Hajnal (ed.), *Die altgriechischen Dialekte. Wesen und Werden. Akten des Kolloquiums Freie Universität Berlin 19.-22. September 2001.* Innsbruck, 157–176 (= *Recueil* 281–300).

Hatzopoulos, M. B. (2008). 'The Burial of the Dead (at Vergina) or the Unending Controversy on the Identity of the Occupant of Tomb II', in: *Τεκμήρια* 9, 91–118 (= *Recueil* 95–122).

Hatzopoulos, M. B. (2008). 'Retour à la vallée du Strymon', in: L. D. Loukopoulou and S. Psoma (eds.), *Thrakika Zetemata I* ('ΜΕΛΕΤΗΜΑΤΑ' 58). Athens, 13–54.

Hatzopoulos, M. B. (2008). 'Οἱ ἐπιγραφὲς τῆς Ἡρακλείας τῆς Μυγδονικῆς (Ἅγιος Ἀθανάσιος-Γέφυρα) μεταξὺ ἀρχαιολογίας καὶ ἀρχαιοκαπηλίας', in: *Β' Πανελλήνιο Συνέδριο Ἐπιγραφικῆς. Πρακτικά. Θεσσαλονίκη24–25 Νοεμβρίου 2001.* Thessalonike, 237–253.

Hatzopoulos, M. B. (2009). 'Some New Documents from the Macedonian Chancery: Problems of Form and Content', in: *Κερμάτια φιλίας, τιμητικὸς τόμος γιὰ τὸν Ἰωάννη Τουράτσογλου, II.* Athens, 47–55.

Hatzopoulos, M. B. (2010). 'ΗΕΔΡΟΛΟΣ/ΑΡΡΩΛΟΣ', in: G. Reger, F. X. Ryan, T. F. Winters (eds.), *Studies in Greek Epigraphy and History in Honor of Stephen V. Tracy.* Bordeaux, 229–236 (= *Recueil* 251–258).

Hatzopoulos, M. B. (2010). 'Echantillons onomastiques de l'arrière-pays macédonien au IIIe siècle av. J.-C.', in: R. W. V. Catling, F. Marchand, M. Sasanow (eds.), *Onomatologos. Studies in Greek Personal Names Presented to Elaine Matthews*. Oxford, 356–365 (= *Recueil* 417–425).

Hatzopoulos, M. B. (2011). 'A List of Sales from Mieza and the Constitution of Extended Landed Properties in the Central Macedonian Plain', in: *Τεκμήρια* 10, 47–69 (= *Recueil* 485–507).

Hatzopoulos, M. B. (2011). 'Royalty and Democracy: The Case of Macedonia', in: *Heracles to Alexander. Treasures from the Royal Capital of Macedon, a Hellenic Kingdom in the Age of Democracy*. Oxford, 39–47.

Hatzopoulos, M. B. (2011). 'Macedonian Studies', in: R. Lane Fox (ed.), *Brill's Companion to Ancient Macedon. Studies in the Archaeology and History of Macedon, 650 BC-300 AD*. Leiden and Boston, 35–49.

Hatzopoulos, M. B. (2011). 'Macedonians and other Greeks', in: R. Lane Fox (ed.), *Brill's Companion to Ancient Macedon. Studies in the Archaeology and History of Macedon, 650 BC-300 AD*. Leiden and Boston, 51–78 (= *Recueil* 427–454).

Hatzopoulos, M. B. (2012). 'Philippe II fondateur de la Macédoine nouvelle', in: *REG* 125, 37–53.

Hatzopoulos, M. B. (2013). 'Un règlement urbanistique de Kyrrhos (Macédoine)', in: *CRAI* 2013, 1369–1396.

Hatzopoulos, M. B. (2013). 'The Speech of the Ancient Macedonians', in: A. N. Ivancik (ed.), *Monumentum Gregorianum*. Moscow, 204–221.

Hatzopoulos, M. B. (2014). 'Vies parallèles : Philippe V d'après Polybe et d'après ses propres écrits', in: *Journal des Savants* 2014, 101–120.

Hatzopoulos, M. B. (2015). 'L'organisation de la guerre macédonienne : Philippe II et Alexandre', in: Ph. Contamines, J. Jouanna et M. Zinc (eds.), *Colloque la Grèce et la guerre*. Paris, 105–120.

Hatzopoulos, M. B. (2015). 'Federal Macedonia', in: H. Beck and P. Funke (eds.), *Federalism in Greek Antiquity*. Cambridge, 319–340.

Hatzopoulos, M. B. (2015). 'Roi et cité en Macédoine', in: *Studi ellenistici* 19, 77–87.

Hatzopoulos, M. B. (2015–2016). 'Σύντροφος: Un terme technique macédonien', in: *Τεκμήρια* 13, 57–70.

Hatzopoulos, M. B. (2015–2016). 'Comprendre la loi éphébarchique d'Amphipolis', in: *Τεκμήρια* 13, 145–171.

Hatzopoulos, M. B. (2016). 'Une deuxième copie du *diagramma* de Philippe V sur le service dans l'armée de campagne, la loi éphébarchique d'Amphipolis et les politarques macédoniens', in *Mediterraneo antico* 19, 202–216.

Hatzopoulos, M. B. (2016). *ΝΕΟΤΗΣ ΓΕΓΥΜΝΑΣΜΕΝΗ. Macedonian Lawgiver Kings and the Young. David Lewis Lecture in Ancient History. Oxford 2016*. Athens.

Hatzopoulos, M. B. (2017). *Recueil* in: A.-M. Guimier-Sorbets et V. Fromageot-Lanièpce, *Découvrir la Macédoine antique : le terrain, les stèles, l'histoire. Recueil d'études de Miltiade B. Hatzopoulos* ('Travaux' 24) Paris.

Hatzopoulos, M. B. (2017). 'Un nouveau terme juridique Macédonien', in: A. Panayotou and G. Galdi, *Ἑλληνικὲς διάλεκτοι στὸν ἀρχαῖο κόσμο. Actes du VIe Colloque international sur les dialectes grecs anciens (Nicosie, Université de Chypre, 26–29 septembre 2011)*. Leuven, Paris and Bristol, 203–209.

Hatzopoulos, M. B. (2018). 'Recent Research in the Ancient Macedonian Dialect: Consolidation and New Perspectives', in: G. K. Giannakis, E. Crespo, P. Filios (eds.), *Studies in Ancient Greek Dialects from Central Greece to the Black Sea*. Berlin and Boston, 299–328.

Hatzopoulos, M. B. (2018). *La mort de Philippe II. Une étude des sources* ('ΜΕΛΕΤΗΜΑΤΑ' 76). Athens.

Hatzopoulos, M. B. (2018). 'A Historiographical Riddle: Fanoula Papazoglou and the Ancient Macedonians', in: L. Maksimovic, Marijana Ricl (eds.), ΤΗ ΠΡΟΣΦΙΛΕΣΤΑΤΗ ΚΑΙ ΠΑΝΤΑ ΑΡΙΣΤΗ ΜΑΚΕΔΟΝΙΑΡΧΙΣΣΗ. *Students and Colleagues for Professor Fanoula Papazoglou. International Conference, Belgrade 17–18, October 2017*. Belgrade, 43–52.

Hatzopoulos, M. B. (2020). 'Thucydides, Historical Geography and the 'Lost Years' of Perdikkas II', in: K. Kalogeropoulos/D.Vassilikou/M. Tiverios (eds), Sidelights on Greek Antiquity. Archaeological and Epigraphical Essays in Honour of Vasileios Petrakos, Athens (forthcoming).

Hatzopoulos, M. B. and Loukopoulos L. D. (eds.), (1980). *Philip of Macedon*. Athens.

Hatzopoulos, M. B. and Loukopoulou L. D. (eds.), *Two Studies in Ancient Macedonian Topography* ('ΜΕΛΕΤΗΜΑΤΑ' 3). Athens

Hatzopoulos, M. B. and Loukopoulou, L. D. (1989). *Morrylos cité de la Crestonie* ('ΜΕΛΕΤΗΜΑΤΑ' 7). Athens.

Hatzopoulos, M. B. and Loukopoulou, L. D. (1992). *Recherches sur les marches orientales des Téménides I* ('ΜΕΛΕΤΗΜΑΤΑ' 11). Athens.

Hatzopoulos, M. B. and Hautefeuille, V. (1992). 'Le journal intime de Léon Rey : un témoignage exceptionnel sur le service archéologique de l'Armée d'Orient et sur la vie dans le camp retranché de Salonique', in: *La France et la Grèce dans la Grande Guerre. Actes du colloque tenu en novembre 1989 à Thessalonique*. Thesalonike, 191–200.

Hatzopoulos, M. B. and Loukopoulou, L. D. (1996). *Recherches sur les marches orientales des Téménides II* ('ΜΕΛΕΤΗΜΑΤΑ' 11). Athens.

Hatzopoulos, M. B. and Paschidis, P. (2004). 'Macedonia', in: M. H. Hansen, Th. H. Nielsen (eds.) *An Inventory of Archaic and Classical Poleis*. Oxford, 794–809.

Hatzopoulos, M. B. and Juhel. P. (2009). 'Four Hellenistic Funerary Stelae from Gephyra, Macedonia', in: *AJA* 113, 423–437.

See also under Gauthier. Ph. and Hatzopoulos M. B.; under Gounaropoulou, L. and Hatzopoulos, M. B.; under Gounaropoulou, L., Paschidis, P. and Hatzopoulos, M. D.; under Ginouvès, R. and Hatzopoulos, M. B.; under Hammond, N. G. L. and Hatzopoulos, M. B.; under Andrianou, D. and Hatzopoulos, M. B.

Heckel, W. (1978). 'Kleopatra or Eurydice', in: *Phoenix* 32, 155.

Heckel, W. (1981). 'Philip and Olympias', in: G. S. Simpson, D. J. Mc Cargar (eds.), *Classical Contributions. Studies in Honour of Malcolm Francis McGregor*. New York, 51–57.

Heckel. W., How, T. and Müller, S. (2016). ''The giver of the Bride, the Bridegroom and the Bride'. A Study of the Murder of Philip II and its Aftermath', in: T. Howe, S. Müller and R. Stoneman (eds), *Ancient Historiography on War and Empire*. Oxford, 145–167.

Heinen, H. (1972). *Untersuchungen zur hellenistischen Geschichte des 3. Jahrhunderts v. Chr. Zur Geschichte der Zeit des Ptolemaios Keraunos und zum Chremonidischen Krieg* ('Historia Einzelschriften' 20). Wiesbaden.

Helly, B. (1973) *Gonnoi I-II*. Amsterdam.

Helly, B. (1979). 'Une liste des cités de la Perrhébie', in: B. Helly (ed.), *La Thessalie. Actes de la Table-Ronde, 21–24 juillet 1975*. Lyon, 165–200.

Helly, B. (2007). 'Le dialecte thessalien, un autre modèle de développement', in: I. Hajnal (ed.), *Die altgriechischen Dialekte. Wesen und Werden. Akten des Kolloquiums Freie Universität Berlin 19.-22. September 2001*. Innsbruck, 177–222.

Herzog, R. and Klaffenbach G. (1952). *Asylieurkunden aus Kos*. Berlin.

Heuss, A. (1962²). *Stadt und Herrscher des Hellenismus*. Aalen.

Heuzey, L. (1876). *Mission archéologique de Macédoine*. Paris.

Hirt, H. (1905–1907). *Die Indogermanen. Ihre Verbreitung, ihre Urheimat und ihre Kultur I-II*. Strasburg.

Hoffmann, O. (1906). *Die Makedonen, ihre Sprache und ihr Volkstum*. Göttingen.

Holleaux, M. (1920). *Rome, la Grèce et les monarchies hellénistiques*. Paris.

Holleaux, M. (1968). *Etudes d'épigraphie et d'histoire grecques III*. Paris.

Hornblower, S. (1991). *A Commentary on Thucydides. Volume I: Books I-III*. Oxford.

Howe, T. (2015). 'Cleopatra-Eurydice, Olympias and a 'Weak' Alexander', in: P. Wheatly and E. Baynham (eds.), in: *East and West in the World Empire of Alexander. Essays in Honour of Brian Bosworth*. Oxford, 133–146.

Ignatiadou, D. (2004). ''Ερευνα γιὰ τὸ χαλαστραῖο νίτρο', in: *AEMTh 16, 2002*. Thessalonike, 241–248.

Ignatiadou, D. *et al.* (2003). 'Nitrum Chalestricum. The natron of Macedonia', in: *XVI Congrès de l'Association Internationale pour l'Histoire du Verre*. London 2003, 64–67.

Ignatiadou, D. *et al.*(2005). 'Χαλαστραῖο νίτρο Τὰ ἀποτελέσματα τῆς ἔρευνας', in: *AEMTh 17, 2003*. Thessalonike, 311–312.

Intzesiloglou, Ch. (2006). 'The Inscription of the *Kynegoi* of Herakles from Demetrias', in: I. A. Pikoulas (ed.), *Inscriptions and History of Thessaly. Proceedings of the International Symposium in honor of Professor Habicht*.Volos, 67–77.

Ivanka, E. (1950). 'Berghirtentum und Staatsbildung im antiken und mittelalterlichen Balkan', in: *Saeculum* 1, 349–361.

Janko, R. (1918). "Papyri from the Great Tumulus at Vegina, Macedon", in: *ZPE* 205, 195–206.

Jardé, A. (1923). *Formation du peuple grec*. Paris.

Jeanmaire, H. (1939). *Couroi et Courètes. Essai sur l'éducation spartiate et sur les rites d'adolescence dans l'antiquité hellénique*. Lille.

Jordan, D., see under Curbera, J. and Jordan, D.

Jouguet, P. (1926). *L'impérialisme macédonien et l'hellénisation de l'Orient*. Paris.

Juhel, P. O. (2011). 'Un fantôme de l'histoire hellénistique', in: *GRBS* 51, 579–612.

Kaerst, J. (1926–1927³). *Geschichte des Hellenismus I-II*. Leipzig and Berlin.

Kalléris, J. N. (1954–1967). *Les anciens Macédoniens : Etude linguistique et historique I-II*. Athens.

Kallini, Ch. (2016). 'ΜΗΤΡΙ ΘΕΩΝ ΚΑΙ ΣΥΝΤΕΛΕΙΑΙ. Ὁ ἐνεπίγραφος κάνθαρος ἀπὸ τὸ Μητρῶο τῶν Αἰγῶν', in: M. Giannopoulou and Ch. Kallini (eds.), *Ἠχάδιν. Τιμητικὸς τόμος γιὰ τὴ Στέλλα Δρούγου*. Athens, 468–488.

Kanatsoulis, D. (1948). *Ὁ Ἀρχέλαος καὶ αἱ μεταρρυθμίσεις του*. Thessalonike.

Kanatsoulis, D. (1964). *Ἡ Μακεδονία μέχρι τοῦ θανάτου τοῦ Ἀρχελάου. Ι. Ἐξωτερικὴ πολιτική*. Thessalonike 1964.

Kanatsoulis, D. (1977). 'Ἡ Βεργίνα ἢ ἡ Ἔδεσσα εἶναι ὁ παλαιὸς χῶρος τῶν Αἰγῶν;', in: *Ἑλληνικὸς Βορρᾶς* 30/11/1977.

Karamitrou-Mentesidi, G. (1917). 'Αἰανή', in: A. G. Vlachopoulos, and D. Tsiafaki (eds.), *Ἀρχαιολογία: Μακεδονία, Θράκη*. Athens, 106–111.

Kahrstedt, U. (1953). 'Städte in Makedonien', in: *Hermes* 81, 85–111.

Kazaroff, G. (1910). 'Quelques observations sur la question de la nationalité des anciens Macédoniens', in: *REG* 23 (1910) 246–248.

King, C. J. (2010). 'Macedonian Kingship and Other Political Institutions', in: J. Roisman and I. Worthington (eds.), *A Companion to Ancient Macedonia*. Chichester, 373–391.

Kingsley, B. M. (1981). 'The Cap that Survived Alexander', in: *AJA* 85, 39–46.

Kingsley, B. M. (1991). 'Alexander's *kausia* and Macedonian Tradition', in: *Classical Antiquity* 10, 52–76.

Klaffenbach, G., see under Herzog, R. and Klaffenbach, D.

Knoepfler, D. (1889). 'Le calendrier des Chalcidiens de Thrace, essai de mise au point sur la liste et l'ordre des mois eubéens', in: *Journal des Savants* 1989, 23–58.

Knoepfler, D. (2011). *Décrets érétriens de proxénie et de citoyenneté* ('ERETRIA. Fouilles et recherches' XI). Lausanne.

Köhler, U. (1889). 'Über boiotische Inschriften aus der thebanischer Zeit', in: *Hermes* 24, 636–643.

Köhler, U. (1892). 'Über das Verhältniss Alexanders des Grossen zu seinem Vater Philipp', in: *SBBerl* 1892, 497–514.

Kottaridi, A. (2011). 'Queens, Princesses and High Priestesses: the Role of Women at the Macedonian Court', in: *Heracles to Alexander the Great. Treasures from the Royal Capital of Macedonia, a Hellenic Kingdom in the Age of Democracy*, Oxford, 93–126.

Kottaridi, A. (2016). 'Παλιὲς προκαταλήψεις καὶ νέα εὑρήματα: 'Μακεδόνες ἢ Βοττιαῖοι;', in: Mimika Giannopoulou, Chrysanthi Kallini (eds.), *Ἠχάδιν, τιμητικὸς τόμος γιὰ τὴ Στέλλα Δρούγου*, Athens 2016, 612–639.

Kottaridi, A. Ἀνασκάπτοντας τὴν ἀποθήκη. Τὸ πορτραῖτο τοῦ Μεγαλέξανδρου καὶ ἄλλα «νέα»παλιὰ εὑρήματα', in: *Ἠμαθεῖν* forthcoming.

Kottaridi, A. and Brekoulaki, Ch. (1999). Ἀρχαιολογικὲς ἔρευνες στὰ Ἠμαθιώτικα Πιέρια', in: *AEMTh 11, 1997*. Thessalonike, 111–114.

Kraft, K. (1971). *Der 'rationale' Alexander*. Kallmünz.

Kremydi, S. (2007). 'ΜΑΚΕΔΟΝΩΝ ΠΡΩΤΗΣ ΜΕΡΙΔΟΣ: Evidence for a Coinage under the Antigonids', in: *RN* 163, 91–100.

Kremydi, S. (2009). 'The Tauropolos Coinage of the First Macedonian Meris: Provenance, Iconography and Dating', in: *Κέρματα Φιλίας. Τιμητικὸς τόμος γιὰ τὸν Ἰωάννη Τουράτσογλου*, Athens, 191–201.

Kremydi, S. (2018). *'Autonomous' Coinage under the Late Antigonids* ('ΜΕΛΕΤΗΜΑΤΑ' 79). Athens.

Kretschmer, P. (1896). *Einleitung in die Geschichte der griechischen Sprache*. Götingen, 283–288.

Kroll, J. H. (1983). 'Nailing down the Archaeological Chronology of Early Hellenistic Athens', in: *AJA* 87, 241–242 (abstract).

Kroll, W. (1958²). *Historia Alexandri Magni (Pseudo-Kallisthenes). Recensio vetusta I*. Berlin.

Kuzmin, Y. (2019). 'King Demetrius II of Macedon: in the Shadow of Father and Son', in: *ZA* 69, 59–84.

Landucci Gattinoni, F. (1992). *Lisimaco di Tracia. Un sovrano nella perspettiva del primo ellenismo*. Milan.

Landuci Gattinoni, F. (2003). *L'arte del potere. Vita e opere di Cassandro di Macedonia* ('Historia Einzelschriften' 171). Stuttgart.

Lane Fox, R. J. (1973). *Alexander the Great*. London.

Lane Fox, R. J. (2011). 'Introduction. The Dating of the Royal Tombs at Vergina', in: R. Lane Fox (ed.), *Brill's Companion to Ancient Macedon. Studies in the Archaeology of Macedon, 650 B.C.–300 AD*. Leiden and Boston, 1–34.

Lane Fox, R. J. (2011). 'The 360's', in: R. J. Lane Fox (ed.), *Brill's Companion to Ancient Macedon. Studies in the Archaeology and History of Macedon, 650 B.C.-300 A.D.* Leiden and Boston, 257–269.

Lane Fox, R. J. (2011). 'Philip of Macedon: Accession, Ambitions and Self-Presentation', in: R. J. Lane Fox (ed.), *Brill's Companion to Ancient Macedon. Studies in the Archaeology and History of Macedon, 650 B.C.-300 A.D.* Leiden and Boston, 335–366.

Langenscheidt, F. See under Xirotiris N. I. and Langenscheidt F.

Larsen, J. (1968). *Greek Federal States. Their Institutions and History*. Oxford.

Lazaridou, K. (2015). Ἐφηβαρχικὸς νόμος ἀπὸ τὴν Ἀμφίπολη', in: *Ephemeris*, 1–45.

Le Bohec, S. (1993). *Antigone Dôsôn roi de Macédoine*. Nancy.

Lefèvre, Fr. (1995). 'La chronologie du IIIe siècle à Delphes d'après les Actes amphictioniques', in: *BCH* 119, 161–208.

Lehmann, see Williams Lehmann.

Lesny, V. (1909). "Ein Beitrag zur Sprache der alten Makedonen", in: *ZVS* 42, 297–302.

Lévêque, P. (1957). *Pyrrhos*. Paris.

Lévy, E. (1978). 'La monarchie macédonienne et le mythe d'une royauté démocratique', in: *Ktema* 3, 201–225.

LGPN = Lexicon of Greek Personal Names I- (Oxford 1987–).

Liampi, K. (1998). 'The Coinage of King Derdas and the History of the Elimiote Dynasty', in: A. Burnet, Ute Wartenberg, R. Witschonke (eds.), *Coins of Macedonia and Rome: Essays in Honour of Charles Hersh*. London, 5–11.

Liampi, K. (1990). 'Ein numismatische Zeugnis für den Bund der perrhaibischen Tripolis im zweiten Viertel des 4. Jh. v. Chr.', in: *JfNG* 40, 11–22.

Lilimbaki-Akamati, M. (2000). *Τὸ ἱερὸ τῆς Μητέρας τῶν Θεῶν καὶ τῆς Ἀφροδίτης στὴν Πέλλα*. Thessalonike.

Lock, R. (1977). 'The Macedonian Army Assembly in the Time of Alexander the Great', in: *CP* 72, 91–107.

Loukopoulou, L. D. (2004). 'Thrace from Strymon to Nestos, in: M. H. Hansen, Th. H. Nielsen (eds.) *An Inventory of Archaic and Classical Poleis*. Oxford, 854–869. See also under Hatzopoulos, M. B. and Loulopoulou, L. D.

Lucas, G. (1997). *Les cités antiques de la haute vallée du Titarèse: Etude de topographie et de géographie historique*. Lyon.

Lund, H. S. (1992). *Lysimachos: A Study in Hellenistic Kingship*. London.

Makaronas, Ch.and Yuri, E. (1989). *Οἱ οἰκίες ἁρπαγῆς τῆς Ἑλένης καὶ Διονύσου τῆς Πέλλας*. Athens.

Manakidou, E. (1996). 'Heroic Overtones in Two Inscriptions from Ancient Lete', in: *Inscriptions of Macedonia. Third International Symposium on Macedonia. Thessaloniki, 8–12 December 1993*. Thessalonike, 84–98.

Mari, M. (2002). *Al di là dell'Olimpo. Macedoni e grandi santuari della Grecia dall'età arcaica al primo ellenismo* ('ΜΕΛΕΤΗΜΑΤΑ' 34). Athens.

Mari, M. (2011). 'Traditional Cults and Beliefs', in: R. Lane Fox (ed.), *Brill's Companion to Ancient Macedon. Studies in the Archaeology and History of Macedon 650 BC–300 AD*. Leiden and Boston, 453–465.

Mari, M. (2014). '"Un luogo calcato da molti piedi": la valle dello Strimone prima di Anfipoli', in: *Historika* 4, 53–114.

Mari, M. (2017). 'Istituzioni cittadine della Macedonia preromana. Alcune novità epigrafiche', in: *Historika* 7, 345–364.

Mari, M. (2018). 'Macedonian Cities and the Kings: Standardization or Variety?', in: Myrina Kailatzi *et al.* (eds.), *Βορειοελλαδικά. Tales from the Lands of the ethne. Essays in Honour of Miltiades B. Hatzopoulos* ('ΜΕΛΕΤΗΜΑΤΑ' 78). Athens, 179–197.

Mari, M. (2019). 'At the Roots of a Revolution. Land Ownership, Citizenship and Military Service in Macedonia before and after Philip II', in: Z. Archibald and J. Haywood, (eds.), *The Power of Individual and Community in Athens and Beyond.* Swansea, 213–239.

Masson, O. (1996). 'Macedonian Language', in: S. Hornblower, A. Spawforth (eds.), *The Oxford Classical Dictionary*, 3rd edition. Oxford and New York, 905–906.

Masson, O. (1998). 'Quelques noms macédoniens dans le traité *IG* I². 71 = *IG* I³ 89', in: *ZPE* 123, 879–880 (= *Onomastica Graeca Selecta* [*OGS*] III [Geneva 2000] 292–295).

Meillet, A. (1930³). *Aperçu d'une histoire de la langue grecque.* Paris.

Meloni, P. (1953). *Perseo e la fine della monarchia macedone.* Rome.

Méndez Dosuna, J. (2012). 'Ancient Macedonian as a Greek Dialect. A Critical Survey on Recent Work', in: G. K. Giannakis (ed.), *Ancient Macedonia: Language, History, Culture.* Thessalonike, 133–145.

Méndez Dosuna, J. (2017). 'Methone of Pieria: a Reassessment of the Epigraphic Evidence (with a Special Attention to Pleonastic *Sigma*)', in: J. Strauss Clay *et al.* (eds.), *Panhellenes at Methone: Graphê in Late Geometric and Protoarchaic Methone, Macedonia (ca 700 BCE)* ('Trends in Classics Supplement' 44). Berlin, 242–258.

Merker, I. L. (1965). 'The Ancient Kingdom of Paionia', in: *Balkan Studies* 6, 35–54.

Meyer, E. (1899). *Forschungen zur alten Geschichte* II. Halle.

Milns, R. (1968). *Alexander the Great.* Hale.

Misailidou-Despotidou, V. (2003–2004). 'Δύο ἐπιγραφὲς ἀπὸ τὴν ἀρχαία Μυγδονία', in: *Τεκμήρια* 8, 64–70.

Misailidou-Despotidou, V. (2017). 'Νέα Φιλαδέλφεια', in: A. G. Vlachopoulos, Despoina Tsiafaki (eds.), *Ἀρχαιολογία: Μακεδονία καὶ Θράκη.* Athens, 308–309.

Misailidou-Despotidou, V. (2018). 'Παράδοση καὶ νεωτερισμοὶ στὰ ἔθιμα ταφῆς τῆς ἀρχαϊκῆς Μακεδονίας. Παρατηρήσεις καὶ προβληματισμοὶ ἀπὸ τὰ ἀποτελέσματα τῆς μέχρι τώρα ἔρευνας', in: *Πρὶν ἀπὸ τὴ μεγάλη πρωτεύουσα. Πρακτικὰ ἡμερίδας στὸ Ἀρχαιολογικὸ Μουσεῖο Πέλλας 12 Ἀπριλίου 2016.* Pella, 111–125.

Missitzis, L. (1985). 'A Royal Decree of Alexander the Great on the Lands of Philippi', in: *AncWorld* 12, 1–14.

Molina Marin, A. I. (2015). *Alejandro Magno (1916–2015). Un siglo de estudios sobre Macedonia antigua.* Saragossa.

Momigliano, A. (1934). *Filippo il Macedone. Saggio sulla storia greca del IV secolo A.C.* Florence.

Momigliano, A. (1935). 'Re et popolo in Macedonia prima di Alessandro Magno', in: *Athenaeum* 13, 3–21.

Mooren, L. (1983). 'The Nature of the Hellenistic Monarchy', in: E. Van 'T Dack, P. Van Dessel, W. Van Gucht (eds.), *Egypt and the Hellenistic World. Proceedings of the International Colloquium, Leuven 24–26 May 1982* ('Studia Hellenistica' 27). Louvain, 205–240.

Morizot, Y., see under Guimier, A.-M. and Morizot, Y.

Mortensen, K. (1992). 'Eurydice: Demonic or Devoted Mother?', in: *AHB* 6, 156–171.

Müller, C. (1840). *Pseudo-Callisthenis historia fabulosa, in Ananbasis et Indica ex optimo codice parisino emendavit et varietatem ejus libri redulit Fr Deubner. Reliqua Ariani, et*

244　古代马其顿

scriptorum de rebus Alexandri M. fragmenta collegit, Pseudo-Callisthenis historiam fabu-losam ex tribus codicibus nunc primum edidit, itinerarium Alexandri et indices adjecit Car-olus Müler. Paris.

Müller, K. O. (1824). *Die Dorier*. Breslau.

Müller, K. O. (1825). *Über die Wohnsitze, die Abstammung und die ältere Geschichte des make-donischen Volks*. Berlin.

Müller, S. (2010). 'Philip II' in: J. Roisman, I. Worthington (eds.), *A Companion to Ancient Mace-donia*. Chichester, 166–185.

Müller, S. (2013). 'Das symbolische Kapital von Argeadinnen und Frauen der Diadochen', in: C. Kunst (ed.), *Matronage. Handlungsstrategien und soziale Netzwerke von Herrscher-frauen im Altertum in diachroner Perspektive*. Osnabrück, 31–42.

Müller, S.(1916). *Die Argeaden*. Paderborn.

Müller, S. (2017). *Perdikkas II – Retter Makedoniens*. Berlin.

Musgrave, J. H. (1985). 'The Skull of Philip II of Macedon', in: S. J. Lisney, B. Matthews (eds.), *Current Topics in Oral Biology*. Bristol, 1–16.

Musgrave, J. H. (1990). 'Dust and Damn'd Oblivion: A Study of Cremation in Ancient Greece', in: *BSA* 85, 271–299.

Musgrave, J. H. (1991). 'The Human remains from Vergina Tombs I, II and III: An Overview', in: *AncWorld* 21, 3–9.

Musgrave J. H. *et al*. (2010). 'The Occupants of Tomb II at Vergina. Why Arrhidaios and Eurydice Must Be Excluded', in: *International Journal of Medical Sciences* 22/11/2010, 1–23.

Musgrave, J. H. and Prag, A. J. N. W. (2011). 'The Occupants of Tomb II at Vergina: Why Arridaios and Eurydice must be excluded', in: *Heracles to Alexander the Great. Treasures from the Royal Capital of Macedon, a Hellenic Kingdom in the Age of Democracy*. Oxford, 127–131. See also under Prag A. J. N. W.

Neave, R. A. H., see under Prag, A. J. N. W.

Niebuhr, B. G. (1851). *Vorträge über alte Geschichte II*. Berlin.

Nigdelis, P. (2011). 'Ἀναζητώντας τὴν ἀρχαία Ραίκηλο –Ἀριστοτέλους Ἀθηναίων Πολιτεία 15.2', in: *Τεκμήρια* 10, 103–117.

Nilsson, M. P. (1962). *Die Entstehung und religiöse Bedeutung des griechischen Kalendars*. Lund.

Ogden, D. (1999). *Polygamy, Prostitutes and Death. The Hellenistic Dynasties*. London.

Ogden, D. (2007). 'A War of Witches at the Court of Philip II', in: *Ancient Macedonia VII. Mace-donia from the Iron Age to the Death of Philip II. Papers Read at the Seventh International Symposium Held in Thessaloniki, October 14–18, 2002*. Thessalonike, 357–369.

Ogden, D. (2009). 'Alexander's Sex Life', in: W. Heckel and L. A. Tritle (eds.), *Alexander the Great a New History*. Oxford, 203–217.

Ogden, D. (2011). *Alexander the Great: Myth, Genesis and Sexuality*. Exeter.

Ogden, D. (2011). 'The Royal Families of Argead Macedon and the Hellenistic World', in: B. Raw-son (ed.), *A Companion to Families in the Greek and Roman World*. Malden, MA, 99–104.

Ostwald, M. (1969). *Nomos and the Beginnings of the Athenian Democracy*. Oxford.

Oulhen, J. (1992). *Les théarodoques de Delphes* (unpublished thesis, Université de Paris X).

Palagia, O. (1998). 'Alexander the Great as Lion Hunter. The fresco of Vergina Tomb II and the Marble Frieze of Messene in the Louvre', in: *Minerva* 25, 511–514.

Palagia, O. (2000). 'Hephaistion's Pyre and the Royal Hunt of Alexander', in: A. B. Bosworth and E. J. Baynham (eds.), *Alexander the Great in Fact and Fiction*. Oxford, 161–206. See also under Borza, E. N. and Palagia, O.

Panayotou, A. (1990). 'Des dialectes à la koinè : l'exemple de la Chalcidique', *Ποικίλα* ('ΜΕΛΕΤΗΜΑΤΑ' 10). Athens, 191–228.

Panayotou, A. (1992). 'Ἡ ἐξέλιξη τοῦ ὀνόματος καὶ τοῦ ῥήματος τῆς ἑλληνικῆς κατὰ τὴν ἑλληνιστική, ρωμαϊκὴ καὶ πρώιμη βυζαντινὴ περίοδο. Τὰ ἐπιγραφικὰ δεδομένα τῆς Μακεδονίας', in: *Studies in Greek Linguistics 12. Proceedings of the Annual Meeting of the Department of Linguistics, School of Philology, Faculty of Philosophy, Aristotle University of Thessaloniki, April 18–20, 1991.* Thessalonike 1992, 13–31.

Panayotou, A. (1992). 'Ἡ γλῶσσα τῶν ἐπιγραφῶν τῆς Μακεδονίας', in: G. Babiniotis (ed.), *Ἡ γλῶσσα τῆς Μακεδονίας*. Athens, 181–194.

Panayotou, A. (1992–1993). 'Φωνητικὴ καὶ φωνολογία τῶν ἐπιγραφῶν τῆς Μακεδονίας, in: *Ἑλληνικὴ διαλεκτολογία* 3, 5–32.

Panayotou, A. (1996). 'Dialectal inscriptions from Chalkidike, Macedonia and Amphipolis, in: *Ἐπιγραφὲς τῆς Μακεδονίας. Third International Symposium on Macedonia, 8–12 December 1993.* Thessalonike, 124–163.

Panayotou, A. and Chrysostomou, P. (1993). 'Inscriptions de la Bottiée et de l'Almopie en Macédoine', in: *BCH* 117, 372–375. See also under Brixhe, Cl. and Panayotou, A.

Pandermalis, (no date). *Δῖον, ἀρχαιολογικὸς χῶρος καὶ μουσεῖο.* Athens.

Pandermalis, D. (1999). *Δῖον: ἡ ἀνακάλυψη.* Athens.

Papastavrou, I. (1936). *Μακεδονικὴ πολιτικὴ κατὰ τὸν 5ον π.Χ. αἰῶνα. Ἀλέξανδρος Ι. Τεῦχος Αον.* Thessalonike.

Papazoglou, F. (1957). *Les cités macédoniennes à l'époque romaine.* Skopje (in Serbian with an abstract in French).

Papazoglou, F. (1979). 'Quelques aspects de l'histoire de la province de Macédoine', in: Hildegard Temporini, W. Haase (eds.), *Aufstieg und Niedergang der römischen Welt. Geschichte und Kultur Roms im Spiegel der neueren Forschung* II 7, 1. Berlin and New York, 301–369.

Papazoglou, F. (1983). 'Macedonia under the Romans', in: M. B. Sakellariou (ed.), *Macedonia. 4,000 Years of Greek History and Civilization.* Athens, 192–207.

Papazoglou, F. (1986). 'Politarques en Illyrie', in: *Historia* 35, 438–448.

Papazoglou, F. (1988). "Les stèles éphébiques de Stuberra", in: *Chiron* 18, 233–270.

Papazoglou, F. (1988). *Les villes de Macédoine à l'époque romaine* ('BCH Supplément' 16). Athens and Paris.

Papazoglou, F. (1990). Review of Hammond/Walbank 1988, *ZA* 40, 229–233.

Papazoglou, F. (1997). *LAOI et PAROIKOI. Recherches sur la structure de la société hellénistique.* Belgrade.

Papazoglou, F. (1998). 'L'acception politique et sociale du terme Μακεδών, Μακεδόνες', in: *ZA* 48, 25–41 (in Serbian with a French summary).

Papazoglou, F. (2000). 'Polis et souveraineté', in: *ZA* 50, 169–176.

Paschidis, P. (2006). 'Civic Elites and Court Elite in Macedonia', in: A.-M. Guimier-Sorbets, and Y. Morizot (eds.), *Rois, cités, nécropoles : Institutions, rites et monuments en Macédoine* ('ΜΕΛΕΤΗΜΑΤΑ' 45). Athens, 251–268.

Petrakos, B. Ch. (1968). 'Ἐπιγραφαὶ Ἐρετρίας', in: *Deltion* 23. *Meletai,* 99–110, pl. 46–49.

Petrakos, B. Ch. (1997). *Οἱ ἐπιγραφὲς τοῦ Ὠρωποῦ.* Athens.

Petsas, Ph. (1961), in: 'Chronique des fouilles 1960', *BCH* 85, 782.

Petsas, Ph. 1966. *Ὁ τάφος τῆς Κρίσεως.* Athens.

Petsas, Ph. (1967) in: *Deltion* 22. *Chronika* B2 399–340.

Petsas, Ph. (1997). 'Μακεδονικοὶ τάφοι στὴν Βεργίνα καὶ στὰ Παλατίτσια', in: *Ἑλληνκὸς Βορρᾶς* 4/12/1997.

Petsas, Ph. (1982). 'Πολιτιστικὲς ἐπιδράσεις στὸ μυχὸ τοῦ Θερμαϊκοῦ κόλπου ἕως τὴν ἵδρυση τῆς Θεσσαλονίκης', in: Ἡ Θεσσαλονίκη μεταξὺ Ἀνατολῆς καὶ Δύσεως. Thessalonike, 59–68.

Petsas, Ph., Hatzopoulos, M. B., Gounaropoulou, L., Paschidis, P. (2000). *Inscriptions du sanctuaire de la Mère des Dieux Autochtone de Leukopétra (Macédoine)* ('ΜΕΛΕΤΗΜΑΤΑ' 28). Athens.

Philippson, A. and Kirsten, E. (1956). *Die griechischen Landschaften II: Der Nordwesten der griechischen Halbinsel, Teil I. Epirus und der Pindos*. Frankfurt.

Pikoulas, Y., see under Batziou-Efstathiou and Pikoulas, Y.

Pingiatoglou, S. (2009). 'Δῖον: τὰ ἱερὰ τῆς Δήμητρος καὶ τοῦ Ἀσκληπιοῦ. Οἱ ἀνασκαφὲς τῶν τελευταίων εἴκοσι χρόνων', in: *AEMTh 20 χρόνια*. Thessalonike, 285–294.

Pisani, V. (1937). 'La posizione linguistica del macedone', in: *Revue internationale des études balkaniques* 3, 8–31.

Picard, Ch. (1958). 'Le sphinx tricéphale dite 'penthé' d'Amphipolis et la démonologie égypto-alexandrine', in: *Monuments Piot* 50, 49–84.

Picard, O. (1994). 'Deux émissions de bronze d'Amphipolis', in: *BCH* 118, 207–210.

Plaumann, G. (1913). "ἑταῖροι", in: *RE* VIII 2, 1374–1379.

Pomeroy, S. B., *et al.* (1999). *Ancient Greece: A Political, Social, and Cultural History*. New York and Oxford.

Pouilloux, J. and Verdélis, N. M. (1950). 'Deux inscriptions de Démétrias', in: *BCH* 74, 33–47.

Prag, A. J. N. W., Musgrave, J. H., Neave, R. A. H. (1984). 'The Skull from Tomb II at Vergina: King Philip of Macedon', in: *JHS* 104, 60–78.

Prag, A. J. N. W., Musgrave, J. H., Neave, R. A. H. (1985). 'The Appearence of the Occupant of the Royal Tomb of Vergina', in: *Πρακτικὰ τοῦ XII Διεθνοῦς Συνεδρίου Κλασσικῆς Ἀρχαιολογίας*, Athens, 226–231.

Prag, A. J. N. W. (1990). 'Reconstruction of the Skull of Philip of Macedon", in: *The World of Philip and Alexander: A Symposium on Greek Life and Times*, Philadelphia 1990, 35–36.

Prag, A. J. N. W. (1990). 'Reconstructing King Philip II: The Nice Version', in: *AJA* 94 (1990) 237–247.

Preka-Alexandri, C. and Stogias, Y. (2011). 'Economic and Socio-political Glipses from Gitana in Thesprotia: The Testimony of Stamped Amphora Handles, Coins and Clay Sealings', in: J.-L. Lambolay, M. P. Castiglioni (eds.), *L'Illyrie méridionale et l'Epire dans l'antiquité V. Actes du Ve colloque international de Grenoble (8–11 octobre 2008)*. Paris, 680–681, fig. 38.

Preka-Alexandri, C. (2018). 'Μακεδονικὰ σύμβολα στὰ σφραγίσματα τῶν Γιτάνων', in: *Θ' Ἐπιστημονικὴ συνάντηση γιὰ τὴν ἑλληνικὴ κεραμική. Θεσσαλονίκη 5–9 Δεκεμβρίου 2012. Πρακτικά*. Athens, 649–661.

Prestianni Giallombardo, A. M. (1974). 'Aspetti giuridici e problemi cronologici della reggenza di Filippo II', in: *Helikon* 10–11, 191–209.

Prestianni Giallombardo, A. M. (1975). 'ΦΙΛΙΠΠΙΚΑ I: sul "culto" di Filippo II di Macedonia', in: *SicGym* 28, 1–57.

Prestianni Giallombardo, A. M. (1976–1977). '"Diritto" matrimoniale, ereditario e dinastico nella Macedonia di Filippo II', in: *Riv.Stor.Ant.* 6–7, 81–110.

Prestianni Giallombardo, A. M. (1985). 'Riflessioni storiografiche sulla cronologia del Grande Tumulo e delle tombe reali di Vergina (Campagne di scavo 1976–77)', in: *Πρακτικὰ τοῦ XII Συνεδρίου Κλασσικῆς Ἀρχαιολογίας. Vol. I* Athens, 237–242.

Prestianni Giallombardo, A. M. (1986). 'Il diadema di Vergina e l'iconografia di Filippo II', in: *Ancient Macedomia IV. Papers Read at the Fourth International Symposium Held in Thessaloniki, September 21–25, 1983*. Thessalonike, 497–509.

Prestianni Giallombardo, A. M. (1990). '*Kausia diadematophoros* in Macedonia: testimonianze misconosciute e nuove proposte', in: *Messana* 1, 107–126.

Prestianni Giallombardo, A. M. (1991). 'Recenti testimonianze iconografiche sulla *kausia* in Macedonia e la datazione del fregio della *caccia* della tomba II reale di Vergina', in: *DHA* 17, 257–304.

Prestianni, A. M. (1991). 'Per un lessico greco dell' abbigliamento. Copricapi come segni di potere: la *kausia*', in: *Atti I. Seminario di studi sui lessici tecnici greci e latini (Messina 1990)*, *AAPel 66, Suppl. 1*, 165–187.

Prestianni Giallombardo, A. M. and Tripodi B. (1980). 'Le tombe regali di Vergina. Quale Filippo?, in: *Annali della Scuola Normale Superiore di Pisa* 10, 989–1001.

Psoma, S. (2006). 'The Lete Coinage Reconsidered', in: P. G. van Alfen (ed.), *Agoranomia: Studies in Money and Exchange Presented to J. H. Kroll*. New York, 61–86.

Psoma, S. and Zannis, A. G. (2011). 'Ichnai et le Monnayage des Ichnéens', in: *Τεκμήρια* 10, 23–46.

Psoma, S. (2011). 'The Kingdom of Macedonia and the Chalcidic League', in: R. J. Lane Fox (ed.), *Brill's Companion to Ancient Macedon. Studies in the Archaeology and History of Macedon, 650 B.C.–300 A.D.* Leiden and Boston. 113–135.

Pugliese-Carratelli, G. (1993). *Le lamine d'oro 'Orfiche'*. Milan.

Raynor, B. (2016). '*Theorodokoi, Asylia*, and the Macedonian cities', in: *GRBS* 56, 225–262.

Rizakis, A. and Touratsoglou, I. (1999). 'Λατρεῖες στὴν Ἄνω Μακεδονία. Παράδοση καὶ νεωτερισμοί', in: *Ancient Macedonia VI. Papers Read at the Sixth International Symposium Held in Thessaloniki, October 15–19, 1996*. Thessalonike.

Rizakis, A. and Touratsoglou, I. (2000). 'Mors macedonica. Ὁ θάνατος στὰ ἐπιτάφια μνημεῖα τῆς Ἄνω Μακεδονίας', in: *Ephemeris*, 237–281.

Robert, L. (1946). 'Villes de Carie et d'Ionie dans la liste des théorodoques de Delphes', in: *BCH* 70, 506–523.

Romaios, A. (1940). 'Ποῦ ἔκειτο ἡ παλαιὰ Θέρμη', in: *Μακεδονικά* 1, 1–7.

Romiopoulou, Katerina and Schmidt-Dounas, B. *Das Palmettengrab in Lefkadia*. Mainz.

Romm, J. (2011). 'Who was in Tomb II?', in: *London Review of Books* 33, no 19 (6 October 2011) 27–28.

Rosen, Kl. (?). *König und Volk im hellenistischen Makedonien* (Unpublished dissertation without indication of place or date).

Rosen, Kl. (1978). 'Die Gründung der makedonischen Herrschaft', in: *Chiron* 8, 1–27.

Rotroff, S. (1982). 'Royal Saltcellars in the Athenian Agora', in: *AJA* 86, 83 [abstract].

Rotroff, S. (1984). 'Spool Saltcellars in the Athenian Agora', in: *Hesperia* 53, 343–354.

Rotroff, S. (1997). *Hellenistic Pottery. Athenian and Imported Wheelmade Tableware and Related Material* ('Athenian Agora' 29). Princeton N.J.

Roussel, P. (1942–1943). 'Décret des péliganes de Laodicée-sur-Mer', in: *Syria* 23, 21–32.

Rousset, D. (2017). 'Considérations sur la loi éphébarchique', in: *REA* 119, 49–84.

Rouveret, A. (1989). *Histoire imaginaire de la peinture ancienne*. Paris.

Rzepka, J. (2005). '*Koine Ekklesia* in Diodorus Siculus and the General Assemblies of the Macedonians', in: *Tyche* 20, 119–142.

Saatsoglou Paliadeli, Ch. (1993). 'Aspects of Ancient Macedonian Costume', in: *JHS* 113, 122–147.

Saatsoglou-Paliadeli, Ch. (1996). 'Aegae: A Reconsideration', in: *AM* 111, 225–235.

Saatsoglou-Paliadeli, Ch. (2004). *Βεργίνα. Ὁ τάφος τοῦ Φιλίππου. Ἡ τοιχογραφία*. Athens.

[Saatsoglou-] Paliadeli, Ch. *et al.* (2014). "Βάση δεδομένων καὶ πρόδρομες παρατηρήσεις στὸ σκελετικὸ ὑλικὸ ἀπὸ τὸν θάλαμο τοῦ τάφου ΙΙ τῶν Αἰγῶν", in: *AEMTh* 24, 2010. Thessalonike, 105–112.

Sakellariou, M. B. (1989). *The Polis State: Definition and Origin* ('ΜΕΛΕΤΗΜΑΤΑ' 4). Athens 1989).

Sancisi-Weerdenburg, H. (1993). 'Alexander and Persepolis', in: J. Carlsen *et al.* (eds.), *Alexander the Great: Reality and Myth* ('Analecta Romana Instituti Danici. Supplementum' 20). Rome. 177–188.

Saripanidi, V. (2017). 'Constructing Continuities with a 'Heroic' Past: Death, Feasting and Political Ideology in the Archaic Macedonian Kingdom', in: Athena Tsingarida, Irene S. Lemos (eds.), *Constructing Social Identities in Early Iron Age and Archaic Greece*. Brussels, 73–170.

Saripanidi, V. (2019). 'Macedonian Necropoleis in the Archaic Period: Shifting Practices and Emerging Identities', in: H. Frielinghaus, J. Stroszeck, P. Valavanis (eds.), *Griechische Nekropolen: Neue Forschungen und Funde. Beiträge zur Archäologie Griechenlands 5*. Möhnesee, 175–196, Plates 50–52.

Saripanidi, V. (2019). 'Vases, Funerary Practices, and Political Power in the Macedonian Kingdom during the Classical Period before the Rise of Philip II', in: *AJA* 123.3, 381–410.

Schachermeyr, Fr. (1949). *Alexander der Grosse. Ingenium und Macht*. Graz and Vienna.

Schachermeyr, Fr. (1969). *Griechische Geschichte*. Stuttgart.

Schmidt-Dounas, B., see under Romiopoulou K. and Schmidt-Dounas, B.

Schwyzer, E. (1939). *Griechische Grammatik I*. Munich.

Sismanidis, K. (1993). 'Le cimetière archaïque de Haghia Paraskévi de Thessalonique', in: *La civilisation grecque : Macédoine, royaume d'Alexandre le Grand*. Athens, 170.

Skarlatidou, E. (2009). 'Τὸ νεκροταφεῖο τῆς Θέρμης (πρώην Σέδες) Θεσσαλονίκης, 20 χρόνια ἔρευνας', in: *AEMTh 20 Χρόνια*. Thessalonike, 329–343.

Skarlatidou, E. (2017). 'Θέρμη', in: A. G. Vlachopoulos, D. Tsiafaki (eds.), *Ἀρχαιολογία: Μακεδονία καὶ Θράκη*. Athens, 342–343.

Sordi, M. Sordi (1975). 'Il soggiorno di Filippo a Tebe nella propaganda storiografica', in: M. Sordi (ed.), *Contributi dell' Istituto di Storia Antica 3*. Milan, 55–64.

Soueref, K. (2009). 'Τούμπα Θεσσαλονίκης: ἀνασκαφὲς στὴν τράπεζα καὶ τὸ ἀρχαῖο νεκροταφεῖο', in: *AEMTh 20 χρόνια*. Thessalonike, 345–358.

Spawforth, T. (2006). ''Macedonian Times': Hellenistic Memories in the Provinces of the Roman East', in: D. Konstan, Suzanne Saïd (eds.), *Greeks on Greekness. Viewing the Greek Past under the Roman Empire* ('Proceedings of the Cambridge Philological Society. Supplementary Volume' 29). Cambridge, 1–26.

Stogias, Y., see under Preka-Alexandri, C.

Sverkos, I. K. (2000). *Συμβολὴ στὴν ἱστορία τῆς Ἄνω Μακεδονίας τῶν ρωμαϊκῶν χρόνων Πολιτικὴ ὀργάνωση, κοινωνία, ἀνθρωπωνύμια*. Thessalonike, 115–133.

Tafel, Th.L. Fr. (1842). *De via militari Romanorum Egnatia, qua Illyricum, Macedonia et Thracia iungebantur, dissertatio geographica. I Pars occidentalis*. Tübingen

Tarn, W. W. (1913). *Antigonos Gonatas*. Oxford.

Tarn, W. W. (1928). 'VI. Macedonia and Greece', in: *CAH* VII, Cambridge, 197–223.

Tarn, W. W. (1948). *Alexander the Great. Volume I. Narrative*. Cambridge.

Tataki, A. B. (1988). *Ancient Beroea. Prosopography and Society* ('ΜΕΛΕΤΗΜΑΤΑ' 8). Athens.

Tataki, A. B. (1994). *Macedonian Edessa. Prosopography and Onomastikon* ('ΜΕΛΕΤΗΜΑΤΑ' 18). Athens.

Tataki, A. B. (1998). *Macedonians abroad. A Contribution to the Prosopography of Ancient Macedonia* ('ΜΕΛΕΤΗΜΑΤΑ' 26). Athens.

Tataki, A. B. (2006). *The Roman Presence in Macedonia. Evidence from Personal Names* ('ΜΕΛΕΤΗΜΑΤΑ' 46). Athens.

Thavoris, A. I. (1999). 'Ὁ χαρακτήρας καὶ ἡ χρονολόγηση τοῦ λεξιλογίου τῆς ἑλληνικῆς διαλέκτου τῶν ἀρχαίων Μακεδόνων', in: *Ancient Macedonia VI. Papers Read at the Sixth International Symposium Held in Thessaloniki, October 15–19, 1996*. Thessalonike, 1135–1150.

Themelis, P. G. and Touratsoglou I. (1997). *Οἱ τάφοι τοῦ Δερβενίου*. Athens.

Thomas, C. G. (1995). 'Introduction', in: Carol G. Thomas (ed.), *Makedonika. Essays by Eugene N. Borza*. Claremont, CA, 1–8.

Thumb, A. (1909). *Handbuch der griechischen Dialekte*. Heidelberg.

Tiverios, M. (1991–1992). 'Ἀρχαιολογικὲς ἔρευνες στὴ διπλὴ τράπεζα κοντὰ στὴ σημερινὴ Ἀγχίαλο καὶ Σίνδο (1990–1992) – ὁ ἀρχαῖος οἰκισμός', in: *Ἐγνατία* 3, 209–234.

Tiverios, M. (2009).'Ἡ πανεπιστημιακὴ ἀνασκαφὴ στὸ Καραμπουρνάκι Θεσσαλονίκης', in: *AEMTh 20 χρόνια*. Thessalonike, 385–396.

Tomlinson, R. A. (1987). 'The Architectural Context of the Macedonian Vaulted Tombs', in: *BSA* 82, 305–312.

Touloumakos, I. S. (1997). "Historische Personennamen im Makedonien der römischen Kaiserzeit" in: *Ziva Antika* 47, 211–226

Touloumakos, I. S. (2006). *Ἱστορικὰ προβλήματα τῶν τάφων τῆς Βεργίνας*. Thessalonike.

Touratsoglou, I. (1999). 'Alexander Numismaticus', in: P. Kalogerakou (ed.), *Alexander the Great: from Macedonia to the Oikoumene International Congress. Veria 27–31/5/1998*. Beroia, 121–133. See also under Rizakis, A. and Touratsoglou, I.

Tripodi, B. (1991). 'Il fregio della *caccia* della II tomba reale di Vergina e le cacce funerarie d'Oriente', in: *DHA* 17, 143–209. See also under Prestainni Giallombardo, A. M. and Tripodi, B.

Tronson, A. (1984). 'Satyrus the Peripatetic and the Marriages of Philip II', in: *JHS* 104, 116–126.

Tzanavari, Ai. (2001). 'Μαρμάρινο ἄγαλμα τῆς Μητέρας τῶν Θεῶν ἀπὸ τὴν ἀρχαία Λητή, in: D. Tsiafaki (ed.), *Ἄγαλμα. Μελέτες γιὰ τὴν ἀρχαία πλαστικὴ πρὸς τιμὴν τοῦ Γιώργου Δεσποίνη*.Thessalonike, 363–375.

Tavari, Ai. (2002). 'Μαρμάρινα ἀγάλματα Ἄρτεμης ἀπὸ τὴν ἀρχαία Λητή', in: D. S. Damaskos and A. Karapanou (eds.), *Ἀφιέρωμα στὴ μνήμη Στέλιου Τριάντη. Μουσεῖο Μπενάκη. 1ο Παράρτημα*. Athens, 241–246.

Tziafalias, A. and Helly, B. (2010). 'Inscriptions de la Tripolis de Perrhébie. Lettres royales de Démétrios II et Antigone Dôsôn', in: *Studi ellenistici* 24, 71–117, fig, 1–8.

Tzifopoulos, Y. (2010). *'Paradise' Earned. The Bacchic-Orphic Gold Lamellae of Crete*. Washington D.C., 268–279.

Unger, G. F. (1882). 'III Miscellen', in: *Philologus* 41, 59–61.

Vasilev, M. *The Policy of Dareius and Xerxes towards Thrace and Macedonia* ('Mnemosyne Supplements' 379). Leiden and Boston.

Vernant, J.-P. (1973). 'Le mariage en Grèce archaïque', in: *Par.Pass.* 28, 58–74.

Vernant, J.-P. (1989). 'Inde, Mésopotamie, Grèce: trois idéologies de la mort', in: *L'individu, la mort, l'amour*. Paris, 103–115.

Vickers, M. (1981). 'Therme and Thessaloniki', in: H. Dell (ed.), *Macedonian Studies in Honor of Charles F. Edson*. Thessalonike, 327–333.

Vlassopoulos, K. (2015). 'Ethnicity and Greek History', in: *BICS* 58, 2, 1–13.

Voutiras, E. (1993). 'Ἡ λατρεία τοῦ Ἀσκληπιοῦ στὴν ἀρχαία Μακεδονία', in: *Ancient Macedonia V. Papers Read at the Fifth International Symposium Held in Thessaloniki, October 10–15, 1989*. Thessalonike, 251–265.

Voutiras, E. (1998). *Διονυσοφῶντος γάμοι. Marital life and Magic in Fourth Century Pella*. Amsterdam.

Voutiras, E. (2006). 'Le culte de Zeus en Macédoine avant la conquête romaine', in: A.-M. Guimier-Sorbets *et al.* (eds.), *Rois, cités, nécropoles : institutions, rites et monuments en Macédoine. Actes des colloques de Nanterre (décembre 2002) et d'Athènes (janvier 2004)* ('ΜΕΛΕΤΗΜΑΤΑ' 45). Athens 333–345.

Voutiras, E. (2018). 'The Cows of Asklepios and Cattle Breeding in Hellenistic Macedonia', in: L. Maksimovic and M. Ricl [eds.], *ΤΗ ΠΡΟΣΦΙΛΕΣΤΑΤΗ ΚΑΙ ΠΑΝΤΑ ΑΡΙΣΤΗ ΜΑΚΕΔΟΝΙΑΡΧΙΣΣΗ. Students and Colleagues for Professor Fanoula Papazoglou. International Conference. Belgrade, October 17–18, 2017*. Belgrade, 209–220.

Wace, A. J. B. and Thompson, M. S. (1910). *The Nomads of the Balkans*. London.

Wace, A. J. B. and Woodward, A. M. (1911–1912). 'Inscriptions from Upper Macedonia', in: *BSA* 18, 166–188.

Walbank, F. W. (1951). 'The Problem of Greek Nationality', in: *Phoenix* 5, 41–60 (= *Selected Papers* 1–19).

Walbank, F. W. (1970). 'Polybius and Macedonia', in: B. Laourdas and Ch. Makaronas (eds.) (1970) *Ancient Macedonia. Papers Read at the First International Symposium Held in Thessaloniki, 26–29 August 1968*. Thessalonike, 291–307.

Walbank, F. W. (1972). *Polybius*. Berkeley, Los Angeles and London.

Walbank, F. W. (1974). 'Polybius between Greece and Rome', in: O. Reverdin (ed.), *Entretiens sur Polybe*. Vandoeuvres and Geneva, 1–31.

Walbank, F. W. (1977–1978). 'Were there Greek Federal States?', in: *Scripta Classica Israelica* 3, 27–51 (= *Selected Papers* 20–37).

Walbank, F. W. (1979). *A Historical Commentary on Polybius. Volume III. Commentary on Books XIX–XL*. Oxford.

Walbank, F. W. (1985). *Selected Papers. Studies in Greek and Roman History and Historiography*. Cambridge. See also under Hammond, N. G. L. and Walbank, F. W.

Wehrli, Cl. (1968). *Antigone et Démétrios*. Geneva.

Westlake, H. D. (1939). 'The Sources of Plutarch's *Pelopidas*', in: *CQ* 33, 11–22.

Whittaker, D. (2009). 'Ethnic Discourses on the Frontiers of Rome on Africa', in: T. Derks, N. Roymans (eds.), *Ethnic Constructs in Antiquity: the Role of Power and Tradition* Amsterdam, 189–205.

Wilamowitz-Moellendorf, U. von. (1895²). *Euripides, Herakles*. Berlin.

Wilamowitz-Moellendorff, U. von. (1923²). *Staat und Gesellschaft der Griechen*. Berlin.

Wilcken, U. (1967) *Alexander the Great*. New York.

Wilhelm A. (1922). 'Zu griechischen Inschriften und Papyri III', in: *Anzeiger der Akademie der Wissenschaften in Wien*, 70–72.

Williams Lehmann, Ph. (1980). 'The So-Called Tomb of Phlip II: A Different Interpretation", in: *AJA* 84, 527–531.

Williams Lehmann, Ph. (1981). 'Once again the Royal Tomb at Vergina', in: *Ἀρχαιολογικὰ Ἀνάλεκτα ἐξ Ἀθηνῶν*, 14, 1, 134–144.

Williams Lehmann, Ph. (1982), 'The So-Called Tomb of Philip II: An Addendum', in: *AJA* 86, 437–442.

Wirth, G. (1985). *Philipp II. Geschichte Makedoniens I.* Stuttgart.

Wolohojian, A. M. (1969). *The Romance of Alexander the Great by Pseudo-Callisthenes Translated from the Armenian Version.* New York and London.

Worthington, I. (2008). *Philip II of Macedonia.* New Haven.

Wynn-Antikas, L. K. See under Antikas, T. G. and Antikas, L. K.

Xirotiris, N. I. and Langenscheidt, F. (1981). 'The Cremation from the Royal Macedonian Tombs of Vergina', in: *Ephemeris*, 142–160.

Xydopoulos, I. K. (2017). 'Macedonians in Bottiaea. Warriors and Identities in Late Iron Age and Archaic Macedonia' in: K. Vlassopoulos, I. K. Xydopoulos and E. Tounta (eds.), *Violence and Civic Identity in the Ancient Eastern Mediterranean.* London, 72–98.

Yuri, E., see under Makaronas, Ch.

Zahrnt, M. (1971). *Olynth und Chalkidier. Untersuchungen zur Staatenbildung auf der Chalkidischen Halbinsel im 5. und 4. Jahrhundert v. Chr.* ('Vestigia' 14) Munich.

Zahrnt, M. (1984). 'Die Entwinklung des makedonischen Reichs bis zu den Perserkriegen, in: *Chiron* 14, 325–368.

Zahrnt, M. (2006). 'Amyntas III., Fall und Aufstieg eines Makedonenkönigs', in: *Hermes* 134, 127–141.

Zahrnt, M. (2007). 'Amyntas III. und die griechischen Mächte', in: *Ancient Macedonia VII. Macedonia from the Iron Age to the Death of Philip II. Papers Read at the Seventh International Symposium Held in Thessaloniki, October 14–18, 2002,* Thessalonike, 239–251.

Zampas, K. (2001). Ἀποκατάσταση τοῦ ἀναλημματικοῦ τοίχου στὸ προαύλιο τοῦ τάφου τοῦ Φιλίππου Β", in: *AEMTh 13, 1999,* 561–563.

Zancan, P. (1934). *Il monarcato ellenistico nei suoi elementi federativi.* Padova.

Zannis, A. G. (1914). *Le pays entre le Strymon et le Nestos. Géographie et Histoire (VII-IV siècle avant J.C.)* ('ΜΕΛΕΤΗΜΑΤΑ' 71) Athens. See also under Psoma, S. and Zannis A. Z.

索　引

　　本索引包含了正文和注释中提到的重要专有名词和术语的主要
使用情景，无论它们以拉丁字母还是希腊字母形式出现，希腊文转写
为拉丁字母形式。极为常见的词语，如"马其顿""希腊""波斯大王"
等不予标录，除非它们在某个论证中至关重要。在一些条目中，主要
参考文献以斜体标示。[索引页码为原书页码，即本书页边码。]

ἀγορανόμοι(市场监督官)，负责监督市场：102。

Aiakos（埃阿科斯），死者的审判官之一：86。

Aiane（埃阿内），厄利梅亚的首府：29；90；古风时期墓葬：24—25。

Aigeai/Aigaioi（埃盖），马其顿"旧王国"的首都：1；厄德萨旧名：8；佩尔迪卡斯一世的征服与重建：14；62；王室府宅：2—3；60；72；83；98；王宫：3；9；11；82；147；160；剧院：11；145；147；160；马其顿王国的"肇基之地"：8；111；定位：8—14；17；60—61；148—149；160，注 217；177；托勒密《地理学导览》中的埃盖描绘：8—9；古风时期墓葬：21—22；25—28；王室府宅转移至佩拉：8，注 7；阿尔伽尤斯的行军：9；37；宗教节庆与王室婚礼：145；腓力三世"阿尔瑞达约斯"、哈得阿·欧律迪刻与奇纳的下葬：150—151；156—159；神灵崇拜：75；82—83，一份法令上记载的纪年祭司：83；方言铭文：76，

在 一份阿尔戈斯的奉献品清单中：111，注 312；金箔铭文：87；科斯出土的免侵害权授予法令：83，注 195，100。另参见 Palatitsia（帕拉蒂齐亚）与 Vergina（韦尔吉纳）。

Aineia（埃内亚），克鲁西斯地区城市：100；并入塞萨洛尼基，但仍作为定居点：39；名称种类证据：31。

Aithikia/Aithikes（埃提奇亚/埃提奇亚人），缇姆法亚邦国的一部分：43；46。

Akanthos（阿坎托斯），卡珥奇迪刻东部安德罗斯拓殖地：25；50，100，不属于卡珥奇迪刻联盟：49。

Akarnania/Akarnanians（阿卡尔纳尼亚/阿卡尔纳尼亚人），位于希腊西北部：49；81；希腊之外：1；122。

Akte（阿克忒，即中世纪与现代的阿托斯），卡珥奇迪刻半岛最东端，该地区城市不属于卡珥奇迪刻联盟，获得了腓力二世的赦免，并最终被并入马其顿本部：39。

Alebaia（阿勒巴亚，即勒巴耶

其顿：40；王室信函：75；建造
埃盖的圆形土冢：131—132；
一部相应研究专著：111。

Antigonos Doson（"给予者"安提
戈诺斯），德米特里欧斯之
子，马其顿人的国王，首先被
宣布为监护人与军政官，随
后被马其顿人大会推荐为国
王：107；137；艾灵顿否认马
其顿人大会的存在：111—
112；王室称谓与头衔：109；
攻占派奥尼亚南部：41；在派
奥尼亚的阿克西欧斯河畔兴
建安提戈内亚：41；重建希腊
同盟：108；致信特里波利斯：
42；致信波提亚人：120；献给
腓力五世与其监护人"给予
者"安提戈诺斯两人的献辞，
仅有后者的头衔是"国王"：
137；写有"给予者"安提戈诺
斯和腓力五世姓名的瓦片，
两人均被称为"国王"：137；
统治期内设置行政分区：
101，注314；一部相应研究专
著：127。

Antigonos（安提戈诺斯），赫拉克
勒伊托斯之子，斯缇贝尔剌
公民，腓力五世的廷臣：46；

48。

Antigonos（安提戈诺斯），罗马统
治时期马其顿的流行姓
名：151。

Antiochos（安提欧科斯），伯罗奔
尼撒战争期间欧列斯提斯的
国王：35。

Antipatros（安提帕特），马其顿将
军及随后的摄政，亚历山大
在军事与外交方面的导师：
146；主持亚历山大的即位仪
式：147；对斯巴达的战争：
168。

Aoos（奥欧斯河），伊庇鲁斯地区
的河流：44—46。

Ἀπαϱχαί（雅典贡金），第一次雅典
联盟期间留存的十六分之一
贡金，用于雅典娜圣所：34。

Appian（阿庇安），罗马统治时期
的希腊历史学家，论阿廷塔
尼亚人：45—46；论阿尔吉德
人的起源：60。

Apollonia（阿波罗尼亚），博珥贝
湖畔的城市，位于新阿波罗
尼亚（旧名厄格里·布扎克
[Egri Bouzak]）附近，阿敏塔
斯三世未能成功收复该城：
36；腓力二世统治期间变为

年谱：128；论菲洛塔斯受审
时使用的语言：72，注131；论
腓力二世诸次婚姻的时间次
序：138，注93。

Berge(贝尔革)，斯特里蒙河谷内
的城市，定位：11；90；向雅典
帝国支付贡金：34；希腊化：
38；伯罗奔尼撒战争后保持
独立：35；铸币：16。

Bermion(贝尔米翁山)，分隔上马
其顿与下马其顿的山脉：12；
米达斯花园：12；14；忒梅尼
德三兄弟翻越贝尔米翁山：
62。

Beroia(贝罗亚，即韦里亚)，位于
波提亚的马其顿旧王国城
市：90；98；120；公元前5世纪
的城市中心：1；米达斯花园：
63；名称保持不变：6；位于韦
尔吉纳北部：9；阿斯克勒庇
俄斯崇拜：81—83；赫拉克勒
斯崇拜：82；释奴记录：83；
86；纪念赛会的一份碑铭：
85；涉及体育锻炼官的法令：
59；90；118；塔戈斯：103；分
区军政官：120；科斯出土的
记载贝罗亚授予免侵害权的
法令：83，注195；100；阿尔戈

斯提及贝罗亚的一份碑铭：
9；101。注312。

Bikerman, E.(埃利亚斯·比克
曼)，论"私人性"和"国家
性"两种不同的君主制：
106。

Billows, R. A.(理查德·A.比洛
斯)，美国史学家，论所谓的
马其顿"农奴"：56。

Bisaltia/Bisaltai(比萨珥提亚/比
萨珥提亚人)，斯特里蒙河下
游河畔地区：35；被马其顿人
攻占：13—17；与克瑞斯托尼
亚人共同接受一位国王的统
治：15；原住民留下的姓名学
证据：30；雅典人的拓殖活
动：34；原住民村庄：38。

Bithys(比缇斯)，克勒翁之子，吕
西马库斯国王的一位廷臣，
塞尔米利亚一处田产的主
人：57。

Blaganoi(布拉伽诺伊)：位于埃盖
境内的一处地点：75。

Σωματοφύλακες(王室近卫)，随后
以*ὑπασπισταί/custodes corpo-
ris/satellites*等称呼：58；143。

Bolbe(博珥贝湖)，位于米格多尼
亚：36。

学家:113。

Delos(得洛岛),忒萨洛尼刻的法
令:99;腓力五世给阿波罗的
献辞:109。

Delphi/Delphians (德 尔 斐/德 尔
斐人),根据修昔底德的说
法,位于希腊边境福奇斯的
城市和泛希腊圣所:1;122;
任命一位马其顿驻城代表:
41;49;50;德尔斐的一位马
其顿人、一位埃托利亚人与
一位阿卡尔纳尼亚人自我称
谓:49;圣使礼宾官名录:19,
注40;100;122。

Demeter(得墨忒耳,及珀耳塞福
涅[Kore]),马其顿人青睐的
神祇,后受到地母神的竞争:
81;83;在帖萨利亚与马其顿
(勒忒)作为孩童的看护神受
到崇拜:84—86。

Demetrias(德米特里阿斯),"围城
者"德米特里欧斯建立于玛
格内西亚的城市,城内发现
有马其顿人活动的痕迹:49;
不属于马其顿的一部分:40;
历法:42;纪年祭司:102;献
给国王安提戈诺斯·多松与
腓力五世的献辞:147。

Demetrios I Poliorketes("围城者"
德米特里欧斯一世),"独眼
者"安提戈诺斯国王之子,建
立德米特里阿斯:48;被马其
顿人推翻:94;115;仅有一部
相关研究专著:127。

Demetrios II Aitolikos("埃托利亚
人"德米特里欧斯二世),安
提戈诺斯·戈纳塔斯之子,缺
乏研究其统治时期的相关专
著:127;腓力五世之父:170。

Demosthenes(德摩斯梯尼),希腊
演说家与政治家:70,注119;
对马其顿国王的看法:116;
对马其顿人的看法:123。

Derdas I(德尔达斯一世),伯罗奔
尼撒战争期间的厄利梅亚国
王:36;其子迎娶了阿尔刻劳
斯之女:35—36。

Derdas II(德尔达斯二世),德尔
达斯一世之孙(存疑),阿敏
塔斯二世的盟友,铸造钱
币:36。

Derdas(德尔达斯),菲拉之兄,玛
卡塔斯之弟,无疑属于该王
室家族:36;138;139。

Derdas(德尔达斯),腓力二世俘
虏的一位马其顿人:139。

两种组织形式:95;较小的族群构成一些大型的族群:96;君主制得以延续:7;马其顿族群:14;下派奥尼亚与阿克西欧斯东岸居民的族群身份:17—19;25—32;色雷斯族群:20;切卡认为阿廷塔尼亚人属于伊利里亚族群:45—46;伊庇鲁斯族群:46;马其顿族群的成员构成了城邦、其他/更大的族群及政治共同体:48;马其顿人民是马其顿国家的两个组成成分之一:48;马其顿人大会:51;族群起源与公民权:51—53;宙斯被视为马其顿族群的祖先与创建者:82;马其顿对传统的族群制度与公民制度的统合:115;178;关于"族群性"的争议:121—124;187—188。

ἔϑος/ἦϑος/τὰ ἔϑη/τὰ ἤϑη(习惯),拉丁文对译为 consueta, traditi mores:参见 nomos(习惯法)。

Euephenes(欧厄菲内斯),厄克塞刻斯托斯之子,反对马其顿统治的马其顿起义者:174;

墓葬:174,注26。

Euia(欧亚),厄利梅亚的古代城市,位于今波吕米洛斯村庄附近:62。

Eumenes(欧梅内斯),希厄罗倪穆斯之子,卡尔迪亚人,亚历山大的首席秘书:52。

Euphorion of Chalkis(卡珥奇斯的欧弗里翁),希腊化时期的诗人:8。

Europe(欧罗巴),腓力二世与克勒欧帕特剌之女:150。

Europos(欧罗珀斯),位于下派奥尼亚的城市,公元前5世纪的城市中心:1;铭字金箔:87;出土于阿尔戈斯的一份碑铭:90,101及注312。

Faraguna, M.(米歇尔·法拉古纳),论狄索隆山与普剌西阿斯湖:34;错误地归纳哈措普洛斯的观点:34,注107。

Fears, J. R.(杰西·鲁弗斯·费尔斯),美国史学家,论亚历山大三世参与谋杀其父:144。

Fick, A.(奥古斯特·菲克),德国语文学家,认为马其顿语是一种希腊语方言:65。

France/French(法国/法国人):

论首席执政官:117—118;论
涉及贝罗亚体育锻炼官的法
令:118;论"希腊联邦国家"
以及沃尔班克的反驳:172,
注16。

Gitana(吉塔纳),伊庇鲁斯城市,
提及马其顿第四分区的出土
印章:128,注423;121。

Goukowsky, Paul(保罗·古科夫
斯基),法国语文学家及史学
家,批评布里安以马克思主
义方法研究马其顿大会:
111。

Granier, F.(弗里德里希·格拉尼
尔),德国史学家,博士论文
研究马其顿军队大会:
103—104。

Grevena(格雷韦纳),现代希腊的
一个县,对应于古代的缇姆
法亚:43—45。

Green, P.(彼得·格林),英国史学
家,格林、巴迪安与博尔扎之
间的紧密联系:69,注115;
90,注246;批评安德罗尼科
斯与希腊考古学家群体的文
章:150—151;论腓力二世妻
子与孩子之间的地位差异:
141,注108;论陶瓷类型学无

法准确断定二号墓的年
代:156。

Griffith, G. T.(盖伊·汤普森·格
里芬),英国史学家,与哈蒙
德合著《马其顿史》第二卷,
论腓力二世的摄政:137。

Gschnitzer, F.(弗里茨·格施尼策
尔),德国史学家,论马其顿
与阿凯亚这类联邦并无本质
区别:173。

γυμνασίαρχος(体育锻炼官),马其
顿的行政官:102。

gymnasiarchical law(涉及体育锻
炼官的法令),来自内阿波利
斯(今卡瓦拉):58;来自贝
罗亚:59;90;118。

Gyrbea(巨尔贝阿),波提亚地区
的城市,碑铭:31。

Hades(哈得斯),倍受青睐的神
祇:81;形象描绘:86—87;冥
界的统治者:87—88;"奥德
纳尤斯/埃多纳尤斯月"纪念
哈得斯:78。

Hagia Paraskevi(哈吉亚·帕拉斯
凯维):位于安忒穆斯的现代
村庄,出土了重要的古风时
期墓葬群:17;18;21;22;23;
25;27;28;与阿尔孔提孔、辛

多斯、新菲拉德玛斐亚及"忒尔米"的亲缘性：32；古风时期的居民并非马其顿人：32。

Hagioi Apostoloi（哈吉奥伊·阿波斯托罗伊），建立于希腊化时期佩拉遗址上的近代早期村庄：6—7；后更名为"帕拉伊亚·佩拉"：8。另参见 Pella（佩拉）。

Hagios Athanasios（哈吉奥斯·阿塔纳西欧斯），位于米格多尼亚的现代村庄，与邻近的村庄革费剌（古代的赫拉克勒亚）共同构成了一座考古遗址：20；被错误地认定为卡拉斯特剌：20；两座'马其顿人之墓'：21；'马其顿人之墓'出土的铭字金箔：87。另参见 Gephyra（革费剌）。

Haliakmon（哈利亚克蒙河），马其顿境内的河流：14；19；54；将波提亚与马其顿地区分隔开来：16；韦斯认为帕剌瓦亚位于哈利亚克蒙河上游河谷：44。

Hammond, Nicholas, Geoffrey, Lamprière（尼古拉斯·杰弗里·兰普里埃·哈蒙德），英国史学家，撰写了马其顿史及历史编纂学领域的奠基性著作，拒绝将帕拉蒂齐亚遗址定为巴拉：9；将帕拉蒂齐亚遗址定为埃盖：9—10；14；对埃盖的定位遭到佩特萨斯与安东诺夫斯基的反驳：10；以地理顺序解释修昔底德对马其顿征服的记述：17；否认狄索隆山即如今的梅诺伊奇昂山，普剌西阿斯湖即如今的普拉维湖：33—34；缇姆法亚的地理范围定义：43；帕剌瓦亚定位：44；亚历山大三世从佩利翁向帖萨利亚进军：44—45；区分了伊庇鲁斯阿廷塔尼亚人与伊利里亚阿廷塔尼亚人：45—46；关于马其顿人的定义：51—54；论人口、经济、城市化和军事发展之间的联系：55；认为史前的马其顿人为游牧人群：63；三卷本《马其顿史》：73；埃格纳提乌斯大道的发掘：73；反驳艾灵顿关于马其顿政制的观点：112；论首席执政官：117—119；论腓力二世羁旅忒拜的经历：133；论腓力二

史》作摘要,记述卡刺诺斯建
立埃盖:8;其摘要原著作者
庞培乌斯·特洛古斯采用了
忒欧姆庞普斯的《腓力生平
叙述》来记述历史传说和马
其顿史,直至涵盖了腓力二
世统治时期:55;111—113;
记述亚历山大二世与伊利里
亚人的战争:131;135;记述
腓力的人质经历:130;133;
记述阿洛罗斯人托勒密迎娶
阿敏塔斯三世遗孀:139,注
100;记述腓力二世的摄政:
135—137;记述腓力二世的
统治时长:128;记述腓力二
世去世时的年龄:128;记述
马其顿与雅典的战争,以及
蛮族国王形成联盟对抗腓力
二世:137;记述亚历山大涉
嫌参与刺杀腓力二世:143;
记述腓力二世与亚历山大的
争吵及和解:143;记述腓力
二世遇刺的主要史料来源:
145—146;记述亚历山大第
一次对马其顿人演说:147;
记述腓力二世下葬及其行刺
者被处决:147。

Kala Thea(美惠女神),又称"白

色女神"伊诺(Ino‐Leu-
kothea),勒忒的崇拜:85。

Kalindoia(卡林多亚),位于波提
刻北部的城市,被认定为如
今的卡拉蒙通(Kalamoton):
11;90;姓名学证据:30—31;
被冒名者泡萨尼阿斯攻占:
31;36—37;马其顿人的拓
殖,亚历山大三世统治时期
重建为一座马其顿城市:39;
55;91;祭司名录:82。

Kalléris, J. N.(让·尼古拉斯·卡莱
里斯),希腊语文学家与史学
家,论马其顿方言:64;67—
69;论马其顿历法:78—79;
论马其顿崇拜与信仰:79;论
马其顿城市:97—98;遗作第
三卷论马其顿的"方式与习
俗":67。

Kamakai(卡玛凯):波提刻北部的
城市,被并入卡林多亚:
39。

Kahrstedt, U.(乌尔里希·卡尔施
泰特),德国史学家,论马其
顿城邦:96—97。

Karabournaki(卡刺布尔纳基),位
于塞尔迈海湾海角,可能是
忒尔梅商业港口的遗址:

108,注353;研究其统治时期
的专著:126。

Ma(玛),厄德萨的神祇崇拜:81。

Macedonian dialect(马其顿方
言):64—67;71,注124;72,
注131;74—79;150,注157;
78;92;179;马其顿生僻字词
表:64;67;75—76;79;方言
文本:70;76—77。

Macedonian Wars(马其顿战争),
罗马与马其顿之间的一系列
战争,第一次马其顿战争:
45。

Machatas(玛卡塔斯),菲拉与厄
利梅亚国王德尔达斯的哥
哥:36;138—139。

Magnes(玛格内斯),玛格内西亚
人的名祖英雄:14。

Magnesia/Magnetes(玛格内西
亚/玛格内西亚人),位于帖
萨利亚的近邻区域,后被并
入马其顿(除德米特里阿斯
外):42;161;作为一个族群:
93。

Maidoi(迈多斯人),色雷斯部落,
被亚历山大三世镇压叛乱:
146。

Makaronas, Christos(克里斯托

斯·马卡罗纳斯),希腊考古
学家,发掘佩拉:7;90。

Makedon(马其顿),马其顿人的
名祖英雄:14。

*Makedonis/Makedones/Maked -
noi/makedonikos*(马其顿地
区/马其顿人/马其顿的),位
于波提亚与皮耶里亚之间的
区域,马其顿王国的肇兴之
地:14;16;18;27;61;居住着
马其顿人:11;随后被视为波
提亚的一部分:26;61;"马其
顿"这一国家概念是"马其顿
人"的产物:11;马其顿山区:
14;早期马其顿族群:生活在
奥林匹斯山间的马其顿人史
前远祖14;"马其顿本部",由
马其顿公民单元构成的马其
顿"本体":40;哈蒙德认为
"严格意义上的马其顿人"是
一个精英公民团体:51;帕帕
佐格鲁认为"马其顿"概念始
终具备族群内涵:51。

Magistrates(行政官),马其顿公
民单位的行政官:2—3;公民
单位由行政官、议事会与公
民大会管理:3;101;通过提
拔地方行政官来更新宫廷贵

族集团：3；行政官召集并主持议事会和公民大会：102；腓力二世之前便存在的行政官职：102；职官命名法的多样性：40；马其顿行政官的命名法与职能：102；祭司作为纪年行政官：81；83；102；司法官与军政官作为卡山德瑞亚及腓力比的高级行政官：102；初级行政官：102；首席执政官：3；乔瓦尼尼认为首席执政官为马其顿国王指定的治理官员：118；哈蒙德论首席执政官一职的演变：117；米耶扎、缇里萨与贝罗亚的塔戈斯行政官：102；城市行政官最初为公民民兵的长官：90；102；104；军政官作为地方的纪年行政官：120；伊庇鲁斯本地的行政官：50；阿凯亚同盟的行政官：173。

mask, mortuary（殡葬面具），辛多斯：19；27；阿尔孔提孔：23；26；27；吕克尼多斯：27；未出土于埃盖：22；27。

Masson, Olivier（奥利维尔·马森），法国语文学家：74。

Matthews, Elaine（伊莱恩·马修斯），英国语文学家，编有《希腊人名词典》：74。

Meda（梅达），革泰人的国王科忒拉斯之女：138—140；142。

Megalokles（梅伽洛克勒斯），佩尔莱比亚特里波利斯的军政官（存疑），安提戈努斯·多松的致信人：42。

Megalopolis（梅伽洛波利斯），阿尔卡迪亚城市：168；阿凯亚同盟的成员国：173。

Meillet, A.（安托万·梅耶），法国语文学家，认为缺乏一定长度的文本证据的情况下，讨论马其顿语是否属于希腊语并无意义：66—67；76。

Meleagros（梅勒阿戈罗斯），马其顿王位的冒名者：115，注403。

Meletios（梅莱蒂奥斯），雅典主教，地理学家，论佩拉：7。

Memnon（梅姆农），来自罗德岛的私掠者，逃入腓力二世宫廷的阿尔塔巴索斯的妹夫：161。

Mende（门德），帕珥勒内（Pallene，今卡兰德拉［Kalandra］附近）的厄雷特里亚人拓殖

Modus/vetusto Macedonum modo
（马其顿的古老习俗）。参见
nomos（习惯法）。

Molossis/Molossoi/Molossians
（摩洛西斯/摩洛西斯人），又
称摩洛西亚，伊庇鲁斯境内
的地理区域及王国，佩拉戈
尼亚人与林科斯人被视为摩
洛西亚部落：14；与阿廷塔尼
亚人及帕剌瓦亚人一同被修
昔底德提及：43；46；斯特拉
波将其与安菲洛奇亚人、阿
塔曼尼亚人、埃提奇亚人、欧
列斯提斯人、缇姆法亚人与
帕罗剌亚人（"帕剌瓦亚人"
之讹误）记入同一个名录：
43；44；位于阿廷塔尼亚南
部：44；46；一个族群或'联
邦'王国：46；50；萨缇鲁斯记
载腓力二世迎娶奥林匹亚斯
以臣服摩洛西亚人：138—
139；摩洛西亚人亚历山大与
腓力二世之女克勒欧帕特剌
的婚礼：145；摩洛西亚特里
波利斯：36，注120；亚历山大
三世据称因其母亲摩洛西亚
的血统而不具备合法继承
权：50，注5。

Monastir（莫纳斯提尔），今比托拉
（Bitola），北马其顿南部的城
镇，奥斯曼帝国的一个州：5。

Mos/traditi mores/patrii mores（祖
宗之法）。参见 *nomos*（习惯
法）。

Morrylos（摩尔律洛斯），安法克
西提斯克瑞斯托尼亚地区的
城市：认定：11；90；阿斯克勒
庇俄斯崇拜：783；纪念一位
捐赠者（可能是首席执政官，
存疑）的法令：118—119；提
及一位纪年军政官的法令：
120。

Mother of Gods（地母神），位于勒
乌科佩特剌的圣所：62；81；
作为孩童的看护女神，与其
他女神竞争：81；83—86。

Müller, K. O.（卡尔·奥特弗里
德·缪勒），德国史学家：将埃
盖定位于厄德萨：13；古代马
其顿研究：64；将伊庇鲁斯人
归入伊利里亚人：65；坚信马
其顿人起源于伊利里亚人，
且马其顿语对希腊人而言难
以理解：65；保罗·克雷奇默
尔受缪勒影响：65；哈齐达基
斯对其结论提出异议：66；建

界：11；早期马其顿族群的定
居地：14；游牧人群：63；迪翁
位于奥林匹斯山麓：82。

Olynthos（奥林托斯），卡珥奇迪刻
地区城市，被腓力二世攻占：
139；171；王室捐赠：31；57；
沦为国王领土，随后并入卡
山德瑞亚：39；美国考古队发
掘：90。

Orbelos（欧尔贝洛斯，一作贝勒斯
［Beles］），希腊、北马其顿与
保加利亚之间的山脉：11。

Orestis/Orestai（欧列斯提斯/欧
列斯提斯人），上马其顿地区
的一片区域与邦国：1；44；
46；伯罗奔尼撒战争时期由
安提欧科斯国王统治：35；欧
列斯提斯人与帕剌瓦亚人一
同参与亚历山大的远征军：
43；与阿尔吉德王室错误地
联系在一起：60；相当于城市
地位的自治单元：96；两个城
市中心：欧列斯提斯阿尔戈
斯与刻勒特隆：96。

Orikos（奥里科斯），伊庇鲁斯城
市：45。

Oroidos（欧罗伊多斯），帕剌瓦亚
人的国王：43。

Oropos（欧罗珀斯），位于雅典-波
尔提亚边境的城市，坐落着
安菲阿劳斯圣所：108，注
353；136。

Orphic lamellae（铭有俄尔甫斯祷
语的金箔）：参见 lamellae（铭
字金箔）。

Orphic theogonies（俄尔甫斯神
谱）：87。

Ottomans/Ottoman Empire（奥斯
曼人/奥斯曼帝国），攻克并
占据巴尔干：5；7；奥斯曼治
下的马其顿：62。

Ouranopolis（乌拉诺波利斯），卡
山德的兄弟阿纳克萨尔科斯
建立于卡珥奇迪刻的城市：
40，注 132；位于阿托斯半岛
毗邻卡珥奇迪刻的城市：90。

Ozolai（欧佐利亚）：参见 Lokris
（洛克里）/Lokroi（洛克里
人）。

Paikon（派孔山），位于希腊与北
马其顿之间的山脉：11。

Paionia/Paionians（派奥尼亚/派
奥尼亚人），马其顿北部的古
代巴尔干国家：60；1.下派奥
尼亚，阿克西欧斯河口附近
的狭长地带，被马其顿人占

Pelagonia/Pelagones（佩拉戈尼亚/佩拉戈尼亚人）：位于派奥尼亚西南部，其居民被一些人认为属于希腊人：4；属于马其顿第四分区：46；李维似乎将得尔里欧珀斯的城市斯缇贝尔刺定位于佩拉戈尼亚：47—48；"猎者"赫拉克勒斯崇拜：82，注183。

πελιγᾶνες（元老），议事会成员。另参见Council（议事会）。

Pelinna（佩林纳），帖萨利亚城市：44。

Pelion（佩利昂）：位于伊利里亚的军事要塞：43。

Pella（佩拉），下派奥尼亚（之后的波提亚）城市：2；13—14；26；177；早期城市中心：1；法科斯，佩拉的坚固地牢：174；希腊化时期的佩拉毁于地震：7；建立于原佩拉废墟附近的罗马拓殖地：7—8；金嘴迪翁记载的希腊化时期的佩拉废墟：7；位于佩拉废墟之上的小型早期基督徒社群：7；毁于哥特人入侵，但随后重建并命名为戴克里先波利斯：7；佩拉的东哥特人活动痕迹：7；可能由查士丁尼重建为巴西利卡·阿穆图：7；中世纪主教头衔"塞萨洛尼基，特别是佩拉"：7；梅莱蒂奥斯所称的"宫殿"：7；近代早期的村庄安拉·基里萨或哈吉奥伊·阿波斯托罗伊建于佩拉遗址之上：7；普克维尔、博若尔、库西内里和利克的定位：7；两公里处的水源仍沿用"佩尔"或"佩拉"一名：8；李维接续波利比乌斯的叙述：7；奥克诺莫斯、马卡罗纳斯与佩特萨斯的发掘工作：7；90；哈吉奥伊·阿波斯托罗伊更名为帕莱亚·佩拉：8；碑铭：29—30；铭有方言文本的木板：72；铭有俄尔甫斯/狄奥尼索斯密仪祷文的金箔：78；被卡珥奇迪刻联盟吞并：36；受到冒名者泡萨尼亚斯的威胁：36；崇拜：82—83；自治政治活动：86；98—100；写有"给予者"安提戈诺斯与腓力五世名字的陶片：137；外国使节：147；王室议事会：176；共和国议事会：174。

Pelopidas（佩洛皮达斯），忒拜政

家的至高神祇:83;让埃阿科
斯、米诺斯和剌达曼缇斯担
任亡者的判官:86;宙斯之子
狄奥尼索斯:87;杀死提坦巨

人:87;向迪昂圣所的奥林匹
斯的宙斯敬献:108,注353;
内梅阿的宙斯庆典:100;埃
盖的宙斯庆典:129。

附录一
马其顿王室世系

上古传说时代（依据希罗多德）：

佩尔迪卡斯一世（Perdikkas I，公元前 650 年左右）

阿尔伽尤斯（Argaios）

腓力一世（Philipp I）

埃罗柏斯一世（Aeropos I）

阿珥刻塔斯（Alketas）

早期阿尔吉德王朝：

阿敏塔斯一世（Amyntas I，公元前六世纪下半叶至公元前 500 年／前 498 年／前 495 年）

亚历山大一世（Alexander I，公元前 500 年／前 498 年／前 495 年至公元前 454 年／前 450 年左右）

佩尔迪卡斯二世（Perdikkas II，公元前 454 年／前 450 年左右至公元前 414 年／前 413 年）

阿尔刻劳斯（Archelaos，公元前 414 年／前 413 年至公元前 399 年）

继位混乱时期：

厄瑞斯忒斯（Orestes，存疑，公元前 399 年）

埃罗柏斯二世（Aeropos，公元前 399 年至公元前 396 年/前 395 年）

泡萨尼阿斯（Pausanias，公元前 396 年/前 395 年）

阿敏塔斯二世（Amyntas II，公元前 395 年/394 年）

泡萨尼阿斯（Pausanias，公元前 394 年/前 393 年）

晚期阿尔吉德王朝：

阿敏塔斯三世（Amyntas III，公元前 394 年/前 393 年至公元前 370 年/前 369 年）

亚历山大二世（Alexander II，公元前 370 年/前 369 年至公元前 368 年）

阿洛罗斯人托勒密摄政（Ptolemaios of Aloros，公元前 368 年至公元前 365 年）

佩尔迪卡斯三世（Perdikkas III，公元前 365 年至公元前 360 年/前 359 年）

腓力二世（Philipp II，公元前 360 年/前 359 年至公元前 336 年）

亚历山大三世（Alexander III，公元前 336 年至公元前 323 年）

腓力三世"阿尔瑞达约斯"（Philipp III Arrhidaios，公元前 323 年至公元前 317 年）

亚历山大四世（Alexander IV，公元前 323 年至公元前 309 年）

继业者战争时期：

安提帕特摄政（Antipatros，公元前 320 年至公元前 319 年）

珀律佩尔孔摄政（Polyperchon，公元前 319 年至公元前 317 年）

卡散德罗斯摄政（Kassandros，公元前 317 年至公元前 306 年）

安提帕特王朝：

卡散德罗斯（Kassandros，公元前 306 年至公元前 297 年）

腓力四世(Phillipp IV,公元前 297 年)

亚历山大五世(Alexander V,公元前 297 年至公元前 294 年)

安提帕特一世(Antipatros I,公元前 297 年至公元前 294 年)

安提柯王朝：

"独眼者"安提戈诺斯(Antigonos Monophthalmos,公元前 306 年至公元前 301 年)

"围城者"德米特里欧斯一世(Demetrios I Poliorketes,公元前 294 年至公元前 288 年)

律西玛科斯(Lysimachos,公元前 288 年至公元前 281 年)

皮罗斯(Pyrrhos,公元前 288 年至公元前 285 年)

"雷霆"托勒密(Ptolemy Ceraunus,公元前 281 年至公元前 279 年)

继位混乱时期(公元前 279 年至公元前 277 年)

安提戈诺斯·戈纳塔斯(Antigonos Gonatas,公元前 277 年至公元前 274 年)

皮罗斯(Pyrrhos,公元前 274 年至公元前 272 年)

安提戈诺斯·戈纳塔斯(Antigonos Gonatas,公元前 272 年至公元前 239 年)

德米特里欧斯二世(Demetrios II,公元前 239 年至公元前 229 年)

"给予者"安提戈诺斯(Antigonos Doson,公元前 229 年至公元前 221 年)

腓力五世(Philipp V,公元前 221 年至公元前 179 年)

佩尔塞乌斯(Perseus,公元前 179 年至公元前 168 年)

腓力六世/安德里斯科斯(Philipp VI[Andriskos],公元前 149 年至公元前 148 年)

注：本王室世系表仅列举学界较确凿认可的马其顿统治者，括号内标注时间为其统治时期。依据文献可知，自腓力二世起，历代统治者均身处庞大的血缘与姻亲网络之中，这种社会网络对王位继承乃至统治集团变迁均产生了重大影响，因而绘制一张家族谱系式的图表或对读者大有裨益；然而，译者尝试后发现，这种图表过于繁杂，且难以在书本上清晰呈现，且不易把握关键信息，因此仅采用这一简单做法，以供基础参考。该列表的参考文献主要包括 Nicholas G. L. Hammond, *The Macedonian State* (Oxford University Press, 1989)、Sabine Müller, Die Argeaden. Geschichte Makedoniens bis zum Zeitalter Alexanders des Großen (Ferdinand Schöningh, 2016) 及 Waldemar Heckel, Michelle Simon (eds.), Lexicon of Argead Makedonia (Frank & Timme, 2020)。

附录二

拉丁语古希腊语汉字转写表

顾枝鹰 制

	a/α	e/ε/η	i/ı	o/o/ω	u/ou	y/ı	ae/αı	au/αυ	an/αν	en/εν/ην	in/ıν	on/ov/ωv	un/ουν	yn/υν	
c(h)/κ/χ	卡	刻	奇	科	库	曲	凯	考	坎	肯	钦	孔	琨	群	克
g/γ	伽	革	吉	戈	古	巨	盖	高	甘	艮	金	贡	衮	君	格
t(h)/τ/θ	塔	忒	提	托	图	缇	泰	陶	坦	腾	廷	同	屯	汀	特
d/δ	达	得	迪	多	都	笛	代	道	丹	登	丁	冬	顿	打	德
p/π	帕	佩	皮	珀	普	丕	派	泡	潘	朋	品	珀恩	普恩	丕恩	璞
b/β	巴	贝	比	波	布	彼	拜	包	班	本	丙	波恩	布恩	彼恩	卜
n/ν	纳	内	尼	诺	努	倪	奈	瑙	南	嫩	宁	农	努恩	倪恩	恩
m/μ	玛	美	米	摩	穆	密	迈	茂	曼	门	明	蒙	穆恩	密恩	姆
r/ρ	剌	热	瑞	若	茹	律	赖	绕	冉	冷	灵	戎	闰	律恩	珥
l/λ	拉	勒	利	洛	路	吕	莱	劳	兰	冷	林	隆	伦	吕恩	尔
s/σ/ς	撒	色	西	索	苏	叙	赛	扫	珊	森	辛	松	孙	逊	斯
h'	哈	赫	希	霍	胡	绪	海	浩	罕	亨	兴	弘	浑	巽	曷
f/ph/φ	法	斐	菲	佛	福	费	霏	浮	凡	分	芬	丰	封	风	弗
z/ζ	改达	改得	改迪	改多	改都	改笛	改代	改道	改丹	改登	改丁	改冬	改顿	改打	改德
x/ξ	克撒	克色	克西	克索	克苏	克叙	克赛	克扫	克桑	克森	克辛	克松	克苏恩	克辛恩	克斯
ps/ψ	璞撒	璞色	璞西	璞索	璞苏	璞叙	璞赛	璞扫	璞桑	璞森	璞辛	璞松	璞苏恩	璞辛恩	璞斯
ıj/ı	雅	耶	依	约	尤	玉	野	幺	彦	延	因	雍	云	荟	伊
v/u/ou	瓦	威	维	沃	武	宇	外	渥	万	文	维恩	沃恩	武恩	宇恩	乌
qu	克瓦	克威	克维	克沃	克武	克宇	克外	克渥	克万	克文	克维恩	克沃恩	克武恩	克宇恩	克乌
	阿	厄	伊	欧	乌	玉	埃	奥	安	[厄]恩	印	昂/翁	温	允	

[Θετ]ίμας καὶ Διονυσοφῶντος τὸ τέλος καὶ τὸν γάμον καταγράφω καὶ τᾶν ἀλλᾶν πασᾶν γυ-

[ναικ]ῶν καὶ χηρᾶν καὶ παρθένων, μάλιστα δὲ Θετίμας, καὶ παρκαττίθεμαι Μάκρωνι καὶ

[τοῖς] δαίμοσι. καὶ ὁπόκα ἐγὼ ταῦτα διελέξαιμι καὶ ἀναγνοίην πάλειν ἀνορόξασα,

[τόκα] γᾶμαι Διονυσοφῶντα, πρότερον δὲ μή· μὴ γὰρ λάβοι ἄλλαν γυναῖκα ἀλλ᾽ ἐμέ,

[ἐμὲ δ]ὲ συνκαταγηρᾶσαι Διονυσοφῶντι καὶ μηδεμίαν ἄλλαν. ἱκέτις ὑμῶ⟨ν⟩ γίνο-

[μαι· Φ]ίλ?αν? οἰκτίρετε δαίμονες φίλοι, δαπινὰ γάρ ἰμε φίλων πάντων καὶ ἐρήμα· ἀλλὰ

[---]α φυλάσσετε ἐμὶν ὅπως μὴ γίνηται ταῦ τα καὶ κακὰ κακῶς Θετίμα ἀπόληται.

[---].ΛΛΙ[---].ΤΝΜ..ΕΣΠΛΗΝ ἐμός· ἐμὲ δὲ εὐδαίμονα καὶ μακαρίαν γενέσται.

[---].ΠΤΟΙ.].[---].[--].Ε.ΕΩΙ.]Α.].ΙΕ.ΜΕΤΕΙ[---]

图例 1 以马其顿语写成的佩拉咒符铅版,由佩拉考古局提供

图例 2a 埃盖/韦尔吉纳二号雕饰檐带上的"狩猎"壁画,由伊马夏考古局提供

图例 2b 复原的"狩猎"壁画,由乔治·米尔查卡基斯(G. Miitsakakis)与塞萨洛尼基亚里士多德里大学韦尔吉纳考古团队提供

译后记

　　汉语世界关于古希腊的著作与译著可谓蔚为大观，而关于古代马其顿的作品则几近阙如——甚至，读者可能会疑惑，古希腊与古代马其顿存在何种联系，古代马其顿又是否"隶属于"古希腊世界？译介本书正是为了回应这一疑惑，并希冀为读者提供一部权威且平实的古代马其顿导览。掩卷之余，我们不难发觉，古代马其顿并不限于亚历山大大帝的传奇人生，这个民族拥有自己独特的起源、崇拜、语言、政制、习俗与价值观念，他们的故事就其自身而言是精彩的，其研究更是充满戏剧性与挑战性，绝不囿于希腊的、希腊化的、征服君主式的认知框架。

　　译者相信，这也正是作者哈措普洛斯写作的宏旨。哈措普洛斯为声名卓著的古希腊史家、碑铭学家、考古学家，著述颇丰。他于1944年生于雅典，1971年于先贤祠－索邦大学获迈锡尼语文学－希腊社会及宗教研究博士学位，自1979年起任国立希腊研究基金会历史研究所希腊罗马研究部（KERA）研究员，于1992年至2011年担任研究部主任，现为雅典科学院院士，法兰西铭文与美文学术院院士和英国国家学术院院士。哈措普洛斯的研究兴趣涵盖古希腊史的全部领域，特别是古代马其顿及相邻地区（伊庇鲁斯、帖萨利亚、色雷斯等）的政制、地理、宗教、碑铭与语言学研究，其代表作包括两卷本《国王治下的马其顿政治体制》（*Macedonian Institutions under the Kings*，雅典：1996年）、《安提柯王朝的马其顿军队组织》（*L'organisation de l'armée macédonienne sous les Antigonides*，雅典：2001年）及《马其顿：历史地理、语言、宗教与信仰、制度》（*La Macédoine: Géographie historique, langue, cultes et croyances, institutions*，巴黎：2006年）等，并主持编纂二十余部马其顿地区铭文辑录，例如1998年出版的两卷本《下马其顿铭文辑录》（*Επιγραφές Κάτω Μακεδονίας*），其论文合集收录于《探索古代马其顿：地理考据、石碑铭文与历史叙事——米尔蒂阿季斯·瓦西莱伊奥斯·哈措普洛斯研究文集》（*Découvrir la Macédoine antique: le terrain, les stèles, l'histoire. Recueil d'études de Miltiade B. Hatzopoulos*，巴黎：2016年）。因此，在古典学界享有极高声誉的德古意特出版社邀请哈措普洛斯撰写一部古代马其顿研究的专著，并列为"古典研究动向"（*Trends in Classics*）下"古典研究核心视角"（*Key Perspectives on Classical Research*）系列的开卷之作，彰显了学术界对这部作品价值的认可与期望。

　　这部作品的定位颇为独特。它并非一部传统意义上的古代马其顿通史，也不是针对某一研究主题的专门论述，而是一部"导览"或"指南"。作者精心遴选三个主题，即马其顿的土地、族群与君主，系统梳理其史料源流、叙述与研究历史，尤其对学术史中一些议题、话语及谬误观点作出了有力的剖析与批评，例如部分英美学者由于碑铭学与语言学素养匮乏而导致的轻率论断与"学术民族主义"恶意指控。哈措普洛斯作为一位希腊学者，在熟练地运用各种研究材料与方法之余，始终审慎地对古代希腊人、现代希腊人与非希腊人各方的观点与叙述加以批判考察，并不讳言所谓"非学术"因素对"学术中立"的影响，而是为古代马其顿的众多研究问题提供一种严谨的、理性的、全面的回答。

　　作为一部学术专著，本书的阅读无疑需要一定的知识基础；在一般的古代史基础之外，关于古代马其顿研究，作者已在前言部分提供了一份可靠的入门书目,而译者狗尾续貂,试图补充一位书中略有提及但时下极为重要的古代马其顿史家,即马尔堡大学古代史教授萨宾·缪勒(Sabine Müller)。她的著作包括研究马其顿王朝的《阿尔吉德王朝:至亚历山大大帝时代的马其顿史》(*Die Argeaden. Geschichte Makedoniens bis zum Zeitalter Alexanders des Großen*,帕德博恩:2016年)、《阿尔吉德至安提柯王朝治下的马其顿》(*Makedonien unter Argeaden bis Antigoniden*,斯图加特:2025年)及《阿尔吉德王朝马其顿辞典》(*Lexicon of Argead Makedonia*,2020年,合编);研究马其顿族群的《亚历山大、马其顿人与波斯人》(*Alexander, Makedonien und Persien*,柏林:2014年);研究马其顿统治者的《佩尔迪卡斯二世:马其顿救主》(*Perdikkas II.－Retter Makedoniens*,柏林:2017年)及《亚历山大大帝:征战、政治与后世传统》(*Alexander der Große. Eroberung－Politik－Rezeption*,斯图加特:2019年)。上述作品代表了古代马其顿研究的一些最新动向,有意的读者自可参阅。

关于译文,译者不敢自矜其美,只得以谨严事之,凡不能极为确切之处,必求诸权威研究,并于汉文语境中反复推敲,力求原著内容的信实,且不失清晰流畅。作者亦多次通过邮件悉心解释其表述,并接受了译者的部分勘正,其热情与谦逊令人敬仰。本书的部分译名或与常见译名有所出入,均为译者思量后个人理解,以为妥当,并非标新立异,而采纳与否,方家自可断夺。此外,专名翻译历来颇具争议,本书中的古典语言汉译转写基本参照顾枝鹰译名表(见附录二),部分译名略作调整。同时,为方便读者理解,译者在必要的地方增补适量注释,但整体上仍依照作者原注。

译者并非古希腊或古代马其顿研究行家,学力浅陋,常怀不能深切理解原著之忧虑,更担心译职履行不佳,贻误汉语世界的广大读者:依译者拙见,糟糕的译作不如暂且不译,后出转精的版本迭代与粗制滥造的自欺欺人不可混为一谈。因此,译者时而翻译,时而进行严苛的自我批评,而张培均、顾枝鹰、王兆宇、安宸庆、王婕宇等前辈学友不吝赐教,批评指正,故在此致以诚挚谢意。译者仍热盼着读者诸君加入这一队伍,以严格的审阅与批评促成学术事业的精进。本译作的一切责任由译者承担。

此外,衷心感谢华东师范大学出版社六点分社与王旭编辑的支持与帮助,他们的辛勤努力促使《古代马其顿》在汉语世界得以面世,嘉惠学林。

2025 年 2 月 20 日
李晨煜谨识于罗马

图书在版编目（CIP）数据

古代马其顿：从起源到亚历山大帝国/（希）米尔
蒂阿季斯·瓦西莱伊奥斯·哈措普洛斯著；李晨煜译.
上海：华东师范大学出版社，2022. -- ISBN 978 - 7 -
5760 - 6049 - 2

Ⅰ. K134

中国国家版本馆 CIP 数据核字第 20255RH500 号

华东师范大学出版社六点分社

古典学新视野
古代马其顿：从起源到亚历山大帝国

著　　者　[希]米尔蒂阿季斯·瓦西莱伊奥斯·哈措普洛斯
译　　者　李晨煜
责任编辑　王　旭
责任校对　徐海晴
封面设计　刘怡霖

出版发行　华东师范大学出版社
社　　址　上海市中山北路 3663 号　邮编　200062
网　　址　www. ecnupress. com. cn
电　　话　021 - 60821666　行政传真　021 - 62572105
客服电话　021 - 62865537　门市（邮购）电话　021 - 62869887
地　　址　上海市中山北路 3663 号华东师范大学校内先锋路口
网　　店　http://hdsdcbs. tmall. com

印 刷 者　上海景条印刷有限公司
开　　本　787×1092　1/32
插　　页　1
印　　张　11
字　　数　241 千字
版　　次　2025 年 7 月第 1 版
印　　次　2025 年 7 月第 1 次
书　　号　ISBN 978 - 7 - 5760 - 6049 - 2
定　　价　79. 80 元

出 版 人　王　焰